日本防卫研发体制
与科研机构研究

周永生◎著

光明日报出版社

图书在版编目（CIP）数据

日本防卫研发体制与科研机构研究 ／ 周永生著 . --
北京：光明日报出版社，2022.3
ISBN 978 - 7 - 5194 - 6489 - 9

Ⅰ.①日… Ⅱ.①周… Ⅲ.①军事装备—研制—研究
—日本 ②日本防卫研究所—大事记 Ⅳ.①E313.39

中国版本图书馆 CIP 数据核字（2022）第 045356 号

日本防卫研发体制与科研机构研究
RIBEN FANGWEI YANFA TIZHI YU KEYAN JIGOU YANJIU

著　　者：周永生

责任编辑：石建峰　　　　　　　　　　　责任校对：张彩霞
封面设计：中联华文　　　　　　　　　　责任印制：曹　净

出版发行：光明日报出版社
地　　址：北京市西城区永安路 106 号，100050
电　　话：010-63169890（咨询），010-63131930（邮购）
传　　真：010 - 63131930
网　　址：http：// book. gmw. cn
E - mail：gmrbcbs@ gmw. cn
法律顾问：北京市兰台律师事务所龚柳方律师

印　　刷：三河市华东印刷有限公司
装　　订：三河市华东印刷有限公司
本书如有破损、缺页、装订错误，请与本社联系调换，电话：010 - 63131930

开　　本：170mm×240mm
字　　数：390 千字　　　　　　　　　　印　　张：36.5
版　　次：2022 年 3 月第 1 版　　　　　印　　次：2025 年 1 月第 1 次印刷
书　　号：ISBN 978 - 7 - 5194 - 6489 - 9
定　　价：158.00 元

目　录
CONTENTS

第一章 总论：日本防卫军工科研开发体制

  日本是世界上的军事强国之一，尽管日本自卫队的总编制人数只有 26 万余人，但由于陆海空三大自卫队都配备了高精尖的武器及作战平台，总体作战能力虽无法和美俄中三个军事大国相比拟，但实力不容小觑。日本作为科技先进、经济基础强大的国家，其防卫军工科研能力和水平对日本的军事实力发挥着强大的支撑作用。

  日本防卫省防卫装备厅是日本军事科技的领军者，日本中央政府各省下辖的 20 个研究型独立行政法人和军事研究也有一定的关联性。日本拥有 50 个左右的大型骨干核心军工企业，带动了 2000 多个配套军工企业。而且由于日本政府的推动，日本越来越多的大学打破原来的禁忌，逐渐加入军工科研体系当中，从而形成日本军工科技研发的庞大体系。但就目前而言，愿意参加军工体系开发的大学研究机构数量还不十分清晰。就日本防卫省防卫装备厅从 2015 年征集防卫课题研发项目、申报项目的大学数量来看，从 2015 年至 2017 年间申报项目的大学数量只有 103 个。如果以大学为独立单位，愿意参加防卫省军事研究项目的大学，目前有 100 个左右，可能占日本有能力参与军工项目研发大学总数的 1/5①，并且处于弱势的辅助地位。

要想理解日本的防卫军工科研开发体制，必须首先了解日本的科研开发体制，因为防卫军工科研开发，是整个日本科研开发体制大框架中的一个有机组成部分。在理解日本整体科研开发体制的基础上，才有助于我们更好、更深入地研究和理解日本防卫军工科研开发体制。

第一节　日本的科研开发体制

日本是第二次世界大战以后最早提出科技立国的国家。毫无疑问，这也意味着日本是最重视科技发展的国家。

一、确立科技立国战略

1959 年 2 月，日本在总理府成立了科学技术委员会，指导和推动日本国内的科学技术工作。1960 年 10 月，科学技术委员会发布报告"十年后全面促进科学技术的基本政策"（建议 1）。1971 年 4 月，科学技术委员会发布报告"关于 20 世纪 70 年代综合科学技术政策的基础"（第 5 号建议）。1977 年 5 月，作为日本官方文件发表的科学技术会议第 6 号答询，题目是：《关于立足于长期展望的综合的科

---

① 日本文部科学省在 2017 年度"学校基本调查"中统计日本大学总数量为 764 所，其中，国立大学共计 82 所，公立大学共计 87 所，私立大学共计 588 所。其中有能力参与军工研发项目的大学在 500 所左右。

学技术政策》（第 6 号建议），首次提出了科技立国的主张。

1980 年 3 月，日本通产省产业结构审议会进行了"（20 世纪）80 年代的通商产业政策"的答询。该答询将科技立国政策表述为：提出独创性的技术开发规划；建立促进研究开发投资的税收制度；培养创新型人才；参与国际技术开发合作；开展实用技术贸易；创建"技术城市"；使产业结构向知识密集化发展等。此后，技术立国便成为日本的一项基本国策。这是比较完整地表达或阐释科技立国政策内容的日本官方文件。

1992 年，日本政府修改《科学技术对策大纲》，提出促进优先措施，确保科学技术与人类和社会之间的和谐。日本政府"认识到科学技术对人类与社会科学和技术的渊源，对人们的生活和社会各个领域都具有深远的影响。（1）我们将努力提高已经投入实际使用并已广泛普及的技术与人类和社会的安全性和兼容性，评估并尝试以易于理解的形式向公众展示结果。（2）为了在人们熟悉和理解科学技术的土壤上耕作并有效地利用它，我们将增加在科学和技术上终身学习的机会，改善科学馆等，并加强传播活动。"① 1995 年 11 月 15 日，日本制定并实施《科学技术基本法》（第 130 号法律），其第一条规定：本法规定了促进科学技术的基本事项（仅与人文科学有关的除外，以下同适用），推动科学技术全面科学地发展。通过这种方式，旨在提高日本的科学技术水平，从而为日本的经济和社会发展、人民的福祉以及世界科学技术的进步和人类社会的可持续发

---

① 科学技術基本法（the Science and Technology Basic Law）と科学技術基本計画 [EB/OL].［2020－03－26］. http：//tanemura. la. coocan. jp/re3_ index/2K/ka_ science_ technology_ law. html.

展做出贡献。① 这是一部鼓励科技发展，规范日本科学技术政策的法律。从此以后，日本开启了科技立国有法可依的时代，该项法律后来虽然经过多次修改，但对于促进日本科技的发展，发挥了重要的推动作用。

二、推进科技立国战略的政策

日本的科研体制，以政府和国家为主导，官产学三方相结合，根据法律规定和社会发展需要，推动日本科学技术的发展与发明创造。具体来说主要包括以下几个方面的政策。

（一）制订国家科学技术基本计划

政府根据法律规定，每 5 年制订一个国家科学技术基本计划，具体指导日本科技的发展，设定出政策重点，给予充分的资金，有明确的路线图和落实安排。1996 年日本政府制定了《第 1 期国家科学技术基本计划》。1996—2000 年，日本政府为此投入了 17.6 万亿日元。2001 年制定了 2001—2005 年的《第 2 期国家科学技术基本计划》，这一计划进一步明确了体制改革议程，提高了政府研发支出的目标，政府为此投入 25 万亿日元（约 2100 亿美元）。2016 年 1 月，日本内阁会议通过了《第 5 期国家科学技术基本计划》。在这一期科学技术基本计划（2016—2020 财年）中，科学、技术和创新委员会将使用指标和目标以客观依据为基础来促进政策，并使用这些指标

---

① 科学技術基本法［EB/OL］.（1995-11-15）［2020-03-26］. http：//www. japaneselawtranslation. go. jp/law/detail/？ printID＝&ft＝01&re＝01&dn＝1&x＝31&y＝5&co＝01&ia＝03&ja＝04&ky＝%E7%A7%91%E5%AD%A6%E6%8A%80%E8%A1%93%E5%9F%BA%E6%9C%AC%E6%B3%95&page＝1&vm＝01.

和目标来推进基本计划的进展和成果，要求定量掌握，并每年进行跟进。① 到 2021 年 3 月 30 日，该项计划将执行结束，并开始新的 5 年科技振兴计划。

（二）日本对于科技研发经费长期大规模投入

研发经费方面，2017 年度日本全社会研发经费总额为 19.0504 万亿日元，比 2016 年度增长 3.4%，时隔 3 年恢复增长。研发经费投入强度（研发经费占 GDP 比重）为 3.48%，比上年增加 0.05 个百分点。在研发经费投入来源中，政府投入 3.2736 万亿日元，占比 17.2%；民间来源投入为 15.6629 万亿日元，占比 82.2%；海外投入为 1139 亿日元，占比 0.6%。②

日本研发经费总额次于美国、中国排名世界第三，研发经费投入强度在主要国家中位居前列。③ 2018 年度日本全社会研发经费总额为 19.5260 万亿日元，比 2017 年度增长 2.5%，占 GDP 的比率为 3.56%。④ 从科技研发投入的总量上来看，近些年来中国的投入有了突飞猛进的增长，2018 年中国在科技研发投入总量上已经超过日本，仅次于美国，日本排名第三，分别为美国 5111 亿美元，中国 4519 亿美元，日本 1657 亿美元。⑤ 美国科技投入占 GDP 的比率，大约为

---

① 第 5 期科学技術基本計画における目標値・指標［EB/OL］.［2020-03-26］. ht-tps：//www8. cao. go. jp/cstp/kihonkeikaku/sihyou/index. html.
② 日本发布 2017 年度科技统计结果［EB/OL］. 分析测试百科网，2019-01-03.
③ 日本发布 2017 年度科技统计结果［EB/OL］. 分析测试百科网，2019-01-03.
④ 2019 年（令和元年）科学技術研究調査の結果［EB/OL］.［2020-03-28］. ht-tp：//www. stat. go. jp/data/kagaku/kekka/index. html.
⑤ 郭一璞，夏乙. 全球研发投入榜：中国第二逼近美国，以色列最下血本［EB/OL］. "量子位"（微信公众号），2018-09-02.

2.5%，中国为 3.3%，日本为 3.56%。日本仍然是国际中科技研发投入比例占 GDP 最高的国家。同日本相比较，中国的科技研发投入强度较弱。

日本防卫研发费用占日本科研年度总经费的比例约为 0.96%，从中可以看出日本防卫研发费用在日本整体科研中的地位。当然这里仅仅指防卫省投入防卫研发方面的费用，不包括独立行政法人、大学等投入军工研发中的隐形费用。

（三）企业占据科技研发的主导地位

日本企业在技术和研发上投入所占比例最大，整体比例占全国研发投入比例的 70%～80%。2017 年，日本企业投入研发金额为 13.7989 万亿日元，比上年增长 3.6%，占研发经费比重的 72.4%；大学为 3.6418 万亿日元，比上年增长 1.0%，占比 19.1%；非营利组织和公立机构为 1.6097 万亿日元，比上年增长 6.6%，占比 8.5%，充分体现了日本企业技术创新的主体地位。①

（四）科技研发投入制造业的比例最大

日本研发投入领域，制造业领域占比率最高，在 80%～90%。2017 年，日本制造业研发经费投入为 11.5748 万亿日元，占企业研究经费的 86.9%，其中包括汽车在内的运输机械制造业研发投入创历史新高，达 3.646 万亿日元，占企业研发投入的 22.2%。其次是医药品制造业，占企业研发投入的 10.6%。企业研发经费投入强度（企业研发经费占经营收入的比重）为 3.30%，其中，制造业为

---

① 日本发布 2017 年度科技统计结果［EB/OL］.分析测试百科网，2019-01-03.

4.11%。① 对制造业大比例的研发经费投入，是日本长期保持制造业强国地位的重要因素。

2020 年 3 月 27 日，日本国会参议院全体会议通过了总额为 102.658 万亿日元（约合 9422 亿美元）的 2020 年度财政预算案。参议院的批准意味着日本 2020 年度预算案在国会上得以正式通过，日本财政预算连续 2 年超过 100 万亿日元，连续 8 年创新高。在支出方面，涵盖医疗及年金等在内的"社会保障费"为 35.8606 万亿日元，创历史新高。"防卫费"达 5.3133 万亿日元，为历史最高水平。"文化、教育、科学技术相关预算"达 5.5055 万亿日元。② 日本 2020 年度预算案列出的相关防卫省研发费达 1676 亿日元（约合 15.9 亿美元），创历史新高。③ 2020 年日本防卫费占日本财政总预算的 5.176%，防卫研发费占防卫费总额的 3.154%，占整个政府财政预算的 0.1633%，按照 2019 年 GDP 计算，防卫研发费用约占 GDP 的 0.03%，日本防卫研发费用占日本科研总经费的比例约为 0.96%。

这些数据表现出了日本防卫研发在日本防卫费中的比率、在日本财政预算开支中的比率、在日本 GDP 中的比率、在日本科研年度总经费中的比率，从中可以看出日本防卫研发的地位。

（五）应用开发的科研经费比例最高

日本投入的科研经费中，应用开发的经费所占比率最高，一般达到 60%~70%。2017 年用于自然科学的研究费为 17.6515 万亿日

---

① 日本发布 2017 年度科技统计结果［EB/OL］. 分析测试百科网，2019-01-03.
② 日本国会通过 2020 年度预算案［EB/OL］. 人民网，2020-03-28.
③ 日防卫省研发费创新高 重视人工智能及无人机研发［EB/OL］. 和讯财经新闻，2020-03-11.

元，比上年度增长 3.6%，占全部研究费的 92.7%，占 GDP 的 3.22%。自然科学研究费中，基础研究经费为 2.7643 万亿日元，占 15.7%；应用研究经费为 3.6201 万亿日元，占 20.5%；开发研究经费为 11.2671 万亿日元，占 63.8%。① 就日本政府而言，日本政府大力倡导和鼓励基础自然科学的研究，日本《科学技术基本法》第五条规定，中央政府和地方政府应当制定和实施促进科学技术的措施，在进行基础研究时，基础研究将导致发现和澄清新现象，并创造原创技术。鉴于从一开始就很难预见结果，而且结果不一定与实际应用相关，因此，中央和地方政府应促进基础研究，也必须考虑协会发挥作用的重要性。② 从这里可以看到，尽管日本政府深知基础的自然科学研究很难预测成果，很难产生创新型的发现，但是日本政府仍然对此加以鼓励。由于日本的科研主力集中在企业方面，企业很难进行大规模的基础科学研究投入，因为长期的投入，很可能得不到任何有效的收益，所以导致日本以开发型的科研投入为主导。

（六）官产学相结合的科技研发体制

日本科技研发由官产学相结合。尽管政府部门和大学在科技研发的比例中占比并不高，但是政府研究机构的引导地位仍然发挥着不可替代的作用。政府的科技研发机构主要是独立行政法人。当前，日本总共有 87 个独立行政法人，其中从事科学学术研究的独立行政

---

① 日本发布 2017 年度科技统计结果［EB/OL］. 分析测试百科网，2019-01-03.
② 科学技術基本法［EB/OL］.［2020-03-26］. http://www.japaneselawtranslation. go.jp/law/detail/? printID=&ft=1&re=01&dn=1&x=31&y=5&co=01&ia=03&ja =04&ky=%E7%A7%91%E5%AD%A6%E6%8A%80%E8%A1%93%E5%9F %BA%E6%9C%AC%E6%B3%95&page=1&vm=01.

法人达到 27 个①，这些国家支持的研究机构并不属于公务员系列，和中国的事业单位非常相似，基本上都属于日本顶级的科学研究机构。尤其是政府研发部门在资金上具有强大的保障，政府的科研经费投入主要投给了专门从事科学研究的政府独立行政法人研究机构、大学。其中，独立行政法人研究机构在日本全部研发经费中占比约达 8.5%，尽管这一比例并不高，但是这部分机构较少，就每个独立行政法人所掌握的资金来看，可谓相当雄厚。由于这些研究机构都属于顶尖科学领域的带领机构，它们可以和企业、大学进行充分的合作与联合，共同合作进行项目研究，相互协调，共同利用设施与设备，并且在一定程度上进行人员的相互轮换，实现政府研究机构、大学和企业之间的良性流动，使官产学的协作研究达到比较良好的状态。日本《科学技术基本法》第六条规定，中央政府和地方政府应当制定和实施与大学和大学共享使用机构（以下简称"大学等"）有关的科学技术促进措施。政府必须努力促进研究活动，尊重研究者的独立性以及大学的研究特点。②

（七）高密度的科技人员配置

日本科技人员在总人口中的比率仅次于韩国，在世界上是比率

---

① 日本の独立行政法人一覧 [EB/OL]. [2020 - 03 - 28]. https：//ja. wikipedia. org/wiki/%E6%97%A5%E6%9C%AC%E3%81%AE%E7%8B%AC%E7%AB%8B%E8%A1%8C%E6%94%BF%E6%B3%95%E4%BA%BA%E4%B8%80%E8%A6%A7.

② 科学技術基本法 [EB/OL]. [2020-03-26]. http：//www. japaneselawtranslation. go. jp/law/detail/？ printID =&ft = 1&re = 01&dn = 1&x = 31&y = 5&co = 01&ia = 03&ja = 04&ky =%E7%A7%91%E5%AD%A6%E6%8A%80%E8%A1%93%E5%9F%BA%E6%9C%AC%E6%B3%95&page = 1&vm = 01.

比较高的国家，这也反映了日本整体国民素质中，科技素质的含量比较高。根据日本总务省在 2019 年的统计，2018 年，日本全国研究者人数达到 67.8 万人，而韩国同期却只有 38.3 万人。① 每 100 万人口中研究人员的数量在日本约为 5371 人，韩国约为 7447 人，美国约为 4237 人，中国共 1252 人。② 这也说明日韩这两个国家，之所以能够在战后作为落后的国家强势崛起，与重视研究、重视科技、提高研究人员在总人口中的比例有一定的关联性。总之，日本比韩国更有潜力，因为日本在人口的总数上多于韩国，因此，日本的科技人员也远远多于韩国。美国在各项科技指标上也名列前茅，尤其是研究人员平均研究费用，美国最高为 376473 美元，日本为 260660 美元，韩国为 237483 美元，中国为 284974 美元。③ 前述各个国家中研究人员平均费用的差别，一方面反映了各个国家贫富、经济总量上的差距，另一方面表现出了各个国家政府、社会、企业等对于研究与科技事业投资的力度。

---

① 総務省統計局 . 2019 年（令和元年）科学技術研究調査の結果・表 2-1G7，中国、韓国及びロシアにおける研究者数（専従換算値）［EB/OL］. ［2020-03-30］. http：//www. stat. go. jp/data/kagaku/kekka/index. html.

② 総務省統計局 . 2019 年（令和元年）科学技術研究調査の結果・表 2-1G7，中国、韓国及びロシアにおける研究者数（専従換算値）［EB/OL］. ［2020-03-30］. http：//www. stat. go. jp/data/kagaku/kekka/index. html. 日本的数据为 2018 年，中国、韩国的数据为 2017 年，美国的数据为 2016 年。

③ 総務省統計局 . 2019 年（令和元年）科学技術研究調査の結果・表 2-2 G7，中国，韓国及びロシアにおける研究者 1 人当たりの研究費［EB/OL］. ［2020-03-30］. http：//www. stat. go. jp/data/kagaku/kekka/index. html. 日本的数据为 2018 年，中国、韩国的数据为 2017 年，美国的数据为 2016 年。

第二节 日本防卫军工科研开发体制与特点

日本防卫军工科研开发体制是一个由官产学上下互动，横向联合，根据需要有机结合的军工研发系统。"官"主要发挥需求与引导的作用，"产"是研发的主体，"学"发挥辅助的作用。日本防卫军工科研开发体制有自身独特的流程与特点，值得我们深入了解和探讨。

一、日本防卫军工科研开发体制

日本防卫技术与产品的研发体制，主要采取了官产学相结合的研发体制。日本防卫省防卫装备厅是该体制金字塔的顶尖，因为它本身既包括了行政体制，也包括了陆上自卫队、海上自卫队和航空自卫队的研发机构，将三大自卫队的科技和产品需求，容纳到防卫装备厅整体和分别领域的体制中，再由相关的研发机构和事业机构，同企业的军工研发和生产部门相结合，辅之以与军事领域相关的政府独立行政法人、大学科研机构，同民间军工企业及其科技研发部门共同进行技术和产品开发，以便满足陆海空三大自卫队的需要。最终兑现的军工科学技术与产品，还要由企业的研发部门与制造部门加以实现。

日本防卫研发战略规划在于努力建立和发展能够满足于日本防卫力量的军工科技研发体制，基本上能够做到主要军事技术和装备实现本国的自主开发；保持强大的研发与军工装备的生产潜力，在无法大量开发和生产限时装备的情况下，日本尽量通过防卫装备厅向各大军工企业均衡订货，保持它们研发和生产力量的延续。同时，在核技术、核材料的研发和制造方面，保持强大的生产潜力。2020年7月29日，日本原子力规制委员会宣布，位于日本青森县六所村的核废料再处理工厂正式通过安全审查，符合新规制标准。1993年，在日本第一座核电站开始运行30年后，政府决定在青森县六所村建设核废料再处理工厂。2006年开始试运行，但由于多次发生核泄漏事故，导致该处理厂一直未能正式生产。该处理厂每年最多可以处理乏燃料800吨，能够"消化"各个核电站的核废料储存池中的乏燃料，并可生产出大量以钚、铀元素为核心的核燃料，该原料可以直接用于制造核武器，使日本具有强大的核原料威慑能力。共同社2018年曾报道称，当时日本钚库存量高达47吨，"相当于制造6000枚核弹的量"。六所村核废料处理厂投产以后，日本的核原料储存急剧增加。

在日本较为弱势的核心军事技术方面，日本重视通过国际合作，借鉴他国先进的军事技术来使日本的军工研发能力大幅度提高。2020年上半年日本与英国研发第5代隐形战机的合作，体现了日本提升军工研发能力的战略。

二、日本防卫军工科研开发体制的基本流程

根据研制阶段的不同，日本军事技术与武器装备研制流程可大致分为五个阶段，分别是：（1）技术需求论证、技术预研期；（2）技术指导、沟通期；（3）技术、产品研究开发期；（4）技术、产品验证期；（5）实验测试期。技术需求论证、技术预研期，主要由自卫队的统合幕僚监部（参谋总部）、陆上幕僚监部（陆上自卫队参谋部）、海上幕僚监部（海上自卫队参谋部）、航空幕僚监部（航空自卫队参谋部）向防卫装备厅提出技术和武器装备的需求，防卫装备厅的行政部门和技术研发部门进行讨论、预研和立项。也可以由防卫装备厅的技术研发部门和行政部门提出军工技术或产品的研究项目，然后讨论、论证，并进行前期研究。技术指导、沟通期，主要由防卫装备厅研发部门的技术人员和管理人员，同民间军工企业的科技研发部门提出项目沟通，并对他们进行技术指导，提出技术和产品的指标要求，共同协商解决技术难题。技术、产品研究开发期，由防卫厅技术研究人员为指导过渡到了由军工厂的科技研发人员直接接手，进行技术和产品的直接开发与制造工作。这个时期的主要技术和产品研发工作，实际上已经转移到了军工厂的科研和产品制造部门。技术、产品验证期，这个阶段主要是把相关的军工技术产品，反复进行技术检测，产品验证，以及调试、修正、改错和完善技术与产品的过程。实验测试期，这个阶段主要包括靶场实验和实验场的实验等实际操作和验证步骤的过程。如果是作战飞机等产品，首先，要进行空中飞行实验；如果是军舰等产品，要进行下水和航行试验，装备安装，装备测试等实验。其次，根据试验结果，对产品进行改进和完善。再次，装配试验部队，在试验部队使用的过程中，也可能根据部队反映的情况，对产品进行小的改动和调整。最后，基本上就是完成技术和装备的定型，由工厂进行大批量生产，直接装配给自卫队，作为正规的军事装备大规模生产，并配发各自卫队列装使用。

三、日本防卫军工科研开发体制的基本特点

就整个日本防卫军工科研体制而言，日本的防卫军工体制具有如下特点。

（一）防卫装备厅的主导与引领作用

日本防卫省防卫装备厅在整个日本军工科研体系中，发挥引领、主导、预研、参与和订货的作用。

防卫装备厅除去其行政部门和行政职能以外，防卫装备厅设有5个军工防卫技术产品研究所和研究中心，包括陆上装备研究所、航空装备研究所、舰艇装备研究所、电子装备研究所、先进技术推进中心。这五大研发机构，是防卫装备厅代表陆海空三大自卫队主导和推进军事技术与军工产品的重要研发机构。陆上装备研究所主要负责陆上自卫队军事技术与军工产品的研究开发工作。舰艇装备研究所只负责海上自卫队舰艇的主导与预研工作。航空装备研究所主要负责航空自卫队技术与装备的主导与预研工作。电子装备研究所主要负责各大自卫队以及航天、卫星产品等通信电子模块技术和产品的研究工作，因为在任何现代化军事技术装备中，电子产品日益发挥着中枢与核心的作用。先进技术推进中心是一个整合各种先进技术，用于军事技术开发和产品应用的研究机构。

但是，真正军工技术产品科研开发主力还是日本民间企业的科技研发部门。当防卫装备厅决定某个项目启动订货之后，企业的科

技研发部门就成了技术和产品开发的主力。从这种意义上来看，防卫装备厅的科技研发力量主要起到预研和引领的作用。

（二）军工企业的主力地位

日本企业在军工研发方面占据主力地位，这和日本企业在一般的科技投入和研发方面占据主力地位相似。

这不仅由于日本的防卫军工科学技术与产品最终都要落实到企业的研发和产品的制成方面，还由于企业在科研经费投入和研发经费的使用上，在官产学三个主体中比率最高。[①]　日本防卫军工技术产品开发体制的核心属于日本军工企业，或一般意义上的民营企业。严格来说，日本没有纯粹的军工企业，开发军工产品的企业基本都是一般意义上的民营企业，而不是专门的军工企业。因为在第二次世界大战以后，日本军事力量遭到限制，军工产品需求量较小，几乎所有的企业都不太可能通过完全生产军工产品来维持生存和发展。因此，往往都是民营企业，或者二战前曾经有过军工生产背景的企业分出来一部分力量来研发和生产军工技术与产品。日本一些著名的大企业如三菱重工、川崎重工、IHI 等，不仅有强大的民用技术产品开发力量，也有强大的军事技术和产品的研发和制造能力。

（三）独立行政法人的军民两用技术研究

国立研究型的独立行政法人一般以研究民用技术和民用产品为主，兼带进行军民两用技术或产品的研究。所有的独立行政法人的资金，几乎都不属于军费范围。因为他们隶属于非军事部门的各个省厅，因此对他们的资金投入都不计算在军费的范围之内，他们的

---

① 日本发布 2017 年度科技统计结果［EB/OL］.分析测试百科网，2019-01-03.

研究成果包括军民两用，和投入军事技术、军事装备的两个部分。凡是投入军用的部分，在某种程度上都可以看作是隐形军费的开支。也就是，也就是打着民用开支的旗号，而实质上把这部分开支用于军事目的，但又不计入军费。所以，是属于隐形的军费开支。

　　一些日本国立研究型的独立行政法人，如文部科学省所属的宇宙航空研究开发机构、海洋研究开发机构、理化学研究所、日本原子能研究开发机构、物质、材料研究机构、量子科学技术研究开发机构；总务省管辖的情报通信研究机构；经济产业省统辖的新能源、产业技术综合开发机构；国土交通省所属的海上、港湾、航空技术研究所等国立独立行政法人研究机构。它们所研究的技术和产品，有一部分属于纯粹的民用技术和产品研发，有一部分只属于军民两用产品，也有一部分属于完全的军事产品。宇宙航空研究开发机构协助开发的军用通信卫星和军用侦察卫星，属于纯粹的军用产品。一般的探测卫星，属于军民两用产品。纯粹的商业卫星，属于民用航天产品。其他的国立独立行政法人研究机构和军工技术与产品开发相关联的部分，都不够明显，在日本的公开材料中，一般也没有相关的介绍，但这些机构毫无疑问都有能力研究军民两用技术和产品，只是在平时更多用于民用技术和民用产品的研究。因为就当前的技术而言，已经和第二次世界大战之后的 20 世纪五六十年代到七八十年代有所不同。那个时代军用产品的技术研发水平，一般都远远超过民用产品。但是，到 20 世纪八九十年代以后，民用产品的领先地位越来越突出，很多民用产品处于高技术水平的状态，一旦转为军用，能够比较适用于军工技术的开发与产品生产。

进入 21 世纪以后，在高新技术领域，军民通用技术的领域逐渐扩大，尤其是在电子通信领域，典型的是 4G 技术和 5G 技术，乃至未来的 6G 技术。用于民用或者商业领域，就属于民用技术，用于军事通信、军事探查等领域，就属于军用技术，军用和民用的界限日益模糊。因此，日本这些国立的独立行政法人研究机构研究和开发的技术，即使完全强调是民用开发，实际上也具有军工技术和军用产品的潜能。日本像这样的独立公共研究机构大约有 20 个，都是中央省厅直辖的独立行政法人。它们有能力做长线的项目研究，因为使用国家财政拨款，所以具有强大的经济实力，这有利于基础项目和大项目的深入研发。

（四）大学的辅助性角色

大学在军工技术和产品的研发中尽管也占有重要地位，但基本上不占主流，属于辅助性的角色。其主要表现为：第一，大学在军工项目的研究中，参与的军工项目少，使用的资金量较小，远远低于企业。第二，大学能拿到的安全保障项目，即使是军工项目，一般也都属于基础技术或者理论的研究，往往并不是直接研发军事装备。第三，大学拿到的军工项目一般都属于小型项目，甚至是个人项目，在防卫省防卫装备厅的项目中不占主要地位。

日本普通高等教育机构大学等研究机构，在日本的整体科技研发中占有重要地位，每年投入的研发经费占日本全部研发经费的 20% 左右。其中对于防卫军工项目的投入较少，因为有一些名牌大学拒绝参与军工项目的研究，这是日本战后特殊的历史背景所决定的。由于日本曾经发动第二次世界大战，第二次世界大战以后，日本国内反战主义情绪和文化氛围特别强烈，日本科学界基于和平主义立场反对参与政府主导的军事研究。作为科学界代表的日本学术会议分别在 1950 年和 1967 年发表决议，否定"以战争为目的的科学研究"或"军事研究"。① 东京大学等高等院校提出"禁止一切军事研究"。获得较多政府科研项目经费的 117 所国立、私立大学中，有 29 所大学以研究大纲、伦理规范等形式明文禁止，或严格限制学校院系及附属研究所从事军事研究，余下的 88 所大学则没有类似限制。② 但是近年来，由于日本防卫省给参与防卫技术和产品研究的大学及其科研人员提供越来越丰厚的资金，日本过去一些坚决不参与军工研究项目的大学及其科研人员已有所动摇。

首先，一些大学的科研人员以个人的名义参与了防卫省的军工技术与产品的研发。其次，一些大学以往禁止参加的规定也发生了改变，有些大学开始做出调整，规定可以参与军民两用项目的研究，表现出为了让本大学的研究人员参与前沿项目研究，获得更多研究经费，同时在立足点上侧重于民用技术和产品的研发，对于原来禁止参与研究的规定，进行了变通性的改变。最后，大学参与的军工项目研究，大多数都是和军工开发有关的基础技术研究，直接参与军事武器项目开发的并不多。安倍政府 2015 年出台"安全保障技术研究推进制度"，以技术革新的快速发展使防卫技术与民生技术呈现无边界化趋势为由，招募"可用于防卫技术的先进民生技术"研究

---

① 卢昊 . 日媒：日本大学"不参与军事研究"禁区正在被逐步突破［EB/OL］. 环球网，2016-05-24.

② 卢昊 . 日媒：日本大学"不参与军事研究"禁区正在被逐步突破［EB/OL］. 环球网，2016-05-24.

项目，并为之提供资金援助，明确提出鼓励研发军民两用技术。2015 年度预算为 3 亿日元（约合人民币 1800 万元），2016 年度为 6 亿日元，到 2017 年度大幅扩大至 110 亿日元。①

日本防卫省防卫装备厅 2015 年"安全保障技术研究推进制度"项目遴选，58 所大学申请项目。2016 年有 23 所大学申请，2017 年有 22 所大学提交了项目申请。这主要是由于 2017 年 4 月代表日本科学家的日本学术会议组织开会讨论认为，在大学开展军事研究存在问题，该制度"政府干预严重，问题较多"，并将上述内容的声明通报各会员。② 而且筑波大学的防卫课题申请被防卫装备厅选中，该大学的一批师生向其校长发动请愿活动，要求停止参与军工项目的研究。其他大学也有类似的活动，有些大学还重申了本大学教研人员不得参与军工项目研究的禁令，这导致大学参与军工项目的热情遭受了民间左派力量的压制。

随着日本政府越来越强调自主防卫，越来越多的大学及其科研人员参与军工技术和军工产品的研发，恐怕是大势所趋。因此，日本大学的科研人员在军工技术和产品的研发方面，将发挥越来越大的作用，但是，在可以预见的十年时间内，还无法取代企业在军工技术和产品研发方面的主导地位。

（五）独特的企业再教育

在军工科技研发方面，日本有严格、独特、深入的培训体制，

---

① 南博一. 调查：日本仅 3 成大学对参与防卫省军事研究项目有审查程序［EB/OL］. 搜狐网，2018-04-03.

② 日本防卫厅批准 14 个军事应用研究项目多方质疑［EB/OL］. 搜狐网，2017-08-31.

这个体制主要表现在企业内部。

　　就日本的军工企业而言，既重视学历，又不完全为学历所左右，而且十分重视企业内部的培训和再教育工作。日本从事军工技术和产品开发的企业人员，经过企业的培训和在企业内部长期的培养锻炼以后，不仅会成为掌握某种技术和技能诀窍的工匠，而且在一些技术和产品领域的研发方面也发挥着十分重要的作用。在这个方面，丰和工业株式会社的入职培训具有某种特点和意义。该公司并不太重视大学或者研究生等学历，而着重于从高中生中招揽公司的员工，然后经过本企业专门的培训学校，培训以后上岗就业。当然，这与丰和公司掌握步枪研发的绝技的发展重点不是开发出更多的步枪产品，而是要做好、做精现有的步枪等军工产品，更侧重于培养熟练技工有关。在日本几乎所有和军工有关的企业，都有自身内部的培训机构，或者培训学校之类的组织机构，用于本企业入职人员的培训工作。

　　日本企业的培训和中国企业的培训有很大不同，中国的企业培训往往侧重于一般公司规定、操作规程等方面的简单培训，而日本企业则根据本企业的技术和产品特点，往往要对新入职的员工进行全面的技术培训，当然也包括公司规定、公司理念等方面的培训，但技术课程的学习，占用绝大部分时间。有的甚至要为相关培训人员开设基础理论课程，因此，在日本入职后的工作人员，往往能够在企业培训中获得很大提升，真正成为懂得一方专业知识，并且拥有高超技术技能的专业人员。日本的工匠精神也正是通过这种精细的培训，以及精益求精的工作过程，得到培养并发扬光大。

日本电器 NEC 公司在新入职职工培训方面具有典型性。该公司首先用 3 个月的时间进行入职培训，包括熟悉法律法规、公司的条规，并下到工厂和销售部门进行实习，从而锻炼自己。这种培训和中国企业入职的简单培训相似，但这仅仅属于 NEC 公司的入职培训，其更重要的培训是专业知识技术和技能培训。该公司在 1985 年就成立了技术教育学院，分为低级班、中级班和高级班进行本专业的技术培训。低级班的学习时间因课程而定，中、高级班的学习时间各为一年。低级班为有关技术学习计划（RTSP）。该计划的学习期限由选择的课程而定，每周上课一天。主要课程有大规模集成电路设计（19 周）、技术写作（10 周）、空间导航系统（15 周）、计算管理（4 周）、计算机与通信——人机接口（11 周）。中级班为综合技术学习计划（ITSP）。学制为一年，学生是有两年以上工作经验的大学毕业生或研究生，经过培训毕业后专业要达到硕士以上的水平。高级班为更加专业的技术学习（PTSP），而且比较偏重于研究。[①] 如果把这 3 种学制都读下来，相当于再学了一次与公司专业有关的本科、硕士与博士的课程。从这里我们可以看到，日本企业的教育培训，绝不是简单的入职培训，而相当于专业技术学习的高级培训，所有入职人员都能够在这种培训中，获得专业知识与技术的大幅度提升，相当于一个教育的大熔炉。日本制造业企业和军工企业为什么能够拥有强大的技术力量，很重要的原因在于企业的这种专业性培训。

---

① 陈衍仪. 日本电气公司（NEC）的科研人员管理［J］. 科技管理研究，1987（4）：45.

（六）全能型的军工企业

日本研发军工技术和军工产品的大公司，大多数属于全能型企业。这些公司既能够生产陆海空各个领域的军用技术和产品，也能够生产广泛领域的民用产品。也就是说，它们不仅生产军工产品，也生产大量的民用产品。三菱重工、川崎重工、IHI等日本的大的军工企业的军事技术和产品几乎囊括了陆海空三大领域的全部，尽管各自的侧重点有所不同，但作为全能型的军工企业，生产陆海空三大领域的军事产品，这成为日本大型军工企业的一个重要特点。

一般来说，这是军工技术和军工产品在技术品质方面具有高度领先的特性所决定的。因为凡是生产军工产品的大公司，它们的军工技术用于民用产品的开发，会轻而易举地在民用产品技术领域占有优势，从而能够开发出受市场欢迎的民用产品。三菱重工的军事装备在日本属于一流的军事装备，同样，三菱重工开发出来的民用产品，在日本也享有盛誉，家喻户晓。三菱重工的民用汽车，尤其是越野吉普，不仅在日本广受欢迎，在国际市场上也非常畅销。无论是三菱重工，还是三菱电机，又都开发了各自的民用空调产品，这些空调产品在市场上也具有一定的占有率和相当高的声誉。

一些以军工技术为主导的公司，之所以又开发大规模的民用产品，主要是因为日本自卫队的规模相对偏小，对产品的需求量远远不能满足一些大企业的生存需要，这迫使大企业不得不去大力开发民用产品，以便维持自身的生存与发展。由于民用产品也渗透了大量的高精尖技术，因此，在民用技术和民用产品的开发过程中，反过来也能促进军工产品和军工技术水平的提高，二者相辅相成。

（七）走向较大发展的可能前景

日本军工研发机构将可能由过去的小规模走向较大发展。日本军工技术和军工产品，要改变过去在国际市场上的零占有率，逐渐向扩大国际市场占有率的方向发展，必将推动日本军工科研机构技术和产品更大规模的研发。日本的军工技术和军工产品，尽管在世界上处于领先地位，但在国际市场上并没有市场份额，甚至可以看作零份额。这主要是日本战后政府长期实行武器出口三原则，进行军事装备和武器出口的严格限制所造成的。2014 年 4 月 1 日，日本内阁通过了"防卫装备转移三原则"，根据新的三原则，日本将在下述情况下允许出口武器装备和技术：其一，有助于促进和平和国际合作；其二，有助于日本的安全保障。基于第二点，日本还将可以与以美国为首的安保领域合作国共同开发和生产武器装备，加强与同盟国的安保与防卫合作，确保自卫队和日本人在海外活动的安全。"防卫装备转移三原则"已经大幅放宽向外输出日本武器装备和军事技术的条件，日本战后和平国家理念出现重大转折。2017 年，日本修订《自卫队法》，允许将自卫队的二手装备免费或低价转让给其他国家。以此为根据，日本分批次无偿向菲律宾提供 12 艘巡逻艇，向越南提供 9 艘巡逻艇。这意味着无论是日本军事科研机构，还是日本的军工企业，都将在武器出口的政策中大获裨益。

在 2020 年以前，日本对外武器和技术的出口的确还比较谨慎，这也说明，开拓国际市场需要一个渐进的过程，不可能一蹴而就。随着 2020 年 3 月日本与菲律宾敲定一项军用雷达的合作事宜，日本三菱电机公司（三菱集团）通过这份价值 5.5 亿美元的雷达采购合同将获得大笔的销售利润。无论是三菱电机公司的研发机构还是制造机构，都将得到更加丰厚的回报，也将鼓励日本政府加大对外武器出口的力度，这对日本军工科研机构的技术和产品研发，将产生极大的推动作用。到2020年7月，日菲双方已经达成正式协议，价格由原来的5亿美元降至1.3亿美元。据日本《产经新闻》透露，日本政府希望菲律宾共享探测数据，以加强对相关方向的监控能力。其实质是利用菲律宾，对中国南海舰队动向与中国在南海地区的军事活动进行日常全方位监控。受新冠疫情影响，最后的交付工作要推迟到2021年下半年。日本军工企业军工产品的技术研发和生产也将得到利好消息的刺激，进一步得到拓展。

2023年4月5日，日本政府召开国家安全保障会议，会议确立新的对外军事援助机制《政府安全保障能力强化支援（Official Security Assistance，OSA）》，决定向特定国家提供武器装备和物资器材等方面的军事援助。今后将以此文件原则为根据，旨在向特定的发展中国家的军队提供援助，以帮助其提升军事能力。援助内容除了提供资金、武器装备外，还包括建设军用机场和港口等基础设施。据悉，该机制是为落实日本新版《国家安全保障战略》提出的"新设与友军合作机制"的具体举措。有了政策方针和原则，必然要落实到实践中，日本政府计划在该机制下，在2023年，向菲律宾、马来西亚、孟加拉国和斐济4国军队提供对领海和领空进行警戒监视的雷达及卫星通信系统，并向除菲律宾以外的多个"印太地区"国家提供通信系统。这意味着日本对海外的武器装备和技术出口，已经大开方便之门，可以随时根据日本政府的意愿，任意对外出口。

这将极大地推动日本军工研发和制造事业的发展，对日本军工研发和制造企业是重大的利好。

（八）军工研发力量与日本人口工业分布大体相同

日本的军工研发和生产基地，和日本的工业与人口分布大体上相同。就目前来看，日本全国约 1.24 亿人口，东京都圈大约有 4000 万人，集中了日本将近 40% 的人口，是高度密集的大都市区。全国百万人口以上的大城市只有 10 个，除了东京、大阪、名古屋三大城市以外，其他地区的人口都在大量减少，向三大城市圈聚集。在三大城市圈，集中了日本主要的科研力量，日本的军工研发机构大部分也集中在这些地区，主要包括京滨工业区、阪神工业区、名古屋工业区（中京工业区）、北九州工业区、濑户内海工业区。

（九）陆海空三大能力方面均有布局重点

日本在防卫科研研发分配上，并非像军事大国一样全面开花，这主要受制于国家规模，日本自卫队有限规模、有限军事发展战略。在陆上自卫队装备研发方面，日本侧重于坦克和装甲车的研发；在海上自卫队装备研发方面，侧重于宙斯盾驱逐舰和轻型航空母舰（直升机航母）的研发；在航空自卫队装备研发方面侧重于主力战机的研发，前 30 年的侧重点在于仿制美国战机 F2 战机的研发，近 20 年侧重于第 5 代隐形战机的研发，并且在 2020 年上半年已经立项。

四、军工企业科技研发部门的规模、地位、优势与不足

日本军工企业科技研发部门规模不大，在日本国家行政机构和企业中，属于比较精悍高效的部门。其部门行业比较受到人们的尊崇，在国际上也有一定的显赫地位，有很多其他国家不具备的优势，但也存在一些不足。

（一）日本军工企业科技研发部门的规模

日本军工科研机构在规模上并不庞大，基本上属于小巧精悍的设置，但是效率却很高，这主要是因为它和民用的研究机构完全结合，并融合于一体。日本防卫装备厅总人员数为1800人，除了核心的行政机构以外，还设置了5个专门的研究所和研究中心，3个以上的实验场。这样一个引领和指导日本全国军事工业和军工技术，负责陆海空三大自卫队技术研发和装备的单位配置并不庞大，可以用精干来形容。尤其是军工科技研发部门，是一种需要高智力密度，高智力数量人员配备，才能够达到获得高水平技术和产品的结果。没有相当数量和高级职称的研究人员，很难获得好的研究成果，更遑论能够引领军事技术发展、不断推出好的军工产品了。

就日本宇宙航空研究开发机构（JAXA）研发部门的人员安排而言，宇宙运输技术部门共120人，第一宇宙技术部门共167人，载人宇宙技术部门共147人，研究开发部门共270人，宇宙科学研究所共207人，航空技术部门共160人，下一代航空创新中心共26人，宇宙探查创新中心共9人，国际宇宙探查中心共12人，第二宇宙技术部门缺人数。① 一个部门就相当于一个研究所，或者一个研究开发中心，从上述的人员数据中我们可以看到，最大的研究开发部门还不到300人，最小的仅有12人。这种人员安排应该是根据每个部

① 宇宙航空研究開発機構の組織体制（部署、人数）［EB/OL］.［2020-02-15］.http：//www.jaxa.jp/about/org/index_ j.html.

门的特点和业务所需要的人员技术含量来确定的。其他国立独立行政法人的研究机构的人员安排、人员设置可以以此类推，一般来说基本上是大同小异。

日本军工企业的研发机构及其人员应该比国内的行政法人研究机构更加精干。因为任何民营企业都要把自己的编制压缩到最小化，以此来提高本企业的效率和竞争力，基本上不太可能出现设置空闲职位养闲人的情况。而且，在研发人员的数量上，肯定要比国立独立行政法人研发机构的人员数量少。

（二）日本军工企业科技研发部门的地位

科技的先进与落后决定着一个国家未来经济发展的潜力。同样，科技研发部门是一个企业的大脑和灵魂，能否研发出好的技术和产品，关系到企业未来的成长与发展。

日本是一个崇尚技术的国家，工匠精神在日本文化中根深叶茂，大部分日本大学生的毕业首选是到一个名牌大公司中工作。2017 年 3 月，日本人才中介公司 Recruit 对东京大学、早稻田大学等日本知名大学毕业生就职单位进行调查，发现年轻人最期望进入的企业有两大类，一类是大型国际商社，另一类是制造企业。之所以首选国际商社，首先，是因为日本从 20 世纪 80 年代开始推进国际化的进程，使年轻一代更具有国际视野，希望在国际型的企业中得到锻炼、增长见识、开阔眼界。其次，选择进入大型制造业企业，和日本政府长期推动科技立国的发展政策相关联。在日本人们崇尚科技企业、制造业企业，认为这是国家发展的根本。因为日本的高精尖技术基本上都掌握在大型制造业企业的手中。在制造业企业中能成为一名优秀的科技研发专家，这是人们敬重的一种职业。所以，从这种意义上来讲，日本军工企业的科技研发人员，职业稳定，工资薪酬较高，同时还受到人们的普遍尊敬，并且这也属于推动企业发展的核心部门。如果没有高水平的技术和高水平的科技产品，企业就无法在市场竞争中赢得持续的发展后劲，必然要走向衰落。由此可以看出日本军工企业的科技研发部门，是各个军工企业的核心部门之一，具有比较崇高的地位。

就日本军工企业科技研发的国际地位而言，日本军工企业的科技研发，在世界上处于领先地位，几乎可以认为，日本是除了美中俄三国之外，第四大军事科技强国，而且在某些军事技术、军事制造领域，还有优于中俄的地方。

2011年，日本决定引进F-35A战机，在当时日本一共订购了42架，前4架为美国进口整机，剩余的战机由美方提供零件，由三菱重工获得组装生产许可证，在小牧南工厂负责组装，首架国产组装机在2017年6月5日上线，到2019年年初，日本已经组装了14架。由于组装成本过于高昂，比从美国直接进口整机贵60%，日本决定停止组装。此后，三菱重工经过一年多对生产线的改造，大幅度降低了成本，在2019年年底决定恢复F-35生产线的组装工作。2013年10月，川崎重工与英国罗尔斯·罗伊斯（Rolls-Royce）公司达成出口舰艇发动机零部件的合作协定，产品对象是舰船燃气涡轮发动机内扇叶连接转轴。英国海军决定向罗尔斯·罗伊斯公司购买该零部件，但是已经停产，因此转向川崎重工购买，并在日本进行许可证生产。2017年11月，日本和英国达成了一项联合开发一款空空导弹的合作计划。按照计划设定目标，该导弹将以 MBDA 公司的"流星"空空导弹作为基础平台，配备由三菱电机开发的新型雷达系统，研发一种能够摧毁所有空中目标的新一代导弹。

从上述日本这些国际军事技术合作的案例当中我们可以看到，日本军事研究开发在国际上的地位，处于国际第一梯队，综合军工技术和军工产品研发能力仅次于美中俄三国。只是受到战后对于自身军事发展的限制，以及原来武器出口三原则的限制等，难以进行大规模的军事装备开发，从而限制了日本军工技术和产品水平的发挥。当这些限制被逐渐打破以后，日本军工技术与军工产品的研发实力将得到大幅度的释放，并通过向国际市场的出售，获得较大发展。这将进一步巩固日本作为军工技术和军工产品研发第一能力梯队的地位。

我们要认识到，虽然日本政府从限制武器出口，转变为鼓励武器出口，但就武器装备转移三原则而言，仍然有一些限制和制约作用，尚未达到完全投入国际市场，进行全方位国际军工武器和装备竞争的状态。因此，日本的军工技术和军事装备的研发，在短时间内不会有大的提升，不会发生根本性和本质的改变，只是会在量的方面不断进行积累和扩展，尚不能形成质变。2023 年 4 月，日本确立的新的对外军事援助机制《政府安全保障能力强化支援（Official Security Assistance，OSA）》将会进一步加快日本军事产品和技术出口的步伐，从而带动日本军工研发和军工制造产业的升级。

（三）日本军工企业科技研发部门的优势与不足

日本军工企业科技研发有自身的优势和不足，这与日本科技现状和发展现状相似。就优势方面而言，主要包括以下几个层面。

1. 日本科技人员的数量和密度尽管在各大国中不是最高，但都名列前茅，比一般大国都较高

日本整体科技实力比较强大和先进，按每百万人口中科技人员的数量来看，日本的科技人员密度仅次于韩国，是一个平均科技治理投入和科技水平非常高的国家。在此背景之下，日本军工部门的科技研发也同样具有这方面的优势。军工研发部门可以轻而易举地获得比较广泛、高素质的人才，然后，军工科研部门自身的培训和实践培养，使其成为一个合格的科技开发人员，以此来推动日本军工科技产业的发展。

2. 寓军于民的政策带来了日本军工技术与产品研发的巨大潜力

从二战后日本军工科技研发发展的历史来看，除了二战结束初期，其军工科研开发暂时中断以外，无论是日本政府还是企业，都非常重视军工的科技研发和军工制造业的发展，因而长期采取了寓军于民的政策，即推动民营科技企业的发展，使民营企业分出部分科技力量，来投入军工技术和军工产品的研发，并通过长期的军事订货，维持这些科技制造业的发展。而且，日本防卫省在订货方面很讲究规则和对民营军工企业的培育与保存。因为在各个大国中，日本的军费相对较少，自卫队总人数的规模也很小，编制只有26万人左右，且长期不能完全招编满员，这使日本所需要军事装备规模总量偏小，而日本一些大型的军工生产企业具备强大的生产能力，因此，军工企业靠少量的军事订货很难维持自身生存。日本防卫省尽可能将自己同一方面的订单分给多个军工企业，让它们同时制造，

以便保证每个企业都有一碗粥喝。这样的目的是保证企业保留军工产业的积极性，而不至于在长期没有订单的过程中，失去研制和开发军工产品的能力。

3. 军民互需、军民互利、军民互补的政策做法，既支撑了军队的需要，又滋养了民间企业的成长，形成一种互利共赢的共生模式

日本军事技术和军用产品从民间企业进行订货的政策做法，是一种互利双赢的做法，保持日本国家军事力量的重要政策，有利于日本军事技术和军工产品的长期开发与质量提高。作为企业，能不能获得市场的信赖与发展，最重要的是自己有没有过硬的技术与市场需求。尽管日本政府对日本企业的军工技术和军工产品需求量不大，但是对军工企业持续不断的小量订货，基本上能够使日本军工企业保持长期生存。同时，日本防卫省在进行军事订货的时候，往往特殊照顾企业的利益，利用高于国际市场 20%～30% 或 50% 甚至 60% 以上的高价格进行军事订货。这样有利于保证企业获得丰厚的利润，既维持了企业制造军工产品的积极性和可持续性发展，同时可以保证企业军工产品研发和制造部门不倒闭，对日本防卫安全来说也具有重大的意义，使其一旦面临战争，就可以重新启动这些企业的军工技术和产品的研发与生产部门，投入大规模研发与大规模生产。维持这样一个可持续发展的态势，对日本的国家安全来说至关重要；对企业来说也生死攸关，形成了互利双赢的局面。

4. 日本民族独特的工匠文化，哺育了军工企业研发部门的长足发展

日本的工匠文化精神，对日本军工开发企业而言，有利于其获

得长足的发展动力。在日本文化中，崇尚通过自己的钻研、辛勤劳动和努力，拥有一技之长，并能专注于一个领域获得顶级专业成就的文化精神。这种文化精神，使日本青年人在进入军工企业的开发部门以后，能够脚踏实地在自己的专业领域踏实苦干、精益求精，不断打磨自己的技术和专业能力。这种情况使日本军工企业的研发部门，能够长期拥有一支踏实肯干，专业业务不断提高、不断进步的研发队伍。

5. 日本的年功序列企业制度，有助于军工企业研发的可持续发展

日本的企业制度和世界上其他所有国家都有很大的差异，他们不进行完全的优胜劣汰竞争，而是根据入厂工作资历和工作年限，决定工资的涨幅和升迁。往往工龄越长的人工资水平越高，同时，也没有随意的解雇制度，日本企业基本上不解雇自己的员工。因此，员工对企业的忠诚度非常高，一般企业的员工也没有跳槽去其他公司工作的想法。这就保证了军工企业的研发队伍踏实肯干，是与公司同呼吸、共命运的中坚骨干力量。这种情况使研发队伍当中的人员能够把主要的精力投入自己的军工产品研发方面，心无旁骛地促进技术水平的提高以及产品质量的改善。

6. 日本政府发展军事力量的政策，为军工企业研发部门的可持续发展提供了广阔的空间和机遇

日本对军事力量使用与武器出口在法律和政策上约束性的放开，将使日本军工企业获得更大的发展空间和机会。在 2014 年，安倍政府制定军事装备转移三原则，2015 年 9 月，日本参议院全体会议以

执政党等的多数赞成表决通过了系列安保法案，2016年3月29日开始实施。这意味着安保法案正式升级为法律，日本政府可以行使集体自卫权。随着相关政策法律的推进和落实，日本大规模出口军事武器的可能性越来越大，日本为了行使集体自卫权，将进一步加强武装，配备更多的远程军事装备和武器设备。

根据国际媒体报道，日本防卫省正在研究制造高超音速滑翔体战斗部弹道导弹的可能性。高超音速滑翔体导弹有两种类型：第一种类型的导弹旨在消灭陆上固定目标，将于2026年列装部队。第二种类型的导弹将从2028年开始建造，旨在击毁移动目标，如敌人大型水上舰艇。从2020年3月开始，日本对"出云"号直升航母进行甲板加固改造，到2021年7月改造完成，F-35B战机上舰实验成功。这意味着日本有了可以起降固定翼作战飞机的真正航母，随之对军品弹药等的需求也会进一步增加。2022年3月，日本开始对"加贺"号的改装，与"出云"号相似，主要是加装耐高温材料的甲板。2023年4月20日，日本海上自卫队"加贺"号完成"航母化改装"后首次驶出船坞。"加贺"号是日本第二艘直升机航母，即"出云"级的2号舰。日本防卫省从美国雷神公司订购了"联合精确着陆系统"，该系统的主要功能就是对舰上的F-35B进行引导，这套系统还具备夜间工作能力，可使"出云"级具备昼夜起降能力，这套系统将要在2027年之前加装在这两艘航母上。届时彻底完成改造，这两艘原来的直升机航母可彻底成为可以搭载固定翼作战飞机的真正航母。

日本军工研发体制并非完美无缺，还存在着一些缺点和不足，有些缺陷，甚至具有致命性，主要包括以下几个方面。

1. 日本军工企业一般都属于民间私营企业，以民用生产为主，兼做军工产品，损害了其对军品研发的专注度

日本军工企业一般都将大部分精力用于研制和开发民用产品，而对军用技术和军用产品的投入与开发只占一个大企业的很小的一部分，这种鸡肋的状态，很难使企业全力以赴投入军事技术和军用产品的开发。从后果上来看，这种状况导致日本的军用技术和军用产品尽管都很先进，但是往往在具体的某一个领域中与美中俄三国还有一定的差距。这个差距就是用心不专和生产研发军工技术与产品吃不饱所造成的。这对日本军工研发体制来说，是难以克服的一个弱点，因为这个弱点最适合日本的国情。日本如果都搞成专业的军工技术与军工产品开发和制造的公司企业，很可能造成规模太小，技术研发能力不够；而搞得规模太大，又很容易在需求不足的情况下，陷入经营危机或者面临倒闭。

2. 日本军工企业软硬件技术发展不平衡，硬件先进，软件落后，成为其开发先进产品的硬伤

日本军工企业及其研发部门的硬件技术、硬件装备先进，但是软件体系相对美中俄三国较为落后，这对智能时代的军工研发来说，可能是一个致命的弱点。因为在智能时代所有的科技进步，都离不开智能技术和互联网应用的背景。其中包括计算机模拟设计、计算机建模、3D 打印开发，物联网的普及和应用，信息与通信技术的普遍应用和高精尖利用等 AI 技术。日本军工企业的硬件优势难以在世界上发挥支配性作用，再加上世界军工技术和军工产品行业的研发、

生产、营销已经形成了极其庞大的体系，每个环节都非常专业，且在快速变革。单一的硬件或零部件行业的一些优势只能保证在行业中有一定地位，却无法主导行业的发展。因此，像美国这样站在智能军工技术和产品研发最高端的国家，日本军工技术与军工产品的质量可能与之差距会越来越大，日本难有追赶美国的机会。同时，由于小规模的军事订货，日本的军品开发也难以和中国这样有巨大军品市场的国家进行技术开发的比拼。

据加拿大咨询机构 Element AI 数据（2018 年）统计，在全球 2.24 万 AI 顶尖人才中，日本仅占 3.6%（805 人），中国以占比 10%（2525 人）排名第二，美国排名第一（1.295 万人）。而就各国 AI 人才总量来看，据腾讯 2018 年年初发表的《全球人工智能产业人才白皮书》数据，日本以 3117 人占 1%，是中国的 17%。① 在人工智能领域，日本工程师数量的相对匮乏和投资不足，将严重影响日本军工技术和军工企业的科技开发与产品创新。

3. 日本武器开发成本偏高，在国际竞争当中处于劣势地位

日本武器研发和制造价格普遍较高，这种情况不利于日本武器的大规模生产。当然，价格偏高的原因是缺乏大规模生产。以最普遍的步兵使用步枪为例，日本 89 式步枪为了追求射击的精度，零件非常多，工艺复杂，一支步枪单价接近 4000 美元；美军采购 M16A2 的价格大约是 2000 美元，中国的 95 式步枪大约只有 600 美元。从这种对比当中我们可以看到，日本自卫队装备的一些武器，价格高得

———————————

① 徐乾昂．软银孙正义：在 AI 领域，日本是发展中国家［EB/OL］．搜狐网，2019-07-18.

离谱。这也不能说日本军工企业是故意抬高价格，增加利润，实际情况是日本的人工成本、研发成本和制造成本的确都比较高，所以造成了高价。再加上日本的所有武器，几乎都只专门对应供应自卫队和国内的警察系统，销售量在各大国当中是最少的，因而不可能进行更大规模的生产，也就无法通过大批量生产来降低武器和军事装备研发的成本。

如果未来日本实行大规模出口武器，和其他军事大国在国际市场上进行武器和装备竞争政策，有可能会拉低日本武器和军事装备的研发与制造成本。

4. 日本政府大量购买美国先进武器，损害了日本军工研发的可持续发展

日本有限的军费用来大量购买美国先进武器，挤占了日本军工企业研发和制造的利润。日本的军工技术尽管比较先进，但是并没有站在世界的最高端、最前沿。日本为了应对所谓朝鲜和潜在敌国的军事威胁，不得不大量购买美国 F-35 战机等先进的军事装备和武器，这严重削减了日本本土企业的军工生产、采购份额，损害了日本军工企业的研发与制造业的发展。

日本政府 2017 年 12 月通过内阁决议，正式决定从美国引进两套陆基"宙斯盾"反导系统，计划 2023 年左右投入使用。2018 年 11 月，美国国务院已批准一项可能的对外军售，向日本出售 32 枚 AIM-120C-7 先进中程空空导弹（AMRAAM），预计总金额为 6300 万美元。2019 年 5 月，日本宣布将采购 105 架 F-35 战机，加上此前预订采购的 42 架，总数达到 142 架，这使得日本成为 F-35 战机最

大的海外客户，让美国人赚得盆满钵满。日本还购买了美国 JASSM-ER（增程版联合防区外空地导弹）和 LRASM（重型远程反舰导弹）。这两种导弹的射程都超过 1000 千米。2023 年 2 月，日本决定从美方购入 400 枚"战斧"巡航导弹，作为保有反击能力（攻击敌方基地能力）的装备使用。日本政府在 2023 年度预算案中编制的"战斧"导弹采购费达到 2113 亿日元。

　　日本对大规模先进武器的采购，的确损害了日本防卫省对本土军工企业产品的采购份额。美国这些军事装备的价格都极其昂贵，而日本每年的军费尽管有所增长，但基本上都固定在很小的增长范围之内，难以有更大的突破。这就使日本国内军工企业能够分享的蛋糕越来越少。日本自卫队装甲车辆的大型制造商小松继在 21 世纪初停止部分军工生产以后，2019 年 3 月，又决定停止部分新增开发，涉足军用航空装备的三菱重工和川崎重工等企业面临相同的问题。日本军工企业盼来的自卫队军费的增长，大部分都流入了美国军工企业的腰包，对日本军工企业来说，订单不是越来越多，而是越来越少，只能选择停产和停止新增开发，曾经独立强大的军工系统一步步陷入困境。日本政府的国际战略与政治大国军工的自主意愿发生内在的矛盾和对立。当然，以后随着日本国内军工企业的持续成长，日本自身生产先进武器和军事装备的能力也可能得到增强，但未必一定会增强，也存在着走向进一步衰弱的可能性。

　　5. 日本军工企业侧重于制造，薄弱于研发，不利于日本军工企业的可持续发展

　　在日本现有的军工企业中，创新研发往往并不是这些企业的重

点，制造性的研发才是日本军工企业研发部门的重点。这实际上限制了日本军工企业研发能力的发展。这主要是由于研发的投入成本过高、过大，周期太长，又充满了不确定的风险，一旦研发失败，前期的所有投入几乎丧失殆尽，完全没有回报的可能性，往往会导致巨大的公司债务，甚至倒闭的风险。所以，日本的军工企业一般不愿意进行大跨度的军工技术和军工产品的研发，而喜欢进行技术引进，或者在引进的基础上进行技术改良，进行修修补补、小打小闹的技术研发，这样一方面可以控制成本与研发周期，另一方面能够准确地预测未来的产品市场状况。

日本的航空技术偏向于生产型而非研发型，以目前的技术水准来说，日本有能力自行设计生产大型运输机，但在第 5 代战机的设计和研发上，还存在很多技术上的缺陷，至今没有完成。日本企业能够组装生产其他国家先进的作战飞机机型，进行许可证生产，已经超越了多数具有一定航空工业国家的技术水平，但要独立研制先进的作战飞机，还有巨大的技术障碍难以逾越。在军舰生产方面也是如此，二战以前，日本是大型航母的设计与制造国家，但是在二战结束以后，尽管日本造船技术和材料技术比较发达，但仍然缺乏制造大型现代化航母的经验和设计能力。

6. 政治路线和政策限制了日本军工研发的发展

在第二次世界大战以后，美国长期对日本的军事生产和军事技术进行限制，在朝鲜战争以后才逐步放开，但是限制始终没有停止。所以，日本长期没有航空母舰，没有远程轰炸机，没有弹道导弹等顶级的武器装备。战后的日本政府也长期采取这种自我限制政策，他们认为上述这三种武器都属于进攻型武器，研发或者拥有这些武器，违反了日本专守防卫的基本防卫原则，这实际上也限制了日本军工研发技术的发展。但是，2022年12月16日，日本政府公布了新的安全保障政府三份文件，已经基本放弃了专守防卫原则，未来可能突破航空母舰、远程轰炸机、弹道导弹的部分限制。

2014年日本废弃了原来的武器出口三原则，推行军事装备转移三原则，扩大对国际市场的武器和军事装备出口，以及2016年3月底开始推行解禁集体自卫权的法案，实行拥有集体自卫权的政策，这需要日本拥有更大规模的远程投送军事装备和更精良的集团武器作战平台，以便在全球范围内跟随美军，实行集体自卫。尽管在政策和法律上已经放开了相关的限制，但对日本政府来说，仍然要维持一个和平主义国家的形象和路线，因此，在相关领域的政策方面仍然有约束，仍然有所限制，在没有修改日本宪法之前，不太可能和其他军事大国一样，完全进行无限制的武器装备的开发或者生产。

也就是说，日本走和平主义国家的政治路线，这不允许日本政府一下子完全放开在这些方面的自我限制，也极大地限制了日本军工研发能力的提升与拓展。因为这种长期的政策限制，日本军工企业无法开发类似于远程轰炸机、航空母舰和弹道导弹这样顶级的军事装备，尽管日本拥有制造这些装备的能力和水平，但是长期没有研发或者生产，而且实际上，在研发和制造方面，不仅限制了经验的获得，也限制了相关设计与研发能力的开拓。即使在未来相当长的一段时间里，日本政府也不太可能一下子决定生产相关的武器，只能走渐进推进，逐步接近的道路。比如，在研制导弹方面，逐步研发距离更长的导弹，通过不断叠加和小步子走的政策，向弹道导弹的领域靠近。在航空母舰方面，实行先改装直升机航母，再逐渐过渡到小型航母、中型航母、大型航母的政策，现在还仅仅停留在第一个阶段，也就是改造执行及航母的政策阶段，以后的道路依然漫长。

五、日本防卫军工研发体制的意义、效果、影响、趋势

日本军工科技研发，不仅在日本整体科技研发中占有一席之地，对于保持日本军事强国的地位，甚至对支撑日本政治大国的地位也有某种积极的影响。其研究成果在很大程度上壮大了日本科技研发的声势，提升了日本的国际地位，扩大了日本的世界影响。就未来的发展趋势来看，日本还会进一步加强军工科技的研发能力和研发水平，以便持续保持日本军事强国的地位，也借此保留日本的科技特色。军工科技研发本身的发展和进步，不仅能够带动日本科技的整体发展，对于保持日本强国特色，也有一定的支撑作用。

（一）日本军工科技研发存在与发展的意义

日本军工企业及其军工技术、军工产品自我研发能力的存在和保留，对日本国家安全来说具有重大的意义。

1. 拥有并保存现有军工科技研发体制可以保证日本的军事安全

拥有这些具有研发能力和技术水平的机构和企业，可以使日本政府在应对一场中等规模的战争时，保持一定的定力。在不依赖外国援助的情况下，日本自身的军工研发机构和部门，就能够比较大规模地研发相关的武器，军工企业也可以开足马力进行大规模的军

事装备生产。这种能力和水平，对一个大国来说，是必须储藏和具备的。现在日本国内越来越多的人认为日本是一个小国，原来大日本帝国的心态发生了彻底改变。其实，从政治经济和军事实力来看，不能把日本当作一个小国，但日本的实力还远远不足以充当一个顶级大国。但是，如果把日本算作一流的大国，应该没有问题。

就日本 GDP 的总值而言，居世界第三位，仅次于美国和中国，排在英国、法国和德国之前，拥有能够进入前三名的经济实力，不能不以经济大国来定义。再从人口上说，日本拥有 1.28 亿的人口，已经远远超过了德法英三个欧洲大国，是发达国家当中除了美国以外的第二大人口大国，这样的人口实力，也让日本稳居于大国之列。虽然有发展中国家印度、巴西、印度尼西亚、巴基斯坦等人口大国，但是他们的综合国力与日本无法相比。再加上日本的科技力量遥遥领先于其他国家，甚至连美国、中国、俄罗斯这些顶级国家也有不如之处。如果日本想要保持自存自立的国家状态，那么以雄厚的国力作依托，保留比较完整的军事工业体系，包括军事技术装备的研发和制造能力，就变得十分重要了。这也意味着日本是现代国家中体制相对完备健全的国家。

2. 有助于应对不利于日本的国际安全环境

从中国的立场和政策来看，中国没有威胁和侵略日本的任何意图，但中国强大的综合实力却使日本内心颤抖。再加上朝鲜这样的民族主义国家，在历史上由于日本的殖民统治对日本一直抱有抵触和仇恨的心态，同时两国关系没有实现正常化，日本也没有对朝鲜的殖民统治进行过任何的国家赔偿。朝鲜在试射导弹的时候，还曾经采取过让导弹飞越日本上空，在太平洋坠落的战略战术威慑把戏，使日本感到自身的安全受到了严重的威胁。俄罗斯依然保有强大的力量，经常派携带核弹的战略轰炸机绕日本或者在日本附近的海域飞行，日本也同样如芒刺在背，切身感受到了不安全因素的存在。

所以在这种意义上，任何一位日本领导人和任何一届日本内阁，都不可能放弃，也将长期保有日本强大的军工企业的存在，以及保有日本强大的军事技术和军事产品的研发能力。毫无疑问，从日本国家安全的立场而言，拥有这样的能力和没有这样的能力是大不一样的，因此，对日本政府来说，这种能力只能增强，不能弱化。

3. 有助于提高日本的国际地位

日本为了提高在国际上的地位，尤其是从 20 世纪 90 年代开始，就有非常强烈的加入安理会常任理事会的愿望。所有安理会常任理事会的国家都属于军事大国。从军事层面而言，日本政府和这些国家相互比较，发现了自身军事能力和军事装备的严重短板，因此，安倍政府想要通过释放日本的军事潜力，甚至想要建立国防军，来补足自身在军事上的短板。但是由于日本国内和国际政治局势的限制，安倍内阁还无力在短时期内，达到这样一个国家和政策体制改革的目标，因此，只能够通过放开武器出口管制、制定法律、拥有集体自卫权等政策路线，向建立国防军的军事政策靠近，但还难以在短时期内实现。

这种逐步靠近的政策有助于释放日本的军事潜力，从而刺激日本的军工研发和军工生产，反过来日本的军工研发和军工生产能力强大以后，有助于补足日本在军事领域的短板，使日本在同美国、英国、法国和德国等发达国家的军事交往中，处于更加有利的地位，实际上也意味着提高了日本在国际上的地位。

（二）日本军工科技研发的效果、影响

21世纪国家的竞争是综合国力的竞争，综合国力主要体现在经济的发展方面，经济发展的制高点是高科技企业和金融企业。也就是说，企业如果不掌握高新科技技术，就无法在残酷并且优胜劣汰的市场竞争中获得立足之地，并赢得发展机遇。而当今和未来各个国家战争力量的体现，主要表现为是不是一直掌握了高科技装备和拥有综合运用高科技能力的现代化部队。因此，高科技的军事体系装备的配备和高科技军事战力的综合运用，成为未来战争决胜的根本因素。这决定着军工科技的研发具有越来越重要的地位和效果。日本军工科技研发的效果主要表现在以下几方面。

1. 有助于日本自卫队提升综合作战力量

日本的军工科技研发，能够按照日本防卫省的技术指标和军事战术的要求，完成防卫省的军事技术和军事装备的科研项目，提升了日本武器与军事装备的水平，提升了日本的综合作战能力与水平。日本防卫省通过防卫装备厅向军事开发研究机构和军工企业提出立项指标和项目要求，接单的军事科研机构和日本军工企业，立项以后进入自主研发阶段，基本上都能够保质保量地完成最初的设计要求，有些军工产品项目甚至达到国际先进水平。例如，主要由防卫装备厅前身的防卫省技术本部研发的"苍龙"级潜艇，在综合作战力量方面，达到了常规动力潜艇的世界先进水平。由三菱重工研发的90式坦克与10式坦克，在生产初期都居于国际领先水平。

2. 日本的军工科技研发，提升了日本军工研发和制造的国际影响力

由于日本的军工技术及其制造实力强大，美国在防空导弹研制方面也要进口日本生产的"爱国者-2（PAC2）"采用的高性能传感器。该传感器位于导弹尖端部分，配有可识别和追踪目标的红外线搜索系统，具有捕捉导弹姿态和位置的功能，是引导导弹准确打击目标不可或缺的零部件。英法德三国，对日本的军工零部件也有采购。日本"苍龙"级潜艇在向澳大利亚竞标的过程中，尽管最后没有中标，但名声大噪，让国际社会了解到了其潜艇性能的综合先进性，包括能够下潜 500 米深度的海域，这是特殊钢材料的韧性所决定的。"苍龙"级潜艇所用 NS110 钢超过 1000MPa 的屈服强度。潜艇的潜深每增加 100 米，反潜武器打击能力就降低 22%，而且其静音能力也比较强，属于柴电潜艇中的优秀潜艇。

2020 年 3 月，菲律宾媒体证实，菲律宾空军决定从日本购买一批防空雷达站，包括三套现代化的 J/FPS-3ME 雷达站和一套移动式 J/NPS-P14ME 雷达站。到 2020 年 7 月，日菲双方已经达成正式协议，价格由原来的 5 亿美元降至 1.3 亿美元。据日本《产经新闻》透露，日本政府希望菲律宾共享探测数据，以加强对相关方向的监控能力。受疫情影响，最后的交付工作要推迟到 2021 年下半年。菲律宾采购此型雷达，以升级菲律宾空军的空域控制系统。此次军工大订单也是日本武器装备销往东南亚国家的一次重大突破。美国听到这一消息以后，想要同日本政府交涉，设法阻止，主要是害怕日本的高端技术泄露，这也说明了该款雷达的先进性。

3. 日本军工研发难成完整系列，存在很多短板

日本军工科技研发尽管基础雄厚，能力强大，但毕竟日本的军工体系还不能成为一个完全自主的系列，还存在很多短板。自二战结束以后，日本就没有独立开发过新式喷气作战飞机。进入 21 世纪，日本企图弯道超车，研制第 5 代隐形战机，由日本防卫省防卫装备厅航空装备研究所与三菱重工共同联合开发隐形战斗机"心神"的研发计划，正式名称为"先进技术验证机"（ATD-X），代号 X-2。2016 年 1 月 28 日下午，"心神"在名古屋的三菱重工名航小牧南工厂举行发表会，正式向媒体公开，2016 年 4 月 22 日试飞成功。"心神"战机使用了 3-D 矢量推进、光飞行控制系统、主动电子扫描阵列雷达、电子战设备、微波武器等多项高端技术，能够有效对敌方实施打击。赋予其"F3"作战能力，即"首先发现（First Look）""首先攻击（First Shoot）"和"首先摧毁（First Kill）"。"心神"共计完成了 32 次试飞，最后一次试飞是在 2017 年 10 月 31 日。由于日本政府决定大量采购美国 F-35 战机，"心神"的研制计划，最后基本废弃。这意味着日本军工开发也有不成熟、不成功的一面，不仅浪费了大量的资金和时间成本，也损害了日本军事装备的整体部署计划。当然，这种研发也并非一无是处，同样也能够为日本相关作战飞机的研发培养人才，保留和延续相关的先进技术。

（三）日本军工科技研发的趋势

日本军工科技研发的未来趋势主要表现在三方面。

1. 由保持完整装备系列，向突出重点的方向转化

日本可能在原来追求大国目标的前提下，由保有完整的军事技

术与装备研发技术和系列，向突出重点的方向转化。从"心神"战机的研发计划和方向上来看，日本防卫部门想补足空中研发能力和技术的短板，实现航空自卫队军事装备的全系列生产。但是，由于军费的限制，"心神"研制的前景遥遥无期，只能被迫采购美国比较先进的F-35战机，而由于大量采购了F-35战机，日本依靠自身力量研发战斗机的计划彻底落空。以前日本能够通过与美国联合研制F2作战飞机，保持完整的航空自卫队作战飞机的研发系列，但由于废弃了"心神"飞机的研制计划，日本对于作战飞机的研发系列将无法完整，也将没有最先进的战斗飞机研发能力和技术。这意味着日本在某种程度上放弃了追求大国地位的战略。因为作为一个一流且完整的世界大国，要求军事研发能力能够完整全面，不能有太大的短板。这也意味着日本国家战略的某种转变，将既有的追求政治大国地位的战略，转为谋求地区大国和一般影响力国家的战略。

2. 保持具有日本特色的重点军工技术和装备研发能力

在突出军事研发的重点方面，日本可能会向具有日本特色的军事高科技领域进军，并保持完善自己在某个特殊领域的军工技术和装备研发能力。比如，陆战坦克、海军舰艇、两栖军用飞机，都可能是日本继续下大力气，保持日本研发能力和进一步追求先进技术与装备的军工研究发展方向。在海上自卫队武器装备方面，日本除了重视发展接替"苍龙"级潜艇的新一代潜艇以外，可能还要继续重视大型水面舰艇，尤其是能够搭载F-35B垂直起降战机的"出云"级直升机航母大型水面舰艇的发展方向，以便能够搭载F-35B垂直起降战机。日本在生产完"出云"级直升机航母以后，很可能向更大吨位的直升机航母方向发展，以便增强后续的作战能力。相关的研发工作可能要由防卫装备厅、日本海洋联合株式会社或者三菱重工的海洋船舶公司来设计完成。

就日本军工发展方向来看，日本已经无力在军事研发和军品制造方面同中国进行全面竞争，因此只能选择自身技术先进且有特色的领域加以重点发展，维护并突出日本的重点军事技术和军工产品，其余的部分则通过向美国等西方国家采购的形式，来补足短板。

3. 强调在高新军事科技领域的开发与拓展

日本会进一步加强在电子、电磁技术、网络技术、太空军事技术、无人驾驶、无人作战武器平台和机器人领域的研究开发工作。这些大领域是未来军事争夺的制高点，同时日本在这些领域也有自身的长项。在民用机器人技术方面，日本在世界上基本独霸一方，控制了90%的机器人技术专利，研制并生产供应世界60%的市场。而一旦机器人技术和无人机驾驶技术相结合，其无人武器的开发潜力将非常巨大，也必将处于领先地位。同时，在电子侦察、电子探测领域，日本也技高一筹，某些方面的能力和美国不相上下。在太空技术领域，日本也有自己的长项，能够实现远程太空遥控，首次利用神鸟2号，对远地点的行星实行探测，其利用等离子发动机的先进技术，支撑了10年神鸟2号的动力，其精准的探测能力，超越其他国家，甚至也可能超越美国。如果将其改造用于军事探测和军事打击方面，其高科技的趋势力量有可能会倍增。

在网络技术方面，日本无法和最先进的美国相比拟，还有很多短板。但是由于日本和美国属于盟友关系，美国的一些技术对日本没有障碍，可以由日本开放购买专利许可，这为日本未来提升相关技术水平，形成了潜力上的支撑。

4. 保持全系列军事研发能力的战略和想法依然存在

日本有可能还想保持军事技术和军事装备的全系列，不想有过大的空白或者短板。自从 20 世纪日本引进美国 F-15 组装生产线，21 世纪引进美国 F-35 组装生产线，就可以发现其中端倪。这些做法估计都是在追求和保持日本大国战略地位的基础之上，想要建设全系列的军事技术和军事装备，而不想留下大的空白领域和短板的战略操作。即通过引进美国最先进战机的组装生产线，让日本研发部门和军工企业，了解美国战机的技术流程和技术内核，以便最大限度为日本开发相类似的战机，进行技术和人才培养方面的准备。20 世纪 80 年代，日本通过同美国合作，由三菱重工和洛克希德·马丁公司联合研制出了 F-2 战斗机，这使日本具有了研发第 3 代作战飞机的能力与水平。

2011 年开始，日本已经基本决定采用 F-35 战机，并大部分在日本组装生产，实际上也包含着利用这种组装的优势，来了解美国 F-35 战机的技术设备，工艺流程和关键零部件的技术内涵，以便为日本自身研发的"心神"战斗机提供技术支撑。但是，由于大规模引进 F-35 战机，军费的短缺，已经很难使"心神"战斗机项目持续进行下去。不排除防卫装备厅和三菱重工可能利用组装 F-35 战机和研制"心神"战斗机的技术储备、人才储备，直接跨代进入第 6 代战机研发的立项和准备工作中。

就目前来看，日本没有能力，也没有打算直接研发第 6 代战机，而是致力于同美国、英国合作研发 F-2 后续型号的日本第 5 代战机。根据日本时事社报道，2020 年 4 月 1 日，日本防卫装备厅将正式设立管理下一代战斗机设计和合同事务的专门团队，开始由日本主导的 F-2 战斗机后继机的开发工作。团队以一名军衔为空将补（相当于少将）的"装备开发官"（负责下一代战斗机）为首，由航空自卫官和技术官员约 30 人组成。2022 年 12 月 19 日，日本、英国和意大利宣布，共同开发和装备一款通用的先进战斗机，并将该项目命名为"全球作战空中计划"。日本的 F-X 将与英意两国联合开发的 BAE"暴风雨"合并发展，日本三菱重工作为主要承包商，与来自英意两国的公司在机体设计、发动机、航电系统以及机载武器各方面展开广泛合作，并将在 2024 年明确各方的业务目标和投资额度。这一项目表现出日本不屈不挠，要争取自身主导第六代战机的技术开发思路。由于日本技术实力不足，不得不同英意两国进行国际合作。①

就日本防卫省目前的战略考量来看，新一代战斗机的开发还要以日本为主导，因此，防卫省拒绝了美国洛克希德·马丁公司提出的以隐形战斗机 F-22 和 F-35 为基础的"混合动力机"的提案。因为这两种战斗机是美国现成的战斗机，美方公司表面上说与日本进行合作开发，但毕竟不会大改大动，实际上日本能参与开发的地方很少，等于由美国主导了日本的新型战斗机开发。这是日本防卫省无论如何也不愿意接受的。而防卫省和日方提出的模式就是与美英

---

① 次期戦闘機、開発本格着手 防衛装備庁に専属チーム［EB/OL］.［2020-03-31］. https：//www.jiji.com/jc/article？k＝2020033100910&g＝soc.

合作，以日本为主导，开发新型的 F-3 第 5 代隐身战机，这样既可以使日本方面掌握开发的主导权，不至于被美国战机公司边缘化，又能够利用美国、英国的相关技术。2020 年 3 月 27 日，河野太郎防卫大臣在记者招待会上明确表示，将把美国和英国作为共同开发的合作伙伴进行讨论，并表示在年末的下一年度预算编制之前决定 F-2 后继机的开发生产框架。① 这种合作开发新型隐身战斗机的模式，既避免了日本单独开发技术力量不够的问题，又能够在合作中吸取美英的相关先进技术，能够实现以日本为主导，完成第 5 代新型战斗机的研发计划。

从这里我们可以看出，日本购买美国 F-35A/B 型战机仅仅是一种权宜之计，并不像媒体所描述的那样，意味着日本放弃了自己研发第 5 代隐形战机的政策。日本既没有放弃由日本主导开发第 5 代隐形战机的战略，也没有放弃补足自身军事装备研发短板的雄心壮志，要合作开发 F-3 战机就是一个很好的例证。这也意味着日本并没有完全放弃成为世界政治大国和综合性大国的战略目标及其政策努力。

第三节　日本大学的军工研发

日本大学参与军工项目研究，主要是从 2015 年开始的。由日本

---

① 高橋浩祐. 空自 F2 後継機、防衛省がロッキードマーティン提案の F22 と F-35 ベースのハイブリッド型を断る［EB/OL］.［2020-02-04］. https://news. yahoo. co. jp/byline/takahashikosuke/20200402-00171073/.

防卫省防卫装备厅推出"安全保障技术研究推进制度"，面向全社会研究机构和大学等单位，招聘研究人员，并给予固定资金支持。该制度一直推进到 2020 年，已经进行了 6 次面向全社会公开的招募，已经落实和正在落实的到 2019 年为止共达 5 次。这种招募对日本大学的研究方向产生了广泛的影响，能够得到相当一部分大学的积极支持和申请。但是，也有一些名牌大学拒绝参加该项目。大学研究队伍加入防卫装备厅项目的研究，一般都属于基础学科中的基本科学和技术课题。研究成果都要求公开发表，既能够用于民间领域，也可以通过科技转化手段用于军事领域，作为军事技术和生产军事装备发挥作用。这种研究体制也将有力地推动日本军工科技研发的发展，为日本军民两用技术的发展开辟了道路。

一、日本大学参与军工科研的历史和现状

1950 年，日本学术会议在总会上发表声明称："今后绝不开展以战争为目的的科学研究。"这是日本科学界基于第二次世界大战的教训，而采取的学术界自我约束机制，这导致第二次世界大战以后，日本的大学机构长期不参与军工项目的科研与开发研究。日本一些大学根据这种精神，在学校内部制定规则，禁止参与军工项目研究。东京大学曾在 1959 年、1967 年的校内评议会上确定了"不进行军事研究以及与军事研究相关活动"的方针。在此之上，东京大学与该校工作人员协会于 1969 年达成协议，禁止学校进行军事研究和接受

来自军方的援助。①

2013 年 12 月 17 日，日本政府颁布《国家安全保障战略》提倡加强防卫省与大学和科研机构的伙伴关系。《国家安全保障战略》指出：日本的高科技不仅是经济实力和国防的基础，而且是国际社会强烈要求日本提供的宝贵资源。因此，有必要促进包括两用技术在内的其他技术的推广，并增强日本的技术能力。在从安全的角度出发采取措施加强技术能力的过程中，我们将从科学的角度把握科学技术的趋势，例如，与技术开发相关的信息，并汇集工业界、学术界和政府的力量来有效地促进安全性。② 从这里可以看出，当时日本政府就要把学术界的力量和工业界以及政府的力量结合起来促进日本的安全。因此，后来出台的政策促进大学和研究机构加入军工研究系统就成了顺理成章、一脉相承的政策。

从 2015 年开始，日本防卫省成立防卫装备厅，防卫装备厅为了吸取民间力量，促进军工技术的科研与开发，开始向所有研究机构、大学以项目的形式，招募关于基础科学技术的研究。项目的总名称为"安全保障技术研究推进制度"（日语：安全保障技術研究推進制度）。这些基础科学技术，尽管并不是直接制造武器装备，但一般都属于军民两用技术，可以运用于民用领域科学技术的推进，同时，都和军工科研与军工开发有一定的关联性，可以转化为军工研发的应用成果。日本防卫省资助可用于军事的基础研究的项目制度称为

① 日本最高学府东京大学解禁军事研究 被指影响其他大学 ［EB/OL］. 环球网，2023-09-27.

② 国家安全保障戦略 ［EB/OL］.（2013 - 12 - 17）［2020 - 03 - 26］. http：//www. cas. go. jp/jp/siryou/131217anzenhoshou/nss-j. pdf.

"安全保障技术研究推进制度"。每年招募一次，每次招募的项目为十几个到几十个不等。

防卫省外局的防卫装备厅出示研究课题，要求大学和研究机构应征，经过外部专家评审通过的大学等可获得研究资金，防卫省方面则可以得到最先进的研究成果。制度推出时的 2015 年度预算为 3 亿日元（约合人民币 1800 万元），这是日本政府首次面向研究者直接提供资金资助，单项研究每年最多可得 3000 万日元（约合人民币 150.6 万元）经费，远高出一般研究经费。2016 年度为 6 亿日元，到 2017 年度大幅扩大至 110 亿日元。① 2015 年 9 月，日本防卫省在为可用于军事技术的基础研究提供经费的首次公开征集中，共收到 109 项应征，其中有 58 项来自大学等，超过了半数。② 防卫省 2020 年度提出了人工智能和高功率激光等 35 个项目。资助的研究费从每年 1000 万日元（约合人民币 65 万元）左右到数亿日元（1 亿日元约等于 650 万元人民币）不等。③

就目前来看，日本有能力并且有积极性参与军工项目研究的大学，在 100 所左右。有些著名的大学，有强大的基础科学研究实力，但是至今仍然不愿意参与军工项目的研究。2014 年 5 月，日本防卫省曾经与东京大学协调，要求东京大学参与军工项目研究，但是遭到东京大学的拒绝。东京大学仍然遵守不参与可用于战争项目的科

---

① 日本防卫厅批准 14 个军事应用研究项目 多方质疑［EB/OL］. 海外网，2017-08-31.

② 日本多家学术机构应征防卫省军工项目 引发担忧［EB/OL］. 中国新闻网，2015-09-25.

③ 日本 9 个研究机构拒绝接受防卫省资助进行军事研究［EB/OL］. 新浪网，2020-06-07.

学研究的原则。但是，到 2014 年年底，东京大学下属的部分学院修改了原来不参与军工研究的禁令，改为可以参与军民两用技术的研究。对于解除禁令参与军事研究，东京大学解释称"军民两用研究在各国大学均有实施，研究成果的公开性可获得确保，我们只是基于这样的国际动向修改了指导方针"①。即使是纯粹的军事项目，如果东京大学的教职员工以个人身份参与，东京大学也不反对。

日本每日新闻社通过调查问卷统计，发现日本国内大学 6 成以上没有制定禁止或者限制军事方面研究的方针和相关规定。此次问卷调查历时两个月（4—5 月），面向设有医学及理工专业的国立公立大学和科研经费在国内排名比较靠前的私立大学共 117 所，进行书面调查，最终得到了 76 所大学的回应（回答率 65%）。调查结果显示，仅有 29 所大学对于禁止或者限制军事研究有明确记载的方针和规定规范。关于防卫省或者美军等国内外军事和安全保障相关机构接受学校的共同研究和资金支持申请后，学校内部是否会有相应的申报和审查计划这一问题，31 所大学回答没有。既没有制定方针，也没有相应计划的大学有 28 所。② 另外，日本防卫省为了推进防卫装备相关产品的使用，向大学的先进技术研究投入了大量资金，提出"安全保障技术研究推进制度"。对此，东北大学、九州大学、广岛大学等 12 所高校表示选择不参与其中。这些大学不参与的理由主要是"不能否定有被诱导而开展与军事技术、武器等的开发应用有

---

① 日本最高学府东京大学解禁军事研究 被指影响其他大学［EB/OL］环球网，2023-09-21.
② 日本有放宽军事研究限制趋势 6 成大学没有限制规定［EB/OL］. 环球网，2016-05-24.

直接关系研究的可能性"①。除了大学以外，也有日本的国立研究机构表示不参与军工项目研究。日本国立天文台等 9 个研究组织构成的自然科学研究机构决定，不参与日本防卫省资助可用于军事的基础研究的"安全保障技术研究推进制度"。2020 年 4 月 23 日，日本国立天台做出上述决定。这一决定将适用于国立天文台、基础生物学研究所、生理学研究所、分子科学研究所（均位于爱知县冈崎市）和核融合科学研究所（岐阜县土岐市）5 个机构，以及天体生物学中心（三鹰市）等 4 个中心，共 9 个组织。② 此前该机构内部进行讨论，有声音指出鉴于财政困难要求允许参与。该机构说明称："向各组织征求意见并进行了审议，不允许所属的所有组织应征。"③

对此，代表日本科学家的组织、日本学术会议 2017 年 4 月认为在大学开展军事研究存在问题，就该制度指出"政府干预严重，问题较多"，并将上述内容的声明通报各会员，批评声根深蒂固。④ 但是，日本学术会议能否长期坚持过去的原则，也存疑。日本学术会议会长大西隆（丰桥技术科学大学校长）作为校长此前曾批准丰桥技术科学大学研究员应征防卫省研究项目。在 2017 年 2 月 4 日，日本学术会议研讨会上，接连出现了对会长大西隆的批判意见。对此，

① 日本有放宽军事研究限制趋势 6 成大学没有限制规定 [EB/OL]. 环球网，2016-05-24.
② 日本 9 个研究机构拒绝接受防卫省资助进行军事研究 [EB/OL]. 新浪网，2020-06-07.
③ 日本 9 个研究机构拒绝接受防卫省资助进行军事研究 [EB/OL]. 新浪网，2020-06-07.
④ 日本防卫厅批准 14 个军事应用研究项目 多方质疑 [EB/OL]. 海外网，2017-08-31.

大西隆回应称："作为会长的判断和作为校长的判断是不同的。"①
这种情况说明，日本学术会议的既有政策在短期内不会发生改变。
但是，作为其最高领导人这种分裂的身份和分裂的政策，已经说明
学术界不参与军工研究的既有原则正在发生动摇，并遭到严重冲击。

从大趋势来看，日本大学参与军工项目研究，已经成为一种新
的日本社会趋势，能坚持过去的原则，拒不参与的大学应该只是属
于极少数。那么，为什么日本大学现在一改二战后不参与军工研究
的传统，转而开始参与军工科技研发呢？主要原因如下：

第一，2012 年 12 月，安倍政府执政以后，大力倡导积极和平主
义，主张要通过积极的作为来创造和平，而不是消极防御，同时也
诱导大学和研究机构积极参与到安全保障体制中。政府的推动与号
召，对于大学参与精工科技开发发挥了重要的推动作用。第二，随
着日本老龄化社会的演进，老龄化、少子化成为日本社会一大难以
解决的问题，大学的生源普遍减少，大学学校的资金来源日趋短缺，
防卫省防卫装备厅招募进行项目研究的充裕经费，对大学及其研究
人员而言，拥有巨大的诱惑力。日本防卫省在 2015 年防卫预算中增
加了 20 亿日元的"大学研究经费"，主要解决战斗机的隐形材料和
雷达技术等问题。② 此后，防卫装备厅的项目经费总额逐年增加。
大学如果能够参与防卫厅的项目研究，在一定程度上，既可以发挥
本学校和本学科的某些研究优势，又能够获得相应的资金，对大学

① 日本防卫省向大学征集军事研究项目 引学界质疑 [EB/OL]. 中国新闻网，
2017-02-06.
② 日本最高学府东京大学解禁军事研究 被指影响其他大学 [EB/OL]. 环球网，
2023-09-21.

而言是两全其美的事情。因此，转变过去的原则规定，积极参与和军工相关的基础课题、基础项目的研究，成为一种大趋势。第三，由于中国的崛起和朝鲜不断进行导弹试射与核武器开发，的确在外部环境上给日本带来了较大的压力，再加上日本政府与日本媒体的渲染，导致日本社会的舆论氛围发生变化。因此，增进日本的防卫能力，提升日本的装备水平，应该是日本社会普遍支持的一个共识。在这样一个大背景下，一些大学和研究人员转变观念，开始投身到防卫省防卫装备厅的项目研究当中。因此，从大趋势来看，参加军工基础科研项目研究开发的大学一般不会减少，只会越来越多。

2022 年 12 月 16 日，日本政府内阁会议审议通过新版《国家安全保障战略》《国家防卫战略》《防卫力量整备计划》，提出日本将致力于拥有对敌攻击能力等政策，并在未来 5 年大幅增加军事开支至 GDP 的 2%。这种政策和军事的大幅度投入将进一步促进大学等科研机构进入军工科研领域。

二、大学参与军工科研的主要项目

参与日本防卫省防卫装备厅"安全保障技术研究推进制度"的大学主要包括：东京工业大学、东京农工大学、东京农业大学、东海大学、东京理科大学、东京工科大学、首都大学、横滨大学、庆应义塾大学、东洋大学、丰桥技术科学大学、大阪大学、大阪市立大学、山口大学、大分大学、桐荫横滨大学、冈山大学、长崎总合科学大学、千叶工业大学、信息安全研究生院大学、神奈川工科大学、千叶工科大学、帝京大学、东京都会大学、日本科学技术大学、北海道大学、立命馆大学、东北大学等。

　　参与"安全保障技术研究推进制度"的大学，其中也有一些差别。有些是大学的教授作为"安全保障技术研究推进制度"项目的评委，有些是被相关项目招募的大学。作为项目评委的大学教授，估计有些是以个人身份参与，未必代表本大学与该制度进行合作。而绝大多数情况下，能够被选作评委的教授所在的大学，都应该是该制度和相关项目的积极参与机构。至于被选中招募的大学，都应该属于参与军工项目研发的学术机构。

　　2015 年到 2019 年，"安全保障技术研究推进制度"招募的项目主要如下：

　　2015 年防卫装备厅招募的项目：速度超过 5 马赫的飞机引擎技术、机器人、无人车辆的图像识别技术，以及从木屑等材料中提取能源的技术等，共涵盖 28 个领域，共招募 10 个项目，入选的大多是可用于小型无人机的技术，以及有着实际成果的研究机构。在共同社 2015 年 9 月实施的问卷调查中，东京工业大学等至少 16 所大学回答"已应征"。东京工业大学等 4 所大学、理化学研究所、宇宙航空研究开发机构（JAXA）、松下等共 9 家机构入选。①

　　2016 年 3 月 23 日至 5 月 18 日，防卫装备厅共推出了 10 个研究项目进行招募，征集到了 44 份申请，其中，大学研究团队申请 23 份，公共研究机构 11 份，公司等研究机构 3 份。选中的 10 个项目包括：高性能 YAG 陶瓷激光器、活性材料被用作水解反应的吸附剂和

———————————

　　①　日本多家学术机构应征防卫省军工项目 引发担忧［EB/OL］. 中国新闻网，2015-09-25.

催化活性、功能性纳米粒子吸附材料（山田佑介，大阪市立大学）、声音与可见光海洋中大容量通信、小型热电材料技术（东京理科大学）、氧化物原子膜的无线电波特性控制、手掌大小的超级多自由度网状机器人触觉（富山茂树，东京农业大学）、阻止水下物体高速运动气泡产生涂层（村井祐一，北海道大学）、高温高压空化处理（吉村俊彦，东京科技大学山口分校）。①

2017 年 3 月 29 日至 5 月 31 日，防卫装备厅进行第 3 次安全保障制度的项目招募，申请数量达到 104 份，最终通过 14 个项目。项目申请单位包括：公共研究机构 22 件，公司 34 件，大学机构 48 件。

在 14 个通过的项目当中，有 6 个大型项目，其中包括：（1）高超声速飞行的流体和燃烧基础研究，旨在通过风洞试验、飞行试验和计算机分析等方法，基于从地面设备上获取的数据，研究高超声速的燃烧现象和空气动力加热的估算技术，以提高高超声速飞行技术水平。由日本宇宙航空研发机构（JAXA）与 2 所大学研究机构共同完成。（2）大功率激光器基础研究，基于光子晶体的高光束质量红外量子级联激光器的研制，旨在利用光子晶体在量子级联激光器中引入表面发光元件，研发高功率、高光束质量的中红外光源。研究代表机构是物质材料研究机构，参与机构是 1 所大学和 1 家企业。（3）高温耐热材料的超常规耐热性基础研究，用于无冷却装置涡轮系统的新材料技术研究。旨在将钼合金和镍合金材料应用于航空发动机，以使发动机涡轮系统无需冷却装置，并验证可行性。研究代

---

① 防衛装備庁. 安全保障技術研究推進制度の平成 28 年度採択研究課題について［EB/OL］.［2023-04-05］. https：//www. mod. go. jp/atla/pinup/pinup280729. pdf.

表机构是 IHI，参与机构是 1 个公共研究机构。（4）生化传感器的基础研究，利用共振拉曼效应遥测大气中微量有害物质的技术研究。研究通过激光照射微量有害物质产生共振拉曼散射光，从而远程瞬时识别多种物质的种类、数量和位置的测量方法。研究代表机构为四国综合研究所，2 家企业参与研究。（5）大功率高频半导体技术基础研究，利用极端量子限制效应的新型大功率高频器件。通过应用一种新型半导体材料，并通过与高散热材料等异种材料融合，提高高频器件的功率。代表机构：富士通公司，1 所大学、1 个公共研究机关、1 家企业参与研究。（6）复合黏结剂结构中黏结界面状态与黏结强度的基础研究，提高复合材料结构黏结可靠性技术。通过评估分子键的化学状态、电子状态观测，以及界面化学状态的黏结强度，了解碳纤维复合材料的黏结机理。通过系统地掌握工艺因素的影响，评估新的表面改性方法，提升黏结强度。研究代表机构：三菱重工，1 个公共研究机关参与研究。[1] 这 6 个大型研究项目，将在 5 年内收到 20 亿日元的总资助额。[2] 这意味着平均每个项目可以得到 3 亿多日元资助，相当于人民币 1800 多万。

小型项目 8 项：（1）地下埋藏物探测技术基础研究，通过多角度 3D 全息地基合成孔径雷达对非均匀介质中埋藏物体进行高分辨率立体形状评估的研究。从不同角度观察被埋物体的电磁散射，以实现准确评估地下物体的三维形状。研究机构为 JAXA，1 所大学参与

---

① 柳铱雯，贾平．日本防卫装备厅批准 14 个军事技术基础研究项目：二［EB/OL］．搜狐网，2017-09-09.

② 柳铱雯，贾平．日本防卫装备厅批准 14 个军事技术基础研究项目：一［EB/OL］．搜狐网，2017-09-09.

研究。（2）复合黏结剂结构中黏结界面状态与黏结强度的基础研究，用电化学方法测定碳纤维增强树脂黏结界面区的环氧当量。通过观察在碳纤维增强树脂黏结界面的电化学分子键合，以一种新型可视化方法评估黏结界面的分子键黏结损伤状态。研究机构为 JAXA。（3）不依赖于声波或磁力探测的水下传感技术的基础研究，海水微观电磁场响应研究及其在水下传感中的应用。通过建立基于海水微观电磁响应的电磁波传播模型，并应用传感器技术，实现对海底埋藏物的高灵敏度和精确探测。研究机构为情报通信研究机构，1 个公共研究机关参与研究。（4）高密度蓄电技术基础研究，研究开发在半导体阱层积聚电子的固态电池。不通过离子运动和化学反应即可制出高安全性半导体固态电池。研究机构为东芝材料公司，1 家企业参与研究。（5）红外光学材料基础研究，超宽带传输光学材料和透镜的研发。通过光学设计得到能从可见光传输到远红外线的超宽带分辨率材料，探索研发新的光学材料和透镜。研究机构为松下公司，1 家企业参与研究。（6）高密度蓄电技术基础研究，无挥发性高能密度可充电电池的研制。通过提升电解质的挥发温度，研制具有高安全性和高能量密度的新型锂可充电电池。研究机构为日立公司。（7）声波散射和透射特性控制技术的基础研究，通过微加工超声换能器实现超声材料主动控制声阻抗。基于声阻抗匹配物理模型的微机电系统技术，研发主动控制声学特性的超声材料。研究机构日立制造所。（8）高温耐热材料超常规耐热性的基础研究，超高温热障涂层系统的研发。通过理论计算设计出最佳的化学成分和层结构，并通过实验优化，研发耐超高温的陶瓷隔热涂层材料。研究机构为通用公司精细陶瓷中心。①

从 2017 年防卫装备厅研究项目的招募结果我们可以看到，在 14 个项目当中，只有 5 所大学参与其中，而且并不是项目的主导研究机构，仅仅属于附属的参与研究机构。没有一个项目的研究工作由大学来主导。同时，大学提交的申请件数最多，中标率最低。这基本上可以说明，在防卫厅研究项目的招募和研究中，大学研究机构处于一个配角的地位。

2018 年，防卫装备厅进行第 4 次安全保障制度的项目招募，从 73 个军事技术基础研究项目申请中选定 20 个项目进行资助。其中，研制具有优异的耐高温、高韧性共晶陶瓷复合材料，研发向潜航器传输大功率电力的创新无线电源，研究二维功能性原子薄膜创新红外传感器等领域的 7 项为大型研究项目。自动检测噪声图像中低亮度高速运动物体技术、阐述旋转爆震波的详细物理机制、优质半透明纳米陶瓷宽带的创新制造方法等领域的 13 项为小型研究项目。其中，7 个大型项目中，只有 2 所大学参与，且不是主导研究机构。5 个 B 类小型项目中，仅有 1 所大学参与研究。8 个小型 C 类项目中，有 3 所大学研究机构作为项目主导研究单位，分别是：开发用于呈现精细的力触觉的创新型磁流变执行器，研制可实现快速转矩控制，并在远程手术模拟环境下呈现力触觉的磁流变执行器，由大分大学（菊池武士）主持研究。开发机械应力负荷系统，对高压负荷环境下的细胞内信号传导机制进行基础研究，开发创新传感装置，由冈山

---

① 防衛装備庁. 安全保障技術研究推進制度の平成 29 年度採択研究課題について [EB/OL]. [2023-04-05]. https：//www.mod.go.jp/atla/pinup/pinup290829.pdf.

大学（成濑惠治）主持研究。基于无人机声波辐射的浅层地下探测技术基础研究，通过从空中照射声波并用激光探测地面振动，来探测地下埋藏物，由桐荫横滨大学（杉本恒美）主持研究，1 家企业参与研究。①

在 2018 年防卫装备厅安全保障制度共 20 个项目招募中，共有 6 所大学参与。其中，大型项目和小型项目 B 类，有 3 所大学机构参与，处于研究的末端与附属地位。在 8 个小型 C 项目中，有 3 所大学研究机构作为主导。这并不能说明大学在防卫厅招募项目中地位的提高，因为 C 类项目属于小型项目中的最小型类别，在整个项目类别中的比重并不大。

2019 年，防卫装备厅进行第 5 次安全保障制度的项目招募，从 57 个军事技术基础研究项目申请中选定 16 个项目进行资助。其中，大型项目 3 项，小型项目 13 项，已经报了一部分。大型研究项目中的 3 项由 3 家企业主导研究，1 所大学和 5 家企业参与研究。小型项目 7 项由企业主导，3 项由公共研究机构主导，2 项由大学主导研究，1 家公共研究机构和 3 家企业参与研究。3 个大型项目包括：（1）关于固体激光器材料的基础研究，晶体设计、采用晶格处理技术的固态激光器用户搜索和功能开发。（2）创新的水下通信、传感和电力传输基础研究，沿海地区水下声景观测系统开发基础研究。（3）红外领域新知识的基础研究，通过控制纳米结构创建高度透明

---

① 防衛装備庁. 安全保障技術研究推進制度の平成 30 年度採択研究課題について［EB/OL］.［2023-04-05］. https：//www. mod. go. jp/atla/pinup/pinup300831_03. pdf。

和红外反射的材料。①

    小型项目的领域和题目包括：（1）化学物质检测技术基础研究，使用具有扩展孔的配位聚合物检测有机磷化合物，由大阪市立大学的山田裕介主持。在这项研究中，选择了一种适合检测有机磷化合物的材料，并使用3种不同的光谱法检测了该材料暴露于有机磷化合物时发生的变化，以检测农药残留，验证它可以作为新工具使用。（2）仿生有效运动体的基础研究，阐明细胞软轮的旋转机制及其在移动物体中的应用。该项目由山口大学岩楯好昭主持。在这项研究中，分析了最近发现的变形虫细胞内部轮状结构的旋转运动，并创建了一个模仿它的软机器人原型，以演示模仿具有软轮状结构生物的基本原理。② 其他非大学主导研究的小型项目题目包括：（1）红外领域新知识的基础研究，梯度折射率镜片材料研究。（2）创新飞机推进装置的基础研究，超环保高强度氧化物陶瓷复合材料的研制。（3）仿生有效运动体的基础研究，昆虫腿部附着机理及在手机上固定的基础研究。（4）多运动物体协调控制的基础研究，基于机器学习和基于物理的群体智能的情境自适应群体控制研究。（5）创新的水下通信传感和电力传输基础研究，水下光学无线通信技术可实现1Gbps×100m ＊的 BL 产品。（6）创新的水下通信传感和电力传输基

---

① 防衛装備庁. 安全保障技術研究推進制度の令和元年度採択研究課題及び2次募集の実施について［EB/OL］.（2019－08－30）［2020－06－07］. https：//www. mod. go. jp/atla/pinup/pinup310830_ 03. pdf.

② 防衛装備庁. 安全保障技術研究推進制度の令和元年度採択研究課題及び2次募集の実施について［EB/OL］.（2019－08－30）［2020－06－07］. https：//www. mod. go. jp/atla/pinup/pinup310830_ 03. pdf.

础研究，自激双向无线电源在水下创新输电的基础研究。（7）创新船舶技术基础研究，拥挤水域海上交通碰撞风险评估系统的开发。（8）先进的抗冲击和抗冲击材料的基础研究，用离子液体阐明膨胀现象的冲击松弛机理。（9）化学物质检测技术基础研究，氧化物半导体气体传感器表面改性的基础研究。（10）创新飞机推进装置的基础研究，镍基耐热高温合金高附加值铸造工艺研究。（11）纳米结构表面的基础研究，超低摩擦新型聚合物涂层纳米结构表面的基础研究。①

2019 年 12 月 24 日，日本防卫装备厅公布了安全保障技术研究推进制度（2019 年第 2 次征集）结果。此次征集是为了补充前一次征集大型项目的不足。此次征集共收到 44 个课题申请，最终采纳 5 个课题，其中 1 个课题由大学承担，其余 4 个由企业承担。② 这 5 个大型课题的情况如下：

（1）先进的抗冲击和抗冲击材料的基础研究，阐明以高强度 CNT（碳纳米管）为基材的耐冲击机理，并创建超耐冲击材料。该项目由筑波大学藤田淳一主持，2 个企业参与研究。在这项研究中，将通过断裂缓冲现象的计算分析，纳米级断裂现象的实验测量分析以及复合 CNT 材料的合成，从理论上阐明冲击松弛机理，同时开发

① 防衛装備庁. 安全保障技術研究推進制度の令和元年度採択研究課題及び2次募集の実施について［EB/OL］.（2019-08-30）［2020-06-07］. https：//www. mod. go. jp/atla/pinup/pinup310830_ 03. pdf.

② 防衛省. 令和元年度安全保障技術研究推進制度（2次募集）採択研究課題について［EB/OL］.（2019-12-24）［2020-06-07］. https：//www. mod. go. jp/atla/pinup/pinup310830_ 03. pdf.

下一代碳基超电阻创建冲击材料。①

（2）人与人工智能合作基础研究，潜在脑动力学估计方法的发展以及对心理状态转变的阐明与控制（国际电气通信基础技术研究所）。通过掌握人状态的 AI 技术的开发，在实现从人向机器人传递技能的同时，阐明在精神状态和症状中潜在的脑动力学与外在因素的关系，进而开发和优化实施控制的神经反馈方法。

（3）面向船舶的轻量非挥发性高能量密度二次电池的开发，创新船舶技术基础研究（日立制作所）。使用向电池外部泄漏有毒物质风险少的非易失性物质开发二次电池的长寿命化的技术，同时明确其实现提高船舶性能和安全性的蓄电系统的技术可行性。

（4）储能和高速放电技术基础研究，使用高性能 SiC（碳化硅）功率器件实现大功率脉冲电源小型化的研究，使用高性能 SiC 电力器件的大功率脉冲电源小型化研究（日立制作所）。为实现小型、高性能的脉冲电源，使用具有高绝缘破坏电场强度及高导热性特性的SiC，进行高耐压开关元件的基础研究。

（5）与卫星无关的定位和导航的基础研究，基于量子干扰效应的小时钟振荡器高稳定性基础研究（微机中心）。开展与定位卫星搭载计时器的振荡器具有同等性能且仅有手掌大小、耗电少的计时器

---

① 防衛省. 令和元年度安全保障技術研究推進制度（2 次募集）採択研究課題について［EB/OL］.（2019-12-24）［2020-06-07］. https：//www. mod. go. jp/atla/pinup/pinup310830_ 03. pdf.

振荡器高稳定化。①

2019 年 12 月，在防卫装备厅补充招募的大型项目中，第一个项目就是由筑波大学教授藤田淳一主持的大型研究项目。其余的 4 个大项目则由企业主持研究者主持。这说明在 2019 年的第二次大项目招募中，大学在防卫装备厅招募中的地位有所提高。这是自 2015 年开始第一次由大学研究者主持的大型项目。但其他 4 个大型项目仍由企业主持，说明企业仍然是防卫装备厅军工项目的主要承担者。

在 2022 年防卫装备厅招募的项目中，大学中标项目共 11 件（11%）。其中，大型项目 3 件，小型项目 8 件。独立行政法人和特殊法人中标 36 件（35%）。其中包括大型项目 4 件，小型项目 32 件。企业中标 55 件（54%），其中，大型项目 24 件，小型项目 31 件。②

其中的大型项目主要包括：（1）多材质黏结，在黏结界面上结合机理，黏结力显现/失去的机制探索。（2）数据科学和单粒子诊断法，融合的新型红外荧光体开发。该研究针对光传感技术所需的高亮度、宽带光源，以单粒子诊断法为基础技术，确立高亮度、宽带光源，以实现新的荧光体光源为目标。（3）水下自动航行系统。通过水下自主移动体的音响以外的方法关于位置推测。（4）高速及低电压动作 EMP、关于防护元件及其电路。（5）水中航行物体用激光

---

① 防衛省．令和元年度安全保障技術研究推進制度（2 次募集）採択研究課題について［EB/OL］．（2019-12-24）［2020-06-07］．https：//www. mod. go. jp/atla/pinup/pinup310830_ 03. pdf.

② 防衛省．令和 4 年度 安全保障技術研究推進制度 応募概要［EB/OL］．［2023-05-01］．https：//www. mod. go. jp/atla/funding/kadai. html.

通信。针对移动中的水中航行体的长距离海中激光通信，检测环形激光器光子并移动中捕捉水下航行体的跟踪和安装在环形激光器中心的通信光学跟踪技术的研究开发。还有其他大小型项目，在此不一一列举。①

三、日本大学潜藏参与军工研发的实力

近代日本通过明治维新运动加入了资本主义先进国家的行列，在那个时期，日本普遍开始建立国民教育的中小学和专业学校，到第一次世界大战以后，西方普遍开始建立大学，二战以后是大学大规模提升和发展的时期，质量提升，规模扩张，各种科学与技术学科广泛建立。日本的大学尤其重视理工学科的设置和教育，这也推动了日本科学技术的发展，并适应了日本二战后所提出的科技帝国的指导思想。因为科技具有广泛的应用性，大部分科学技术都能够转化为军用技术，因此，日本的理、工、医学类的大学，普遍潜藏着军工研发实力。只是由于在第二次世界大战以后，大学的办学理念普遍倾向于和平主义，所以日本的大学绝大多数不涉及军工研发。即使在日本防卫省推动大学参与军工研发的 2015 年以后，也只有大约 100 所的大学参与了军工研发。就总数而言，是日本各类大学的1/7 左右。

四、日本实力大学排名

日本综合排名前 50 位到 100 位的大学，大部分都有上百年的历

---

① 防衛省. 令和 4 年度 安全保障技術研究推進制度 応募概要［EB/OL］.［2023-05-01］. https：//www. mod. go. jp/atla/funding/kadai. html.

史。除了个别纯文科的大学以外，都有军工研发能力。当然，其中有些大学重视二战以后不参与有关战争科学技术研究的原则，至今仍然坚守不参与军工研发的原则，但应该都具有这样的潜在能力。而且，有些民用科技研发成果，也很容易转化到军事领域使用。

从明治维新开始，日本就重视教育，重视学习西方的科学技术与文化。因此，这些大学的创立基本上都是从明治维新开始，到第二次世界大战以前出现。个别大学创立在第二次世界大战以后，赶上了日本科技立国的明确政策，如筑波大学，尽管创立时间很短，1973 年 10 月建校（前身为东京教育大学），但科学技术研发水平却居于日本前列，在日本国内综合排名中在第 9 位左右，在全球排名中在 260 位左右。科学和技术专业尤其发达，其中包括理学类专业、工学类专业等，在日本国内都名列前茅。

五、日本实力大学典型专业分析

日本东北大学是二战前的 7 所帝国大学之一，有雄厚的科技研究实力。截至 2019 年 5 月 1 日，日本东北大学有教授 881 名，副教授 739 名，讲师 193 名，助教 1163 名，教师系列人员达到 3127 名，事务及技术人员 3207 名，全校教职员工总数 6344 名。① 学校包括本科生、研究生、博士生，大约有 18000 名学生。在日本各大学综合实力排名中，近年来，日本东北大学属于日本前三位的大学，有些年份的排名顺序甚至超过东京大学。日本东北大学毕业生田中耕一

---

① 東北大学の概要 ［EB/OL］. ［2023 - 05 - 01］. https：//www. tohoku. ac. jp/japanese/profile/about/01/about0101/.

2002 年获得诺贝尔化学奖，他发明的大分子医疗检测仪器，是化学研究上的重大突破。

在日本东北大学工学部 2020 年 7 月 28 日编写的本学部研究新闻稿当中，仅 7 月研究公布出来的 5 项科研成果就令人刮目相看，包括：（1）大米功能材料的生产工厂竣工并开始生产——东北大学统计应用程序"Fightchem Products Co., Ltd."。（2）超轻巧并改善中风患者的行走——只需采用弹簧与凸轮机构的超轻量行走辅助装置，膝盖即可轻松弯曲以防止摔倒。（3）过多的饮食，预期寿命以及模型动物，线虫的潜在食物摄入量可能减少——人类健康，预期寿命和生存的通用规则。（4）由于石墨烯的理论限制，成功地增加了超高速无线电波的电磁波幅度，并且下一代 6G 和 7G 超高速无线通信前景一片光明。（5）缅甸的发展和微卫星的发展开始——对减轻农业、林业和渔业的大规模自然灾害做出贡献。这些研究成果都属于纯粹的民用科技研究成果，尽管日本东北大学仍然坚持不参与军事研究的原则，但是，其中的第 2 条、第 3 条和第 4 条研究成果，可以转化到军事应用领域。这类研究成果如果被防卫装备厅相关领域的研究机构共享的话，应用到军事领域应该没有太大的问题。

日本东北大学工学部主要包括机械情报/航空工程专业、电气与信息工程专业、化学/生物技术专业、材料科学专业、建筑与社会环境工程专业等。其理学部主要包括数学专业、物理专业、空间与地球物理专业、化学专业、地球环境科学专业、地球与行星材料科学、生物学等。除此以外，还有医学部、药物学部、农学部等，这些学部和专业及其所研究的课题，都可能和军工研发具有潜在的关联性。

筑波大学是日本国立的一所综合大学，采用学群制度，拥有相近的专业组成学群，学校下设 9 个学群，54 个专业，已经有 3 名教授获诺贝尔奖。其理工学群涵盖了跨学科领域以及作为科学与工程主要领域的学科，并具有 6 类专业学科，包括数学、物理学、化学、应用科学、工程系统和社会工程。在科学和工程领域，致力于为学生提供可持续发展社会所需的广泛教育，理论和灵活的思维，实践技能以及从基础到应用的扎实专业知识。目标是培养具有广阔视野和丰富人文能力的人才，并具有智力上创造、发现和解决问题的能力。①

其中以物理工学领域的教师和研究领域，也是对研究生开设的一门课程为例，其网站介绍如下：电子/物理工程子程序，示例：针对发光器件的 Fe-Si 环境半导体 MBE 生长系统。众所周知，物理学在科学技术的进步中起领导作用，为我们的生活带来了不可估量的好处。对先进技术的研究通常需要回归物理学基础的研究，并且它也对物理学本身的发展做出了重要贡献。示例：三维高侵袭光学相干断层扫描所拍摄的活人的眼底。② 应用物理工程学位课程、电子和物理工程子课程涵盖了工程学作为基础科学与应用之间的两个研究领域。基础研究组在现代科学技术中起着重要作用，范围也非常广泛。例如，光学、光电子、测量/数学工程、量子束、等离子体工程、半导体电子学、纳米科学、纳米技术、光学/电子设备和磁性工

---

① 筑波大学·理工学群 ［EB/OL］. https：//www. tsukuba. ac. jp/organization/colleges/0150. html.

② 電子·物理工学サブプログラム ［EB/OL］. http：//www. pas. tsukuba. ac. jp/faculty/applied_ phys/.

程。该子程序旨在培养具有广阔视野和灵活思考能力的研究人员和工程师，他们可以利用物理学的知识和方法进行工程研究。①

以上属于一门课程的概要介绍，但也反映了筑波大学教师在相关领域的研究思路和在研究上的思考，能够反映出在相关领域教学和研究的深度。

六、防卫装备厅选中大学项目分析

主持 2016 年防卫装备厅项目"阻止水下物体高速运动气泡产生涂层"的村井祐一教授为北海道大学工程学院、机械与航空工程学院热流体系统教授，具体研究室为流体控制研究室。该研究室通过实验分析和分析流体力学和流体信息来控制流体现象，并解决各种能源问题，例如，节能和自然能源。在实验室中，使用先进的 PIV（颗粒图像测速）和 UVP（超声波速度剖面仪）来澄清流体现象。有望做出贡献的技术和领域：节能技术（船舶）、可再生能源技术（风车）、鸟类探测技术、地球物理学、流体物理学等。②

村井祐一教授主持的项目"阻止水下物体高速运动气泡产生涂层"属于军民两用项目，民用方面可以用在船舶、风力发电等流体力学设计的民用技术领域。就军事用途而言，用途也比较广泛，可以用于军用舰艇、潜艇的表面涂层，减少气泡和海水阻力，提高速度。

---

① 電子・物理工学サブプログラム［EB/OL］. http：//www. pas. tsukuba. ac. jp/faculty/applied_ phys/.

② ようこそ、流れ制御研究室へ［EB/OL］.［2023－05－01］. http：//ring－me. eng. hokudai. ac. jp/j_ index. html.

　　2018 年防卫装备厅的小型项目"基于无人机声波辐射激发的浅层地下探测技术基础研究"，由桐荫横滨大学杉本恒美教授主持研究，通过从空中照射声波并用激光探测地面振动，来探测地下埋藏物，1 家企业参与研究。杉本恒美教授是桐荫横滨大学大学院工学研究科教授，主要研究领域是声学工程、超声工程、生物医学工程、无损测量等。他是日本无损检测协会新材料部干事，电子信息与通信工程师学会超声研究组、研讨会指导委员会常任审稿人，ASJ 声学影像研究委员会委员。他本人及其合作者曾经获得 37 项专利。

　　杉本恒美教授主持的防卫装备厅项目"基于无人机超声辐射激发的浅层地下探测技术基础研究"，研究时间是 2018 年 10 月至 2021 年 3 月，总共为两年半的研究时间。其经费每年最高 1300 万日元，总经费最多不超过 3250 万日元。该项目的研究具有广泛的民用和军用价值，属于军民两用项目。就民用价值而言，项目一旦研究成功，可以广泛用于地下探物、考古、浅层探矿等项目。就军事应用而言，用途也比较广泛。能够用于探测雷场、地下掩体、防空洞等军事设施。

　　由山口大学岩楯好昭副教授主持的"仿生有效运动体的基础研究"项目，阐明细胞软轮的旋转机制及其在移动物体中的应用。①岩楯好昭是山口大学前沿科学研究科副教授，学科门类属于生物学当中的生物化学，研究领域为生物物理学、分子细胞生物学。主要研究课题为细胞运动系统的生物物理研究。这种研究属于军民两用

---

① 防衛装備庁. 安全保障技術研究推進制度の令和元年度採択研究課題及び2次募集の実施について［EB/OL］. （2019-08-30）［2023-05-01］. https：//www. mod. go. jp/atla/pinup/pinup310830_ 03. pdf.

研究，将细胞软轮旋转运动的机制以及移动机制研究清楚以后，可以将其原理机制应用于仿生学当中的机器人以及其他机器的变化和运动当中，有广泛的民用和军用价值前景。因为生物的这种运动应该比普通的机械运动更加灵活、多样和自如，所以透彻研究其机理，有助于改善仿生学机器人的运动能力和运动水平，对应用于未来自动控制武器转向和运动具有很大的参考价值。

2019 年 12 月，防卫装备厅公布的重大项目中，由筑波大学藤田淳一教授主持的"先进抗冲击和抗冲击材料的基础研究"课题，阐明以高强度 CNT（碳纳米管）为基材的耐冲击机理，并研制超耐冲击材料，有 2 家企业参与研究。该项目课题费为 1200940000 日元（相当于人民币 7200 多万元）。① 藤田淳一教授在筑波大学数理科学研究科、电子物理工学系藤田/伊藤研究所，是一位论文、课题项目与论文成果繁多的学者。2019 年曾拿下了日本科学促进会挑战研究项目"通过创造 3D 光子石墨烯纳米结构实现高效的等离激元转换和光催化应用"（2019—2021 年），项目金额 6240000 日元；日本科学促进会基础研究项目"利用太赫兹波共振型电子波脉冲压缩技术开发飞秒扫描电子显微镜的可视化技术"（2019—2021 年），项目经费 46930000 日元；日本科学促进会颇具挑战性的新芽研究会项目"通过制造微型电解槽来阐明电解反应机理和装置的应用"（2015—2017 年），项目经费 3900000 日元；日本学术振兴会项目"通过创造超灵敏的局部场可视化技术，阐明催化功能表达机制并开发高性能催化

① 電子・物理工学サブプログラム［EB/OL］. http：//www. pas. tsukuba. ac. jp/faculty/applied＿ phys/.

剂"（2015—2017 年），项目经费 38460000 日元；日本学术振兴会、新学术领域研究（研究领域提案类型）项目"平面内电子传导控制和器件应用，通过纳米加压法引入巨大的晶格应变"（2014—2015 年），项目经费 7020000 日元；日本科学技术厅项目"通过超锐利的探头进行局部的现场控制和新材料的创造"（2008—2011 年），项目经费 4300 万日元；JST 战略创意研究促进系统（研究团队类型）（战略基础研究促进业务：CREST）项目"纳米结构控制、形成"（2002—2008 年），"通过束激发反应进行材料合成"（2003—2007 年）。①

藤田淳一教授的研究题目一旦获得成功，项目将会发挥巨大的军事用途，比如，可以根据碳纳米材料的抗冲击强度，将其用于制作防弹服、防弹头盔等。如果防弹强度更高的话，甚至可以用来制作坦克和装甲车的防弹板。这种材料毫无疑问将比普通的防弹钢板更加轻质，不仅节省车辆的能源，而且因为重量的减轻可以增加人员和车辆的机动性与负重能力。当然，该项目一旦研制成功，也具有广泛的民用推广潜力，包括制作工人的防护头盔，消防队员的防护头盔和防护服，警用防护服等。

从上述分析我们可以看到，日本大学的军工项目研发具有以下特点：

第一，基本上都不是直接的军工项目，而是属于军民两用技术的研发。这种技术一般并不直接表现为军用技术，大多数情况下都

① 電子・物理工学サブプログラム［EB/OL］. http：//www. pas. tsukuba. ac. jp/faculty/applied_ phys/.

属于民用技术，可以通过转换的方式转为军用技术，或者能够制造与生产军用装备。

第二，防卫省防卫装备厅是大学军工项目研发的主导者，通过设定题目和选中研究者自身创设的题目，以资金支持作为辅助和引导，鼓励大学的研究人员投入军工项目研发。

第三，就项目选择而言，防卫装备厅选中大学的比率并不高。2022 年中标的防卫装备厅项目，大学的比例为 11%。① 当然，防卫装备厅仅仅在这种选择中发挥政策指导和诱导的作用，并不直接决定选择。直接决定项目中标的应该是防卫装备厅临时组成的外部专家采纳审查委员会，委员会的组成基本都是大学或者各个研究机构当中的教授专家，防卫装备厅并不干预委员会审查中标项目的结论或决定。

第四，相对项目的难度而言，防卫装备厅给予的经费一般来说比较宽裕，能够基本满足研发的需要，并有所结余。

第五，防卫装备厅对所有的研究成果没有任何保密要求。一般来说，研究成果发表的程度由研究人员决定。日本是一个非常重视知识产权的国家，研究者自身不可能把自己的研究成果和盘托出，甚至看不到任何网上公布的研究结论。从中可以推断，公布的程度由研究者本人来决定。

---

① 防衛省. 令和 4 年度 安全保障技術研究推進制度 応募概要［EB/OL］.［2023－05－01］. https：//www. mod. go. jp/atla/funding/kadai/r04kadai_ 2. pdf。https：//www. mod. go. jp/atla/funding/kadai. html.

第四节 日本防卫科研机构与外国防卫技术、产品的合作

日本通过进行海外军事技术合作，尤其是同欧美大国进行军事技术合作，获得先进军事技术，获得对方国家的军品市场，提升日本在发达国家和同盟国家中的地位。日本同美国的军工技术合作，基本上已经形成了双赢的格局，提升了日本的软实力与国际形象，并将逐渐盘活日本濒临衰退的军工企业和军事技术，为日本未来军工企业和军事技术的大规模发展，奠定了利用全球化的通道。这是一个利用全球化道路发展日本军工企业和军事技术的方向性战略。

2014年4月，日本通过防卫装备转移三原则，实质性地打通了军事技术和武器装备对海外出口的限制，而且2016年3月29日，日本解禁集体自卫权的法案全部生效。近年来，日本防卫科研机构进一步加大了与外国防卫技术、产品的合作力度，日本与海外军事技术和军工产品的合作，已经达到了一个摆脱二战以后诸多束缚和限制，超越以往空前发展的阶段。当然，就整体状况来看，还算是一个初级发展的过渡阶段，同时也意味着未来存在巨大的对外合作发展空间。加强与日本防卫科研机构的国际合作研究，跟踪其动态，探讨其经验教训，学习其好的做法，借鉴其经验、教训和启发性，对中国未来的发展十分有益。正所谓他山之石，可以攻玉。

一、日本防卫科研机构与外国合作的体制

从日本相关法律和政策方面看，日本长期支持和鼓励同外国的防卫装备技术合作，加强与国外的国防装备和技术合作。在日本防卫省网站中有这样的提法："从和平贡献、国际合作，加强与其他国家的安全、防卫合作，为自卫队获得高度有效的装备，以及维持、加强日本的防卫生产，从技术基础的角度来看，我们将促进国防装备和技术合作。"① 日本政府鼓励海外军事合作的目的主要有三点：

第一，通过进行海外军事技术合作，尤其是同欧美大国进行军事技术合作，获得先进军事技术。这里包括两个方面：（1）联合进行军事技术和产品的研发提升日本的军工技术水平。这种情况往往是用于同美国、英国、法国等军事技术先进的国家之间的合作，来提升日本军工技术和武器研发与生产的先进水平。20 世纪 80 年代，日本三菱重工公司和美国洛克希德·马丁公司合作，以 F-16 为基础共同研制第 3 代战斗机 F-2（英文：Mitsubishi F-2，日文：三菱エフツー），1995 年完成原型机，2000 年开始服役，成为当时世界上最先进的战机之一，并有自己的技术特色。（2）采购先进的军事技术和装备，用来装备自卫队，或者研制新的武器，新的军工技术。日本在采购外国军事技术和军事装备的时候，大多数选择美国的技术和装备。除此以外，日本的目标早已瞄准欧洲发达大国，包括英国、法国、德国、意大利等。日本采购军事技术和军事装备的标准

① 防衛装備庁について・3 諸外国との防衛装備・技術協力の強化 [EB/OL].[2020-07-10]. https：//www.mod.go.jp/atla/soubichou_ gaiyou. html.

一般比较明确，就是该项产品要高于中国或者朝鲜同类产品的技术和装备水平。这意味着日本在对自卫队进行技术和武器装备的配备方面，把中国和朝鲜当成一个完全对立的竞争者作为参照系。也就是说，日本在军事技术和武器装备的配备上，有压倒潜在竞争对手的长远考虑和原则。

第二，通过军事技术和装备研发的合作，获得对方国家的军品市场。2013年10月，日本政府批准川崎重工与英国罗尔斯·罗伊斯公司进行合作，在获得其生产许可证的情况下，为其生产制造日本海自护卫舰上搭载的燃气涡轮发动机中用于推进螺旋桨转动的精密部件。川崎重工与英国罗尔斯·罗伊斯公司保持长期技术合作关系。英国海军军舰与日本海自护卫舰使用相同构造的发动机。2013年英国海军因需更换部件向罗尔斯·罗伊斯公司订购，但因这款部件已经停产，罗尔斯·罗伊斯公司转而向川崎重工寻求帮助，为其提供产品。① 2013年10月，日本还打算同土耳其国防部合作，在土耳其设立坦克发动机生产工厂，为土耳其生产坦克发动机，后来由于多种原因未能实现。这两种情况的合作就是为了获得对方国家的军品市场。

第三，通过向对方国家推销日本的军工技术和军工产品，扩大日本的军品出口，占领对方国家的武器装备市场。日本向印度推销U2水上飞机C-2运输机，向菲律宾推销对空搜索雷达，向东南亚国家推销日本的巡逻艇，都是为了拓展日本海外武器出口市场，发展

---

① 日本将向英国军舰提供发动机零部件 称不算武器 [EB/OL]. 搜狐网，2013-10-14.

日本军事工业，加强和提升日本的防卫产业，也包含振兴日本经济的目的。日本为了推销自己的军品和技术，可谓不遗余力。从 21 世纪初期开始，日本就曾向印度尼西亚出售巡逻艇。2010 年以后，日本又通过向越南、菲律宾、马来西亚等国家赠送日本海上保安厅淘汰的二手巡逻艇，并将二手渔船改装成巡逻艇，赠送给这些与中国有海洋和岛屿之争的国家，来吸引他国购买日本研制和建造的巡逻艇、巡逻舰，既扩大了对这些国家的军品出售，又发挥了让这些国家增强海上军事力量，以便对付中国、牵制中国的长远目的。

日本军事技术和武器的对外合作，一般由防卫省防卫装备厅主导。防卫装备厅下设有技术战略部，主要负责国内国际的军事技术协调、军品开发和国际交流等方面的工作。一般由技术战略部立案并同防卫装备厅的各个部门进行协调，上报防卫装备厅批准，再由防卫省批准，然后进入实施阶段，同各个国家进行相关的政策和技术协调，洽谈合作项目，推销日本产品，或者购买对方国家的产品等。

二、日本防卫研发机构与外国合作案例

日本防卫研发机构与外国合作有诸多案例，媒体上有诸多的报道和披露。但是，由于军工技术和军工产品合作，在一般国家来说都属于秘密和机密的部分，所以在没有媒体公开报道的情况下，我们无从得知更多的内容和情况。公开的资料和内容报道已经能够让我们对于日本防卫科研机构同外国进行军工研发合作的情况有基本的了解，这也是我们研究的基本素材。从中我们不仅可以了解到日

本防卫科研机构同外国合作的基本情况，也会给我们带来诸多启发和学习经验。

（一）与美国的军事技术合作

2005 年 4 月 14 日，日美两国签署一项针对防御导弹船体材料与构造技术的"共同研究未来秘密军事行动"的谅解备忘录，日美双方约定进行为期 3 年的共同研究。在日本 2007 财年之前建造出原型产品，然后运往美国进行测试和评估。该研究工作将以日本防卫技术研究和发展本部第五研究中心于 2003 年公布有关碳纤维增强塑料研究成果为基础，由日美两国联合研制新的船体材料。碳纤维材料一般没有雷达电子反射波，日本是碳纤维增强塑料世界主要供应国，在该项材料领域具有较大的优势。从这里面我们可以看到，日本愿意在优势军事领域与美国进行技术合作，表明日本期待通过这种军事技术合作，发挥日本技术优势，从而提升日本在日美同盟中的军事科技地位，甚至也可能包含着借机向美国推销相关日本产品和技术，扩大美国对日本的材料需求和依赖，扩大美国进口日本军用碳纤维材料，从而达到扩大日本在美国市场的目的。

2019 年 7 月 31 日，日本防卫省防卫装备厅发言人称：美国和日本正在讨论扩大太空、网络、电磁等新领域的合作。本次会谈就新领域的防卫设备和技术合作交换意见，旨在满足军事技术要求。日本将加快在太空、网络、电磁、海洋和科学技术等领域的发展与合作，并促进在太空和网络等领域国际规范的制定。防卫省防卫装备厅正在研发小口径电磁轨道炮及相关测试设备。日本和美国计划连接两国天基态势感知系统，使两国军队能够共享实时信息。在太空、网络和电磁等新领域，日本技术远远不及美国，因此，日本想通过与美国合作，提升本国在这些领域的技术和装备水平，吸取更多美国的先进技术。

2018 年 12 月 18 日，日本内阁决议通过新版《防卫计划大纲》及《2019—2023 年度中期防卫力量整备计划》。《防卫计划大纲》是日本政府规划自卫队力量建设的战略与政策指导性文件，是日本军事力量和建设的指导纲领，展示未来 5~10 年日本军事力量的发展规划、发展原则和重点发展方向。日本防卫省防卫装备厅加强与美国在太空、网络与电磁技术领域的合作，正是执行和落实日本防卫大纲的结果。同时，日本推进同美国在混合电力推进、核生化防御、高速多体船优化设计等项目的合作。

日本在上述相关领域同美国的合作，主要是吸收美国的技术，提升日本自身的军事技术力量。但日本也并非完全是吸取国，日本自身在材料技术与产品、芯片设计和芯片制造方面有自己独到的先进技术，因此，美国同日本进行相关领域的军事技术合作，也并非完全吃亏，而是互有所得，能够达到相互促进与提升的效果。虽然从 2017 年开始，日本就打算进口美国的陆基宙斯盾反导系统，但是，2020 年 6 月 15 日，日本防卫大臣河野太郎正式宣布取消购买美国陆基宙斯盾反导系统的计划。名义上给出的理由是其助推发动机在拦截来袭导弹之时，可能会发生坠落，对地面人员造成伤害，再加上采购费用过于昂贵。① 其中的内幕可能还需要以后媒体的披露。

---

① 陆上イージス、计画停止 安全担保に费用・时间　河野防衞相「合理的でない」［EB/OL］．［2020-06-13］．https：//www.asahi.com/articles/DA3S14514079.html.

但是我们也知道，包括美国海基、陆基宙斯盾系统在内的美国反导系统中，也有从进口日本的电子元器件。美国"爱国者"PAC-2反导系统的电子元器件和部分软件即由日本厂家提供。所以，即使是日本采购美国先进技术军事装备，日本也并非完全被动，在被动中有一些主动性。日本断然终止对美国的陆基宙斯盾系统的采购，在某种程度上彰显了日本在同美国的军事合作中，日本对美国的反制能力与反向影响力。

日美两国在日本合作生产 F-35 战斗机是近年来日美两国军事技术合作的重头戏。日本通过在日本国内建设 F-35 战斗机组装生产线，让日本军工企业熟悉和掌握 F-35 的装配流程，以及零部件的细节，为日本研制下一代战机进行技术的准备与铺垫。尽管在日本装配生产价格昂贵，在 2019 年度曾经一度停产。但是，进入 2020 年以后，由于三菱重工公司优化改进了装配生产线，大幅度降低了装配成本，致使该生产线再次复活。日本需要的 F-35A 战机，将由美国提供主要零部件，部分零部件在日本国内生产，并在日本国内组装完成。日美两国在这个项目上的合作，对于日本未来研制新一代战斗机，具有非常重大的意义，等于全面提升了日本对新一代战斗机零部件和技术流程的掌握。

2020 年 8 月 13 日，共同社报道，美国正在推进发射数百颗小型卫星的计划，并联合日本参与计划。此次发射的卫星群将由靠近地球的同一轨道上安置的多颗小型卫星构成，可协调运作，日本方面为了提高自己的导弹探测和追踪能力，将探讨运用小型人造卫星群"卫星星座"。此次日本和美国共建卫星群，其耗资可能会达到 1 万亿日元，其目的是应对中国和俄罗斯研发的新型高超音速滑翔武器。① 但是，由于马斯克的星链计划及其太空探索技术公司（SpaceX）迅速推进并逐步实现星链计划，已经把日本和美国政府计划合作的项目远远抛在了后面。马斯克的星链计划是一项旨在为全球提供高速卫星互联网服务的计划。这项计划被视为解决全球数字鸿沟问题的重要举措，以及提高全球互联网覆盖范围的一项颠覆性技术。到 2023 年初，星链计划发射的卫星已经达到 3000 多颗。已经基本上实现了全球覆盖和通信、定位等技术需求，未来将增加星链卫星数量密度达到 42000 颗。面对马斯克星链计划的快速进展，日美两国政府想要合作的星座计划已经没有太大的意义。

（二）向国外推销日本军工技术与装备

安倍执政以后，奉行积极和平主义政策。所谓积极和平主义，就是改变过去日本专守防卫和不对外出口武器等原则，不对海外进行军事干预的既有防卫路线转换为积极干预地区和全球事务，在规定的条件下，可以在海外谨慎使用军事力量的路线。2014 年 4 月日本制定防卫装备转移三原则，实际上允许日本研制的军事装备和武器技术对海外出口。加上 2015 年制定新安保法案，解禁集体自卫权，发挥日本军事力量，也包括发挥军事技术和军事装备产品的影响力，重新塑造日本所期待的地区与世界安全格局。在这一格局中，在亚太地区，日本要尽力发挥主导力量，防范朝鲜，同中国进行竞争；在世界范围内，扩大日本自卫队和军事力量的使用权限、使用

----

① 人工衛星群活用し新型兵器に対処 政府、米とも連携方針［EB/OL］.［2020-08-12］. https：//www. okinawatimes. co. jp/articles/-/615704.

范围与影响力。安倍政府为了显示日本对海外出口武器的和平性，不断向世界宣传和解释日本对海外武器出口的慎重性——"关于国防装备的海外转移，我们将严格按照国防装备转让的三项原则认真处理。"① 而实际上，一旦开启了向海外出口武器的政策，是否慎重使用则完全由日本政府说了算。一般来说，作为日本政府的考虑，平时要谨慎使用这种权利；而一旦出现特殊情况，尤其是日本安全和日本国民的安全受到威胁之时，完全可以根据需要，做出临时安排和灵活性的解释。这等于实质性地扩大了日本政府使用军事力量的实际权利。其中，东盟国家是日本向海外出口武器的重点国家。

2014 年 9 月在安倍政府解禁向海外出口武器时，日本就举办了国内防卫装备用品展览会。川崎重工、三菱重工、富士通等日本国内 7 家大型军工企业，展览了他们的公司产品，并进行了相关介绍。川崎重工展示了供陆上自卫队使用的侦察摩托车，藤仓航装展出了降落伞，三菱重工正在开发的装甲车、三菱电机的直升机卫星通信系统、富士通新一代野外训练系统都由这些公司参展人员进行介绍。文莱等东盟 10 个成员国的 24 名官员参观了展览。这反映出日本迫切向东盟国家推销武器的策略。

日本为什么重视向东盟国家推销武器，其中包括一些重要原因：第一，日本作为东亚地区国家，联合东盟对日本来说具有重要的地缘政治和安全意义，可以加深日本在东亚地区的影响力；第二，可以拉拢其中的一些国家，有利于日本同中国抗衡的战略；第三，用

---

① 防衛装備庁について・3　諸外国との防衛装備・技術協力の強化［EB/OL］.［2020-07-10］. https：//www.mod.go.jp/atla/soubichou_ gaiyou. html.

武器来武装东盟国家，有利于某些同中国有岛屿和海洋争端的国家加强军力，便于他们增强底气，对抗中国；第四，可以借机占领和扩大东盟的武器市场，因为日本比较了解东盟国家的武器技术需求，一些东盟国家属于新兴经济体国家，有比较富裕的资金和购买力，同时也有军事和安全上的需要。

近年来，安倍政府尽管大规模宣传日本自身的武器，向发展中国家和一些需要的国家推销日本的产品，但效果并不太好。主要的原因是日本军事装备价格过于昂贵。比日本军力强大的国家，自己有能力开发，并不太需要日本的产品；而发展中国家又买不起。因此，日本对外出口武器战略实际上遇到了比较艰难的瓶颈期，不排除日本经过长期努力，未来可能会在某一个时段走出瓶颈期。

就目前来看，日本推销军事装备产品还没有特别成功的案例。2016 年 2 月，日本和菲律宾达成由菲律宾租赁日本退役 TC-90 海上巡逻机的合同，日本向菲律宾租赁 5 架该型飞机。由于菲律宾没有资金购买日本的飞机，日本想以援助的方式赠送这批飞机，但菲律宾又不愿意领情，因此双方想出了低价租赁的方式。2014 年，日本宣布计划向越南提供价值 5 亿日元（约 400 万美元）的 6 艘巡逻艇，作为日本与越南经济合作的一部分。2016 年 9 月，日本和菲律宾达成向菲律宾以低息贷款出售巡逻艇的意向协议。

近年来日本极力向印度推销可以在海面上起飞的 U2 飞机，印度有意购买，但多年来一直没有结果，原因主要是价格过于昂贵。同样，2020 年 3 月，菲律宾媒体证实，菲律宾空军决定从日本购买一批防空雷达站，包括 3 套现代化的 J/FPS-3ME 雷达站和 1 套移动式

J/NPS-P14ME雷达站。尽管一些媒体的报道言之凿凿，但最后能否达成最终协议，实现购买，还有一些不确定因素。最主要原因仍然是价格比较昂贵，这套雷达总共价值大约5亿美元，作为一个贫穷的发展中国家，很难拿出这么一大笔资金消费。如果日本的推销最后获得成功，将为日本军事技术装备走向国际市场打开一个新的局面。2020年7月，日菲双方已经达成正式协议，价格由原来的5亿美元降至1.3亿美元。据日本《产经新闻》透露，日本政府希望菲律宾共享探测数据，以加强对相关方向的监控能力。受疫情影响，最后的交付工作推迟到2021年下半年。

（三）与其他国家的军工合作

2017年7月21日，日本防卫装备厅（ATLA）人士透露，日本和德国的军事研究机构将在双方国防工业的支持下，共同实施联合开发计划。两国将以协议为框架，共同开发地面系统，特别是军用车辆发动机，包括日本小松公司（Komatsu）目前正在开发的新型8×8装甲人员输送车。

日本和法国在2016年12月敲定有关"国防设备和技术转让"的协定。声明称，官员们就"实现共建"防卫设备达成一致，双方合作的首个项目是无人水雷探测设备。2017年1月，日法同意就两国《相互提供物资与劳务协定》（ACSA）开启谈判，在双方合作项目中可以共享燃料和供给物资。日本和英法等国都达成了相关协议，拓展了日本对外军事合作的领域。

日本三菱重工公司一直寻求与英国BAE系统公司联合开展地面军事系统项目的合作。2014年7月，日本与英国达成联合开发空空导弹的计划。2016 年 1 月 8 日，日本和英国宣布，两国将在国防装备和技术领域加强合作，包括联合研发空对空导弹系统。首轮谈判已经成功确定了联合研究空对空导弹项目的可行性，将促进 MBDA 公司和日本三菱电机公司的合作，开发改进三菱电机公司的导弹导引头技术，未来将装备在 F-35 配备的 MBDA 公司"流星"超视距空对空导弹，并提高其精度。两国共同研制的空对空导弹可能用于采购洛克希德·马丁公司 F-35"闪电"II 战斗机。

2017 年 3 月 16 日，日本防卫省宣布与英国开展合作研究未来战斗机。英国可能将 2005 年放弃的 BAE 公司"复制品"第 5 代战斗机研究项目相关资料出售给日本。日本防卫省装备厅发布声明称：今天（2020 年 3 月 16 日），防卫省装备厅与英国国防部就与英国在未来战斗机研究方面进行合作的可能性进行了探讨。双方已经签署了联合研究协议，根据该协议，日本和英国将推进未来战斗机和作战系统的研究工作。① 2020 年 4 月 1 日，日本防卫装备厅将正式设立管理下一代战斗机设计和合同事务的专门团队，开始由日本主导的 F-2 战斗机后继机的开发工作。团队以一名军衔为空将补（相当于少将）的"装备开发官"（负责下一代战斗机）为首，由航空自卫官和技术官员约 30 人组成。在 2020 年年底之前，日本将确定下一代战斗机与英合作方式的最终框架。② 2020 年 7 月 8 日，根据日本 NHK 网站报道，随着空军自卫队的 F-2 战斗机在 2035 年左右退

---

① 堵开源. 日本宣布与英国合作研制未来战斗机［EB/OL］. 观察网，2017-03-13.

② 次期戦闘機、開発本格着手　防衛装備庁に専属チーム［EB/OL］.［2020-03-31］. https：//www. jiji. com/jc/article？k＝2020033100910&g＝soc.

役，日本政府决定研发具有高度隐身性的下一代战斗机，并采取日本国内开发系统。日本防卫省计划于 2024 年开始制造原型机，并于 2031 年开始批量生产。防卫省打算通过与英国、美国的国际合作，在一年之内决定一个基本框架，与英美公司进行关于研制该机的讨论。英国已经正在按照与日本相同的时间表研制新的战斗机。① 到 2022 年 12 月，这一项目最终摒弃了美国，而成为日本与英国、意大利的合作。这表明了日本要在高科技的第 6 代战机研制领域占有主导地位的雄心壮志。

2020 年 5 月 18 日，日本陆上自卫队对外首次公开了新研制的步枪——20 式突击步枪。20 式突击步枪由丰和工业公司制造，其口径和 89 式步枪一样，为 5.56 毫米，使用的仍然是 5.56×45 毫米弹药。其总体的尺寸为：在伸缩枪托打开的情况下，全长 850 毫米左右，伸缩枪托收起的情况下，全长则是 780 毫米左右，比 89 式步枪 920 毫米的长度还要短。这主要是因为 20 式步枪的枪管大大缩短了，其枪管长度为 330 毫米，比 89 式枪管的长度短了 90 毫米。不过 89 式和 20 式的重量却完全一样，空枪重都是 3.5 千克。枪托采用聚合材料制作的可伸缩枪托。该枪采用意大利贝雷塔公司生产的 GLX 160 型 40 毫米枪挂榴弹发射器，还可直接安装在枪下。该枪比 89 式步枪射程长，精度更高。防卫省首批已经采购了 3000 余只改型步枪。对于该款新步枪的榴弹发射器，日本没有采用自己研发的习惯性做法，而是采取拿来主义精神，直接采购意大利装备，与本国的步枪

① 空自 次期戦闘機 2031 年度に量産開始方針 米英と調整加速［EB/OL］.［2020-07-08］. https：//www3. nhk. or. jp/news/html/20200708/k10012502631000. html.

相结合，目前只采购了 300 多只该型榴弹发射器。以后会不会用日本国产的替代，尚不清楚。

从上述的合作当中我们可以看到，日本特别重视与欧洲军事技术大国和强国英国、德国、法国等国家之间的军事合作。这种合作有利于提高日本的防卫技术能力与研发水平，也有利于提高日本的国际地位，能够给日本带来多方面、多层次的收益。

三、日本防卫科研机构与外国合作的原因、效果、影响

日本防卫科研机构与外国合作之所以能够取得一定的成效，是它内在的驱动原因和外在的条件综合促成的。同时，这种合作的成功，也为日本军工企业和军工技术发展带来了正面效应和影响，同时促进了日本工业和国家品牌的提升，带动了日本软实力的提升，扩大了日本在全球范围内的影响。

（一）原因

日本防卫科研机构与外国合作的原因是多方面的，主要包括以下六点：

第一，通过与外国进行防卫技术和产品的研发合作，提升日本本国的军工科研力量，提升日本军工产业研发水平。出于这种目的的合作，大多都是同美欧等军事发达国家的合作。无论是美国，还是欧洲的英国、法国、德国等，这些国家在军事开发与科研领域都有自己的特长和绝活，日本希望同它们进行军事科研与开发合作，提升日本军工科研与产业的水平，以便支撑其作为大国力量的军工研发基础。因为如果一个国家没有自己独立的军工研发力量，不能够独立研发主要的武器与装备，一旦发生战争，就可能面临巨大的风险。向外国购买武器，可能会遭到"卡脖子"、禁运等风险。此外，即使没有这种风险，外国厂商能不能及时供应、及时交货，武器运输途中会不会遭遇什么不测与风险，这些都面临着很大的变数与不确定性。因此，作为一个有影响力的并正在追求地区与世界大国的日本，必须有自己的独立完备的武器、军工技术研发体系、制造与生产能力。日本与西方发达国家的军工技术合作，在很大程度上是为了提升与充实自己的该方面的水平与能力，补足自己的短板。

第二，通过与对方国家实行军工技术合作，积极占领对方国家的军工和军事产品市场。类似于土耳其、印度这样的发展中国家，作为新兴工业国家，它们已经不能满足单纯从发达国家进口军事技术与武器装备，往往在进口军事武器装备的同时，还要求提供技术、生产线，最终由自己来独立生产，或者与提供国进行合作生产。日本为了推销自己的武器与技术，往往也采取这样的方式，考虑在对方国家设立研发工厂或者生产制造工厂，在出口武器的同时，向对方国家出口技术，使对方国家形成对自己国家的技术依赖。通过这种深度的技术合作，以便长久地占领和扩大对方国家的军工技术与武器产品市场。

第三，通过防卫技术与产品研发合作，扩大日本的军事力量影响。安倍执政以后，虽然不再像小泉执政时期那样明显地追求世界大国地位，但实际上日本也没有放弃追求世界大国的野心，起码日本要在东亚地区发挥日本主导性的影响；在亚太地区发挥次于美国的大国影响；在世界范围内，发挥日本具有自身国家和民族特色的影响。这和自卫队要走向全球，不仅维护自身国家的安全，也要给同盟国家和日本认为与自身国家安全至关重要的国家、给予盟友般的支援相似，实际上是通过军工合作的方式，依据日本自身的防卫技术与研发武器的科研实力，军工制造业技术的实力，来扩大本国的地区和世界影响。

第四，单纯输出武器或者是防卫技术、军工技术，使日本向军事产品出口大国的方向发展，借机弥补日本国内军工产品市场需求的不足，使军工技术与产品通过出口形式，获得良性外部循环，积极扩大和发展日本国内军事工业，使日本国内军事工业从不断萎缩走向重新复苏。这不仅有助于保持和振兴日本的制造业，而且可以夯实日本未来作为军事大国的军工制造业基础，同时还可以促进日本经济的发展。因为军工制造技术一般都涉及工业制造的核心领域，能够制造尖端军事产品的国家，一定是高度发达和先进的工业化国家。日本想通过出口军工产品，保持自身国家工业化的先进地位，并带动日本经济整体的发展。日本对东南亚国家和非洲国家的武器装备输出，基本上都带有这种性质，通过武器出口，扩大海外武器市场，推动日本军事技术发展，推动日本经济增长。

第五，和中国竞争的需要，促使日本加大对外军事技术与武器合作研发的力度。几十年来，尽管在中日邦交正常化以后，日本长期把中国作为友好邻邦，中国也如此看待日本。但是，在苏联解体以后，由于中国经济和综合国力的发展，日本越来越畏惧中国的发展，认为中国有难以确定的危险性，因此，把中国当作最大的潜在敌国。这种感觉和认识在 2010 年中国 GDP 超过日本以后更加明显。

因为中国历来是一个相对比较全面的军事大国，日本在核武器开发领域、弹道导弹和巡航导弹领域、航空母舰领域、战略轰炸机领域等方面，和中国拥有巨大的军事技术和能力差距，因此，日本在心理和现实上感受到了中国的巨大威胁。所以，日本千方百计想发展常规军工力量，以便在常规军工技术研发和制造方面能够全面超越中国，借此弥补在军事力量上和中国的某些差距与短板，发挥日本的常规优势，在未来可能爆发的战争中，期待有能力制约中国。这也是日本千方百计要发展、扩大与其他国家军工技术合作，充实日本自身军事体系和军工产品力量的重要出发点。

第六，提升日本在发达国家和同盟国家中的地位。众所周知，在日美同盟中，日本长期从属于美国，这意味着在日美同盟中是美主日从，日本在日美同盟当中的地位并不高，甚至几乎完全服从于美国的利益。20 世纪 80 年代，在日本经济实力崛起以后，日本并不满足完全听从美国的附属地位，经常出现改变从属地位的冲动，当然，日本也并非要在美国之上，只是争取与美国地位平等。对英国、法国这些欧洲大国来说，由于日本是二战中的战败国，没有联合国安理会常任理事国的席位，且殖民地国家在二战以后完全得到恢复和独立，日本没有英国、法国在世界广泛殖民地和前殖民地国家的广泛影响，因此，日本期待通过防卫技术与产品的研发制造合作，树立日本作为技术大国的形象，进而提升日本的国际地位——追求与美国的对等地位；追求与英国、法国等国家重要伙伴的国际地位。甚至有人说，日本和英国的关系已经成为准同盟国家之间的关系。日本历来高看欧美发达国家，能和英国这样的老牌发达国家攀上准同盟的国家关系，对于日本来说求之不得，所以日本愿意通过防卫技术与产品合作，提升日本的国际地位和在同盟关系当中的分量。

（二）效果

日本防卫技术与防卫产品的对外合作，效果如何呢？就整体情况来看，日本的对外防卫技术和防卫产品合作，对有些国家、某些产品发挥了良好的效果，使日本成为一些国家军工合作领域长远的合作对象，具有良好的国际信誉。但是，在推销军工技术产品方面，也有勉为其难的地方。日本期待通过对外军事技术与武器的出口，扩大军工企业利润，占领国际市场，显得举步维艰。

第一，长期以来，日本同美国的军工技术合作，基本上已经形成了日美双赢的格局。因为大多数情况下，日美实行军事合作是日本需要美国的先进军工技术、先进武器装备，而美国向日本提供军工技术的同时，也占领了日本的武器进口市场，两国各取所需，各有所得。同时，美国先进军工技术和武器系统，在大系统上由美国设计制造，但是在材料和零部件领域，美国越来越多地依赖日本生产的材料和零部件，因此，日本对美国的军工发展也有贡献，形成了双向、相互依赖的格局。这种格局最容易保持长远的合作关系，真正是"你中有我，我中有你""一荣俱荣，一损俱损"的利益共生局面。

第二，日本向发展中国家出口武器的局面没有完全打开，日本当前还处于赔本赚吆喝的状态。原因主要是日本军工技术和军工产品领域，尽管比较先进，但由于规模比较小，人工成本费用比较高，日本一直无法改变军工技术和军工产品价格偏高的困局。而价格因素是发展中国家在采购军事技术和武器装备方面，首要考虑的因素之一。日本的武器价格一般来说不仅价格偏高，而且有时高得有些离谱，这对大多数发展中国家来说，是难以承受的。所以日本军事技术和武器装备在国际军火市场上并不被看好，发展中国家很少进口日本的武器和军事技术。而对发达军事大国而言，日本武器技术又没有太多的先进性可言，也同样没有多大的销路和市场。

所以，按照一般常规做法，日本武器很难出口。近几年来，日本都通过给东南亚国家经济合作贷款，或者赠送的方式，将武器以极其低廉的价格出售或送给东南亚国家，这对日本来说完全是赔本的买卖。但日本为什么赔本也要这么做呢？其中有 3 个原因：

（1）日本要在军事技术和武器装备方面做出自己的品牌效应，树立自身的品牌威信。2014 年 4 月武器出口解禁以来，日本向东南亚一些国家低价出口或赠送了一批二手武器，目的就是让他们形成使用日本武器的习惯，树立日本武器好的口碑，形成对日本武器的依赖，然后再自己掏腰包从日本进口武器，这是日本武器出口的长远发展战略。从这种意义上来说，这种低息贷款和无偿赠送在表面上，或者短期来看日本有些吃亏，但从长远而言，日本并没有吃亏，因为此举能够带来武器出口市场的长远扩大。

（2）在南海搅局，阻遏中国南海政策的需要。日本向南海地区的东盟国家出口武器，一般都是出口巡逻舰或者巡逻船，也包括巡逻飞机等，目的是要让这些国家加强在南海地区的出动能力和侦察防范力量。比如，越南、马来西亚、菲律宾等国，这些国家在海洋和岛礁争端方面，都把中国当成自己的潜在敌国，要求扩大海洋与岛礁占领面积。已经占领了中国海岛的国家，还要继续扩大战略占领，还要不断表示自己的声索权利。了解这些背景以后就不难分析，日本向这些国家出口武器的意图，已经十分明显。因此，日本在东南亚并没有赚到多少出口武器的利益，但日本仍然乐此不疲，因为这样做加强了南海国家同中国对抗的能力，从而成为日本牵制中国的有力工具。日本虽然损失了一些经济利益，但在政治、安全领域有很大的收获，这对日本来说很值得。

（3）日本向东南亚国家赠送，或者以低息贷款经济合作方式出售的武器，一般都是日本淘汰的二手货，经过再次修理和翻新以后出售或赠送，个别也有租赁的形式。这些翻新的二手货，对日本来说已经没有任何价值，但是对东南亚国家来说，这比他们原有的巡逻船、巡逻舰、巡逻飞机等要强很多。这对日本来说是废物利用，同时还能收获外交上的成果，让东南亚这些国家在外交和安全政策上靠近日本，有很好的效果。南海地区的越南、菲律宾、马来西亚都属于东盟国家中靠近日本的国家。

第三，日本同英国、法国、德国等欧洲大国的军工与装备研发合作基本上取得了良好的效果，因为这些国家和日本基本上处于相同的军工和工业发展水平，相互之间进行密切合作，能够发挥自己的长项，各取所需，取长补短，使双方都有一定的收获。日本为英国军舰生产发动机零部件，弥补了英国此项军工产业部门的缺失与不足，同时，日本获得了相关的收益和技术。在得到英国生产许可证的情况下，日本相关发动机零部件的研制能力和研制水平、生产能力都得到了相应的提高，而英国方面得到了他们所需要的产品，两全其美。日本与德国合作也有类似的情况，德国和日本相似，同样都是制造业大国，但德国在机械工程、发动机制造方面比日本更胜一筹。而且这些国家都属于北约国家，是北约中有影响力的大国，所以，日本加强同这些国家的军工合作，实际在某种意义上是日本靠近北约的表现。日本近年来一直在和北约拉近关系，安倍政府希望能够实现同北约的合作，不仅将日本自身的军事装备标准改造成和北约统一的标准，向北约看齐，而且更重要的是安倍政府企图把北约引入东亚地区，形成东亚地区新的制约力量。这里除德国不够积极以外，英国、法国等国家都是比较积极的，在一定程度上和日本唱和，向美国看齐。英国、法国等这些国家不仅派军舰到南海去巡航和演习，而且还轮流派军舰到朝鲜附近海域监控朝鲜，违背了联合国安理会制裁决定，在海面上进行倒卖石油、倒卖货品的交易行动。因此，北约的军事力量在美国和日本的鼓励之下，已经开始深入东亚地区。

（三）影响

日本防卫科研机构与外国防卫技术、防卫产品合作的影响比较广泛，并有日益增大的趋势。

第一，日美两国的军工技术合作，等于日本紧紧地拉住了美国，使其成为自己的同盟国，使两国在军工技术、军工产品方面紧密地绑定在一起，增进了日美军事政治同盟的稳定性。日美两国在军工技术和军工产品上的绑定，尤其包括F-35战斗机这样最前沿的军工技术产品，说明两国之间已经拥有了高度的信任、深度的合作，进一步夯实了日美两国政治、军事同盟的基础。

　　第二，日本同欧盟国家、澳大利亚等国的军事技术合作，不仅增加了日本军事力量与工业力量在全球的广泛影响，也提升了日本作为科技和工业大国的信誉，增加了日本工业和军工技术品牌的影响力。前些年，日本大张旗鼓地推进同澳大利亚关于"苍龙"级潜艇的合作，期待能够拿下澳大利亚所需潜艇的大规模订单。尽管由于法国的竞争和中国的反对活动，日本最终没有能获得成功，但实际上，提升了日本"苍龙"级潜艇的知名度，扩大了日本军工品牌在世界的影响力。

　　第三，日本的二手军工产品在东南亚很受欢迎，已经有代表性地说明了日本军事技术和军工产品在地区和世界的影响力。东南亚国家从 20 世纪 70 年代的反日，到 21 世纪的亲日、崇日，既说明了日本外交手段的成功，也说明了日本的工业产品、工业品牌，在效益和质量上得到了一些国家和地区广泛认可的现实。日本军工产品是日本现代工业产业中一个重要的组成部分，它和日本的其他民用工业产品一样，在世界上发挥了促进日本品牌影响力提升，进而提升日本国家形象和软实力的作用。从这种意义上来说，一个国家的产品质量，将长期代表这个国家的国际形象，代表这个国家的实力。无论是军工产品，还是民用产品，只要质量过关，受到对方国家的欢迎，久而久之就容易带动这个国家形象的提升。日本的军工技术和军工产品，在亚太地区和世界范围内也发挥着这样的作用和影响。

　　第四，日本军工技术和产品，一方面和欧美发达国家进行联合研发，另一方面向发达国家和发展中国家推销自己的军事技术和军用产品，安倍政府实际是要通过这样一种两头在外的战略，摆脱日本军工企业的军工科技研发的困境。因为如果像以往的保守政策一样持续下去，既不对外出口军事技术和产品，而自卫队的需求又不能满足军工企业的科技研发和生产能力，日本军工企业的军工技术和军工产品将大幅度萎缩，这不仅会损害日本的军事基础和军事能力，也将给日本整体工业实力造成负面影响。安倍政府在大规模与美欧国家进行军工合作，大规模向全球推销日本军事技术和军用产品的情况下，将逐渐盘活日本濒临衰退的军工企业和军事技术，为日本未来军工企业和军事技术的大规模发展，奠定利用全球化的通道。这是一个利用全球化道路，发展日本军工企业和军事技术的方向性战略。这一战略经过这些年的努力，尽管只是取得了一些中小型的成绩，尚未发生质的飞跃，但正在一步一步地踏实积累，有可能会走向更大的成功。

第二章 分论：日本防卫科研机构与研发体制

第一节 日本防卫研究所的研究体制

一、防卫研究所概况

防卫研究所（日语：防衛研究所/ぼうえいけんきゅうじょ；英语：National Institute for Defense Studies，NIDS）直属日本防卫省，是防卫省政策研究核心机构，属于防卫省安全与军事战略方面的重要智库，主要进行有关安全保障战略、战术、安全保障政策和战史等方向的调查研究。严格来说，防卫研究所仅仅是日本安全和军事领域战略、战术和安保政策方面最高的研究机构，而不是日本军工技术和军事装备的研究机构。目前防卫研究所编制136人，研究人员 90 人，管理人员 46 人。①

该研究所由防卫大臣管辖，经费预算均由国家提供，所长、副所长由防卫大臣任命，是日本防卫省从事安全防卫与军事政策研究的核心机构。该所成立于 1952 年 8 月，时称保安研修所。1954 年 7 月，改称防卫研修所。1985 年 4 月，改为防卫研究所，直属于日本防卫厅。2007 年 1 月，防卫厅升格为防卫省以后，该所直属于防卫省。平成二十八年（2016 年）8 月，该所驻地从东京目墨区，迁移到新宿区市之谷。防卫研究所积极致力于防卫战略与政策的调查研究和教育训练，重视国际交流和信息传播，经常举办国际学术研讨会，开展与世界主要国家安全和军事科研机构的交流活动，一些活动发挥了广泛的影响，防卫研究所在日本的安全保障政策体系中确立了稳固的安保政策、战史学术、军事装备科学研究的核心地位。

平成二十二年（2010 年）12 月，在安全保障会议及内阁会议上决定的防卫计划大纲中，提出"推进有关安全保障问题的研究教育"，并制订中期防卫力量整备计划，旨在充实防卫研究所安全保障政策的研究与教育功能。平成二十五年（2013 年）12 月，由国家安全保障会议及内阁会议决定的防卫计划大纲，作为强化知识基础，"为了促进国民对安全保障、危机管理的理解，致力于教育机关等的安全保障教育"，明确强调在加强防卫省、自卫队的研究体制的同时，推进包括政府在内的其他研究教育机关、国内外的大学、智囊团等关于教育、研究交流在内的各种合作。近年来，该机构研究成

---

① 防衛研究所の紹介 ［EB/OL］. ［2020-02-04］. http：//www. nids. mod. go. jp/a-bout_ us/index. html#outline.

果在日本军事外交政策方面的影响越来越大。

（一）防卫研究所历史上的组织结构

防卫研究所在历史上主要分为第一研究部、第二研究部、战史研究部、教育部、防卫研究所总务课（处）、图书馆等机构。第一研究部主要负责研究防卫战略与防卫政策，下设 5 个研究室：第一研究室研究安全保障理论及政策；第二研究室研究与防卫相关的政策、法制等；第三研究室研究与防卫相关的社会、思想等问题（意识形态）；第四研究室研究国防经济、国防工业等；第五研究室研究军事战略理论、军队编制体制和军队建设。第二研究部主要负责研究国际关系和世界军事动态及各国的军事力量、军队状况，安全、军事政策等，该部也被称为地区研究部。第二研究部于 1984 年 7 月 1 日由原来研究部的第五研究室扩编而成，下设 3 个研究室，第一研究室研究方向为西欧、美国；第二研究室研究方向为东欧、俄罗斯及其他。

防卫研究所总务课（处）是防卫研究所行政运营与后勤工作的核心，负责公章、文件、人事、工资、福利、经费等行政管理工作。防卫研究所图书馆负责图书资料的收集、借阅、保管工作。该图书馆藏书甚丰，国防理论及战史专著约有 93000 册，教材及战史史料等有 146000 册，国内外军事杂志约 300 种。该馆还收藏了日本明治维新至第二次世界大战结束期间，日本陆军和海军的军事图书和档案资料，包括各种作战命令、电报、参谋作战日志、军用地图和军事图书等实物。据统计，该馆共存有日本陆军档案资料 81000 余卷，日本海军档案资料 31200 余卷。防卫研究所图书馆采取开放查阅的制度。1998 年日本和其他国家共有 4300 多人到该馆查阅和研究这些历史档案和资料。

（二）防卫研究所当前的组织结构

平成十六年（2004 年）4 月，防卫研究所内部机构进行了新的改组和调整，新设统括研究官，并将第一研究部及第二研究部改编为研究部，完善、强化调查研究及国际交流体制。平成二十三年（2011 年）9 月将研究部改编为政策研究部、理论研究部及地域研究部，将战史部和图书馆（仅限史料室）改编为战史研究中心，同时新设企划部。平成二十七年（2015 年）4 月，新设研究干事、特别研究官 1（国际交流·图书担当）、特别研究官 2（政策模拟担当）。平成二十八年（2016 年）4 月地域研究部新设中国研究室。

防卫研究所各个部门当前的主要职能分工如下：

（1）企划部：主要负责研究所的总务、人事、会计以及调查研究和研修的综合规划和调整。（2）政策研究部：负责国家防卫政策、各国国防政策、战略理论、全球安全保障调查研究。政策研究部主要包括 3 个研究室，防卫政策研究室、军事战略研究室、全球安全保障研究室。（3）理论研究部：负责关于日本和各国政治、法制、社会、国防经济学、争端后复兴的调查研究。理论研究部主要包括两个研究室，政治法制研究室和社会经济研究室。（4）地域研究部：负责关于国际关系、各国形势、各国军事力量、军事政策和军事动态的调查研究。地域研究部主要包括 3 个研究室，中国研究室、亚非研究室、美欧俄研究室。（5）教育部：主要负责自卫队及防卫省中高级干部、自卫官及其他干部职员安全保障方面的教育。（6）战史研究中心：关于战史的调查研究、战史编年及战史史料的管理、调查研究。（7）特别研究官1（国际交流·图书管理主官）：提供有关国际研究交流的调查研究和图书等的防卫研究所、统合幕僚学校、陆海空各干部学校的调查研究和教育活动的支援。（8）特别研究官2（自卫队政策模拟主官）：主要负责模拟自卫队管理及运营政策。

防卫研究所领导干部架构与名单

所长	田中聪
副所长	中野义久
研究干事	庄司润一郎
企划部长	岩田典郎
政策研究部长	桥本靖明
防卫政策研究室长	小野圭司
军事战略研究室长	今福博文
全球安全保障研究室长	伊豆山真理
理论研究部长	室冈铁夫
政治法制研究室长	山下光
社会经济研究室长	菊地茂雄
地域研究部长	军头慎治
中国研究室长	门面理良
亚非研究室长	松浦吉秀
美欧俄研究室长	庄司智孝

防卫研究所干部名册（2023 年 4 月 3 日）

所长	川崎方启
副所长	足立吉树
研究干事	兵头慎治
企划部长	能濑宏隆
政策研究部长	菊地茂雄
防卫政策研究室长	高桥杉雄
军事战略研究室长	大森太郎
全球安全保障研究室长	新垣拓
网络安全保障研究室长	一政佑行
理论研究部长	伊豆山真理
政治·法制研究室长	助川康
社会经济研究室长	富川英生
地域研究部长	庄司智孝
中国研究室长	饭田将史
亚非研究室长	增田雅之
美欧斯研究室长	山添博史
教育部长	近藤俊明
战史研究中心主任	立川京一
战史研究室长	中岛信吾
安全保障政策史研究室长	冢本胜也
国际纷争史研究室长	进藤裕之
史料室长	菅野直树

特别研究官1（国际交流·图书担当）小野圭司

特别研究官2（政策模拟担当）　　　松浦吉秀

政策模拟室长　　　　　　　　　　西野正巳

（三）防卫研究所的研究模式

研究部和战史部采用个人研究、集体研究两种研究模式。个人研究，即研究员自选课题进行研究。这种研究比较灵活，主要发挥研究员个人的积极性和特长，在研究人员自己爱好的领域进行选题，并且进行深入研究，最后撰写出报告、书籍等研究成果。集体研究，即以研究室为单位或临时组成研究组，就某些专业课题进行综合、长期研究，有时还邀请防卫研究所以外的外部学者，甚至外国学者参与课题，以提升研究水平和充实研究内容。防卫研究所曾邀请美国、中国、德国和新西兰等国研究人员在研究所从事客座研究，还接待过巴基斯坦、美国、泰国、英国、韩国、印尼等国军事院校或研究机构的代表团的访问交流。

二、战史研究中心

防卫研究所战史研究中心是调查研究战史和编辑出版战史书籍的研究机构。负责战史史料的研究、管理、公开等，是日本最大的战史研究中心。其研究员出版了很多关于日本战史和世界战史的著名著作及其系列研究成果。战史部下设2个研究室：第一战史研究室，主要负责研究国防政策史。第二战史研究室，负责研究战役战斗史和用兵思想史等。史料阅览室搜集了大量的日本战争史资料，包括陆军的战争史资料、海军的战争史资料等。战史部在研究日本参加过的战争历史的同时，加强了对外国战争史特别是第二次世界大战后局部战争历史的研究。

防卫研究所在市研究中心史料阅览室，继承了原来防卫研究所图书馆大量的战史图书和战史资料，为了进行战史的调查研究和战史的编辑，进行了有关陆海军史料的收集。大部分史料在战争结束时被焚烧，或者由于战后的混乱而散失，避免焚毁的东西被美军扣押，保管在美国国务院公文部中，经过长期的外交谈判，于昭和三十三年（1958 年）4 月归还日本，其中大部分被防卫研究所收藏。除了这些美国返还的史料以外，包含战后厚生省复员局整理保存的东西，防卫研究所自己收集的东西，防卫研究所战史研究中心史料室保管明治时代以来的旧陆、海军的公文文件等约 165000 册（陆军史料约 59000 册，海军史料约 40000 册，战史相关图书等约 66000册）。①

所藏的主要史料列举如下：

陆军方面的史料，包括《陆军大日记》，从陆军省编辑的明治元年（1868 年）到昭和十七年（1942 年）的公文中，分为密大日记、陆支密、陆满密等约 20 个项目。在另外一个窗口开的国立公文图书馆通过亚洲历史资料中心在 Web 上能阅览目录和史料内容。《战中日志·战斗详细情报》等，这是从旧日本陆军创建到昭和二十年

---

① 防衛研究所の紹介·史料閲覧室［EB/OL］.［2020 - 02 - 04］. http：// www. nids. mod. go. jp/military_ archives/index. html.

（1945 年）终战的各战记录，部队制作的文件。①

　　海军方面的史料，《海军省公文备考》，从海军省编辑的明治九年（1876 年）到昭和十二年（1937 年）的公文中，分为教育、舰船、兵器等 20 个项目。在另外一个窗口开的国立公文图书馆通过亚洲历史资料中心在 Web 上能阅览目录和史料内容。《战中日志·战斗详细情报》等，有日清战争（中日甲午战争）、日俄战争、第一次大战、大东亚战争的各战斗记录，是当时日本舰队等制作的公文。②

　　《战史丛书》自 1956 年起，该部着手编辑太平洋战争史，1966 年开始出书，1980 年出齐 102 卷。昭和四十一年（1966 年）到昭和五十五（1980 年），战史部就先前的大战进行了编辑、出版。全书中"大本营关系"34 卷，"陆军战史"37 卷，"海军战史"21 卷，"陆军航空战史"9 卷，"年表"1 卷，共 102 卷。③

三、教育部

　　日本防卫研究所负有培养自卫队高级干部的责任，旗下设有专门培训机构教育部，具有培养自卫队高级干部等教育机关的职能。防卫研究所的一项重要任务是培训中、高级军官，文职官员和内阁

---

① 防衛研究所の紹介·史料閲覧室［EB/OL］.［2020 - 02 - 04］. http：// www. nids. mod. go. jp/military_ archives/index. html.

② 防衛研究所の紹介·史料閲覧室［EB/OL］.［2020 - 02 - 04］. http：// www. nids. mod. go. jp/military_ archives/index. html.

③ 防衛研究所の紹介·史料閲覧室［EB/OL］.［2020 - 02 - 04］. http：// www. nids. mod. go. jp/military_ archives/index. html.

其他省厅的官员。教学任务由教育部负责具体实施，下设普通班和高级班。（1）普通班，主要培训自卫队上校、中校级军官和中级文职人员。每期招收 38 人，其中，陆海空三军自卫队人员共 20 名，防卫厅内部部局、防卫设施厅及其他省（部）厅文职人员 18 名。教育时间为 44 周，每期自 9 月开始，翌年 7 月结束。其中，军事基础和科学技术科目约 6 周，国际形势科目约 10 周，国内问题科目约 10 周，军事科目约 8 周，国际政策科目约 4 周，现地研修、个人研究、体育等科目约 6 周。普通班课程以综合性军事基础知识为重点，注重提高学员思考能力和判断能力。（2）高级班，主要培训陆海空三军自卫队少将以上军官和防卫厅内部部局、防卫设施厅及其他省（部）厅课（处）以上文官。每期 40 人。教育时间约 2 周，课程设置以学员掌握有关日本安全保障的综合性知识为重点。主要研修内容包括世界形势、日本的安全保障、防卫现状等。防卫研究所在教学方法上放弃注入式教学方法，注重培养学员自发的富有创造性的学习态度，实施灵活的讨论、共同研究、课题研究、现地调研等方式。在现地调研方面，学员既可以在国内对陆海空三军自卫队、防卫装备厅（防卫厅技术研究本部）的研究所和国防专业设施进行参观、见学，又可以到国外对美国和亚洲各国的国防部、国防大学、各军事基地、军工产业进行访问。教育部每年还招收数名外国军人和文职人员入学。

四、中国研究室

2016 年 4 月，防卫研究所新设中国研究室。这是防卫研究所首次针对特定国家成立专门的研究室，人员编制达到 506 人，是防卫研究所第一个国别研究室，也是目前为止唯一一个国别研究室。"中国研究室"，既是在日本国内外环境下，面对中国军事与综合国力的不断增长，以及中日两国之间的矛盾和摩擦，对中国业务领域的现实需要，也是日本在国家战略框架内，加强对中国及其中日安全与军事关系研究的重要举措。

"中国研究室"隶属于该所"地区研究部"之下，室长为前东北亚研究室长饭田将史（此前为松浦吉秀），主要职能为"配合日本政府和执政党的需求，进一步提升对华研究的专业度，强化对华军事动向和安保问题的研究"。此前防卫研究所中对华研究的主要部门就是"地区研究部"。该部门专司对国际关系及各国局势进行相关调查研究。调整后，"地区研究部"下设中国研究室、亚洲·非洲研究室、美欧俄研究室。

在人员队伍上，"中国研究室"必然整合防卫研究所内"中国通"的精英团队。原地区研究部中负责中国问题研究的有 6 人，即饭田将史、和田靖（陆上自卫队中校）、门间理良、山口信治、杉浦康之、增田雅之。这些研究人员研究成果丰富，具有院校、军队和政府内教学任职经历，部分人员还曾在多个岗位交叉任职，具有对华研究的理论和实践基础。而对照防卫研究所现任研究员简历可以看出，其内部具有对华研究能力的专家力量基础相当雄厚，除上述人员外，庄司智孝、斋藤良、桥本靖明等人在对华研究方面也颇有建树。

"中国研究室"秉持的立场和进行的研判与日本官方保持一致，

而且会以报告的形式向外界展示日本政府在中国问题上的相关内部考虑，部分研究报告影响到政府对华关系上的决策判断和政策走向。在研究主题上，全面深入地对中国政治、军事、外交战略走向、国家安全、海洋权益等相关问题开展全方位的跟踪与研究。同时，研究室成员借助专业优势，围绕现实安全领域下中日相关联矛盾冲突展开分析研究，服务日本军事力量布局和国家战略利益。中日东海主权争端以及南海岛礁归属问题的研究，经常性地判断中国尝试以武力为后盾改变现状、不断渲染"中国威胁论"，促使日本政府扩充军备、加快自卫队外向型转变。他们的观点与判断，成为日本政府军事调整与战略安排的"理论依据"。

在个人专著上，研究所研究员增田雅之的《中国的海洋战略与海上执法机构》，门间理良的《对日政策与中国在东海的行动》，饭田将史的《中国在南海姿态日趋强硬》等均反映出防卫研究所对中国防务问题的关注和研究方向。

五、研究美国军事安保政策的力量

日本防卫省防卫研究所主要负责对日本安保政策和外国军事状况进行研究，并提出政策建议。其中，研究美国安全和军事战略的力量也比较充足，能够对日本防卫省的安保政策、安倍政府和现任岸田文雄政府的安保政策发挥一定影响。他们的影响渠道和日本国际问题研究所的影响渠道和手段相似，区别只在于日本国际问题研究所主要通过外务省施加影响；而防卫研究所主要通过防卫省对包括安倍、岸田等政府在内的日本政府施加影响。防卫政策研究所理论研究部社会经济研究室室长菊地茂雄，地域研究部美欧俄地区研究室主任研究官新垣拓、坂口贺朗，二等空佐柳田修、研究员切通亮等人，都属于精通美国安保政策和军事问题的专家。防卫研究所同美国的交流也比较频繁，主要是同美国的防卫智库相互访问，召开学术会议等。

六、两大战略报告——《东亚战略概观》《中国安全战略报告》

防卫研究所依托对华研究人员，从 1996 年起每年发布一份《东亚战略概观》，分析阐述日本在东亚地区的战略环境以及安全保障的重要事态，以便加深人们对日本周边安全环境的理解和认识，从而促进提升日本的安全能力与水平。从 2011 年起，针对中国每年发表一份题为《中国安全战略报告》的大型专题报告。

这些报告表面上坚持客观中正的立场，但观点明显受到日本政府和政治环境、外交环境的影响，鼓噪中国军力快速增长、中国军费使用不透明，主题观点是"中国威胁"不断增长。通过研究和揭示中国海洋战略、核战略、远程投送战略等中国军力发展动向，渲染"中国威胁论"，提醒日本政府和日本公众，也包括日本的战略盟友与国际社会，对中国的军事发展动向保持警惕。

日本防卫研究所认为，国际社会对中国国家安全政策和军事动向的关心日渐高涨。日本国民也已认识到中国军事力量和经济力量的崛起会对日本安全保障产生莫大的影响。一方面，中国已具有世界第二位的经济力量，是包括日本在内的各个国家与地区不可缺少的经济伙伴。另一方面，中国又以强有力的经济力量为后盾增加国防费用，致力于人民解放军的现代化。《中国安全战略报告》针对中国的战略和军事动向进行分析，帮助国内外读者了解有关动向。此报告书以日文版本为准，英文、中文翻译版仅供参考。2019 年 1 月 30 日，防卫研究所发布了分析中国军事动向等的《中国安全战略报告 2019》，紧盯中国军事动向。

2020 年 1 月 30 日，防卫研究所发行的 2020 年新版《中国安全战略报告》，是由防卫研究所的所属研究人员以中国的军事及安全战略为对象，从中长期来看应予关注的事态，并向内外广泛提供的文本。2011 年 3 月以来，防卫研究所在各年度均发行 1 期日文、英文和中文版报告。《中国安全战略报告》受到国内外研究机构和媒体等的高度关注，同时，以该报告的分析结果为基础，防卫研究所加深了与包括中国在内的各个国家与地区的研究机构及相关人员的交流和对话。

《中国安全战略报告 2020》为报告出版以来的第 10 期，它以"走向欧亚大陆的中国"为副标题，分析了中国欧亚战略的内容及特征，并在此基础上，对中国的政策在中亚地区正如何开展以及正如何影响地区能源交易进行了分析。防卫研究所在撰稿之际，既参考了与日本国内外研究人员及相关人士交换意见时获得的启示，同时也非常注意分析的客观性。撰稿时所参考的各种资料均记载于卷末注释。

《中国安全战略报告 2020》是从研究人员个人观点出发撰写的内容，并非日本政府、防卫省和防卫研究所的官方见解。该报告由增田雅之（撰稿负责人、第一章）、山添博史（第二章）、秋本茂树

（第三章）共同撰写。此外，编辑工作由室冈铁夫（主编）、有江浩一、饭田将史、岩本广志、远田弘明、泽田宽人、田中亮佑、原田有、山下雅弘担任完成。①

《中国安全战略报告2023——中国力求掌控认知领域和灰色地带事态》，作者为山口信治、八塚正晃、门间理良。在报告的开篇，特意标明该报告是防卫研究所研究人员根据国内外公开发行的资料，以独特视角分析撰写的，并非日本政府或防卫省的见解。这些报告的确不能完全代表日本政府的见解，但和日本政府的见解有高度的关联度与相似处。其中，第一章：中国重组军事组织并加强非军事手段。第二章：中国的影响力行动日益活跃。第三章：中国在海上展开的灰色地带事态。② 从这些篇章的设计结构与内容看，可以高度透露出日本政府对中国军事力量的观点和看法。

2008 年的《东亚战略概观》指责"中国的对外扩张是地区最大威胁"。2011 年首份《中国安全战略报告》中指出，中国不仅在领土方面，还在海洋、太空以及网络空间方面扩张实力，对日本和东亚地区产生新的不确定性威胁，日本政府必须认识到"保卫新时期国家利益的重要性"。2013 年《东亚战略概观》中分析，中国今后将继续从海洋和空中进入所谓的"日本领域"，并可能引发"不测事态"，判断"中国正在采取不惜与周边国家发生摩擦的强力行

---

① 防衞研究所·中国安全战略报告 ［EB/OL］.［2020－02－04］. http：// www. nids. mod. go. jp/publication/chinareport/chinese_ index. html.

② 防衞研究所·中国安全保障レポート2023-認知領域とグレーゾーン事態の 掌握を目指す中国 ［EB/OL］.［2023－05－03］. http：//www. nids. mod. go. jp/publi-cation/chinareport/pdf/china_ report_ JP_ web_ 2023_ A01. pdf.

动"。在《东亚战略概观2015》中，指责中国公务船反复"入侵"钓鱼岛周边"日本领海"，致使"东海安全保障面临的风险急剧增大"，同时，指责中国推进南海岛礁建设，加剧了南海地区的紧张局势。

2019年4月5日，日本防卫省防卫研究所发布《2019年东亚战略概观》报告（日文版），这是1997年以来日本防卫研究所连续发布的第23份年度战略研究报告。该报告主要取材于2018年1月至2018年12月，日本及其周边国家的安全与军事动向素材，由对影响日本安全保障的周边各国动向进行定向研究的地区章和在东亚安全保障相关时局的专题章构成。该报告对影响日本安全保障的周边各国的动向进行了分析，描述了东亚日益严峻的战略环境和日本的回应，并对与东亚安全保障相关的专题开展了研究。报告分七章，分别介绍了应对大国间竞争的美国唐纳德·特朗普政权相关动向、朝鲜半岛"无核化"的动向、中国新时期的体制与政策、澳大利亚和印度视角的"印度—太平洋"概念、东南亚对外关系调整、普京的第四个总统任期内的相关举措、日本新版防卫计划的基本原则等。作者包括：兵头慎治（序章），伊豆山真理、石原雄介（第一章），杉浦康之、增田雅之（第二章），渡边武、小池修（第三章），松浦吉秀、富川英生（第四章），山添博史、秋本茂树、坂口贺朗（第五章），高桥杉雄（第六章），佐竹知彦、前田祐司（第七章）。参编者包括：秋本茂树、一政祐行、岩本广志、远田弘明、栗田真広、高桥一郎、长谷川雄之、前田祐司、真辺祐子。

2020年4月11日，日本发行2020年版的《东亚战略概观》。这是日本唯一的国家安全智囊团日本防卫省防卫研究所的常规出版物的第 24 年出版。通过日文和英文版，该报告被牢固地确立为传达日本对东亚日益严重的安全问题，日本和海外战略环境意识的唯一的年度报告。该书由区域性章节组成，涵盖了影响日本安全的邻国定点运动，以及涵盖与东亚安全有关的及时主题的主题章节。在这个问题上，主要包括贸易摩擦、美中在争夺霸权上的尖锐对立、中国政权对以动摇香港的示威的应对，围绕"危机回归"朝鲜半岛动荡的局势，分析废除中程导弹条约情况的影响。并阐述了日本政府在这种战略环境中，推广"自由和开放的印度—太平洋"概念构想的重要性和意义。①

作为编辑政策，在脚注中注明负责撰写的作者姓名和分析依据，从而澄清研究人员独立分析作为学术技术书籍的特征。此外，通过提供图表、照片、评论文章和缩写列表，普通读者可以对东亚安全进行了解。这本书是日本防卫研究所的研究人员从其自身立场出发，依靠日本国内外出版的材料对 2019 年 1 月至 12 月重要安全事件的分析和描述，不代表日本政府或防卫省的意见。另外，该书中出现的人物的头衔和称谓与原则上所述现象、发生的时间相同。这本书的作者包括：（引言）桥本靖明，（第一章）一政祐行，（第二章）门间理良、岩本广志，（第三章）渡边武、小池修，（第四章）松浦吉秀、富川英生、真边祐子，（第五章）兵头慎治、长谷川雄之、坂口贺朗、泽田宽人，（第六章）新垣拓、切通亮，（第七章）佐竹知

① 桥本靖明. 防衛研究所・東アジア戦略概観 2020 ［EB/OL］.［2020-04-15］. http：//www. nids. mod. go. jp/publication/east-asian/j2020. html.

彦。编辑工作是由菊地茂雄、福岛康仁、助川康、真边祐子、长谷川雄之、押手顺一、浅见明咲共同完成。并认为该书的内容有助于加深对东亚战略环境的兴趣和理解。①

《东亚战略概观2022》总共设计为八章。第一章：美军撤退后围绕阿富汗的大国政治。第二章：阿拉伯国家与以色列建交进展。第三章：中国——加强控制的中国共产党。第四章：朝鲜半岛——南北走向的导弹多样化。第五章：东南亚——政变后缅甸局势与区域安全保障。第六章：俄罗斯——新一轮"国家安全战略"与准军事组织发展。第七章：美国——对华"战略竞争"的走向和国际领导力的走向。第八章：日本——大国间竞争时代的政治选择。②

七、历史沿革

昭和二十七年（1952年）8月保安厅保安研修所成立

昭和二十九年（1954年）7月改名防卫厅防卫研修所

昭和三十一年（1956年）5月陆上自卫队干部学校编入战史室

昭和四十八年（1973年）4月新设研究部（6个研究室）及教育部二部，确立调查研究、教育体制

昭和五十一年（1976年）5月将战史室改编为战史部（2个研究室）

昭和五十九年（1984年）7月把研究部组织改编成第一研究部

---

① 防衛研究所・東アジア戦略概観 2020［EB/OL］．［2020-04-15］．http：//www.
nids. mod. go. jp/publication/east-asian/j2020. html.

② 防衛研究所編．東アジア戦略概観 2022［EB/OL］．［2023-05-04］．http：//
www. nids. mod. go. jp/publication/east-asian/pdf/eastasian2022/jComplete. pdf.

及第二研究部，完善国际形势的调查研究体制

昭和六十年（1985 年）4 月改名为防卫厅防卫研究所，确立了与政策部门直接连接的调查研究体制

平成六年（1994 年）10 月陆海空自卫队各干部学校及合并幕僚学校各图书室合并到防卫研究所的图书馆（本馆）

平成十三年（2001 年）3 月图书馆（史料阅览室），作为特别管理历史的资料的设施被总务大臣指定

平成十四年（2002 年）4 月在图书馆新设史料室

平成十四年（2002 年）8 月防卫研究所创立 50 周年

平成十六年（2004 年）4 月新设统括研究官，并将第一研究部及第二研究部改编为研究部，完善、强化调查研究及国际交流体制

平成十九年（2007 年）1 月为防卫省防卫研究所

平成二十一年（2009 年）4 月增设研究部第七研究室

平成二十三年（2011 年）9 月将研究部改编为政策研究部、理论研究部及地域研究部，将战史部和图书馆（仅限史料室）改编为战史研究中心，同时新设企划部

平成二十四年（2012 年）8 月防卫研究所创立 60 周年

平成二十七年（2015 年）4 月新设研究干事、特别研究官 1（国际交流・图书担当）、特别研究官 2（政策模拟担当）

平成二十八年（2016 年）4 月地域研究部新设中国研究室

平成二十八年（2016 年）8 月迁移到新宿区市之谷

八、日本防卫研究所的研究动态

日本防卫研究所的研究动态主要体现在《东亚战略概观》《中

国安全战略报告》两大报告上，除此以外，也体现在该研究所研究
人员发表的论文报告和撰写的文章上。

（一）《中国安全战略报告》的框架、内容

2020 年 1 月 30 日，防卫研究所发行的《中国安全战略报告
2020》，是由防卫研究所的所属研究人员以中国的军事及安全战略为
对象，从中长期来看应予关注的事态，并向内外广泛提供的文本。

《中国安全战略报告 2020》为报告出版以来的第 10 期，它以
"走向欧亚大陆的中国"为副标题，分析了中国欧亚战略的内容及特
征，并在此基础上，对中国的政策在中亚地区正如何开展以及正如
何影响地区能源交易进行了分析。摘要如下①：

第一章 中国的"欧亚外交"——地区主义、对美平衡及
务实主义

中国的欧亚外交，尤其是中亚外交，始终由地区主义和对
美平衡的两大要素构成。20 世纪 90 年代末以后，中国开始积极
参与地区合作，在中亚范围内成立了上海合作组织（SCO）。另
一方面，从联合起来制约美国力量的角度，中国也认识到了与
周边国家进行多边合作的意义。然而，对于地区主义的方向性
和对美平衡应采取的方式，中国与俄罗斯和中亚有关国家并非
轻而易举地就能达成共识。

21 世纪初的后半期，中国国内的专家们就中国以往外交方

---

① 防衛研究所·中国安全战略报告 ［EB/OL］. ［2020-04-11］. http：//www. nids.
mod. go. jp/publication/chinareport/chinese_ index. html.

式的调整进行了讨论，中国实际采取的政策也不是一味拘泥于过去的方式，显示了较之以往更大的灵活性。中国不仅强调地区合作的重要性，同时也具体寻求与对象国各自发展战略之间的一致之处。习近平主席在2013年提出的"丝绸之路经济带"倡议即为这一方式调整的结果，是中国外交务实主义的体现。这种方式成功地让地区有关国家接受中国的倡议，中国与这些国家之间在经济关系上的互联互通也得到加强。此外，为维护日益增强的互联互通基础，中国也正在推进与欧亚大陆国家之间在安全领域的功能性合作，即执法安全合作。

然而，随着"一带一路"在全球范围内的发展，中国在其有关国际秩序的政治言论中定位"一带一路"的倾向也日益增强。这一倾向在中国对欧外交领域表现尤其强烈，因此在欧洲一方，关于对华关系包含政治及安全风险的认识正在逐渐蔓延。

第二章 从中亚和俄罗斯来看中国影响力的增强——谋求欧亚地区的合作与自主性

中亚五国随着苏联的解体而独立建国，但从社会基础来看，都与俄罗斯保持着密切的联系，不仅教育领域通用俄语，有些制度也是相通的。另外，中国新疆维吾尔自治区与中亚地区之间，在过去曾有过国界线及居民变动的历史，中国要在这一地区扩大角色和影响力，需要考虑包括俄罗斯在内的有关地区国家的意愿。

在中亚地区，以SCO为平台实施了边境地带的稳定措施，以及对抗国际恐怖主义的合作。中国与阿富汗、塔吉克斯坦和巴基斯坦正在积极推进边境地区的安全合作。在围绕"一带一路"建设方面，地区国家根据各自的发展战略接纳中国的倡议，"一带一路"构想收到部分成效，环中亚物流也正在改善。在上述合作发展之际，中国也顾及地区国家和俄罗斯对中国存在的疑虑，在可能范围内推动建设计划的进行。

中亚国家也认识到，改善治安环境、加强互联互通的机会来临了，因此倾向于积极从事区域内的往来与合作。俄罗斯也在与中亚有关国家加强安全合作，并主张自身在苏联国家主导权的前提下，在具有优势的军事领域等与中国合作，接受中国的倡议。中亚国家和俄罗斯在与中国合作之际，也努力提高本身的自主性，力求缓和中国影响力扩大的负面影响。

第三章 欧亚地区的能源结构

中国随着经济的发展，能源需求急剧增加，仅靠自身无法满足，从而导致对外依存度的上升。且近年以来，中国在追求经济和社会可持续发展目标、实现经济结构转型的过程中，一次能源结构也发生了变化，预计石油、天然气的进口将进一步增加。在这种趋势下，中国政府正在从安全角度探索能源来源及运输路线的多元化，尤其注意到欧亚资源国可经由陆地运输油气的价值，开始于20世纪90年代中期展开周到细致的双边谈判，在21世纪中期至21世纪10年代中期缔结形成了交易关系。

对中国来说，耗费巨大的时间和成本与欧亚资源国之间构筑的能源伙伴关系，可谓宝贵的战略资产。这一说法具有两层含义。其一就是为了与欧亚资源国在未来始终保持具有重大能源安全意义的交易关系，中国积极援助资源国的经济建设具有合理性，中国如何在这一点上利用"一带一路"的框架则引人瞩目；其二，中国以此交易关系为杠杆，也同时对连接欧洲、俄罗斯和中东或者南亚的能源流动，获得了尽管有限但能够参与的地缘政治地位，中国在今后如何利用这一地位值得关注。①

（二）《2019 年东亚战略概观》的框架、内容

2019 年 4 月 5 日，日本防卫省防卫研究所发布《2019 年东亚战略概观》报告（日文版），这是 1997 年以来连续发布的第 23 份年度战略研究报告。

该报告主要取材于 2018 年 1 月至 2018 年 12 月，日本及其周边国家的安全与军事动向素材，由对影响日本安全保障的周边各国动向进行定向研究的地区章和在东亚安全保障相关时局的专题章构成。该报告对影响日本安全保障的周边各国的动向进行了分析，描述了东亚日益严峻的战略环境和日本的回应，并对与东亚安全保障相关的专题开展了研究。报告分七章，分别介绍了应对大国间竞争的美国唐纳德·特朗普政权相关动向、朝鲜半岛"无核化"的动向、中国新时期的体制与政策、澳大利亚和印度视角的"印度—太平洋"概念、东南亚对外关系调整、普京的第四个总统任期内的相关举措、日本新版防卫计划的基本原则等。作者包括：兵头慎治（序章），伊

---

① 防衛研究所·中国安全战略报告［EB/OL］.［2020-04-11］. http：//www. nids. mod. go. jp/publication/chinareport/chinese_ index. html.

豆山真理、石原雄介（第一章），杉浦康之、增田雅之（第二章），渡边武、小池修（第三章），松浦吉秀、富川英生（第四章），山添博史、秋本茂树、坂口贺朗（第五章），高桥杉雄（第六章），佐竹知彦、前田祐司（第七章）。参编者包括：秋本茂树、一政祐行、岩本広志、远田弘明、栗田真広、高桥一郎、长谷川雄之、前田祐司、真辺祐子。

（三）《东亚战略概观2020》的框架、内容

2020年4月11日，日本发行2020年版的《东亚战略概观2020》，主要内容在其前言"2019年东亚"①中已经有所概括和表述：

1.《中程核力量条约》的终止及其影响

2019年8月2日，《美俄中程核力量废除条约》完成。新"战略核武器削减条约"（START新）也接近2021年到期，限期延长谈判不能忍受的前景基本上到期。这些条约在制止核军备竞赛以及基于核查制度提供透明度和可预测性方面发挥了重要作用。但是，随着核武器和导弹技术的扩散，安全环境发生了巨大变化。也有人认为，应将范围扩大到美国和俄罗斯两国以外的其他国家，除了确定战略和战术核武器并设定核武器的数值上限外，我们还应谈判新的战略武器和导弹防御的定位。国际社会对美俄核武器控制作为履行《不扩散核武器条约》

---

① 桥本靖明. 東アジア戦略概観2020・序章2019年の東アジア［EB/OL］.［2020-04-15］. http：//www. nids. mod. go. jp/publication/east-asian/j2020. html.

（《不扩散条约》）第六条所规定的谈判核裁军义务的期望很高。这种趋势正在引起人们的注意。

另外，尤其是在 INF 条约期满之后，美国和俄罗斯都拥有中程导弹。正式进行了军事发展，东亚导弹领域有军备竞赛的可能性。在这种情况下，它有可能从根本上改变东亚的国际关系，例如，美俄关系、中俄关系和日俄关系，这可能对东亚的战略环境产生重大影响。

2. 动摇香港的游行示威等

美中两国通过断断续续地进行部长级贸易谈判而继续前进，在 2020 年 12 月达成了"第一阶段"协议，并且在 2020 年 1 月，两国政府签署了"第一阶段"协议文件。但是，仍然不确定"第二阶段"讨论是否会达成一致。这是因为中美两国正在为包括科学技术在内的综合国家力量而战，而不仅仅是努力纠正贸易失衡。中国与美国关系已经面临困难的转向，被视为是与美国的一个长期战争准备。在此背景下，继续努力加强军队的忠诚，致力于巩固政权基础。随着香港居民围绕 2019 年 2 月向香港立法会提交的《逃犯条例》修正案的示威游行，以及香港警察对其采取的镇压行动将变得更加激进，这种情况将走向终结和平稳。

3. "重返危机"动荡不安的朝鲜局势

在没有发表联合声明的情况下，第二次在朝鲜半岛上摇摆不定地讨论的美朝首脑会议结束后，朝鲜半岛"重返危机"。朝鲜向美国强调了它有能力通过重启导弹发射来重返危机。同时，朝鲜试图加入该联盟，暗示中国参加了有关美国军事存在的未来和平制度谈判。《板门店宣言》已经过去，这表明在没有中国的情况下进行和平系统谈判的可能性。朝鲜担心核武器对美国和韩国的战略影响，以及中国对美军威胁强烈意识基础上而采取行动，同时，朝鲜向中国暗示让中国参加有关美军存在的未来的和平体制协议，谋求合作。在这些行动的背后，朝鲜否认国家机构在政治上的中立性是"官僚主义"，以防止出现取代势力。朝鲜提倡重新将人们归于"金日成民族，金正日朝鲜"的意识形态。韩国的文在寅政权认为，为了在朝鲜半岛构筑和平，南北相互间的信赖和对话很重要。第二次美朝首脑会谈结束后，他还表示将通过国际组织对朝鲜提供人道支援，并提供板门店美韩朝首脑接触的舞台，但两方关系并未取得进展。

另一方面，韩国海军巡逻机上的火控雷达事件，日韩关系由于瞄准事件以及韩国政府在国际船舶视察仪式上对提高自卫队旗帜的负面反应而恶化。韩国政府于同年 11 月 22 日宣布，日韩军事情报共有协定（GSOMIA）由韩国政府通知日本政府于 2019 年 8 月终止。

4. 日本的目标是"自由开放的印度—太平洋"

近年来，日本在"自由开放的印度—太平洋"（FOIP）倡议下，作为联合政府加强了努力，以维护和加强基于法治和航行自由的开放海事秩序。国防部和自卫队还将根据"自由开放的印度—太平洋"的远景，考虑到该地区的特点和伙伴国家的实际情况，从战略上促进多边和多层安全合作。从"2019 财年及以后的国防计划纲要"的角度出发，我们正在促进实现 FOIP 的各种努力。以法治和航行自由等原则为基础，来维持和加强国际秩序是 FOIP 的主要目的。这种想法绝不是新意，而是自冷战以来日本一直追求的目标。同时，随着印度的发展以及自 21 世纪 10 年代以来，中国在海洋的势力不断加强，FOIP 更加强调海上安全和与海上民主国家的合作。

从以上观点来看，一方面，防卫省和自卫队跟随日本国家战略，正在扩大日本在印太地区的业务和伙伴关系。防卫省和自卫队也正在加强对区域国家的能力建设的支持，并加强多边安全合作。另一方面，面对严重的财务状况和人员短缺，还存在可以扩展更多业务的问题。随着未来预算和人员的紧张，我们将继续促进国防交流与合作。因此，采取综合措施，加强与其他部委的合作就显得尤为重要。此外，为了审查和确定各个项目的优先次序，必须制定印度—太平洋的国防交流与合作的长期战略。考虑韩国和中国在"自由开放的印度—太平洋战略"（Free and Open Indo-Pacific Strategy，FOIP）中的定位是剩下的重要问题之一。①

（四）《简报备忘录》案例

2020 年 3 月，日本防卫研究所地区研究部美欧俄研究室研究员田中亮佑 2020 年 3 月在《简报备忘录》（*Briefing Memo*）上，发表

---

① 桥本靖明. 東アジア戦略概観 2020・序章 2019 年の東アジア［EB/OL］.［2020-04-15］. http：//www. nids. mod. go. jp/publication/east-asian/j2020. html.

了题为《英国与印度—太平洋的关系》一文。大意如下：

由于英国的衰落，到 20 世纪 70 年代后期，大多数英国军队从印度—太平洋或"东苏伊士"撤出，英国失去了在该地区的作用。但是近年来，有人观察到英国军事介入印度—太平洋的运动，也被称为"回到苏伊士东部"。它不仅延伸到英国在历史上有着深厚联系的海湾地区（中东），而且延伸到与东南亚乃至日本的合作。但值得一提的是，英国正在加强其在印度—太平洋的军事存在。①

可以指出的是，英国对印度—太平洋的军事介入与美国和法国的军事介入性质稍有不同。美国在印度—太平洋有美军和盟国，而且，国务院和国防部都为印度—太平洋制定了战略。此外，法国是欧洲除英国以外唯一在军事上介入印度—太平洋的国家，因此，采取了"法国与印度—太平洋安全"的战略，该战略将自己定位为在印度—太平洋拥有领土的常规国家。另外，英国尚未为印度—太平洋制定正式战略。原因是，英国脱欧后，英国对全球英国的概念没有统一的政府看法，这也与英国对印度—太平洋的军事介入有关。而且，英国在印度—太平洋中没有像美国那样的盟友，也没有相对较大的自己的领土，例如，法国（不包括一些英国领土，如迭戈、加西亚）。从这个意义上讲，与美国和法国相比，英国对印度—太平洋的军事介入将是不稳定的。那么，在英国内部缺乏统一看法的情况下，最近英国对印度—太平洋的军事介入背后的背景是什么？此文探讨了英国在印度—太平洋地区的部署演变以及英国退欧与全球

① 田中亮佑. 英国のインド太平洋への軍事的関与［EB/OL］.［2020-04-17］. http：//www. nids. mod. go. jp/index. html.

英国之间的当前辩论，包括积极的保守派的观点。①

　　但是可以说，"苏伊士州东部"作为 2010 年卡梅伦保守党政府对英国安全政策的讨论而复活了。上台后不久，卡梅伦保守党发起了"海湾倡议"，以促进与海湾国家在广泛的政治、经济、文化和安全领域的合作。尽管为该计划分配了少量预算，但预算是在各部委之间创建的，用于支持部长级会议和支持英国公司的进入，因此，使其成为英国参与该地区的象征。此外，2012 年相继达成的与海湾国家的国防合作也显示出其对英属海湾地区的积极态度。首先，2019 年 10 月，英国与巴林达成了一项防御协议，其中包括进行培训和能力建设，以改善海湾地区的稳定，以及英国对巴林基地的使用。2019 年 11 月，宣布了英国与阿拉伯联合酋长国（UAE）之间的长期防务合作伙伴关系，除了英国—阿联酋国防工业的合作和联合演习之外，还宣布了旨在增加在英属海湾地区存在的合作。最近，类似的运动在英国和海湾国家之间蔓延。

　　根据这些协议，英国在海湾地区的军事存在正在扩大。例如，皇家空军已部署在阿联酋的迪拜空军基地，卡塔尔的乌代德空军基地和阿曼的 Al Musanna 空军基地。2018 年，皇家空军 50 年来首次在苏伊士州东部开设了永久性海军支援设施，设在巴林的米纳萨勒曼海军基地。这也是美国海军第五舰队的母港，包括阿尔米拉·帕特罗（Almira Patrol）在内的常规英军也在美国陆军的支持下进行了作战。而且英国后来对 Almira 巡逻队进行了重新配置，并在海湾战争

---

① 田中亮佑. 英国のインド太平洋への軍事的関与 [EB/OL]. [2020-04-17]. ht-tp：//www. nids. mod. go. jp/index. html.

和伊拉克战争中使用，自 2011 年以来，它已演变为 Kipion 行动，并在海湾地区和印度洋进行巡逻。此外，2018 年，在阿曼杜克姆建立了一个综合供应支持基地，该基地被定位为波斯湾以外"苏伊士东部"的重要地点。随着英国在海湾地区的存在扩大，在 20 世纪最初十年开始出现了许多关于重返"苏伊士东部"的言论。

另外，在东南亚，与海湾地区相比，英国的存在受到限制，但逐步发展。与中东不同，英国军队实际上已失去作用，与东南亚的关系在 2012 年左右开始活跃，当时卡梅伦宣布不列颠与东南亚的关系得以恢复，英国成为东南亚国家联盟（ASEAN）的成员，与之加强了经济和发展关系，但是，2010—2015 年安全性方面的发展有限。当然，强调了五国联防（FPDA）在东南亚的介入，但实际情况是每次都派遣船只进行人道主义援助或搜救。可以说，自 2018 年以来，英军在东南亚和东亚的存在已加强。它也体现在相对长期的部署中，包括与日本海上自卫队（JMSDF）的联合演习以及根据美军在中国南海实施的自由航行作业。从那时起，英国宣布其在东南亚的存在感稳步增加，到那时，英国在上述海湾地区的军事部署将成为典范。

换句话说，英国在海湾地区的军事介入当然有返回的方面，但同时也有加强现有关系的方面。另外，就东南亚而言，鉴于亚洲日益重要，在该地区失去作用的英国可以说是基于 1971 年建立的五国联防框架 FPDA（Five Power Defence Arrangements），实现在经济、发展等基础上的军事回归。鉴于英国在海湾地区的军事参与不断增加以及将来在东南亚的军事参与，从海湾地区近年来使用的"东苏伊士"这一表述来看，目前的情况更为确切。可以说，关于使用更广泛的印度—太平洋（Indo-Pacific）这一表述一直存在争论。

在该文中，作者试图通过将英国返回"东苏伊士"的最近运动转变为英国对印度—太平洋的介入，来研究这种转变及其背后的逻辑。最重要的是，除了在公投前与英国的关系得到加强的海湾地区以外，与东南亚的关系也有了新的开始，并逐步发展，也为英国的印度—太平洋政策进行拓展。可以看出，在保守党政府的领导下，这种对印度—太平洋的军事干预将一直得到维持和加强。

维持帝国、联邦和"三环"中当前印度—太平洋地区之间的关系实质上是保守党的特征。换句话说，英国退欧后似乎加强了英国与印度—太平洋的关系，但更确切地说，这也是原始保守党的一个特征。同样，从"三个轮子"考虑英国与印度—太平洋之间的关系时，有必要分别考虑经济参与和军事参与。离开欧盟后，加强印度—太平洋作为大规模发展中经济体的经济参与的逻辑，除了适用性可能是正确的外，在军事上，通过北约进行的欧洲防御是英国独有。当然，显然需要加强军事参与，以保卫具有重要经济意义的海洋通道，但是这样做的能力不足。毕竟，英国面临北约的集体防御和该地区以外的力量平衡的长期挑战（2020 年 3 月 23 日起草）。①

---

① 田中亮佑. 英国のインド太平洋への軍事的関与［EB/OL］.［2020-04-17］. http：//www. nids. mod. go. jp/index. html.

第二节 日本防卫装备厅的研发体制

一、防卫装备厅概况

防卫装备厅（日语：防衛装備庁/ぼうえいそうびちょう；英语：Acquisition，Technology & Logistics Agency，ATLA）是隶属于日本防卫省的外局，成立于平成二十七年（2015 年）10 月 1 日。日本防卫装备厅是基于 2015 年 6 月在国会通过的《修订防卫省设置法》设置的新机构，即由防卫省将原有的研究开发部门"防卫省技术研究本部"和与负责自卫队装备、驻军设施等的"防卫省装备设施本部"合并而成。原来防卫省的研究开发本部侧重于军工技术和军工产品的研究开发。防卫省装备设施本部只属于管理装备设施的行政部门，防卫省将两个部门合并成一个部门，很显然想使其行政管理和技术研发融合为一体，提高防卫技术与装备的研发效率。新成立的防卫装备厅对防卫装备的开发、购置、废弃及出口进行统一管理，同时，引领并主导防卫技术与产品开发研究工作，实现技术开发与行政管理的有机融合，以降低防卫技术与防卫装备的购置成本，并且加速推动武器出口。一般而言，防卫装备厅的事业部等部门代表着行政与开发的管理机构，开发研究所或者是研究中心则代表着防卫军工技术和产品的研发机构。

日本防卫装备厅总人数为 1800 人，其中，1400 人为文职人员，

400 人为军职人员。领导机构方面，包括 1 名装备厅长官，1 名负责技术事务的副长官/首席防务科学家，1 名长官助理，4 名负责联合武器、地面、海上和空中系统发展的总干事，以及协助总干事的助理专员。在他们的领导下，1 个秘书处、5 个部门和对应的研究所、研究中心，以及测试中心构成了防卫装备厅。①

二、防卫装备厅成立的背景

原来主管日本防卫装备和技术研发的"防卫省技术研究本部"和负责自卫队装备、驻军设施等的"防卫省装备设施本部"导致日本防卫装备和技术设施开发方面的分散化、非效率化、高成本化，为了改变原有的这种状况，需要成立关于防务装备开发与技术研究的新部门。主要是为了适应日本防卫装备开发、生产维护以及使用实现一元化管理，降低成本的需要而组建。防卫装备厅通过适当开发、生产、维护防卫装备，保证日本的防卫安全，特别是加强与各国的防卫装备和技术合作，确保基于日益严峻安全保障环境下的技术优势，维护和强化防卫生产、技术基础。基于防卫装备的高科技化、复杂化等的采购改革等成为防卫装备厅努力的重要方向与任务。同时，为了获得更加高品质的装备品，进行更有效率、彻底的成本管理，从装备的构想阶段，通过研究开发，取得维持、管理等生命周期的一元且一贯的管理。②

---

① 日本防卫装备厅介绍 [EB/OL]. 电科防务，2019-04-23.
② 防衛研究所の紹介 [EB/OL]. [2020-02-04]. http：//www. nids. mod. go. jp/about_ us/index. html#outline.

三、防卫装备厅的主要任务

日本防卫装备厅由于吸纳了防卫技术本部，已经变成了研发、行政和事业运作相结合的一个综合单位，而不再是一个完全纯粹的行政管理部门。它不仅站在日本军工技术的制高点，对日本军工技术的发展方向发挥引领性作用，同时，将自身的研究开发和日本的军工企业技术开发相结合，直接参与到军工产品的研制与管理和事业运作方面。并且，在自卫队对军工产品的需要和军工厂家的研发生产中，发挥沟通、磋商，以及联合的桥梁作用。

（一）确保日本军工技术优越性、需求运用的顺利性、反映的迅速性

为了确保在更加严峻的安全保障环境基础上技术的优越性，能够创造出优秀的装备，在掌握先进技术动向的基础上，制定表示未来研究开发方向性的技术战略，与国内外各种各样的研究开发相关组织进行合作，积极引进军民两用技术等，通过研究开发事业来强化技术实力。同时，在通过项目管理取得装备品一连串的进程中，顺利、迅速地反映到所需要的运用中。①

（二）有效获取防卫装备（项目管理）

到现在为止，防卫省、自卫队有关防卫装备的处理业务部门已被细分化。这些组织被合并到了防卫装备厅，从防卫装备的构想，对其的研究、开发，到量产取得装备技术的运用、维持、整备、废

---

① 防衛装備庁の概要［EB/OL］.［2020-02-05］. https：//www. mod. go. jp/atla/soubichou_ gaiyou. html.

弃等生命周期的各个阶段进行项目管理，以便发挥防卫装备的效率。在项目管理部主导的项目中，配置文官、自卫官。在项目经理的领导下，实施项目管理体制。①

对于项目管理，关于防卫装备的研究开发、筹措等各种业务，通过从构想阶段到废弃的生命周期，在综合掌握性能、成本、期间等要素的同时，制订有效、高效的方针和计划，进行必要的调整。②

（三）加强与外国的防卫装备与技术合作

从和平贡献、国际合作的观点按顺序排列加强与各国的安全保障、防卫合作，从日本安全保障的视角，有效地维持和加强获得具有效率和效果的日本防卫生产、技术基础，推进防卫装备的技术合作。关于防卫装备的海外转移，遵循防卫装备转移三原则，严肃且慎重地进行处理。③

（四）维持和强化防卫生产、技术基础

防卫生产、技术基础是通过防卫装备开发、生产、运用、维护、改造、修复的人力、物质、技术作为防卫省、自卫队活动所必需的基础。在日本国内维持和强化这样的基础，为了提供适合日本国土特性等的防卫装备，最大限度发挥所持有的防卫力量是必要的。同时，有从防卫装备衍生通向全体产业的波及效应，和由于国内雇用

---

① 防衛装備庁の概要［EB/OL］.［2020-02-05］. https：//www. mod. go. jp/atla/soubichou_ gaiyou. html.

② 防衛装備庁の概要［EB/OL］.［2020-02-05］. https：//www. mod. go. jp/atla/soubichou_ gaiyou. html.

③ 防衛装備庁の概要［EB/OL］.［2020-02-05］. https：//www. mod. go. jp/atla/soubichou_ gaiyou. html.

创造经济波及效果等意义。①

（五）努力削减成本，加强监察和审计功能

由于防卫省到现在为止，效率化地运作搭配实现了一定的成本缩减。不过，基于围绕防卫预算和防卫装备品筹措的严峻状况，与面向新的安排，努力增进效率，对今后防卫装备来说不可缺少。将进一步推进改善防卫装备合同制度等削减成本的措施。同时，以提高与获得防卫装备等有关的公正性、透明性作为目标，为了契约的合理化措施，从内外双层检查强化检查、监察功能。②

（六）吸收民间力量，促进军工与民用技术进步

从 2015 年开始，日本防卫省防卫装备厅建立了安全保障技术研究推进制度，通过防卫装备厅向日本国内的研究机构等（独立法人、大学和企业等）提出研究课题，等于向全社会进行公开项目招标，研究机构开始竞聘，提出自己的项目申请，防卫装备厅委托的专家委员会讨论通过以后，受委托的研究机构通过课题研究和实验，得出结论和成果，向防卫省提供技术解决方案，再由外部专家进行审查、评估项目的完成情况，进行验收。所获成果可用于防卫省今后的研发活动或民生领域。日本防卫装备厅的安全保障技术研究推进制度，是对先进民生技术相关基础研究进行公开招募和委托的制度。创立该项制度的目的在于，寻求民间和全社会力量，以新颖性、独创性、改革性创意为基础，进行军工技术的基础研究，以此拓展科

---

① 防衛装備庁の概要［EB/OL］.［2020 - 02 - 05］. https：//www. mod. go. jp/atla/soubichou_ gaiyou. html.

② 防衛装備庁の概要［EB/OL］.［2020 - 02 - 05］. https：//www. mod. go. jp/atla/soubichou_ gaiyou. html.

学技术领域的范畴，并将研究成果用于安全保障领域以及更广阔的民生领域。以便充实日本军事和民间技术的基础，推动日本在高科技领域的发展与水平提高。①

四、防卫装备厅的组织架构

防卫装备厅组织架构的目标是应对新时代的业务，主要包括：（1）基于综合的观点，通过装备的生命周期实施一贯的项目管理。（2）基于部队的运用需要，对装备需求进行迅速的反应。（3）积极致力于新领域的工作，促使防卫装备进一步国际化，加强对先进技术研究的投资等。（4）实现采购改革和维护防卫生产、技术基础、培训两不误。②

防卫装备厅的组织结构如下：

防卫装备厅长官。

防卫技术监督，负责技术和研究开发的全部事务。

装备官，从专业技术的视角，负责军事装备的开发研制工作，包括陆上自卫队装备官、海上自卫队装备官、航空自卫队装备官、综合技术装备官。

防卫装备厅长官官房审议官，总揽防卫装备厅全体事务。

防卫装备厅长官官房，主要负责防卫装备厅内部行政事务管理、人事管理、管理培养人才计划等防卫厅总体事务。

---

① 胡雅芸. 日本防卫装备厅安全保障技术研究推进制度简介［EB/OL］. 军鹰咨询，2019-12-24.

② 防衛装備庁の概要［EB/OL］.［2020-02-05］. https：//www. mod. go. jp/atla/soubichou_ gaiyou. html.

监察评价官，主要负责防卫厅内部的监察督导工作。

装备开发官，设置 5 个领域的装备开发官 5 人，负责装备开发工作，包括综合装备开发官、陆上装备开发官、舰船装备开发官、航空装备开发官、舰船设计官。

以上属于防卫装备厅厅一级的管理官员设置，除此以外，防卫装备厅设立以下五大职能部门。

（一）装备政策部

装备政策部主要负责起草和制定装备政策，包括：（1）负责维持和加强防卫技术与生产基础；（2）负责与外国进行防卫装备与技术方面的交流与合作；（3）负责自卫队军事装备制度上的总体配置、调整与安排；（4）负责促进军事装备补给制度和标准化制度的完善；（5）负责军工防卫产业的技术保密制度；（6）负责技术制度方面的管理。

（二）项目管理部

项目管理部主要负责日本军工防卫装备项目的管理工作，对军工防卫产品开发项目实行一以贯之的管理，从产品开发构想，进行产品淘汰废弃，实行全程项目管理。项目管理部包括：（1）负责主要军工防卫产品的研发构想；（2）负责招募与管理研究开发项目；（3）负责项目研发完成以后，相关军工产品的生产与配备工作；（4）负责相关军事防卫装备产品的使用与维护工作；（5）负责相关军工防卫产品的淘汰与废除工作。

（三）技术战略部

技术战略部主要负责研究开发的政策起草与制定工作，包括：

（1）负责研究开发制度、政策起草与制定工作；（2）负责进行防卫装备研究开发的计划、管理与评价；（3）负责调整防卫省内部的技术合作、联络与建议工作；（4）负责委托防卫省外部的基础研究工作；（5）负责研究开发项目的技术交流工作；（6）负责项目的知识产权保护与管理工作。

（四）调配管理部

调配管理部主要负责起草和制定军工防卫产品的调配制度与政策工作，包括：（1）负责研究开发制度、政策起草与制定工作；（2）负责研究开发投标和契约标准化工作；（3）负责收集各种信息，用于制订研究开发的预算方案，以及设定项目要求标准；（4）负责对监督检查设定必要的标准；（5）负责实施对可能中标与中标企业的调查工作。

（五）调配事业部

调配事业部主要负责军工防卫产品进行调配的实务性工作，包括：（1）负责计算与确定军工防卫产品的价格的工作；（2）负责与研发公司签订合同的工作；（3）负责促使履行合同的工作；（4）负责对监督检查设定必要的标准；（5）负责统筹地方防卫局的监督检查工作。

五、防卫装备厅的五大研发机构

防卫装备厅设有 5 个军工防卫技术产品研究所和研究中心，包括陆上装备研究所、航空装备研究所、舰艇装备研究所、电子装备研究所、先进技术推进中心。这五大研发机构，是防卫装备厅代表陆海空三大自卫队主导和推进军事技术与军工产品的重要研发机构。

（1）陆上装备研究所，进行点火器、弹药类、耐弹材料、耐爆构造、车辆用机器、设施器材等调查研究。（2）航空装备研究所，进行关于飞机及飞机用机器、导弹武器等研究试验等。（3）舰艇装备研究所，对船舶、船舶用机器、水中武器、音响器材、磁性器材及扫雷器材等系统化技术、要素技术进行研究。（4）电子装备研究所，主要从事通信、信息处理、雷达及光波技术等方面的研究。（5）先进技术推进中心，主要开展建模与仿真（M&S）、机器人系统、人体工程技术、核生化（NBC）防御技术的研究，以及推广包含先进技术在内的未来武器和设备系统的研究计划，并从事为在短期内适用快速发展的民生尖端技术装备品实证事业。①

六、三大试验场

（一）千岁测试中心

千岁测试中心支持飞机、导弹的空气动力学特性测试和发动机性能测试，以及战斗车辆的机动性测试，进行关于飞机及导航武器等的引擎性能、空气动力学性能的试验和战斗车辆的加速度、最高速度、登坡性能等试验。②

（二）下北测试中心

下北测试中心支持枪械、火炮、弹药和爆炸物的性能测试，进

---

① 防衛装備庁について・研究開発［EB/OL］.［2020 - 02 - 07］. https：//www. mod. go. jp/atla/kenkyuu. html.

② 防衛装備庁について・研究開発［EB/OL］.［2020 - 02 - 07］. https：//www. mod. go. jp/atla/kenkyuu. html.

行关于火器、弹药类弹道性能的试验。①

（三）岐阜测试中心

岐阜测试中心支持飞机、飞机发动机、航空电子设备、其他部件和导弹的飞行测试评估，进行有关飞机及飞机用机器的性能试验，使用飞机进行飞机装载导弹武器的性能试验。②

七、防卫装备厅招募和委托制度模式

日本防卫装备厅推进安全保障技术研究制度，是对先进防卫与民生技术相关基础研究进行公开招募和委托的制度。寻求以新颖性、独创性、改革性创意为特色的基础研究，以此拓展科学技术领域的实践，并将研究成果运用于安全保障领域，以及更广阔的民生领域，保持并加强日本先进的科技力量。

（一）制度目的

为安全保障领域针对未来的研究开发提供帮助，目的在于培育具有新颖性、独创性、改革性的基础研究，以便保持日本军工装备技术的领先性，将先进民生技术相关基础研究作为对象，并将成果运用于民生领域，同时，鼓励进行各种高创新、高风险研究。目的是保持和促进日本国家整体技术水平的领先与提高。

（二）制度特点

保持研究与委托的公开性和透明性，委托方不会将机密内容提

---

① 防衛装備庁について・研究開発 [EB/OL]. [2020 - 02 - 07]. https://www. mod. go. jp/atla/kenkyuu. html.
② 防衛装備庁について・研究開発 [EB/OL]. [2020 - 02 - 07]. https：// www. mod. go. jp/atla/kenkyuu. html.

供给受委托方，不限制受委托方公开其研究成果；不会将研究成果指定为机密内容；委托方项目官员不会介入研究内容。

（三）委托与受委托模式

日本防卫装备厅向日本国内的研究机构，包括军工防卫装备研究机构、大学、独立法人和企业等提出研究课题，研究机构向防卫装备厅提供技术解决方案，再由外部专家进行筛选与审查，之后防卫省对研究机构的优秀提案进行研究委托。所获成果可运用于防卫省的研发活动或民生领域。该制度与其他竞争性资金制度相同，在提出研究课题之后进行公开招募，经筛选与审查进行最终决定。课题决定后，与被选用者所属机构签订委托合同，进而开始研究工作。[①]

该制度到 2023 年已经推行了 9 年，取得了一定的成果，还将长期推行下去。

八、陆上装备研究所

地址：神奈川县相模原市中央区渊野边 2-9-54。

（一）陆上装备研究所概要

陆上装备研究所（陆上装備研究所），主要负责对火器、弹药类、耐弹材料、耐爆构造、车辆、车辆用机器、设施器材等进行研究制造。其下设系统研究部、弹道技术研究部、机动技术研究部三个平行的技术研究部门。

---

① 胡雅芸．日本防卫装备厅安全保障技术研究推进制度简介［EB/OL］．军鹰资讯，2019-12-24．

系统研究部（システム研究部），主要负责关于火器、弹药系统化及设施器材及车辆系统化的设计、调查、研究及综合的试验评价。

弹道技术研究部（弹道技术研究部），主要负责关于火器、弹火药等要素技术以及装备等耐弹材料、构造的设计、调查、研究及试验评价。

机动技术研究部（機動技術研究部），主要负责关于车辆要素技术、车辆用机器、设施器材要素技术的设计、调查、研究及试验评价。

（二）陆上装备研究所研究内容①

电磁脉冲弹（EMP 弹構成システム，Electro-Magnetic Pulse，EMP）研究。以前的炸弹、导弹等直接的破坏，都是为了暂时或永久地使敌人的传感器、信息系统功能丧失，该研究所进行关于产生强有力的电磁脉冲 EMP 弹药构成系统的研究。②

多种目标应对弹技术研究（多種目標对处弹技术の研究）。从战斗车辆等能发射，用单弹种，是关于根据对应目标能发挥最适合效果多种目标对应弹研究。设定信管模式（限时、着发、延期），可以对敌阵地、集结地、掩蔽目标以及构造物以同一弹种进行对应。

空冷式轮毂发动机研究（空冷式インホイールモータの研究）。作为轻型战斗车辆系统的研究成果之一的水冷式轮毂发动机，一边维持与其同等的性能，一边提高部队机动性，对轻量化有贡献的战

---

① 陆上裝備研究所［EB/OL］.［2023-05-07］. https：//www. mod. go. jp/atla/rikuso-uken. html.

② 陆上裝備研究所［EB/OL］.［2020-02-07］. https：//www. mod. go. jp/atla/rikuso-uken. html.

斗车辆用轮毂发动机的空冷化进行研究。即以空气冷却代替原有的水冷却，以便减轻战斗车辆的重量，增强机动性能。

生化核防御部队（CBRN）远程操作车辆系统的环境感知、提高技术的研究（CBRN 对应遠隔操縦作業車両システムの環境認識向上技術の研究）。该研究对 CBRN 对应远程遥控操纵工作车辆系统，进行来自多个车辆信息合并可能的环境感知、提高技术的研究。根据这些需求，该系统在地形、气象等变化的野外环境中，更安全、有效地使多个无人车辆同时工作、同时操纵等成为可能。开发对应 CBRN 的遥控操作车辆系统是在化学（Chemical）、生物（Biological）、放射线（Radiological）及核（Nuclear）污染地区也能够使用无人车辆自行完整地进行信息收集和各种作业等的初期行动应对系统。

电磁炮研究［レールガン（電磁砲）の研究］，不是火药燃烧爆炸气体的推进，而是根据电磁力（洛伦兹力），进行使之加速飞行体的轨道枪（电磁炮）的研究。与以往使用火药的火炮相比，电磁轨道炮可以大幅度增加飞行体的初速和飞行距离。

人员防护解析技术研究（人員防護解析技術の研究）。为了解析由于防弹背心等穿着的时候被子弹击中产生的冲击对人体的影响，定量评价人员的生存指标，进行关于人体模拟模型和人体数值模型的研究。

先进对舰、对地弹头技术的研究（先進対艦・対地弾頭技術の研究）。研究目标是对日本岛屿及其周边海域展开的部队等有效应对导弹用弹头，进行能对应各种舰艇的爆炸成型炸弹弹头和陆上展开部队等的高密度爆炸成型炸弹（Explosively Formed Projectile，EFP）弹头的研究。

主动防御研究（アクティブ防御システムの研究）。在国际和平合作活动中，为了应对成为威胁的火箭弹等，进行保护装甲车和队员装备品的研究。通过电波雷达及光波传感器在远方探测火箭弹等，用主动防御系统迎击来袭火箭弹，可以确保装甲车及队员的安全。

车辆用多种环境模拟器的研究（車両用多種環境シミュレータの研究）。不仅仅是传统的陆地，也在水边和水上等各种各样的环境中，为各种车辆的机动力评价实施模拟器研究。

混合动力系统的研究（ハイブリッド动力システムの研究）。实施了对履带车辆系列方式混合动力系统的适用性实证研究。同时，根据日美共同研究，确立了搭载混合动力系统车辆的试验方法。

简易爆炸物行驶间探测技术研究（IED 走行间探知技術の研究）。为了应对从郊外到城市之间被敷设了简易爆炸物（Improvised Explosive Device，IED）的威胁，防御人员及车辆，进行能够高速探测 IED 敷设位置的器材研究。

未来轻量桥梁构成要素研究（将来轻量橋梁构成要素の研究）。为了在大规模灾害等桥梁损害的地方使之迅速展开部队，以自卫队使用应急桥梁更加高性能化作为目标，推进关于桥梁主要构造部适用轻量且高强度的碳纤维增强基（Carbon Fiber Reinforced Plastics，CFRP）复合材料要素技术研究。①

---

① 陆上装備研究所［EB/OL］.［2020-02-07］. https：//www. mod. go. jp/atla/rikuso-uken. html.

九、航空装备研究所

（一）航空装备研究所概要①

航空装备研究所（航空装備研究所）主要进行关于飞机、飞机用机器及导弹武器的研究及试验等。航空装备研究所共有航空技术研究部、发动机技术研究部、感应技术研究部 3 个技术开发部门。除此以外还有 2 个实验场：土浦支所、新岛支所。

航空技术研究部（航空機技術研究部），负责飞机系统化技术、飞机及飞机装载仪器及导弹武器要素技术的调查研究、试验等。

发动机技术研究部（エンジン技術研究部），负责发动机系统化技术及元素技术的调查研究、试验等。

感应技术研究部（誘導技術研究部），负责导弹武器系统化技术及元素技术的调查研究、试验等。

土浦支所，主要负责关于导弹武器的要素技术试验的业务。

新岛支所，主要负责导弹武器发射试验相关业务。

（二）航空装备研究所研究的项目内容②

第一，云计算"战斗机用统合火控技术研究"（クラウド・シューティング「戦闘機用統合火器管制技術の研究」）。以"云・射击"为基础，能够击中目标，将很大地改变以前战斗机的战斗方法。从用本机的传感器发现用本机的武器射击的个体战斗方式，用编队

---

① 航空装備研究所［EB/OL］.［2020 - 02 - 07］. https：//www. mod. go. jp/atla/kousouken. html.

② 航空装備研究所［EB/OL］.［2020 - 02 - 07］. https：//www. mod. go. jp/atla/kousouken. html.

的传感器找到用编队武器效率性地射击的团队战斗方式，在数量劣势下，效果却能够得到有效发挥。① 要实现云计算，需要用僚机间数据链接信息共享每架战斗机持（有）的传感器信息和武器信息，通过综合性火器管制系统统一地管制个体的武器作战平台。②

第二，使用模拟装置模拟战斗（シミュレーション装置を使用した模擬戦闘）试验。"战斗机用统合火控系统技术的研究"中，通过使用模拟装置的模拟战斗试验对战斗机用综合火控系统进行评价和分析。日方正在验证即使在相对对方处于劣势的情况下，也能够进行云射击的系统效果，并确认具有较高的效率。在此项研究中，试制了僚机间数据链接装置，并搭载在飞机上，计划对飞机之间的信息交换进行飞行实证。

第三，凌驾于敌人之上的隐形技术（敵を凌駕するステルス技術）。隐形技术是难以从对方的传感器中探测到的技术，减少对对方的雷达反射很重要。为此，必须在战斗机形状等方面下功夫，将机翼下和机身下搭载的武器装备到机身内部，采用了像隐藏雷达大反射面弯曲的引擎导器（隐形导管）等新技术，可实现优秀的隐形性能。

另外，因为谋求隐形化，机体重量变重，需要机体构造轻量化技术，容易整合工作的电动化技术也变得必要。在航空装备研究所，通过设计、解析、实证获得这些技术。

---

① 航空装備研究所［EB/OL］.［2020 - 02 - 07］. https：//www. mod. go. jp/atla/kousouken. html.

② 航空装備研究所［EB/OL］.［2020 - 02 - 07］. https：//www. mod. go. jp/atla/kousouken. html.

第四，隐形化技术研究（ウェポンリリース・ステルス化の研究）。"隐形化的研究"中，在战斗机高过载和高速飞行的环境中，在短时间内将收藏有武器的隐形门开闭，在此期间安全地发射武器，进行实现武器与机体确实分离的技术研究。进行数值流体解析（CFD）和风洞试验等，取得了设计武器内部装修系统必要的数据。根据这些成果试制实物大小的武器装修系统，在航空装备研究所实施地面试验，确认在隐形门打开时安全地发射武器。

第五，隐形导管（ウェポンリリース・ステルス化）研究。由于弯曲的导管从外部看不见引擎反射面，能安排隐形化，不过，那个反面，通过导管内的气流从导管内面剥落，容易形成旋涡，混乱的气流会进入引擎。对发动机来说会影响到稳定的动作。"隐形导管的研究"中，为确保隐形性并实现抑制混乱的气流，对导管内部的流动进行积极控制的气流控制技术进行研究。

通过对导管弯曲率等构成要素的流体动力学（CFD）和风洞试验，取得了导管设计所需的边界层控制机构等气流控制技术相关的数据。试制风洞试验模型，以评估根据这些成果设计的隐形导轨。风洞试验在确认发动机入口实现了混乱少的气流后，同时配合CFD解析实施，掌握了嵌套管内部流动场的现象。

第六，"机体构造轻量化技术（機体構造軽量化技術）的研究"。与以往的战斗机相比，采用武器装修和隐形导弹的隐形战斗机体积增加，机体重量增加。为了解决这个问题，需要利用作为日本优秀的制造技术复合材料黏着成形技术的一体化、拉链（金属拉链等的降低）构造技术，以及由于遮住来自发动机的散热使之扩大轻量化隔热板素材的适用范围的热封闭技术。

"机体构造轻量化技术的研究"阶段性地验证和确立这些必要的可行性技术，试制了机身中取出燃料区划一部分的结构要素供试体，与高效率、高精度构造分析结果，比较研究设想燃料罐压的强度试验结果。此外，试制几乎模拟机身部分实物大小的部分构造供试体，实施在飞行中施加力量的强度试验。

第七，"电动动作技术（電動アクチュエーション技術）的研究"。战斗机的内部狭窄，要展开各种各样的线路和配管。特别是与液压管道连接的部分，为了能从机体外部检查有没有漏油，设置了访问面板，但是机体表面和接入面板之间的差距会损害隐形性。作为解决这个问题的方法，为了尽量不使用油压配管，需要采用电动化技术。由于电动化的优点，从配管变成配线，使机体设计自由度提高，整合性提高，被子弹击中时生存性能也得到了提高。

"电动动作技术的研究"中，在高过载等严格的环境条件下使用，对高性能的战斗机可搭载小型轻量化电动动作系统进行了研究，试制了驱动舵面的电动动作场景，实施了地上合并试验等，确认可以采用电动动作系统。

第八，高功率瘦身发动机（ハイパワースリムエンジンのためのコンセプト）"关于战斗机发动机系统的研究"。此项研究目的在于，实现将来战斗机的隐形性和高度、高速战斗能力。

为了实现将来战斗机隐形性和高度、高速的战斗能力，进行苗条化瘦身和高推力化并立的战斗机用引擎研究。通过此前的研究得到的成果为原型，试制高功率且瘦身战斗机用引擎的原型机 XF9-1，开始实施地面性能试验。

在地面性能测试上，2018 年 6 月，XF9-1 开始进行地面性能测试，从 7 月开始确认基本性能和特性的考试。作为目标性能的最大推力达到 15 吨，同年 8 月得到确认，并顺利推进试验。

由相当于 XF9-1 的心脏部的高温高压部要素构成的核心引擎，在防卫装备厅千岁测试中心的 ATF（引擎高空性能试验装置）中包含飞行状态的条件下，到 2018 年 3 月确认了性能，其成果反映在 XF9-1 的设计、制造上。

第九，推力偏向（推力偏向ノズル）研究。为了实现高回旋和高迎角飞行等高运动性能，以及缩小操舵翼以提高隐形性，除了通过传统的空力舵面控制机体的姿势之外，改变发动机的排气喷气方向（偏向推力）来进行姿势控制的"推力控制"，进行偏向喷嘴的研究。这个研究进行全周 20°的推力偏向可能的推力偏向喷嘴的试验操作，确立了在战斗机用引擎（XF9-1）装载实施地面试验的计划。

第十，关于无人机（将来无人装備）的研究。弹道导弹警戒是长时间在单调且危险状况下持续的活动，对应在严酷的状况下活跃被期待的装备，可以举出装载了能探测弹道导弹的小型红外线传感器的无人飞机。

为了构筑这样的无人机系统，除了早期探测技术以外，还需要自动生成考虑气象条件等的飞行路径的持续监视技术，进行与其他航空机的冲突回避和自动起飞着陆的无人机飞行技术等。这些技术通过飞行试验获得，验证的有效方法之一是在获得"将来关于无人装备的研究开发蓝图"的技术中展示有人机修复，根据需要可以选择无人机系统的自律飞行和有人机操纵的 OPV。

在"搭载飞机小型红外线传感器系统集成的研究"中，阶段性地验证了在模拟实验中，根据气象预测等信息自动生成最佳飞行路径的持续监视技术等。此外，还对 KM-2D 型载人机进行了改造，试制了搭载红外线传感器和自律飞行装置的 OPV 飞行试验机，并于 2018 年 10 月首次飞行。此后，从 2019 年 10 月到 11 月，在北海道大树町的多功能航空公园及其周边空域，为了确认持续监视技术等进行了飞行试验。

第十一，导弹武器关联研究。为了迎击弹道导弹等，必须以高精度引导迎击一侧的导弹目标，不过，因为在高度领域空气薄不能用空力操舵的机体控制，需要不依靠空力操舵的导弹的机体控制技术。

在"高度迎击用飞行体技术的研究"中，导弹的轴心和正交方向放出气体，使之产生操舵力侧面横向助推器，且使用作为推进装置的火箭电机推力的发生方向被认为是喷气式飞机标签的小阀体偏向，以实现组合推力控制的机体控制技术为目标。

第十二，低反应控制系统（低 RCS 对处ミサイル誘導制御技術，Reaction Control System，RCS）应对导弹诱导控制技术的研究。近几年，战斗机和攻击机为了不被敌人的雷达发现提高了隐形性。在这种隐形战机上导弹跟踪的距离比以前缩短了，隐形战机如果为了回避导弹而旋转，迎击隐形战机就会变得困难。

低反应控制系统应对导弹诱导控制技术的研究是以隐形机的位置和速度等观测信息为基础，预测未来的运动，并应用模型预测控制，对隐形机的导弹进行模拟，反复利用最佳控制导出控制量，使之有效。计算的接近路径，使致力于获得以导弹迎击隐形飞机的技术成为可能。它主要是利用导弹主火箭旁边的小型侧推火箭增加调控方向的能力。

第十三，低对比度目标用图像诱导技术（低コントラスト目標用画像誘導技術）的研究。侵略并停泊在岛屿海岸位置的敌舰艇和登陆的敌车辆等，因为与港湾等背景的温度差低，到现在为止，用红外线海狮（传感器）中使用的温度差检测大物体的图像处理算法，来应对这些目标的检测变得困难。因此，航空装备研究所正在进行关于能够搜索、识别与背景温差较小的"低对比度目标"的新图像处理算法及其评价方法的"低对比度目标用图像诱导技术研究"。

作为图像处理算法，利用人工智能对红外线特征量（温度梯度等）进行类型化的数据库与目标的红外线震荡图像进行对照，基于提取目标的红外线特征量的方法，专心致力于获得导弹检测、识别目标的新技术。

第十四，将来射击控制技术研究。近年来，对地攻击的情况以飞机和多种多样的导弹同时攻击为主流。为了应对这些多种多样的威胁，在导弹控制拦截侧导弹的射击用雷达中，必须根据目标优化雷达照射光束的分配。

"将来射击管制技术的研究"根据威胁的特性（目标的 RCS 和速度等）对雷达资源（照射光束的数量和照射间隔）进行最优化的资源控制研究。

第十五，毫米波射击控制技术（ミリ波射撃管制技術）研究。

要用导弹对付比较近距离的敌方船艇和敌方战斗车辆等，一般使用光学传感器定目标，进行导弹的控制、引导。但是，在产生烟幕和雾等的时候，使用光学传感器来确定船艇和战斗车辆等的目标变得困难。

毫米波射击控制技术的研究，使用烟幕、雾等环境下也能检测目标的毫米波雷达，制定海上、地上及空中的目标，推进管制、导弹的毫米波射击管制技术研究。

第十六，冲压喷气发动机（スクラムジェットエンジン，Ramjet Engine）的研究。以将来导弹的适用为目标，实施者把以前的引擎技术不能实现的高度极超音速（5 马赫以上）巡航作为可能的冲压喷气发动机研究。

本研究关注装备研制成功，采用与以前研究主流的氢燃料相比，重视机体规模的小型化、可操作性、储藏、处理的容易性和出色的碳氢燃料（喷气燃料）的同时，从超音速到极超音速为止，宽广的速度范围作品以实现动态的拉姆模式和抢分模式（ラムモードとスクラムモードの）实现双冲压发动机（デュアルモード・スクラムジェットエンジン）。

为了验证使用了碳氢燃料的滚动喷气发动机的可靠性，在与日本宇宙航空研究开发机构（JAXA）的研究合作下，进行了燃烧试验，在通过喷气燃料滚动燃烧成功的同时，取得了对冷却系统研究有用的基础数据。根据这些研究成果，专心致力于假想实际飞行的

冲压喷气发动机（スクラムジェットエンジン）系统研究。①

十、舰艇装备研究所

（一）舰艇装备研究所概要②

舰艇装备研究所（艦艇装備研究所）主要负责对船舶、船舶用机器、水中武器、音响器材、磁性材料及扫雷器材的系统化技术以及这些要素技术的研究。下设机构主要包括海洋战技术研究部、水下应对技术研究部、舰艇隐形技术研究部 3 个技术研究和开发部门，另外还有川崎支所。

海洋战技术研究部（海洋戦技術研究部），主要负责对潜战及对水雷战的能力评价、战术判断支援，以及关于水中音响的设计与调查研究。

水下应对技术研究部（水中対処技術研究部），主要负责船舶无人化、水中武器、扫雷器材相关设计与调查研究。

舰艇隐形技术研究部（艦艇・ステルス技術研究部），主要负责关于船舶、水中武器、扫雷器材和降低签名的技术的设计、调查研究以及海上试验。

川崎支所，主要负责关于磁性材料及水中电场器材的设计与调查研究。

---

① 航空装備研究所［EB/OL］.［2020 – 02 – 11］. https：//www. mod. go. jp/atla/kousouken. html.

② 航空装備研究所［EB/OL］.［2020 – 02 – 11］. https：//www. mod. go. jp/atla/kousouken. html.

（二）舰艇装备研究所的研究内容①

大波浪水池（大水槽）研究，用拖车拖着舰艇等模型，进行流体力学的性能评价的水槽试验。大波浪水池长 247 米、宽 12.5 米、深 7 米，用最大 8 m/s 的速度行驶的拖车拖着模型。这个水槽有造波装置，也可以测量人工造波中的船体动摇。可以测量流体噪声的大型机舱水槽（流动噪声模拟器），具有纵横 2 米的正方形断面的测量机身，其中，可以得到最高 15m/s 的均匀且不混乱的流动。通过设置 2 座吸音塔，测量躯干内的背景噪声被控制在极低的水平。用激光测量螺旋桨周围流动的情况。在流程噪声模拟器中，可以实施激光和图像处理的流程测量，明确螺旋桨产生的漩涡动作，进行螺旋桨辐射声音的降低研究。

先进有源声呐（先進アクティブソーナー）技术研究，对于提高应对水中威胁能力，使用宽带连续波的连续波动声呐（Continuous Active Sonar，CAS）的传输受波方式和信号处理方式，有飞跃性地提高抑制残响，实现了能持续地探测、跟踪目标的可能性。

关于长期运用型无人潜航器（Unmanned underwater vehicle，UUV）技术的研究。为了实现长期运用型 UUV，通过更换模块，进行关于能够适应多种任务的大型 UUV 技术研究。

静音型鱼雷用动力装置（静粛型魚雷用動力装置）研究。在探知性能及对潜艇能力提高的将来，为了对抗舰艇对鱼雷用动力装置的静音化研究。

---

① 航空装備研究所［EB/OL］.［2020 - 02 - 11］. https：//www. mod. go. jp/atla/kousouken. html.

降低水下电场（UEP）技术的研究。为了应对具备 UEP 传感器的水雷的威胁，必须降低舰艇的 UEP。近几年，模拟扫雷艇探测的 UEP，制作了扫雷艇 UEP 模型，用 UEP 水槽实验装置测量其基础特性。①

十一、电子装备研究所

（一）电子装备研究所概要②

电子装备研究所（電子装備研究所），主要从事通信、信息处理、雷达及光波技术等方面的研究。其下设 3 个主要研究开发机构和 1 个分支机构，包括情报通信研究部、传感器研究部、电子处理研究部和饭冈支所 4 个机构。

情报通信研究部（情報通信研究部），主要负责信息处理技术、通信网络技术、网络技术的构思、调查研究及测试评价。

传感器研究部（センサ研究部），主要负责关于电波传感器及光波传感器技术的设计、调查研究及测试评价。

电子处理研究部（電子対処研究部），主要负责电波及光波干扰、欺骗技术及高输出电波及光波对电子攻击技术的构思、调查研究及测试评价。

饭冈支所，主要负责通过电波及光波在大气中的传播特性、目标的反射特性及与辐射特性及电磁环境相关的技术的构思、调查研

① 艦艇装備研究所［EB/OL］.［2020 - 02 - 11］. https：//www. mod. go. jp/atla/kansouken. html.
② 電子装備研究所［EB/OL］.［2020 - 02 - 11］. https：//www. mod. go. jp/atla/densouken. html.

究及试验评价。当前正在饭冈支所户外实施大型目标电波反射特性（RCS）计量成为可能的 RCS 计量场施工建设工作。

（二）电子装备研究所研究内容①

应对弹道导弹、隐形机的技术（弾道ミサイル・ステルス機対処技術）。研究远距离探测传感器系统是通过将先进的雷达系统与红外线传感器系统进行数据融合，在远距离探测弹道导弹、隐形战机及巡航导弹。本系统将应用电子装备研究所通过传感器系统（搭载型）等建立的传感器技术。因此可以看出，电子装备研究所主要研究应对弹道导弹、隐形机的技术，远距离探测传感器是其研究的重点。

自适应控制毫米波网络系统（適応制御ミリ波ネットワークシステム）。在近几年以网络为中心的战斗中，为了应对增加通信所需，研究在毫米波段中实现高速大容量移动通信的通信系统。通过与使用氮化镓（Gallium nitride，GaN，是氮和镓的化合物）放大器的有效阶段阵列空中线组合通信控制技术，实现多址接入、多跳进程的毫米波高速网络建设。

高输出激光系统（高出力レーザシステム）。研究高功率激光器系统由高功率集光性出色的激光发生装置、移动目标可光束照射的跟踪瞄准装置，以及光束定向装置等构成。用红外线摄像机追踪高速目标，集光高输出激光，直到击破为止，都会跟踪、瞄准、照射。

下一代警戒控制雷达（次世代警戒管制レーダ）。采用多输入多

---

① 電子装備研究所［EB/OL］.［2020 - 02 - 11］. https：//www.mod.go.jp/atla/densouken.html.

输出雷达技术（Multi-Input Multui-Output，MIMO），为了对应将来的隐形战机和弹道导弹，采用了合成来自多个空中线的信号的 MIMO雷达技术，将相对小的空中线分散配置，抑制各个装置的规模，同时实现与大开口雷达同等以上的探测性能。

电波反射特性评价技术（電波反射特性評価技術），使用飞机、舰艇、车辆等电波反射特性（RCS）室外计测装置和计算机的 RCS模拟评估隐形性的技术，在进行新装备品的开发及既有装备品的改修、运用方面的讨论上不可缺少，也将成为未来的飞机、舰艇、车辆等隐形化研究能有效利用的技术。①

十二、先进技术推进中心

（一）先进技术推进中心概况②

先进技术推进中心（先進技術推進センター），进行建模与模拟（M&S，モデリング及びシミュレーション）研究，包括对机器人系统、人体工学、生化核放射（Chemical Biological Radiological Nuclear，CBRN）防御应对等方面的研究。同时，制订、推进应用先进技术的未来装备系统的研究计划。该研究中心下设三个管理官，研究管理官之一（M&S·先进技术担当）、研究管理官之二（CBRN应对技术担当）、研究管理官之三（人造机器人融合技术担当）。

研究管理官之一（M&S·先进技术担当），负责关于在建模、模

---

① 電子装備研究所［EB/OL］.［2020-02-11］. https：//www.mod.go.jp/atla/densouken.html.

② 先進技術推進センター［EB/OL］.［2020-02-12］. https：//www.mod.go.jp/atla/center.html.

拟技术和装备等开发中应用的先进技术的设计、调查研究及试验。研究管理官之二（CBRN 应对技术担当），负责对放射线、生物剂及化学剂的应对技术的构思、调查研究及试验。研究管理官之三（人造机器人融合技术担当），负责机器人技术及其联合融合技术的设计、调查研究及试验。

（二）先进技术推进中心的研究内容①

第一，模拟集成系统（シミュレーション统合システム）。这个系统是顶级系统集成级别的模拟。将来研究装备品概念的时候，可以一边观察对复杂联合装备系统全体战斗结果的效果，一边研讨各装备品的性能等。模拟集成系统有参数定位功能，可以分析出在研究样本中出现的装备性能作为参数变化对全体战斗状态带来的影响。这个系统现在被各开发官、各研究所等使用。②

第二，统合防空系统建模（统合防空システムシミュレーション）。这个系统是以系统集成级别到系统级别的范围为对象的模拟。为了研发对未来防空有用的新导弹和雷达等装备，可以在计算机上进行系统概念的立案和测试评价。

第三，微导弹系统（マイクロミサイルシステム）。该系统搭载有效载荷有限的远程操纵平台，并且进行个人携带可能多用途微型导弹系统的研究。

第四，卫星搭载型 2 波长红外线传感器的研究（衛星搭載型 2

---

① 先進技術推進センター［EB/OL］.［2020－02－12］. https：//www. mod. go. jp/atla/center. html.

② 先進技術推進センター［EB/OL］.［2020－02－12］. https：//www. mod. go. jp/atla/center. html.

波長赤外線センサの研究）。国立研究开发法人宇宙航空研究开发机构（JAXA）计划的先进光学卫星搭载防卫省推进研究的 2 波长红外线传感器，进行宇宙空间的实证研究、评价的同时，从宇宙广泛的观测数据进行收集研究。

第五，多个小型移动体的远程控制技术（複数の小型移動体の遠隔制御技術）。在市区等遮蔽物多的地区，进行关于实施侦察、监视等有效的群控制和利用协调控制多个无人小型移动体的远程控制研究。

第六，生化核放威胁评价系统技术（CBRN 脅威評価システム技術）。正在研究应对化学、生物、放射线及核污染威胁的评价系统。根据从气象信息和各种 CBRN 检测器材等得到的数据进行动态补正的机制，进行预测、评价 CBRN 有害物质的大气扩散系统研究。

第七，关于个人防护装备的测试评价方法的研究（個人用防護装備の試験評価方法に関する研究）。在与先进各国交流实绩的基础上，为了评价防护装备的防护性能，使用频道和可动模型进行试验。

第八，高空放射能尘的调查研究（高空における放射能塵の調査研究）。大气层内核试验的时候，核试验对环境的放射能污染成为了问题。防卫省自 1961 年以来，作为政府进行的环境污染调查的一环，为了得到有关日本上空的放射性浮游尘的资料，使用航空自卫队的飞机采集大气浮游尘的样品，对采集的样品进行放射能浓度及含核种类分析，到现在为止持续了 50 年以上的调查研究。

第九，生物剂检测系统（生物剤検知システム）。先进技术推进中心正在研究能够自动检测空气中散布的生物剂气雾剂系统。

第十，化剂检测技术（化学剂検知技術）。与理化学研究所合作，通过红外线激光远程检测气体状化学剂的系统进行研究。

第十一，高机动力套装的研究（高機動パワードスーツの研究）。由于队员迅速且长时间可执行沉重的行李搬运，肉体的负担大的工作的事，面向能提高在灾害对应和岛屿夺回等的自卫队的对应能力的力量套装的实现进行研究。

第十二，生命支持系统研究（ライフサポートシステムの研究）。为了应对同时附加加速度和低压低氧的航空环境，正在进行有关飞机用生活支持系统的研究。为了对队员的认知状态进行监测、支援而进行脑活动测量、评价技术的研究。随着装备品的信息化和网络化，通过脑活动测量对增加队员的信息处理负担进行定量评价，进行支援状况认识、思考决定、判断的研究。

第十三，多功能无人驾驶机器人研究（多目的自律走行ロボットの研究）。在恶劣的天气环境下，人、车辆等移动障碍物存在的环境中，提高进行无人自主驾驶行车技术等目的的研究。

第十四，全方位型画像即时定位与地图构建（SLAM）技术研究（全方位型画像 SLAM 技術の研究）。在陆上无人机等方面，为了在 GPS 受到干扰等不能使用的状况下也能提高自身位置的精度，安排全周方向的图像信息和微机电系统（Micro – Electro – Mechanical System，MEMS）运动传感器信息的融合，进行即使有明暗度变动和物体移动等的恶劣的条件下，也能适用全方位图像 SLAM 技术的研究。①

十三、日本防卫装备厅的研究动态

2020 年 3 月，日经中文网消息称，日本防卫省为提升人工智能（AI）和无人机等尖端技术的水平，开始加强研发。

在 2020 年度预算案中列入 1676 亿日元研发费，创历史新高。除了防卫装备厅的研究，还增加了与大学和企业的签约，并推动民间力量参与研发。把民间技术用于防卫装备已成为世界潮流，日本也将深化与民间的合作关系。已经确定资助的项目包括研发把握人精神状态的 AI、极短时间内输出巨大电力的脉冲电源、搭载到定位卫星上的振荡器等。新的公开征集也已开始，预定 8 月底做出决定。②

2020 年 3 月 6 日，日本防卫相河野太郎在记者会上指出了研究开发的重要性，称"就像常说的游戏改变者那样，由于全新的技术，防卫思想正在动态地变化，日本也必须进行必要的技术开发"。日本防卫省的研究开发费最近几年一直维持在 1200 亿～1400 亿日元水平。在 2020 年度预算案中，研发预算同比增长 12%，是日本 2007 年成立防卫省以来最多的一次。增加的经费主要用于研发 AI 和无人机等尖端技术。在 2018 年年底归纳的防卫大纲中，日本把宇宙、网络、电磁波等新领域定为"生死攸关的重要领域"，将重点加强这些

---

① 先進技術推進センター［EB/OL］.［2020-02-12］. https：//www. mod. go. jp/atla/center. html.

② 日本防卫研发费创新高，发力 AI 和无人机［EB/OL］. 新浪网，2020-03-11.

领域的相关研发。但目前美国、中国、俄罗斯领先，日本暂时落后。①

2018 年度美国的国防研发费约 6 万亿日元，占国防费整体的9.3%。韩国也在 2017 年度达到 3462 亿日元，占国防费的 8.6%。日本的 1676 亿日元研发费只占防卫费的 3% 左右。日本的防卫预算中，人工费及通过多年合同采购装备品带来的后续年度负担占很大比例。日本通过中期防卫力整备计划（中期防），预先把 5 年的防卫预算总额确定下来，有声音批评这样缺乏预算灵活性。日本的防卫装备以舰艇和坦克为核心，由于是完全不同的技术基础，因此防卫省内也缺乏技术积累。河野太郎在 3 月 6 日的记者会上表示，"也包括 AI之类的军民两用技术。将确定优先顺序，稳步推进研发"，表明了要大力吸纳民间技术的想法。②

2020 年 2 月，防卫省已明确表示将从 2020 年开始首次通过夺旗赛（CTF）的形式从全国范围内招募网络安全人才。CTF 竞赛属于实践类考试，与笔试等资格考试不同。防卫省计划将招募到的优秀人才录用为防卫省职员或网络安全顾问。防卫省 2020 年度预算概要已为此编列 400 万日元。同时，防卫省首次面向陆海空自卫队实施"网络共通培训"，帮助受训人员掌握共通知识和技能，进而提高一体化作战能力。此前，防卫省的网络防御培训，基本是在 3 个自卫队分散实施。2019 年 8 月，陆自通信学校组织实施网络攻防综合演习，参加人员以陆自队员为主，包括少量海自和空自队员。演习设

---

① 日本防卫研发费创新高，发力 AI 和无人机 ［EB/OL］. 新浪网，2020-03-11.
② 日本防卫研发费创新高，发力 AI 和无人机 ［EB/OL］. 新浪网，2020-03-11.

计是在通信系统虚拟空间中，根据系统异常故障信息，查明造成网络攻击原因的解题竞速夺旗赛。此外，防卫省已编列预算用以完善陆自通信学校和高等工科学校的网络教育体制，包括通信学校新设负责共通网络培训的网络教官室，高等工科学校新设系统和网络专修课程等。①

2019 年 12 月，日本电视台在报道日本首次举办的"防务与安全设备国际博览会"（DESI）时，展示了日本防卫装备厅正在研制的"高速滑空弹"飞行器。

这种飞行器实际上是一种高超音速飞行装置，采用与俄罗斯"先锋"导弹类似的助推滑翔飞行模式，可以以 5 倍音速以上的速度飞行。在这段公开的动画中演示了日本"高速滑空弹"从发射到弹箭分离，然后进行滑翔飞行，再到准确命中水面航母的模拟过程。虽然日本目前还只是在进行滑翔飞行器的研究，但从这段演示动画中来看，其最终目的是要实现高超音速飞行器的武器化，计划将其用于打击大型水面舰船。②

日本政府在平成三十年（2018 年）中期防卫大纲中明确要求，在 2028 年左右装备两个高超音速巡航导弹大队，分为早期装备型（Block.1）和性能升级型（Block.2）。高超音速武器是目前军事大国的"新宠"，不少国家都在争相研制，日本显然不想在这一方面落后于人，目前已经开始进行相关设计和技术积累。日本防卫装备厅

---

① 日本大力推进网络安全建设网络空间发展脱离"专守防卫"轨道［EB/OL］. 科技时报网，2020-02-14.

② 日本高超音速武器研制曝光 演示攻击航母过程［EB/OL］. 环球网，2019-12-09.

公开的模拟动画中，高超音速滑翔弹头最终命中了海面上疑似航母形状的目标。日本电视台的报道还特别指出，目前连美国都还没有造出可以实现变轨机动的高超音速武器，日本着手开展该飞行器的研究令人瞩目。①

实际上日本防卫装备厅相当注重各种新技术的研发，尽管其中某些装备的研发投入巨大却无果而终，但日本方面更看重的是研发过程中获得的技术积累，一旦有需要就能迅速将其投入使用。不久前防卫装备厅就展示了最新研发的外骨骼系统，这种系统能够让士兵变身"超级战士"，增强负重和机动能力。虽然日本号称这套"外骨骼"装备的研发初衷是为了救援救灾，但自卫队员却穿着它进行战斗测试，可见未来这种装备也很可能用于实际作战中。

日本防卫装备厅的另一项巨大研发投入是 X-2"心神"验证机。虽然目前日本已经将该机封存，不再进行试飞，并引入装备美国的 F-35A 隐形战机，但在"心神"的实验过程中日本已经验证和累积了与第 5 代战机相关的大量数据，为未来国产隐形战机的快速制造打下了技术基础。2020 年 4 月，日本防卫省防卫装备厅确立了和三菱重工共同研制第 5 代战机的计划。该计划以日本为主导，与美英等国家作战飞机公司合作，研制以日本为主导的第 5 代战机。

日本防卫厅下属研发机构，正在研发的新技术武器装备还有电磁轨道炮。从体积上看，日本这套"电磁加速系统"体积并不大，但是各种配套装置可谓一应俱全，安装有推进滑轨、脉冲储能装置、

① 日本高超音速武器研制曝光 演示攻击航母过程 [EB/OL]. 环球网，2019-12-09.

电力分批控制器、散热系统装置等。虽然日本官方称其为"电磁加速系统"，但从长条状的直线推进加速器来看，基本就是电磁轨道炮原理的验证机，具有很强的武器化应用前景。日本公开的"电磁加速系统"虽然看似是作为技术储备而进行研发的，但随着日本的水面战舰越造越大，未来让电磁炮上舰成为武器也不是没有可能。①

2018 年 11 月 28 日至 30 日，在东京举办的日本国际航空航天展上，日本防卫装备厅展出新型雷达装备。

真实天线被描述为高功率 AESE，而雷达模型作为一种先进的综合传感器系统进行展示。防卫装备厅的一名官员称，该雷达正在作为未来战斗机计划的一部分开展研制，但没有透露详细信息。这个天线被安放在一辆地面测试小车上，其形状和大小与三菱重工 F-2 的 J/APG-2 相似。并且，F-2 的模型及包括天线的完整雷达模型被一起放在紧挨着 AESE 的展台上。日本已经开展了未来战斗机技术预研，并以 2019 年 3 月结束的本财年内决定是否启动全尺寸开发，有可能与外国合作共同开发，未来战斗机将在 2030 年之后开始服役。防卫装备厅的另一名官员在公开介绍中描述了未来战斗机计划，指出该机将装备高功率雷达。②

2020 年 3 月 31 日，日本时事新闻网站报道，日本防卫装备厅将在 4 月 1 日正式设立管理下一代战斗机的设计和合同事务的专门团队，开始由日本主导的 F-2 战斗机后继机的开发工作。

团队以一名军衔为空将补（相当于少将）的"装备开发官（负

---

① 日本高超音速武器研制曝光 演示攻击航母过程［EB/OL］. 环球网，2019-12-09.

② 日本展示未来战斗机 AESE 雷达［EB/OL］. 中国航空新闻网，2018-12-17.

责下一代战斗机）"为首，由航空自卫官和技术官员约 30 人组成。在今年年底之前，日本将确定下一代战斗机与美英合作方式的最终框架。

2019 年 11 月 18 日至 20 日，在日本千叶市幕张国际会展中心举办了防务与安全设备国际博览会（简称"武器博览会"）。

2019 年 12 月，日本通过"安全保障技术研究推进制度"招募不依赖于卫星定位导航的技术研发。

2019 年 12 月，日本通过"安全保障技术研究推进制度"招募防冲击碳素纳米材料。

2019 年 12 月，日本通过"安全保障技术研究推进制度"招募潜在脑动力与人工智能的结合。

2019 年 12 月，日本通过"安全保障技术研究推进制度"招募储能和高速放电技术基础研究，面向船舶的轻量非挥发性高能量密度二次电池的开发。

第三节　宇宙航空研究开发机构研究体制

一、宇宙航空研究开发机构概况

日本国立宇宙航空研究开发机构（日语：宇宙航空研究開発机構；英语：Japan Aerospace eXploration Agency，JAXA）是日本的航空航天机构，它是在 2003 年 10 月 1 日由文部科学省宇宙科学研究所

（ISAS）、独立行政法人航空宇宙技术研究所（NAL）、特殊法人宇宙开发事业团（NASDA）合并成立的，是内阁府、总务省、文部科学省、经济产业省共同管辖的国立研究开发法人。其主要任务包括研究、开发和发射人造卫星入地心轨道。其他任务包括探测小行星和未来可能的登月工程。宇宙航空研究开发机构隶属于文部科学省，2003 年 10 月 1 日由 3 个与日本航天事业有关的政府机构——文部科学省宇宙科学研究所（ISAS）、航空宇宙技术研究所（NAL）、宇宙开发事业团（NASDA）统合而成，总部设于原航空宇宙技术研究所总部。日本宇宙航空研究开发机构承担着航空航天技术开发、研究和卫星发射等职责，也承担了月球载人探索和小行星探测等一些高级任务。其总部位于东京都调布市。

根据《国立研究开发法人宇宙航空研究开发机构法》第四条设立本法人机构，其目的如下：宇宙基本法第二条关于宇宙科学的研究、宇宙科学技术的基础研究和宇宙相关的基础研究开发，以及人造卫星等的开发、发射、跟踪、运用及相关业务，本着和平利用宇宙的基本理念，综合、规划进行航空航天科学技术相关基础研究，以及航空航天相关基础研究开发、相关业务的综合开展，为大学等学术研究的发展、宇宙科学技术及以提高航空科学技术水平，促进宇宙开发和利用。

在日本防卫省防卫装备厅 2017 年度招聘开发的安全保障科技项目中，国立宇宙航空研究开发机构（JAXA）的大规模研究课题——实现飞机和导弹超过 5 倍音速的"极超音速飞行"的基础性技术研究课题获得批准。JAXA 科研团队将通过飞行和风洞试验数据掌握引擎燃烧和气流的特性，以便掌握新一代高超音速飞行技术。

（一）内部组织与机构

日本宇宙航空研究开发机构（JAXA）下设各行政部门、技术研发管理部门、研究所等各个层次的机构，进行行政管理与运作，组织进行各种技术研究项目和开发业务（2016年3月1日）。

日本宇宙航空研究开发机构（JAXA）的行政主管部门主要包括经营推进部、评价监察部、总务部、人事部、财务部、采购部、筑波宇宙中心管理部、宣传部、调查国际部等。

2019年4月1日至2020年2月调整后的新行政管理部门主要包括：经营推进部、评价督察部、工作生活改革推进室、总务部、人事部、财务部、调配部。行政管理部门的总人数为212人。①

除此之外，还设立了若干个行政服务部门，包括：广报部，调查国际部，新事业促进室，总工程师室，保密、情报化推进部，安全、信赖性推进部，设施部，频道管理室，网络追踪技术中心，环境实验技术小组，宇宙教育推进室，筑波宇宙中心管理部。行政服务部门的总人数为216人。②

1. 研发部门

第一宇宙技术部（原宇宙开发事业团），以 H-IIA 火箭为首的火箭发射及人造卫星系统的研究开发和利用的促进等。

第二宇宙技术部，研究内容未知。

---

① 宇宙航空研究開発機構の組織体制（部署、人数）［EB/OL］.［2020-02-15］. http://www.jaxa.jp/about/org/index_j.html.

② 宇宙航空研究開発機構の組織体制（部署、人数）［EB/OL］.［2020-02-15］. http://www.jaxa.jp/about/org/index_j.html.

载人宇宙技术部，以国际宇宙空间站的日本实验模块"希望"和宇宙空间站补给机"HTV"等有关载人宇宙系统的研究开发和利用促进等。

宇宙探测创新中心。

宇宙科学研究所（ISAS＝艾萨斯，前宇宙科学研究本部），研究行星探测器、天体观测卫星、工程试验卫星的开发和运用等，参与综合研究大学院大学的研究。

航空技术部（前航空宇宙技术研究所、研究开发本部航空部门），为了日本航空产业的航空技术研究开发。

研究开发部（前宇宙开发事业团技术开发部门·宇宙科学研究所技术研究部门），航空宇宙技术的基盘研究，面向将来的技术开发和对各项目的技术支援等。

2019年4月1日，宇宙航空研究开发机构（JAXA）对技术研发部门进行如下调整：宇宙运输技术部门（120人）、第一宇宙技术部门（167人）、载人宇宙技术部门（147人）、研究开发部门（270人）、宇宙科学研究所（207人）、航空技术部门（160人）、下一代航空创新中心（26人）、宇宙探查创新中心（9人）、国际宇宙探查中心（12人）、第二宇宙技术部门。①

宇宙运输技术部门（120人），主要负责宇宙运输技术开发，包括宇宙运输系统基础技术开发、宇宙运输安全计划、H-3项目团队、发射安全、飞行安全、鹿儿岛宇宙发射中心、内之浦宇宙空间观测

---

① 宇宙航空研究開発機構の組織体制（部署、人数）［EB/OL］.［2020-02-15］. http：//www.jaxa.jp/about/org/index_j.html.

所等技术和事务。①

第一宇宙技术部门（167 人），统筹卫星开发技术，包括信息化统筹、先进光学卫星研制、科学卫星的应用、先进的卫星计划、地球外物质研究、安全信息化推进等技术研发，也包括与美国福特公司和丹麦 GOSAT-GW 公司的合作。②

载人宇宙技术部门（147 人），主要负责宇宙载人技术研究开发，包括 HTV 技术、新型宇宙飞船空间站补给机、系统技术、宇航员运用管制技术、载人系统安全、过失保证技术、希望利用技术等。还包括休闲地址驻在员事务，构造冲突技术调整事务技术等。

研究开发部门（270 人），主要包括 4 个基础技术研究室研究基础技术开发。除此以外，还研发系统技术、创新卫星技术实证、传感器技术研究等。

宇宙科学研究所（207 人），主要负责有关于宇宙的基础理论研究和技术研究，包括宇宙物理学研究，太阳系科学研究，学际科学研究，宇宙机应用工学研究，行星分光观测，宇宙探测，X 射线分光摄像卫星，卫星系统开发，科学卫星运用、TINTO 利用，行星探测数据解析，地球外物质研究等。

航空技术部门（160 人），主要负责航空技术开发和研究，包括冲压发动机技术验证、航空系统研究、下一代航空创新技术研究、空气动力技术研究、飞行技术研究、推动力技术研究、结构复合材

①　国立研究開発法人 宇宙航空研究開発機構［EB/OL］.（2020-02-01）［2020-02-15］. http：//www. jaxa. jp/about/org/index_ j. html.

②　国立研究開発法人 宇宙航空研究開発機構［EB/OL］.（2020-02-01）［2020-02-15］. http：//www. jaxa. jp/about/org/index_ j. html.

料技术研究、述职解析技术研究等。

2. 设施、事业所

事务、驻在员（包括宇航员）有关部门及研究所。

宇宙航空研究开发机构总部（东京都调布市）。

筑波宇宙中心。

种子岛宇宙中心（鹿儿岛县种子岛）。

宇宙航空研究开发机构（JAXA）总部（本社，东京都调布市），调布航空宇宙中心。

东京事务所，东京都千代田区，与主务管官厅等的联络调整部门和卫星利用运用中心。

宇宙利用推进中心大手町分室，主要实施今后在宇宙开发利用方面的企业宣传。

相模原校园（神奈川县相模原市），宇宙科学研究所校区。

宇宙教育中心，组织相关团体合作。

关西卫星办公室（大阪府东大阪市），产学官联合办公室。办公室设在担负关西宇宙产业的人们的附近。

名古屋航空研究所（爱知县西春日井郡丰山町），航空实验研究基地。

驻华盛顿办事处（美国华盛顿特别区），与美国航空宇宙局等进行联络调整和宣传事务所。

泰国驻曼谷办事处（泰国曼谷），泰国卫星接收局的技术支持，与东南亚的宇宙相关机构进行联络调整关系。

驻巴黎办事处（法国巴黎），与欧洲航天机构的联络办事处。

载人宇宙利用关联驻在事务所。

肯尼迪宇宙中心驻在员事务所（美国佛罗里达州），美国航空宇宙局肯尼迪宇宙中心。

驻休斯顿办事处（美国得克萨斯州），美国宇航局约翰逊宇宙中心。

宇宙航空研究开发·发射·管制实务担当设施。

筑波宇宙中心（茨城县筑波市）。

调布航空宇宙中心（东京都调布市）。

相模原校园（神奈川县相模原市）。

3. 发射场

种子岛宇宙中心（鹿儿岛县熊毛郡南种子町）。

内之浦宇宙空间观测所（鹿儿岛县肝属郡肝付町）。

4. 实验场、观测设施、管制设施、宇宙通信设施

地球观测中心（埼玉县比企郡），1978 年 10 月设立。地球观测中心接收来自卫星的数据，发送到筑波宇宙中心，为研究机关和大学、国内外的用户，提供计算机处理，用于环境问题的解析、灾害监视、资源调查等。

能代火箭实验场（秋田县能代市），主要是进行固体火箭发动机的试验、振动实验和破坏型实验的设施。

角田宇宙中心（宫城县角田市），液体燃料火箭发动机开发实施的设施，并在发射前进行引擎燃烧试验等的设施。

5. 大气层观测、宇宙观测设施

三陆大气球观测所（岩手县大船渡市），利用气球进行高度

（成层圈）观测的设施（2007 年放球试验结束）。

大树航空宇宙实验场（北海道大树町），实施了航空机试验等，自 2008 年度使用大气球实验。

地球观测中心（埼玉县比企郡鸠山町）。

臼田宇宙空间观测所（长野县佐久市）。

6. 宇宙通信设施

胜浦宇宙通信所（千叶县胜浦市），地球轨道上卫星的追踪、管制设施。

增田宇宙通信所（鹿儿岛县熊毛郡中种子町），发射后的火箭的追踪，在地球轨道上的卫星的追踪、管制的设施。

冲绳宇宙通信所（冲绳县国头郡恩纳村），地球轨道上卫星的追踪、管制设施。

7. 发射管制设施

小笠原追踪所（东京都小笠原村父岛），发射后进行火箭追踪的设施。

圣诞岛临时追踪所（基里巴斯共和国圣诞岛），在向静止轨道投入卫星时跟踪卫星本体进行通信的设施，只有在静止卫星投入时，才实施租赁运用。

8. 深宇宙任务用的临时通信设施

智利圣地亚哥市郊。

澳大利亚珀斯郊区。

西班牙领土加那利群岛。

正在借用电波通信设施。

（二）预算与人员规模

平成二十二年（2010 年）的宇宙开发预算，与发达国家的宇宙机构进行比较，美国航空宇宙局（NASA）约 1 兆 7597 亿日元（同规模的预算由美国国防部支出，2009 年度的宇宙开发预算总额约4.6 兆日元），欧洲宇宙机关（ESA）约 5018 亿日元，2007 年度的宇宙开发预算总额约为 8，000 亿日元，而 JAXA 的实际预算额仅为1800 亿日元，相当于美国 NASA 的十分之一。① 1800 亿日元的金额，是除去用内阁官方预算被开发的信息收集卫星（IGS）每年约 400 亿日元 JAXA 分受托费用的金额。如果加上这笔费用，JAXA 的预算约2200 亿日元，其他省厅的预算也包含了宇宙开发预算，总额为 3390亿日元。②

用火箭开发费进行比较，从前任者改良开发了的 NASA 的三角洲 IV 的开发费是 2750 亿日元，atorasuV 的开发费是 2420 亿日元，相对，把 H-II 作为技术基础同样改良开发的 H-IA、H-IIB 的开发费合计额约 1802 亿日元，2 机种共计 1000 亿日元左右的低价开

① 　上野剛志 . ニッセイ基礎研究所 ［EB/OL］.（2010-10-01）［2020-02-15］. https：//ja. wikipedia. org/wiki/%E5%AE%87%E5%AE%99%E8%88%AA%E7%A9%BA%E7%A0%94%E7%A9%B6%E9%96%8B%E7%99%BA%E6%A9%9F%E6%A7%8B.
② 　上野剛志 . ニッセイ基礎研究所 ［EB/OL］.（2010-10-01）［2020-02-15］. https：//ja. wikipedia. org/wiki/%E5%AE%87%E5%AE%99%E8%88%AA%E7%A9%BA%E7%A0%94%E7%A9%B6%E9%96%8B%E7%99%BA%E6%A9%9F%E6%A7%8B.

发。① 欧洲宇航局全段新开发的 ESA 的主力火箭的亚利安娜 5 系列的开发费 8800 亿~9900 亿日元，同样，日本方面全段新开发的 H-II 的开发费为 2700 亿日元，不到欧洲宇航局开发费用的三分之一。②

在太空开发方面人员数量比较，美国约 43500 人（NASA 约 18500 人+美国战略军约 25000 人），欧洲约 10195 人（ESA 约 1900 人+CNES 约 2400 人+DLR 约 5600 人+ASI 约 250 人+BNSC 约 45 人），印度太空研究机关的人员约 13600 人，JAXA 是 1571 人，不到 NASA 的十分之一。③ 而且，日本宇宙航空研究开发机构（JAXA）成立以后，人数有逐渐减少的倾向。

2019 年 4 月 1 日，日本宇宙航空研究开发机构（JAXA）的总人数是 1546 人，其中，技术人员占 70%，行政人员占 23%，教育人员占 7%。④

① 宇宙航空研究開発機構の事業と今後の課題について［EB/OL］.（2010-03-16）［2020-02-15］. https：//ja. wikipedia. org/wiki/%E5%AE%87%E5%AE%99%E8%88%AA%E7%A9%BA%E7%A0%94%E7%A9%B6%E9%96%8B%E7%99%BA%E6%A9%9F%E6%A7%8B.

② 宇宙航空研究開発機構の事業と今後の課題について［EB/OL］.（2010-03-16）［2020-02-15］. https：//ja. wikipedia. org/wiki/%E5%AE%87%E5%AE%99%E8%88%AA%E7%A9%BA%E7%A0%94%E7%A9%B6%E9%96%8B%E7%99%BA%E6%A9%9F%E6%A7%8B.

③ 宇宙航空研究開発機構の事業と今後の課題について［EB/OL］.（2010-03-16）［2020-02-15］. https：//ja. wikipedia. org/wiki/%E5%AE%87%E5%AE%99%E8%88%AA%E7%A9%BA%E7%A0%94%E7%A9%B6%E9%96%8B%E7%99%BA%E6%A9%9F%E6%A7%8B.

④ 宇宙航空研究開発機構の組織体制（部署、人数）［EB/OL］.［2020-02-15］. http：//www. jaxa. jp/about/org/index_ j. html.

二、三机构合并时的背景

日本宇宙航天航空三大研发机构宇宙科学研究所（ISAS）、独立行政法人航空宇宙技术研究所（NAL）、特殊法人宇宙开发事业团（NASDA），由于各自独立，不能发挥合力作用，致使科研力量分散化，航天科技研发工作不能顺畅进行，以至于出现卫星在发射升空过程中遭遇失败，地面指挥机构不得不下令自毁爆炸。宇宙科学研究所发射的火星探测器"希望号"进入火星周围轨道的计划也宣告失败。这些事故都反映出日本宇宙开发机构和体制的脆弱性。2003年的合并改革，不仅是作为国家行政改革的一环，也是为了挽回各宇宙开发机构联合不足，相继失败，而造成的失去对日本宇宙开发的信赖。在这种背景下，将宇宙科研三大开发机构合并成一体，统一整合，成立了日本国立宇宙航空研究开发机构（JAXA）。日本政府希望通过这样一个优势组合的统一科研开发机构，进行日本的宇宙航天航空事业，并通过科研与开发项目活动，带动日本大学和其他研究机构，提升日本宇宙空间开发的科技能力和科技水平。

三、宇宙航空研究开发机构（JAXA）建立后的主要成就

平成十七年（2005年）2月26日，H-IIA火箭7号机成功进入向日葵6号轨道。7月10日，M-V火箭的X射线天文卫星的发射也迅速成功了。X射线天文学是日本领先世界的宇宙科学领域。2005年10月10日，小型超音速实验机NEXST-1成功进行了飞行试验。

平成十八年（2006年）从1月到2月，首次连续发射了3枚火

箭。此时发射的陆地观测卫星"大地"号被用于灾害监视，红外天文卫星"灯"号为宇宙科学发展做出了贡献。另外，"向日葵"7号自平成二年（1990年）与美国的卫星采购协定以来，是首次成功的日本国产商用卫星。2006年，太阳观测卫星发射升空，2007年12月，在美国的科学杂志上刊登了各种新发现的《日之内特辑号》。

平成十九年（2007年）9月，发射升空的月亮女神向地球发送月球表面的HD图像等，是阿波罗计划以来成功进行的世界最大规模的月球探测，2009年2月，出版了归纳该项成果的科学杂志《月亮女神特别编辑号》。

宇宙科学研究所（ISAS）平成十五年（2003年）发射升空的隼鸟于平成二十二年（2010年）返回地球，从小行星上获得岩石标本，并带回地球，在世界上首次取得成功。2008年7月和2011年8月，在科学杂志《隼鸟特辑号》发表了该项科研成果。另外，2010年发射的伊卡洛斯（IKAROS）在宇宙空间的太阳帆航行在世界上取得了首次成功，取得了世界首个成果的"隼"和伊卡洛斯（IKAROS）被吉尼斯纪录认定。

平成二十年（2008年）宇宙航空研究开发机构，开始运营希望号宇宙实验楼，平成二十一年（2009年），发射H-IIB火箭和通过宇宙空间站补给机向国际空间站成功运送物资，由此，从20世纪80年代开始持续的日本国际宇宙空间站计划取得了很大成果。另外，从宇宙开发事业团（NASDA）时代开始，继续利用航天飞机和联盟号进行载人航天事业。

平成二十五年（2013年），由于发射系统的革新而谋求低成本化的固体燃料火箭埃普西隆火箭试验机成功发射，平成二十六年（2014年）开始，开发下一代主干火箭的H-3火箭，正在进行研发下一代火箭技术。另外，以削减成本和接受发射的商业订单为目标，2007年H-IIA、2013年H-IIB的发射业务大部分移交给三菱重工。平成二十七年（2015年）11月，日本首次承担纯粹商业发射加拿大通信卫星，H-IIA火箭高度化适用机体取得成功。

平成二十七年（2015年）12月，成功地将平成二十二年（2010年）5月发射的"拂晓"号送入金星周转轨道中，这是日本首次成功进入地球以外行星环绕轨道的探测器。

平成三十年（2018年）2月，TRICOM-1R卫星进入轨道成功，SS-520火箭作为实际发射人造卫星历史上最小的火箭被吉尼斯世界纪录认定（同年4月）。

令和元年（2019年）12月，超低高度卫星技术试验机"燕子"号作为地球观测卫星飞行轨道最低高度167.4km，被吉尼斯世界纪录认定。

四、未来火箭与卫星发射计划

令和二年（2020年）度

H-IIA火箭（19号机）：数据中继卫星1号机（用于信息收集卫星）。

H-IIA火箭：光学数据中继卫星。

H-IIA火箭：准天顶卫星引导机。

H-IIA火箭：火星探测器阿尔·阿玛尔-商业发射（阿联酋卫

星）。

H-IIA 火箭：Inmarsat-6 F1-商业发射（英国英马尔萨特卫星）。

H-IIB 火箭：空间站补给机（HTV）9 号机。

H-3 火箭（2 号机）：先进光学卫星。

埃普西隆火箭：LOTUSAT1-提供给越南的 ASNARO 雷达机（LOTUSAT2 也在 NEC 接受订单活动）。

令和三年（2021 年）度

H-3 火箭：先进雷达卫星（大地 2 号后继）。

H-3 火箭：HTV-X1 号机。

埃普西隆火箭：DESTINY+（深空探测技术实证机）。

埃普西隆火箭：创新卫星技术实证 2 号机。

未定：信息收集卫星光学短期发射型小型卫星。

令和四年（2022 年）度

H-IIA 火箭：X 射线分光摄像卫星 XRISM。

拼车：SLIM（小型月球着陆证机）。

H-IIA 火箭：情报收集卫星雷达 7 号机。

H-3 火箭：技术试验卫星 9 号机—有效 8 号应用。

H-3 火箭：X 频带防卫通信卫星 3 号机。

H-3 火箭：HTV-X2 号机。

H-3 火箭：Inmarsat-商业发射（英国英马尔萨特卫星，2022 年度以后）。

联盟 STK：云、气雾剂放射观测卫星 EarthCARE。

埃普西隆火箭：创新卫星技术实证 3 号机。

埃普西隆火箭：红外线位置天文观测卫星（小型 JASMINE、公开招募型小型 3、2022 年度或 2023 年度）。

亚利安 5：木星冰卫星探测器 JUICE（2022 年度或 2023 年度）。

令和五年（2023 年）度

H-IIA 火箭：温室气体、水循环观测技术卫星 GOSAT-GW。

H-IIA 火箭：信息收集卫星光学 8 号机。

H-IIA 火箭：情报收集卫星雷达 8 号机。

准天顶卫星系统 5 号机。

准天顶卫星系统 6 号机。

准天顶卫星系统 7 号机。

令和六年（2024 年）度

火箭：火星卫星探测计划（MMX，战略中型 1）。

H-3 火箭：宇宙微波背景辐射偏振观测卫星 LiteBIRD（战略中型 2、2024 年度或 2025 年度）。

埃普西隆火箭：公开招募型小型 4（2024 年度或 2025 年度）。

埃普西隆火箭：创新卫星技术实证 4 号机。

令和七年（2025 年）度

H-3 火箭：信息收集卫星光学 9 号机。

H-3 火箭：信息收集卫星光学多样化 1 号机。

令和八年（2026 年）度

H-3 火箭：信息收集卫星光学多样化 2 号机。

H-3 火箭：信息收集卫星雷达多样化 1 号机。

H-3 火箭：先进光学卫星后继机。

五、正在研讨、提案和预研阶段的航天航空技术项目

21 世纪 20 年代后半期，以太阳观测卫星发射作为目标的"SO-LAR-C"号，"火鸟""阳光""日出之后"等日本 4 个太阳观测卫星将考虑陆续发射。

以红外线天文卫星"SPICA"，21 世纪 20 年代后半期发射作为目标，日欧共同开发的下一代红外线天文卫星。

国产客机（Mitsubishi SpaceJet）技术支援。

低噪声低公害引擎技术研究。

低音爆超音速飞机研究。

下一代航行系统的研究开发。

紧急刹车喷气发动机的基础研究。

六、实验用飞机

航空技术部门（原航空宇宙技术研究所）拥有的实验用飞机系统领域的实证研究得以飞跃，并以有助于发展先进航空技术为目的的开发，根据广泛的高度、速度、各种飞行特性进行飞行实证。航空技术部门拥有直升机、螺旋桨机、喷气式飞机 3 架。这 3 架实验用飞机已经十分老旧，已经陆续进入报废阶段，更新在所难免。

七、情报泄露事件

（一）2011 年 8 月情报泄露事件

2011 年 8 月 11 日，宇宙航空研究开发机构（JAXA）职员用 1

台电脑检测异常，同月 17 日，判明感染了计算机病毒。此后，清理该病毒并进行持续调查，发现同时存在其他新种类的病毒，并从事信息收集活动，判明从 2011 年 7 月 6 日到 8 月 11 日向外部发送信息。2012 年 1 月 13 日，JAXA 公布了该事件，可能泄露的信息是"保存在终端中的邮件地址""与空间站补给机（HTV）的规格和运用有关的信息""从该终端接入的系统登录信息"。感染途径是 2011 年 7 月 6 日发送给职员邮件的附件是新品种的病毒目标型攻击邮件，职员不经意间打开造成信息泄露。这个目标型攻击邮件，是以职员的熟人名义发送给职员到酒会的邀请。①

（二）2012 年 1 月情报泄露事件

2012 年 3 月 27 日公布了最终调查结果，"虽然该终端中包含的信息以及该终端在业务中显示的画面信息泄露，但该终端内没有保存机密信息，该终端在该期间没有处理关于 HTV 规格和运用方面的微妙信息，无法确定每个邮件地址的泄露"②。

（三）2012 年 11 月情报泄露事件

2012 年 11 月 21 日，用连接了公司内网筑波宇宙中心业务职员的 1 台个人电脑检测电脑病毒，2012 年 11 月 28 日，这台个人电脑与埃普西隆火箭的规格和运用有关的信息，以及与埃普西隆火箭开发关联的 M-V 火箭、H-IIA 火箭及 H-IIB 火箭的规格及运用信息有

---

① JAXAのウイルス感染は標的型メールの疑い、NASA 関連の情報も漏えい［EB/OL］．（2012-01-13）［2023-05-01］．https：//www.itmedia.co.jp/news/articles/1201/13/news119.html.

② コンピュータウイルス感染に関する調査結果について［EB/OL］．（2012-03-27）［2023-05-01］．http：//www.jaxa.jp/press/2012/03/20120327_security_j.html.

关,有向外部发送的可能性,同月 30 日公布该事件。① 三菱重工也于同日发表了宇宙事业关联信息由于感染了新型病毒,存在流出外部的可能性。

2013 年 2 月 19 日,宇宙航空研究开发机构(JAXA)公布了调查结果。信息泄露的原因和病毒感染途径是,该病毒于日本大震灾 4 日后的 3 月 15 日发送了受灾者支援金支付指南,以冒充该邮件的附件。没有警惕的职员将其打开遭受计算机病毒感染。② 被感染了的电脑终端信息从 2011 年 3 月 17 日至 2012 年 11 月 21 日,持续不断地向外部发送信息。③

(四)2013 年 4 月情报泄露事件

2013 年 4 月 18 日,宇宙航空研究开发机构(JAXA)进行服务器的定期检查,发现 4 月 17 日深夜有人使用在筑波宇宙空间站工作职员的 ID 密码非法侵入内部服务器。有可能泄露"国际宇宙空间站日本实验仓'希望'号运用准备的参考信息",与"希望号"运用相关人员多个邮件列表信息可能已遭到泄露。JAXA 于同月 23 日公布了该事件并认为,有泄露信息的可能性,包括"希望号"的工作程序书等 18 份文件,JAXA 和美国航空宇宙局(NASA)职员们共计

① 宇宙機構でPCウイルス感染 ロケットの情報漏洩か[EB/OL].(2012-11-30)[2023-05-01]. https://www.nikkei.com/article/DGXNASDG30028_Q2A131C1CC0000/.
② JAXA ウイルス感染原因は震災メール[EB/OL].(2013-02-20)[2023-05-01]. http://www3.nhk.or.jp/news/html/20130220/k10015635651000.html.
③ JAXAにおけるコンピュータウィルス感染に関する調査結果について[EB/OL].(2013-02-19)[2023-05-01]. http://www.jaxa.jp/press/2013/02/20130219_security_j.html.

约 190 人的邮件地址名单等。①

（五）其他不幸事件

2013 年 5 月 14 日，在 JAXA 角田宇宙中心工作的 46 岁主任研究员，与 2009 年左右认识的女子合谋，虚构订购了有关 JAXA 的火箭开发程序更新软件，2011 年 4 月该女子担任代表的东京皮包公司从 JAXA 转账约 97 万日元现金，宫城县警察以欺诈嫌疑将该职员与该女子一起逮捕。此后，2016 年被判处有罪，该主任研究员遭到解雇惩处。②

八、日本宇宙航空研究开发机构动态

2020 年 4 月 13 日

共同社报道称，日本宇宙航空研究开发机构（JAXA）正就利用固体燃料火箭"埃普西隆"（Epsilon）将超小型探测器送入绕月轨道的项目展开讨论，力争在 21 世纪 20 年代前半期发射。

与需要花时间填充的液体燃料火箭相比，固体燃料火箭具有简便、费用低廉的优势。该项目未来还将瞄准大学及企业的需求，发展成为用于月球观测的商业发射。不过，报道指出，此前国际上的探月火箭是以液体燃料火箭为主，包括俄罗斯的"月球"、美国阿波

---

① きぼう情報流出か JAXA に不正アクセス、国内と中国から接続 運用には支障なし［EB/OL］．（2013-04-23）［2023-05-01］．http：//sankei. jp. msn. com/af-fairs/news/130423/crm130423194900015-n1. htm.

② JAXA 元職員、研究開発業務の偽装発注で賠償命令［EB/OL］．（2019-01-28）［2023-05-01］．https：//www. sanspo. com/geino/news/20190128/tro19012817590 003-n1. html.

罗计划的"土星"等，用固体燃料火箭运送多个探测器的尝试十分罕见。①

2019 年 4 月

日本宣布参与美国主导的绕月轨道基地"门户"（Gateway）。为实施物资补给，日本正在开发下一代主力火箭"H-3"。报道称，随着各国的探月竞争日趋激烈，为彰显存在感，日本希望确立更为简便且尽快运送探测器的独有手段。据介绍，"埃普西隆"火箭的第三级上面将安装被称为"Kick Stage"的第四级，还将装载容纳超小型探测器的运输用探测器。在被发射至绕地轨道后，它能通过"Kick Stage"进一步提升高度，并利用运输用探测器的轨道调整瞄准月球。目前，日本 JAXA 正考虑 2021 年利用 H2A 火箭发射月面探测器"SLIM"（月球研究智慧着陆），它是一种小型无人月球着陆验证器，用于验证高精度着陆技术，同时还能容纳 2 台重 50 千克左右的超小型探测器。②

2020 年 1 月 23 日

联合国粮农组织与日本宇宙航空研究开发机构（JAXA）签署的为期 3 年的合作协议，将使粮农组织成员国和其他用户能够更便捷地通过粮农组织森林监测平台获取 JAXA 数据集和更多的"地面真相（ground-truthing）"证据。由于这种合作，粮农组织地理空间监测工具包的规模和范围将得以扩大，其开放性林业和土地利用评估

---

① 日本计划用固体燃料火箭发射月球探测器［EB/OL］. 共同社，2020-04-13.
② 日本计划用固体燃料火箭发射月球探测器［EB/OL］. 共同社，2020-04-13.

平台的能力也将得到加强。①

粮农组织计划副总干事 Daniel Gustafson 表示："森林砍伐和土地用途改变，是全球碳排放增加的主要来源之一，基于卫星的协同信息将在支持各国实现其在《巴黎协定》中做出的气候变化承诺方面发挥关键作用。"联合国粮农组织副总干事 Daniel Gustafson 在筑波签署了合作协议。JAXA 副主席今井良一说："JAXA 拥有历时二十多年的 L 波段 SAR 数据，这对于了解森林变化和预测森林的未来至关重要。"他指出，为落实全球议程，L 波段 SAR 数据将在各个领域得到进一步应用，JAXA 随时准备为遥感领域做出贡献。除提供相互访问特定数据的权利外，粮农组织和 JAXA 将为粮农组织成员国举办培训班，并将数据整合至粮农组织的 Open Foris 平台。②

从技术而言，新的合作将扩大 SEPAL 和全球森林资源评估遥感测量等粮农组织平台的范围和可用性，同时还将从总体上提高由 JAXA 牵头开展的，涉及全球红树林、森林和土地利用等内容的监测倡议的精准度。JAXA 使用 L 波段合成孔径雷达（SAR）技术，该技术具有独特的功能，无论何时（白天和黑夜），以及何种天气（雨天和阴天），都可以通过特长波观测地球的陆地表面，因而能不间断地积累植被和地面信息。③

---

① 粮农组织与日本宇宙航空研究开发机构合作［EB/OL］. 联合国粮食及农业组织网站，2020-01-23.
② 粮农组织与日本宇宙航空研究开发机构合作［EB/OL］. 联合国粮食及农业组织网站，2020-01-23.
③ 粮农组织与日本宇宙航空研究开发机构合作［EB/OL］. 联合国粮食及农业组织网站，2020-01-23.

2020 年 3 月 16 日和 3 月 19 日

隼鸟 2 号对小行星"龙宫"（Ryugu）的探测活动相关研究成果先后登上 *Nature*、*Science* 杂志，JAXA 官网也对其进行了大篇幅报道。

隼鸟 2 号由日本宇宙航空研究开发机构研制开发。日本宇宙航空研究开发机构（JAXA）的小行星探测器，吉尼斯纪录认定的"世界首架从小行星带回物质的探测器"隼鸟号（Hayabusa）的后继探测器隼鸟 2 号（Hayabusa 2）传回照片，再次助力人类对地球起源、演化进程的认知。隼鸟 2 号探测器搭载的遥感仪器主要有光学导航相机（ONC，含 1 个远望相机 ONC-T 和两个宽角相机 ONC-W1、ONC-W2）、热红外成像仪（TIR）、近红外光谱仪（NIRS3）、光探测和测距（LIDAR）及 SPICE 内核（用于存档轨道、形态等辅助数据）。研究人员对其进行分析推测，结果发现，"龙宫"表层的岩块和周边土壤的温度差不多，且其温度日变化很小，其导出的热惯量较低，约为 300J m-2 s-0.5K-1（300 tiu）。由此可见，"龙宫"表面的岩块和周边土壤都是多孔物质，正如研究人员表示："龙宫"看起来像是由速溶咖啡粉汇集成的块状。值得一提的是，研究人员曾预测"龙宫"表面由风化层和致密的巨砾组成，但这一发现与其预测恰恰相反。一方面，低热惯性表明，"龙宫"表面的巨砾比典型的碳质球粒陨石（carbonaceous chondrites）更多孔，且周围覆盖有直径大于 10 厘米的多孔碎片。另一方面，较为平均的日温度分布还表明其表面粗糙度效应较强。①

2020 年 4 月 11 日

在说再见之前，水星探测器 BepiColombo 拍下地球倩影。据外媒报道，BepiColombo 是一个双航天器任务，在前往最终目的地——水星的旅程中飞过地球。而在这个过程中，它把地球拍得"黑白分明"。BepiColombo 于 2018 年 10 月发射，本周返回地球，利用地球的引力将自己导向水星。这颗探测器发回的照片一部分是自拍，一部分是地球肖像照。该任务是欧航局（ESA）和日本宇宙航空研究开发机构（JAXA）的联合项目。它们在 2020 年 4 月 10 日发布了一系列地球视图。②

2020 年 2 月 19 日

日本宇宙航空研究开发机构（JAXA）正式宣布，探测火星的航天器 MMX 进入开发阶段，该阶段主要展开任务硬件构建和软件开发。其在收集太空岩石样本方面有着丰富的经验，比如，它的"隼鸟 2 号"小行星任务。它希望通过其火星卫星探测（MMX）项目，将自己在该领域的专业知识转向火星卫星 Phobos。这项雄心勃勃的任务将派遣一艘宇宙飞船访问火星的两颗卫星——Phobos（火卫一）和 Deimos（火卫二）。JAXA 选择了 Phobos 作为登陆站点。MMX 将耗费数个小时在月球表面着陆，然后打开取芯器从月球表面收集材料带回地球。这将成为人类首次尝试将航天器降落在火星卫星上的

---

① 日本"隼鸟"大闹"龙宫"：890 万年历史的小行星像块状速溶咖啡粉 [EB/OL]. 雷锋网，2020-03-23.

② 在说再见之前 水星探测器 BepiColombo 拍下地球倩影 [EB/OL]. 新浪财经网，2020-04-11.

任务。据悉，MMX 计划在 2024 年搭载三菱重工开发的新型 H-3 火箭升空并在 2025 年的某个时候抵达目标星球。之后三年，它将对火星、火卫一和火卫二进行勘测并绘制出它们的详细地图。其间，MMX 还将登陆火卫一采集样本，届时，它将在火卫一表面至少挖两厘米深的洞。如果一切顺利，该任务将于 2029 年从火卫一带回样本。①

2017 年 8 月

日本防卫装备厅通过"安全保障技术研究推进制度"批准的 14 项军事基础技术研究项目、6 项大型研究项目中的第 1 项：对高超音速燃烧特性和气流特性认识的基础研究。

研究课题名：高超音速飞行的流体和燃烧基础研究。该研究旨在通过风洞试验、飞行试验和计算机分析等方法，基于从地面设备上获取的数据，研究高超音速的燃烧现象和空气动力加热的估算技术，以提高高超音速飞行技术水平。研究代表机构：JAXA。研究分包机构：2 所大学。

2018 年 8 月

日本宇宙航空研究开发机构（JAXA）再次有两个项目中标日本防卫装备厅招标项目，题目是：述旋转爆震波的详细物理机制。

该研究通过将燃烧室可视化和利用数值模拟阐明爆震波的物理机制和旋转爆震波稳定持续的条件。项目主持人是 JAXA 丹野英幸。另有一所大学合作。另一个中标项目是：自动检测噪声图像中低亮

---

① 日本 JAXA 宣布火星项目 MMX 将带回火卫一样本 [EB/OL]. 环球网，2020-02-21.

度高速运动物体技术。该研究研发在太空碎片监测和近地天文观测中，通过叠加大量图像数据，去除背景物体算法和应用图像处理技术等，高速检测低于噪声水平的运动物体。项目主持人为 JAXA 柳泽俊史。

2019 年 8 月

日本宇宙航空研究开发机构（JAXA）再次有中标日本防卫装备厅招标项目，题目是：研究梯度折射率透镜材料。项目主持人是 JAXA 荒井康智。

第四节　日本川崎重工业公司的研究开发体制

一、日本川崎重工业公司概况

日本川崎重工业公司（日语：川崎重工業株式会社/かわさきじゅうこうぎょう；英语：Kawasaki Heavy Industries, Ltd., KHI）成立于 1896 年 10 月 15 日，是日本的老牌重工业公司，并以重工业为主要业务，与 JFE 钢铁（原川崎制铁）及川崎汽船有历史渊源，为日本当前三大重工业公司（三菱重工、IHI 公司、川崎重工）之一。日本川崎重工业公司主要制造航空宇宙、铁路车辆、建设重机、电自行车、船舶、机械设备等。军事装备包括潜艇生产、军用飞机生产、宇航火箭和火箭发动机生产、机器人设备生产等。日本川崎重工 2013 财年营业总额为 137 亿美元，其中，防务销售达到 1930 亿日元，约合 21 亿美元，相比 2012 年增长 7.7%，占其营业总额的 15.3%。① 日本川崎重工 2018 年销售总额大约为 141 亿美元。②

川崎重工发布的 2013 年年报中披露了上述数据，并概述了未来 3 年该公司防务业务的优先战略。其中之一就是防务装备和军民两用产品多样化，该公司船舶和海洋结构物制造部门生产"苍龙"级柴电混合攻击型潜艇；燃气轮机和机械部门生产喷气发动机、燃气轮机和柴油机；航空部门生产军用飞机、商业直升机、导弹和航天装备以及飞机零部件等。③ 该公司生产的陆地使用武器主要是反坦克导弹、火箭发射架等，是日本第二大武器生产公司，下设 13 个工厂。岐阜工厂是川崎重工业公司生产陆军武器的骨干厂。

川崎重工集团下辖主要有车辆公司、航空宇宙公司、燃气轮机、机械公司、通用机公司、船舶公司等，产品涵盖陆海空各个领域。该公司是日本军工产业的重要成员，仅次于三菱重工，是日本自卫队潜艇、飞机的主要生产商。④

川崎重工资本金共 10,484 百万日元（截至 2019 年 3 月 31 日），已发行股份总数 167,080,532 股（截至 2019 年 3 月 31 日），合并销售额为 1,554,743 百万日元（2019 年 3 月）。公司总员工数

---

① 叶小辉. 日本川崎重工发布防务产业战略 涉先进潜艇军机 [EB/OL]. 中国新闻网，2013-10-16.

② 川崎重工業株式会社 会社概要 [EB/OL]. [2020-02-22]. https://www.khi.co.jp/corporate/outline.html.

③ 叶小辉. 日本川崎重工发布防务产业战略 涉先进潜艇军机 [EB/OL]. 中国新闻网，2013-10-16.

④ 叶小辉. 日本川崎重工发布防务产业战略 涉先进潜艇军机 [EB/OL]. 中国新闻网，2013-10-16.

为 38，254 人（截至 2023 年 3 月 31 日），① 此前为 35，691 人
（2019 年 3 月 31 日）。②

二、川崎重工公司技术开发本部

川崎重工公司研究开发活动，以川崎重工公司技术开发本部为
核心，结合下属各公司的事业部门，进行现代化船舶、飞机、车辆
制造、机器人、飞机引擎、宇航火箭引擎、传播引擎、精密机械、
精密机器人等精密机器的研究开发制造工作。为提高川崎重工集团
未来的企业价值，在进一步强化事业部门核心竞争力的"技术协同"
活用的同时，事业部门和总公司技术开发本部正在共同致力于具有
竞争力的"新产品、新事业"的开发。

三、川崎重工船舶海洋公司

船舶海洋公司（船舶海洋カンパニー）是川崎重工的龙头企业，
川崎重工由此起家。川崎重工结合丰富的经验和最新技术，实现了
安全高效的海上运输。今后，通过船舶的建造和船舶用机器的制造，
支撑着向全世界提供资源和物资的重要生命线。船舶海洋公司设有 2
个船厂，分别位于神户及坂出（香川县），以 LNG（天然液化气）
运输船、LPG（液化石油气）运输船、潜水艇等高附加值船为中心，
开展各种船舶的研发、建造和维修保养业务。其历史起源于创始人

---

① 川崎重工業株式会社 会社概要 [EB/OL]. [2020 - 02 - 22]. https：//
www. khi. co. jp/corporate/outline. html.
② 川崎重工業株式会社 会社概要 [EB/OL]. [2020 - 02 - 22]. https：//
www. khi. co. jp/corporate/outline. html.

川崎正藏 1878 年开设川崎筑地造船所。目前在中国有 2 个合资公司——南通市的南通中远海运川崎船舶工程有限公司和大连市的大连中远海运川崎船舶工程有限公司，进行船舶建造业务。以性能和可靠性高评价的 LNG 船和 LPG 船为首，主要从事集装箱船、散装船、大型油轮（VLCC）、汽车专用船（PCC）等商船以及潜水艇、海洋调查船、巡查船等政府机关船的建造，并站在至今为止的技术积累之上也致力于液化氢运输船和煤气燃料船等煤气关联船、自主型无人潜水机（AUV）、航运支援系统等新的领域。

川崎重工船舶海洋公司研发制造的战舰与民用船舶：

波音 Jetfoil 929（喷射水翼船，波音将此系列的生产专利转让予川崎重工）。

水上摩托车（喷射滑行）。

汐潮级潜艇的 SS－574、SS－576、SS－578、SS－580、SS－582 号艇。

春潮级潜艇的 SS－584、SS－586、TSS－3607（原 SS－588）号艇。

亲潮级潜艇的 SS－590、SS－592、SS－594、SS－596、SS－598、SS－600 号艇。

苍龙级潜艇的 SS－502、SS－504 号艇。

货柜船、散货船、滚装船、液化天然气（LNG）运输船等。

（一）川崎重工船舶海洋公司神户工厂

神户工厂不仅经营民用船舶，还经营舰艇和海洋机器的制作，以及与之相关的各种部件，也可以修理船，作为主要工厂之一的神户工厂有海上自卫队和海上保安厅所属的船舶进入船坞。另外，在下水典礼上有时会招待当地居民。此外，神户工厂还兼任能源、环境成套设备公司的工厂。货船主要建造载重 55000 吨级的散装船，接受多艘同一类型的船，提高生产效率。2006 年的神户工厂一年可以建造 5 艘以上这种级别的船舶。另外，神户工厂还建造了水中翼船（JET Foil，波音公司的许可证）。

（二）川崎重工船舶海洋公司坂出工厂

位于香川县坂出市填埋地的坂出工厂是可以从濑户大桥上鸟瞰整个工厂的巨大工厂。1967 年开始运转，建造第一号油轮"纪乃川丸"。2006 年 2 月建造完成 250 艘。现在，坂出工厂有能力建造大型 LNG 船等超过 10 万吨的大型货船，2003 年 9 月建造了当时世界最大运输容量（145，000 立方米）的 LNG 船"能源边境"。之后，LNG 船在保持船体尺寸的同时，将船尾一侧的 3 个容槽向上下方向延长，发展成 153，000 立方米型。2008 年 12 月建造第一艘"LNG BARKA"，2009 年 5 月建造第二艘"能源 Confidence"，2009 年 7 月建造第三艘"LNG 朱庇特"，并移交给船主。

在川崎重工时代的 1989 年，日本货物铁道（JR 货物）的 EF 66 型电气机车（100 号台 1 次车和 2 次车的一部分）在这里生产。

（三）国外工厂

在海外工厂公司中，中国有南通中远川崎船舶工程有限公司（江苏省南通市）和大连中远川崎船舶工程有限公司（辽宁省大连市），巴西有恩塞亚·印度里亚·纳瓦尔公司（拜尔州萨尔瓦多尔）。

四、川崎重工车辆公司

车辆公司（車両カンパニー），川崎重工开始制造铁路车辆是在1906年。自那以来，以国产化第一号蒸汽机车和日本首个铝制车辆为首，制造了许多留在铁路历史上的名车，使之成为日本顶级制造商，且地位不可动摇。① 川崎重工作为日本铁路车辆事业领域的首位厂家，向世界各国提供着以新干线高速列车为首的，包括轻轨车辆、客车、货车、电力机车、柴油内燃机车和新交通系统等各种各样的铁路车辆。神户市的兵库工厂是川崎重工的母工厂，此外，还在美国设有2个具备一定规模的铁路车辆制造工厂。

川崎重工车辆公司的军民两用车辆：

压路机；

装载机；

自卸卡车；

推雪机；

旋转扫雪机；

全断面隧道掘进机。

五、川崎重工航空航天系统公司

航空航天系统公司（航空宇宙システムカンパニー）作为日本屈指可数的航空器制造厂商，除了P-1固定翼巡逻机和C-2运输机等为防卫省完成各种飞机的开发和制造，还参与了波音787等民用

---

① 鉄道車両［EB/OL］.［2020-02-22］. https：//www.khi.co.jp/mobility/rail/.

飞机的国际合作开发及生产项目。川崎重工也是日本顶尖的直升机制造厂商，其制造的 BK117 是最畅销机型。另外，航空航天系统公司还开展 H-IIA 及 H-IIB 火箭卫星整流罩等制造航天设备的业务。①

除机身外，川崎重工还拥有客机用涡轮风扇发动机，以及直升机用涡轮轴发动机等各项技术，积极开展提供国内外研究开发项目和技术等。迄今为止，培养了从零风速到超音速领域对应各种用途、速度领域的风洞制作和利用经验。作为大型构造物、车辆、飞机制造商，今后也建议在广泛的风速范围内，进行风洞试验设备，整备以环境和谐为主题的社会资本。川崎重工的钢铁构造技术将挑战各种各样的构造物，需要更高、更丰富的功能。②

川崎重工航空航天系统公司研究制造的军机和民用产品：

XC-2 运输机；

C-1 运输机；

T-4 教练机；

OH-1。

特许生产：

T-33A；

P-2J；

P-3C；

Bell 47；

---

① カンパニー紹介［EB/OL］.［2020-02-22］. https：//www. khi. co. jp/corporate/division/.

② 産業用設備［EB/OL］.［2020-02-22］. https：//www. khi. co. jp/industrial_ equipment/.

CH-46 Sea Knight；

OH-6J/D；

CH-47 支奴干；

AgustaWestland EH101。

分工生产：

F-2 战斗机；

H-2A 运载火箭（运载部分）；

YS-11；

波音 767（共同开发）；

波音 777（共同开发）；

波音 787（主翼、中胴结合部及中央翼）；

空中客车 A321（中部胴体外皮）。

六、能源和环境成套设备公司

能源和环境成套设备公司（エネルギー・環境プラントカンパニー）经营从水泥、化学、有色金属等各种产业用设备、城市垃圾焚烧设施等环境保护设备的设计到销售，除此之外，还进行 LNG、LPG 用的低温罐和地下土木工程用屏蔽挖掘机等的制造。以节能、省资源、低环境负荷为关键，在能源、社会基础设施、环境保护等各个领域开展全球业务。另外，从陆用、船用涡轮柴油机到空气动力、水力机械，向世界提供各种各样的产业机械。绿色燃气轮机、绿色燃气发动机是以高环境性能著称的新产品。①

能源设备上，利用工厂的剩余能源。在"清洁"方面，该公司正在建设和制造"最大限度利用资源"的各种发电设备和相关设备。热电联产系统是一种利用燃料作为一次能源，通过产生多个能源来有效利用能源的系统。大容量镍氢电池"千兆电池"是一个具有能够高速充放电、瞬间爆发力的下一代蓄电池。地热、生物质、太阳光等利用自然能源的可持续发电系统，实现电力稳定、高效运用的控制系统。通过各种各样的产品，无论是海上还是陆地，都为资源开发和石油提炼做出了贡献。"究极的清洁能源"氢所孕育出的新未来姿态，开辟氢社会。②

支撑国内外产业和社会基础，为保护地球环境做出贡献的各种产业用成套设备。作为考虑地球环境的综合系统工程企业，致力于保护地球环境的技术开发。为了满足节约电力和资源再利用的需要，该公司开发了水泥、工艺机器等各种各样的设备。③ 该公司开发、制造涉及挖掘、搬运、整地各工作领域的各种机械，支持建立高速、高效的石油和燃气供应系统，以钢材加工系统化、自动化为目标，开发、供应各种 NC（数值控制）机械、设备，为提高各行业的生产、加工效率做出了巨大的贡献。在伴随着成套设备的设计、建设而积累丰富的驾驶技术基础上，通过运用系统工程技术，为客户利

---

① カンパニー紹介［EB/OL］.［2020-02-22］. https：//www. khi. co. jp/corporate/division/.
② エネルギー［EB/OL］.［2022-02-22］. https：//www. khi. co. jp/energy/.
③ 産業用設備［EB/OL］.［2022-02-22］. https：//www. khi. co. jp/industrial_ equipment/.

益提高提供了最适合的搬运设备。以水泥、化工及有色金属等行业的各种工业成套设备，以及城市垃圾焚烧设施为首，川崎重工提供从环境保护设备设计到销售的一体化服务。此外还从事 LNG（液化天然气）及 LPG（液化石油气）用极低温储存气罐，以及地下土木工程用盾构机等的制造。以节能、节源、降低环境负荷为关键词，在全球开展能源、社会基础设施、环境保护各领域的事业。①

该公司提供了各种行业面临问题的广泛解决方案，进行工业用设备、环境·再利用处理设备、基础设施整备设备、石油·煤气、医疗产业系统、工厂用产品等系统的开发和供给。②

七、摩托车与发动机公司

摩托车与发动机公司（モーターサイクル&エンジンカンパニー）从陆用、船用汽轮机、内燃机到空气动力、水力设备，川崎重工向全球提供各种工业设备。其中，绿色燃气轮机、绿色燃气发动机是具备先进环保性能的新产品。作为农业、草坪等各种机械动力源的通用汽油发动机，产品种类繁多。摩托车与发动机公司是川崎重工唯一一个直接面对一般消费者提供产品的部门。在日本、美国、南美及亚洲各国进行摩托车、ATV（全地形车）、休闲多用途运载车、多用途四轮车及私人水上摩托"JET SKI"、通用汽油发动机等产品的生产，提供给全球市场。

从川崎重工拥有的丰富多彩的产品阵容中，可以找到符合客户

---

① エネルギー［EB/OL］.［2022-02-22］. https：//www.khi.co.jp/energy/.
② 産業用設備［EB/OL］.［2022-02-22］. https：//www.khi.co.jp/industrial_e-quipment/.

需求的产品。绿色燃气轮机是实现了能源利用效率化和对环境关怀的发电用燃气轮机。煤气发动机，作为绿色气体发动机是实现了世界最高水平、发电效率和环境性能的发电用引擎。锅炉设备是发电设备的中心设备，通过燃烧热和废气的余热生成涡轮机蒸汽。川崎重工的发电用汽轮机，到现在为止主要作为发电机驱动用对应着多顾客需求。二进制涡轮机是利用沸点低介质产生电力的节能性优秀发电设备。炉顶压回收涡发电设备，回收钢铁厂高炉中产生的气体，并利用其压力进行发电。通用蒸汽压缩机，简单的构造产生高可靠性和优秀的性能，可以从广泛机型中选择符合条件的最佳机器。水冷媒涡轮冷却器，作为冷媒采用了水，达到了与以往氟利昂冷媒冷却器同等的冷却性能。原子能机器，川崎重工致力于原子能已经有半个多世纪了，其间，积累了各种各样的技术和实际成果。作为农业、草坪等各种机械动力源的通用汽油发动机，产品种类繁多。封装锅炉，川重冷热包装锅炉，凭借丰富的产品供应，满足客户的各种热源需求。吸收冷温水机，川重的冷热吸收冷暖机，以业界最高效率而自豪。在制冷剂中使用水、非氟利昂、剩余能源的活用等，具有削减 CO_2、降低环境负荷的优良特性。①

八、精密机械与机器人公司

精密机械与机器人公司（精密機械・ロボットカンパニー）。川崎重工于 1969 年在日本制造第一台工业机器人，标志着工业机器人商业量产的开始。从那时起，就引领着机器人技术进步的潮流，在

---

① 機器・設備［EB/OL］.［2022-02-22］. https：//www.khi.co.jp/energy/.

日本发挥着技术先驱的作用，同时，为国内外各领域提供最先进的机器人。基于在机器人技术领域超过 50 年的宝贵经验，采用最先进的技术，不断开发高质量、一流的工业机器人，同时提供高附加值的工程及服务。同时提供最佳解决方案，称为"简约友好"。这些解决方案完全满足客户对于自动化及省力化的需求，帮助他们提高生产力、质量和改善工作环境。

机器人事业中心总部位于日本明石市，拥有遍布日本的办事处及服务中心，以给予客户技术支持。同时在海外市场，川崎的子公司及经销商也致力于为客户提供销售、服务及工程需求。

第五节　日本三菱重工业公司的研发体制

一、日本三菱重工业公司概况

三菱重工业有限公司（日语：三菱重工業株式会社/みつびしじゅうこうぎょう；英语：Mitsubishi Heavy Industries，Ltd.，MHI）是日本综合机械制造商，也是日本最大的现代制造商、国防工业承包商，为三菱集团的旗舰企业之一，与三菱 UFJ 银行、三菱商事并列为三菱集团御三家的支柱。截至 2019 年 3 月 31 日，三菱重工在日本国内有 72 家分公司，在日本国外有 163 家分公司，2018 年 4 月 1 日至 2019 年 3 月底，接受订货总金额 38534 亿日元，同期营业额为40783 亿日元。到 2022 年 12 月 31 日，三菱重工集团总人数为 77430

人，三菱重工本公司人数为 22233 人。

三菱重工业务范围相当广泛，涵盖交通运输、船舶、航空太空、铁路车辆、武器、军事装备、电动马达、发动机、能源、空调设备等各种机械机器设备之生产制造，被称为"机器的百货商店"。作为工程和制造的全球领导者，在民间航空、运输、发电站、燃气轮机、机械、基础设施到防卫、宇宙航空系统等广泛的产业中，主力产品有船舶、能源相关设备、产业机械、飞机、火箭等。另外，铁路车辆（磁悬浮、电气机车、悬浮型单轨电车、新交通系统、LRV 等）的制造，以及面向空调和事业所的大型冷冻机、工业用机床、涡轮增压器、ETC 系统的制造也广为人知，凭借最先进的技术和高度的集成能力，提供以各种各样的高技术力综合的解决方案。与川崎重工、IHI 一起构成日本的三大重工业集团，在事业内容和规模上都是三大集团中的首位。

三菱重工业传统上有"三菱是国家"的意识，把对国家所期待的服务作为社训。曾任三菱重工业社长、会长的饭田庸太郎说："如果在防卫产业中不能为日本国家提供帮助的话，三菱就没有存在的意义了。从赚钱开始做，并不是因为赚不到钱就不做，而认为这是天生的宿命。"从这里可以看到，三菱公司一贯重视军工产品和军事装备的研发与生产。在军工产品和军事装备制造方面，是向防卫省提供实质量最优，数量最多的企业，在世界上排名第 21，在日本被认为是第一军需企业，生产包括战斗机、直升飞机和宙斯盾舰在内的护卫舰、潜水艇、坦克、导弹等。三菱重工业公司下设 14 个生产基地，其中 5 个工厂生产兵器。名古屋飞机制造所除了生产战斗机，还生产空空、空舰、地空导弹，火箭发射架和各种自行火炮底盘。相模原制造所是日本唯一坦克生产商。在某种意义上，三菱重工为日本国防而存在，属于日本国防工业的牙城。

在生产军工和军事装备产品方面，近些年来，三菱重工和川崎重工互有上下，互有补充，川崎重工会在产品生产的数量上，偶尔超过三菱重工。三菱重工也正在大力开发民用产品，以便弥补生产军工产品和军事装备所带来利润的不足。

三菱重工在日本与世界各地有 400 多个生产和服务据点，截止到 2017 年 3 月底，从业员工达到 80744 人，三菱重工资本金总额达到 2656 亿日元，发行股票总数：337364781 股，这个数据一直到 2022 年 12 月 31 日都未变。近年来，面对新兴工业国家和老牌欧美国家的强烈竞争，三菱重工集团出现了营业额不断下滑的趋势，尤其是在利润方面大幅度减少。2016 年的营业额为 4 万多亿日元，利润降到 2400 亿日元左右。这些年下降到 1000 亿日元左右，甚至更低。2019 年，在福布斯全球企业排名当中，三菱重工株式会社排第108 位，在日本国内排名第 9。2019 年的营业额为 127.4 亿美元，利润为 5.3 亿美元，总资产为 153.2 亿美元，总市值为 42.5 亿美元。①

三菱重工集团的目标是：以造船为首，交通运输系统、民间飞机、发电系统等基础设施，到宇宙系统为止，提供在广泛的领域用高度的技术力的统一解决方案。而且今后也要运用多年丰富的实际成果及经验技术和人才，为了对世界的人们和地球来说更好的未来，继续前进。

---

① 2019 日本 100 强企业排行榜前十 [EB/OL]. 排行榜，2019-08-31.

三菱生产的产品志向包含陆海空，还有宇宙。以通常动力型的世界最大级别的流式潜水艇为首，优秀的推进性能和环境性能等可以适应时代的船舶，投入了先进的空气力量设计和引擎的下一代民间客机，以屈指可数的成功发射率而自豪的 H-IIIA/H-I3B 火箭等。这些通过三菱重工集团积累的广泛知识和经验，使生产成为可能。三菱重工和合作伙伴一起，通过各种各样的努力为世界的跃进做出贡献。三菱重工集团作为发电系统的领先供应商，向全世界提供经济可靠的清洁能源，且提供发电效率达到 63% 以上的燃气轮机，开发世界最高级别的锅炉燃烧技术，并运用最新的数字技术，致力于将发电时的 CO_2 控制到极限。

三菱重工集团致力于实现舒适的生活。三菱重工集团经营节能、保养简单的空调，运送全世界新鲜食品的卡车用冷冻机，大楼、医院、活动大厅等大空间的空调和舒适支撑能源的涡轮冰箱和发电系统等，运用广泛的专业知识来支持丰富的生活。作为废气处理技术的先锋，三菱重工集团已经领导了 40 多年日本的环境技术的发展。三菱重工一直致力于开发效率高的 CO_2 回收技术。这些技术被高度评价，在美国得克萨斯州的世界最大级别的 CO_2 回收设备等被全世界采用。三菱重工集团运用至今为止建造工程的全力，以人类和地球共同存在的未来为目标。

三菱重工还开发出世界上著名的小行星探测器"隼鸟"号，世界上第一个从小行星上采集样本的小行星探测器"隼鸟"，以及为解开太阳机制做出贡献的太阳观测卫星"隼"。三菱重工负责控制这些航天器动力的化学引擎。高见和浦町背负着作为国家项目的巨大期待，负责化学引擎的开发和设计。为了火箭所运送的行星探测器和卫星在宇宙中大显身手，这些设计者们需要运用诸多手段。

三菱重工利用宇宙空间技术，除了观测气象和地球环境的卫星之外，向 ISS（国际宇宙空间站）输送物资的无人补给机 HTV 等被发送到宇宙并被活用。承担着重要运输任务的三菱重工，是从火箭制造到发射的全世界为数不多的企业。在指定的宇宙空间内，在规定的时间内，为您介绍准确送达的打进运输的现在。

世界的天空、都市追求"强、优、美"的交通基础设施。电车、飞机等交通运输基础设施，现在作为日常的"交通"是不可缺少的。三菱重工集团，随着生活的发展，经常生产满足多样化需求的产品。现在，为人们和时代提供新价值的是日本自主研发首架喷气式客机"MRJ"和在城市和郊外行驶的"交通系统"。在那里，三菱重工集团的技术力和领导能力，顾客和乘客，对环境的关怀，对产品的制作充满了热情。

苍龙级潜艇（日语：そうりゅう型潜水艦/そうりゅうがたせんすいかん；英语：Sōuryū-class submarine）或以建造项目"平成十六年度潜艇计划"（2004 年）简称为 16SS，苍龙级潜艇是日本海上自卫队现役最新锐的潜艇类型。第 1 艘苍龙级潜艇 501 号，由三菱重工建造，此后和川崎重工轮流建造。其研制主要由防卫技术本部 2004 年立项研制。其采用了斯特林 AIP 闭循环推进系统，满载排水量达到了 4200 吨，主要攻击武器为 6 具 533 毫米鱼雷发射管，标枪反舰导弹（USM）。本级艇是日本海上自卫队第一种采用 AIP 动力的潜艇，亦为现役世界上排水量最大的常规动力攻击潜艇。三菱重工

2005 年开始建造，2007 年下水，2009 年正式列入海上自卫队服役。

三菱重工（MHI）目前正在设计和开发"苍龙"级攻击型潜艇的后续型号，新 29SS 型潜艇的设计将基于"苍龙"级，大体将保留"苍龙"级潜艇的艇型。2019 年 6 月，三菱重工公布了 29SS 型潜艇的初步设计。该级潜艇将在 2025 年至 2028 年间进行研发，首艇可能于 2031 年左右下水。预计 29SS 型潜艇将包含一系列重要的设计变化，包括体积大幅缩小，并与艇身融合的指挥台，减少水动力阻力，降低潜艇噪音；水平舵将从指挥台移至艇体，动力采用泵喷推进而不是传统的推进螺旋桨。29SS 可能会保留与"苍龙"级相同的武器，其中包括 6 具安装在艇首的 533 毫米鱼雷发射管，并可携带 30 件鱼雷发射武器，包括 89 型重型鱼雷和潜射"鱼叉"反舰导弹。[①]

二、三菱重工的制造基地

（一）坦克生产基地

三菱重工是日本唯一生产坦克的军工企业。其坦克设计、生产基地位于神奈川县相模原市的"泛用机与特车事业本部"。相模原制造所是日本唯一的坦克生产基地。日本最新研制生产的"10 式"坦克也由这里制造生产。曾经有媒体报道其产能每年可以达到 3000 辆。但战后由于日本遵循了和平主义的发展路线，该基地并没有大规模地生产坦克，只是保有了强大的生产能力，在短时期内能够大规模扩大生产而已。美军曾把伊拉克战场上损坏的坦克、装甲车秘

---

① 程大树. 日本开始研发 29SS 型下一代潜艇［EB/OL］. 搜狐网，2019-07-03.

密送到相模原制造所进行修理，许多坦克送进来时炮塔已被穿甲弹打穿，车内通信器材和操纵装置支离破碎，车体内部甚至带有战时被暴击的血渍，但日本技术人员往往仅用两三天时间就可以将其整修一新，而且费用比送到美国本土修理要便宜很多。可见该坦克生产基地具有强大的技术能力。

（二）船舶制造基地

长崎造船厂（香烧工厂）的年生产能力为：新造船 190 万总吨，修船 550 万总吨。这个生产能力应该是 21 世纪初的水平。随着日本造船工业订货的减少，三菱船舶的制造能力也有一定下降。陆地、船舶用蒸汽轮机 400 万千瓦，船用推进器 100 具。2004 年，该工厂产品生产额 3796 亿日元，其中船舶、钢结构产品占 39%，船用设备占 9%，陆用锅炉和汽轮机设备占 42%，航天和其他产品占 10%。①

神户造船厂：神户造船厂二战前就生产过潜艇，战后成为自卫队的专业潜艇生产厂家，海上自卫队的潜艇均在该厂和川崎重工的神户造船厂建造。神户造船厂先后建造过春潮级、汐潮级、亲潮级潜艇，最新一艘亲潮级潜艇"高潮"号，也是于 2005 年 3 月在该造船厂服役的。实际上，该厂的主要产品集中在核能和发电领域，产品包括压水型反应堆、核动力发电机组等，至今已经完成 23 台核电机组的建造，功率共计 2000 万千瓦，形成了完善的核电、核动力机组设计生产能力。2004 年，在该造船厂 2918 亿日元的销售额中，53% 来源于发电机及核动力领域，只有 22% 来源于船舶、海洋领域。同时由一个工厂负责潜艇和反应堆的建造，是非常值得注意的情况。

---

① 刘华. 三菱重工军工武器产业大揭密［J］. 舰船知识，2005（7）.

该造船厂的建造部门包括本部及二见工厂，本部负责修造船工作，二见工厂负责铸造、大型机械组装以及核动力相关产品的生产。两工厂目前共计占地面积 117 万平方米，建筑面积 452300 平方米，员工共 4607 人。①

下关造船厂：位于本州西端的下关，是自卫队小型舰艇的生产地之一，海上自卫队最新型导弹艇隼级的 1、2 号艇，就是在这里生产的。目前，该厂有 33000 吨船台一座，600 吨轻质合金艇体专用船台一座。40000 吨、17000 吨、4000 吨和 1000 吨船坞各一座。②

横滨制作所：该工厂主要从事柴油机、汽轮机，以及船用辅机的生产，也承担修船业务，其本牧工厂有 2 个修船坞。

（三）航空航天产品制造基地

名古屋航空宇宙系统制作所：该工厂为三菱重工的战斗机和直升机生产厂，其产品涵盖前述提到的三菱重工所生产的各型飞机和火箭，也是航空自卫队和海上自卫队主要的战斗机、直升机生产商。该制作所下属 3 个工厂，大江工厂负责研发、管理和部分零件制造，飞岛工厂负责航天产品的总装和航空产品的部分分装，小牧南工厂则负责航空产品的总装和试飞工作。③

名古屋制导推进系统制作所：该工厂负责生产各型航空发动机和火箭发动机、制导武器和制导头。下属本部工厂和田代试验场。2003—2004 财政年度，该工厂生产额 1396 亿日元，其中，50% 为导弹产品，34% 为航空、火箭发动机，16% 为其他制导装备。其产品涵

---

① 刘华. 三菱重工军工武器产业大揭密 [J]. 舰船知识，2005（7）.
② 刘华. 三菱重工军工武器产业大揭密 [J]. 舰船知识，2005（7）.
③ 刘华. 三菱重工军工武器产业大揭密 [J]. 舰船知识，2005（7）.

盖前文提到的三菱重工生产的各型导弹和制导武器，以及 H−2A 型火箭所用的发动机。该公司目前为自卫队"爱国者"型导弹的主要生产商，并即将开始生产"爱国者"III 型导弹，日本若参与弹道导弹防御系统，该工厂将会是海基和陆基拦截器的主要承包商。①

（四）核能产品生产基地

广岛制作所：该工厂的产品领域涵盖各种机械产品。值得注意的是，该工厂负责日本位于青森县六所（也称"六个所"）铀浓缩工厂的建造，该工厂采用离心法获得浓缩铀，设计能力 1500 吨 SWU（分离功单位），是世界上最大的核废料处理基地，其名义则是为了安全处理核废料。②

三、三菱重工的军工或军民兼用产品③

（一）航天产品④

N−I 火箭；

N−II 火箭；

H−I 火箭；

H−II 火箭；

H−I3A 火箭；

H−I3B 火箭；

希望号太空运输舱（JEM）；

---

① 刘华.三菱重工军工武器产业大揭密［J］.舰船知识，2005（7）.
② 刘华.三菱重工军工武器产业大揭密［J］.舰船知识，2005（7）.
③ 资料参见川崎重工业［EB/OL］.来源于维基百科，自由的百科全书.
④ 资料参见川崎重工业［EB/OL］.来源于维基百科，自由的百科全书.

HTV（无人宇宙运输船）；

GX 火箭。

（二）航空产品①

T-2 高等练习机；

F-1 支援战斗机；

F-2 战斗机（洛克希德·马丁共同开发）；

T-4 中等练习机（川崎重工业、分担生产）；

OH-1 观测直升机（川崎重工业、分担生产）；

P-1 巡逻机（川崎重工业、分担生产）；

C-2 运输机（川崎重工业、分担生产）；

US-2 救难飞行艇（新明和工业、分担生产）。

1. 专利生产

F-86F 战斗机（北美洲航空，来件组装）；

F-104J 战斗机（洛克希德、DJ 型仅限来件组装）；

F-4EJ 战斗机（麦克德内尔·道格拉斯，EJ 改型在日本国内改造）；

F-15J 战斗机（麦克德内尔·道格拉斯，电子设备在日本国内开发）；

F-35A 战斗机（洛克希德·马丁，仅限来件组装）；

S-51（H-5）运输直升机（仅限雪橇空气战、来件组装）；

S-55（H-19）运输直升机（雪橇）；

S-58 运输直升机/HSS-1 巡逻直升机（仅限雪橇、来件组装）；

---

① 资料参见川崎重工业［EB/OL］. 来源于维基百科，自由的百科全书.

S-62J 救难直升飞机（仅限雪橇、来件组装）；

S-61A 南极观测支援直升飞机/救难直升飞机（雪克斯基）；

HSS-2/2A/2B 巡哨直升机（雪克斯基）；

MH-53E 扫雷直升机（仅从雪克斯基进口、国内再组装）；

UH-60J 救护直升机（雪克斯基）；

UH-60JA 通用直升飞机（使用许可证进行改造开发）；

SH-60J 巡逻直升机（雪克斯基，电子产品为国产）；

SH-60K 巡逻直升机（在日本国内开发许可证，开发名由 SH-60J 改）。

2. 研究机

X-2（防卫省技术研究本部）；

F-86 战斗机；

F-104 战斗机；

F-4 幽灵 II 战斗机；

F-15 鹰式战斗机；

F-35 闪电 II 战斗机；

UH-60 黑鹰直升机；

验证机 ATD-X；

三菱支线喷射机（MRJ）；

YS-11；

MU-2；

MU-300；

MH2000；

波音产品（共同开发、分工生产）；

波音 737（内侧高扬力装置的生产）；

波音 747（内侧高扬力装置的生产）；

波音 767（与 YS-11 共同开发）；

波音 777（与 YS-11 共同开发）；

波音 787（共同开发机翼、机身）；

空中客车产品（分工生产）；

空中客车 A319；

空中客车 A320；

空中客车 A321；

空中客车 A330；

空中客车 A340；

空中客车 A380。

3. 船舶战舰产品

旗风号护卫舰；

雾岛号战舰；

日向号战舰；

武藏号战舰；

天城号航空母舰；

隼鹰号航空母舰（原：橿原丸）；

大鹰号航空母舰（原：春日丸）；

云鹰号航空母舰（原：八幡丸）；

冲鹰号航空母舰（原：新田丸）；

鸟海号重巡洋舰；

榛名型护卫舰；

太刀风型护卫舰；

旗风型护卫舰；

爱宕级护卫舰；

汐潮级潜艇的 SS-573、SS-575、SS-577、SS-579、SS-581号艇；

春潮级潜艇的 SS-583、TSS-3606（原 SS-585）、SS-587、TSS-3601（原 SS-589）号艇；

亲潮级潜艇的 SS-591、SS-593、SS-595、SS-597、SS-599号艇；

苍龙级潜艇的 SS-501、SS-503、SS-505 号艇；

由台湾订购承制巡逻艇 PT-1（编号 511 "复仇" 号鱼雷快艇，下关造船所建造）；

由台湾订购承制巡逻艇 PT-2（编号 512 "雪耻" 号鱼雷快艇，下关造船所建造）；

Super Shuttle 400 型水翼辅助双体船；

黎明号巡逻舰（6500 吨），2019 年 3 月 8 日，在三菱重工业长崎造船厂（长崎市），日本海上保安厅最大规模的新型巡逻船正式下水。该巡逻船全长 150 米，吨位达到 6500 总吨，大小可与海上自卫队的护卫舰相媲美。

4. 坦克装甲运输产品

60 式装甲运兵车；

73 式装甲运兵车；

89 式装甲战斗车；

61 式坦克；

74 式坦克；

90 式坦克（与日本制钢所共同生产）；

10 式坦克；

75 式 155 毫米自行榴弹炮；

99 式 155 毫米自走行榴弹炮；

90 式坦克回收车；

91 式装甲架桥车；

轮型重车辆回收车（重装轮回收车）；

三菱两栖突击车①。

5. 各种类型的导弹②

（1）地对空导弹

地对空感应弹耐克 J MIM-14（从西部电子许可证生产）；

地对空感应弹 Petrict MIM-104：PAC-2、PAC-3（从雷塞恩生产许可证）；

03 式中距离地对空感应弹 SAM-4。

（2）空对空导弹

侧带式导弹 AIM-9B/E/P/L/M（由雷塞恩生产许可证）；

69 式空对空感应弹 AAM-1（几乎不量产）；

---

① 资料参见三菱重工业来源于维基百科，自由的百科全书.
② 三菱重工 ［EB/OL］. ［2020－02－23］. https：//ja. wikipedia. org/wiki/% E4%
B8%89%E8%8F%B1%E9%87%8D%E5%B7%A5%E6%A5%AD.

90 式空对空导弹 AAM-3；

04 式空对空导弹 AAM-5。

（3）对舰导弹

80 式空对舰诱导弹 ASM-1；

88 式地对舰诱导弹 SSM-1；

90 式舰对舰诱导弹 SSM-1B；

91 式空对舰诱导弹 ASM-1C；

93 式空对舰诱导弹 ASM-2；

12 式地对舰导弹；

17 式舰对舰诱导弹 SSM-2。

（4）其他

Mk 48・Mk 41 VLS：导弹垂直发射装置（由洛克希德・马丁生产许可证）；

PAP-104Mk.5：遥控式水雷处理具（法国 ECA 许可证生产）①。

四、三菱重工的原有研发体制

三菱重工负责研发的机构是技术本部。技术本部下辖各个研究所和技术研修部、技术企划部及知识产权部。技术本部从事研发的主要机构是各个研究所。

先进技术研究中心，地处横滨市，主要研究方向为电力、环境、运输和防卫、工业等方面的尖端技术，如太阳能电池、薄膜技术、

---

① 三菱重工［EB/OL］.［2020 - 02 - 23］. https：//ja. wikipedia. org/wiki/% E4% B8%89%E8%8F%B1%E9%87%8D%E5%B7%A5%E6%A5%AD.

新元素、激光技术及各种传感技术。

长崎研究所，主要方向为船舶工业相关的流体动力、材料、工艺、声学、制导等方面的技术。该研究所拥有世界上最大的民间企业所属试验水池群，包括推进性能水池、适航性水池、浅水水池、水洞以及冰海水池等。该研究所可以视为日本船舶工业最为重要的科研基地之一。①

高砂研究所，位于兵库县高砂市，主要从事能源、交通和动力方面的研究，包括燃气轮机、核电、高速公路信息系统、空调制冷或供暖设备、机器人、发电机组管理等方面。②

广岛研究所，主要研究方向为尖端技术，包括新材料、固体高分子电池、燃料电池、X射线照相机、高纯度制氢设备等。该研究所也从事钢铁、化工、建筑、交通、印刷和风力发电技术的研究。

横滨研究所，主要方向为环境保护相关技术，包括垃圾处理、污水处理等，也进行柴油机、蒸汽轮机等发动机领域的研究。

名古屋研究所，该所的特长在于为包括机械、船舶、建筑等各个领域提供工业设计方案，也从事流体动力、声学、电子制导、高分子化学、新材料和新工艺等方面的研究。

五、三菱重工的现行研发体制

2015年4月，三菱重工将全公司的技术和市场营销、采购等功

---

① 刘华. 三菱重工军工武器产业大揭密，[J/OL]. 舰船知识，2005（7）：[2005-06-06]. http://www.china.com.cn/chinese/junshi/882082.htm.

② 刘华. 三菱重工军工武器产业大揭密，[J/OL]. 舰船知识，2005（7）：[2005-06-06]. http://www.china.com.cn/chinese/junshi/882082.htm.

能交叉融合，成立了技术守卫者部门。该部门由综合研究所、信息与通信技术（ICT）解决方案本部、市场营销与创新本部（マーケティング&イノベーション本部）和价值链本部（バリュー・チェーン本部）构成，被置于首席技术官（Chief Technology Office，CTO）的管理之下。①

　　三菱重工于2015年4月1日重组研究开发体制。新设单一的研究所组织"综合研究所"，合并原有的5所研究所。该公司的研究开发组织，以各事业所的产品和技术开发为目的，在横滨、名古屋、高砂、广岛、长崎各地区配置了研究所。事业部门从2015年度开始完全转移到领域、SBU制等，全公司的组织运营在变化中，事业单位的研究开发体制中，人才培养和效率性的管理运营有困难。这次研究开发体制的重组，通过跨组织的运营，强化技术的协同和人才培养，谋求业务和设备运用的效率化。综合研究所将技术统括本部副本部长作为综合研究所所长（兼务），配置3名负责产品开发支援的副所长。第一任所长由川本要次执行董事、技术统括本部副本部长就任。另外，在广岛市、广岛县三原市、相模原市、横滨市4个地方设置研究室和"团队"等技术支援组织，强化产品事业部门的支援。成立时人员约1440人，新设了材料研究部，制造研究部，化学研究部，强度、构造研究部，振动研究部，机械研究部，流体研究部，燃烧研究部，传热研究部，电气、应用物理研究部等10个以上专业研究部。在这些领域发力的同时，也对三菱重工的所有产品

---

① 三菱重工·研究開発体制［EB/OL］.［2020-02-23］. https：//www. mhi. com/jp/company/technology/research/structure. html.

进行细致的研究和技术对应。所有研究成果都会共享给整个集团全球各范围各领域的子公司，以便实现技术互通。三菱重工空调的钣金技术就是一个很好的例子，这项技术也同时应用于火箭、轮船等相关设备的设计制造工艺。①

研究所的会计、安全、人事、设备等管理工作将由去年 10 月成立的研究管理部统一对应。综合研究所长在神户市统括全体。名古屋市、兵库县高砂市、长崎市是主要的 3 个据点，通过集中配置相关各研究部所管辖的"研究室"，可以省去人和设备的浪费和重复，构筑能够有效对应产品开发、新技术开发、重要项目的紧急支援等体制。②

2019 年 4 月，三菱重工在研究开发体制方面再次进行改革，对管理部门进行调整。（1）新建成长推进室。（2）在技术战略推进室设有商务情报与创新部及先进设计中心。对价值链本部采取以下措施，取消项目部，将民用设备采购中心移交民用设备部分。对市场营销与创新总部进行改革，将营销与革新本部的功能移交到成长推进室及技术战略推进室，废止营销与革新本部。对于功率领域，其一，将功率领域改称为能量领域。其二，合并动力与能源解决方案商务总括部及再生能源事业部，新设新能源事业部。该事业部设有新能源部、新能源企划室和风力能源部。其三，域名旗下的原子能

---

①　三菱重工、「総合研究所」新設で分散した体制を統合…横断的な研究開発体制を構築 ［EB/OL］．（2015 - 02 - 09）［2020 - 03 - 04］．https：//response. jp/article/2015/02/09/243843. html.

②　三菱重工、「総合研究所」新設で分散した体制を統合…横断的な研究開発体制を構築 ［EB/OL］．（2015 - 02 - 09）［2020 - 03 - 04］．https：//response. jp/article/2015/02/09/243843. html.

事业部作为原子能部门，是 CEO 直辖部门。在该部门新设了轻水炉保全项目部。其四，在品质保证总括部新设品质协同室的同时，将旗下的原子能安全·品质监察部移交到原子能领域，改称为品质保证部。其五，再生能源事业部旗下的水、能源部将移交给原子能领域。对于产业与社会基础领域，首先，将工业与社会基础领域划分为成套设备基础设施领域和物流、冷热驱动系统领域。其次，在设备基础设施领域设置企划管理部和高速铁路统括室。再次，在物流、冷热、驱动系统领域设置企划管理部和工程部。最后，新设机械系统部门，作为 CEO 直辖部门。在航空、防卫、宇宙领域，第一，废除航空、防卫、宇宙领域，将域名旗下的民用机领域和防卫、宇宙领域作为 CEO 直辖部门（防卫、宇宙领域的事业部的部和室没有变更）。第二，整合民用机领域的企划管理部和民用机全球推进室，新设经营管理部和经营企划部。第三，将民用机领域的支线客机（MRJ）量产化推进室改名为空间喷气式飞机量产化推进室。新设SCM 推进室。第四，将民用机部门的民机事业部改称为空气结构事业部。在该事业部新设采购部和生产技术部。第五，废除民间飞机部门的 MRJ 事业部，新设民间飞机事业部（民间飞机事业部的部和室没有变更）。①

六、日本三菱重工业公司的研发动态

2017 年 8 月，三菱重工业公司中标防卫装备厅招标项目。

---

① 三菱重工·機構改革（4 月 1 日）[EB/OL].（2002-06-01）[2020-03-04].
https：//www. mhi. com/jp/news/story/20020601. html.

领域：复合黏结剂结构中黏结界面状态与黏结强度的基础研究。研究课题名：提高复合材料结构黏结可靠性技术研究。该研究旨在通过评估分子键的化学状态、电子状态观测，以及界面化学状态的黏结强度，了解碳纤维复合材料的黏结机理。通过系统地掌握工艺因素的影响，并评估新的表面改性方法，提升黏结强度。研究代表机构：三菱重工。研究分包机构：1 个公共研究机关。

2018 年 8 月，三菱重工业公司再次中标防卫装备厅招标项目，题目是：人与人工智能合作处理问题基础研究。该研究开展建立人与人工智能组之间双边协议的基础研究，有效解决复杂任务。项目主持人为三菱重工松波夏树。

2019 年 11 月 18 日，"2019 防务与安全设备国际博览会"（DSEI JAPAN 2019）在日本千叶市幕张会展中心举办，日本三菱重工业公司在博览会上展示了一台 8×8 装甲运兵车样车。

这台 8 米长、2.8 米宽的样车将被当作"三菱装甲车"的设计基础。"三菱装甲车"将与芬兰帕特里亚公司的 AMV 装甲车以及美国通用动力陆地系统公司的"轻型装甲车 6.0"展开竞争，胜者最终将代替日本陆上自卫队目前使用的 96 式 8×8 装甲运兵车。这款战车已经完成数字设计阶段。新战车将使用紧凑型 3000 匹马力发动机和四循环水冷系统。

2019 年 11 月，日本海上自卫队订购的新型 3900 吨级多用途护卫舰公开了更多信息。三菱重工业公司预计将建造海上自卫队订购的 8 艘护卫舰中的 6 艘。三菱重工代表在博览会上表示，新级别护卫舰长 132.5 米、宽 16 米，标准排水量 3900 吨。报道称，新型护卫舰将使用"柴—燃联合"推进系统，最高航速预计达到30节。其武器装备包括一门127毫米口径舰炮、垂直导弹发射单元（VLS）、舰载型03式防空导弹、反舰导弹以及"海拉姆"近防导弹系统。除了能携带舰载直升机，该舰还能搭载无人水上、水下载具。

截止到2020年4月，日本海洋研发机构使用的有人用潜水研究船"深海"——"Shinkai 6500"（以下简称6K）是由JAMSTEC经营的潜水研究船。

6K自1989年建造使用以来，从未出现过事故。3名机组人员（1名研究员和2名飞行员）可以登船并潜入6500米的深海。6K的制造商是三菱重工。该运营从1990年开始，到2020年将运行30年。从调试到现在，6K在日本国内外进行了1500多次潜水调查，已成为世界顶级潜水艇，并取得了许多成就。值得一提的是，自运行开始以来，没有发生涉及人类的事故，仍继续在数千米的深海中进行安全操作。这是因为参与6K操作的每个人都有强烈追求安全的意愿，并会继续努力。①

2023年4月，日本防卫省与三菱重工签订了价值28.4亿美元的合同，用于建设一支新型导弹部队，核心目标是使日本获得射程1000千米的导弹打击能力，以应对所谓的"中国威胁"。日本还计划2026年部署高超音速武器，并力争21世纪30年代前半期开发出射程3000千米的潜射高超音速导弹。

---

① 深海6500mとはどんな世界なのか？そこへ行ける世界でも稀な「しんかい6500」とはどんな船なのか？［EB/OL］.［2020-04-15］. https://motor-fan.jp/article/10012475.

第六节 IHI 公司的研发体制

一、IHI 公司概况

日本 IHI 公司（株式会社 IHI，IHIエアロスペース，IHI Corporation），原名为"石川岛播磨重工业"（Ishikawajima-Harima Heavy Industries），是日本一家重工业公司，亦为日本重要的军事防务品供应商。IHI 公司属于日本三大重工业公司之一，仅次于三菱重工和川崎重工。作为一家综合性重工业制造商，IHI 在四个业务领域提供了新的价值：资源和能源、社会基础设施、工业机械和航空航天。以固体燃料火箭和飞机引擎技术见长。

IHI 公司起源于嘉永 6 年（1853 年），当时江户幕府指令水户藩主德川齐昭下令于江户隅田川河口的石川岛（位于东京都中央区佃二丁目）建设造船厂，名为"石川岛造船厂"。石川岛造船厂是日本第一家现代造船厂，其业务扩展到陆地机械、桥梁、工厂、航空发动机等。在现代化中发挥了重要作用。一战后开始涉足汽车及飞行器制造业务，二战时参与建造军舰及飞行器。旗下中岛飞机独自进行的火箭研究为开端。二战后通过并购继续壮大，战后被富士产业→富士精密工业→王子汽车工业→日产汽车继承。但是，由于日产汽车接受了雷诺的资本加入，日产汽车的宇宙航空部门被分离，2000 年 7 月 1 日公司更名为石川岛播磨重工业（现在的 IHI）旗下的"AI Atch AI Airo Space"。日产向 IHI 转让事业的理由是，日产为了提高经营效率想从汽车相关以外的事业中撤退，另外，日本的火箭技术在加入海外资本的制造商之下是不可取的，这样的判断也起到了一定作用。为了进行推广，加强其全球品牌，公司名称更改为"IHI"。2007 年 7 月 1 日，更名为"IHI 株式会社"。2008 年 7 月 1 日公司更名为"IHI 航空公司"。现在 IHI 公司已经在 IHI 进行了很多宇宙开发事业，成为 IHI 集团中宇宙开发的据点。在"以技术为社会发展做出贡献"的经营理念下，IHI 以制造技术为中心的工程能力，不断提高全球能源需求、城市化和工业化水平，并提高运输和运输效率。其生产的军工产品和军事装备，在日本的军工武器装备中也占有一席之地。①

IHI 公司资本金为 1071 亿日元，年销售额为 8248 亿日元（截至 2019 年 3 月的会计年度），合并销售 148340 亿日元（截至 2019 年 3 月），2022 年营业收入为 13529 亿日元（2023 年 3 月）。2019 年员工人数共 8011 人，从业综合人数：29286 人（截至 2019 年 3 月 31 日）。2022 年 3 月末，从业综合人数：28801 人。②

二、IHI 公司的主要产品

（一）航天火箭产品

埃普西隆（由 M–V 的 3 级踢台和 H–I3A 用 SRB–A 构成的火箭）；

---

① IHI · 会社概要［EB/OL］.［2020–03–07］. https：//www.ihi.co.jp/ihi/company/outline/.

② IHI · 会社概要［EB/OL］.［2020–03–07］. https：//www.ihi.co.jp/ihi/company/outline/.

M-V（全段固体燃料的大型火箭）；

J-I（由 M-3SII 和 H-II 用 SRB 构成的火箭）；

TR-I（H-II 火箭开发用）；

TR-IA（无重力实验用小型火箭）；

SS-520（科学观测火箭）；

S-520（科学观测火箭）；

S-310（有从科学观测火箭南极昭和基地发射的经验）；

S-210（有从科学观测火箭南极昭和基地发射的经验）；

MT-135（气象观测火箭）。

（二）国际空间站希望号相关产品

飞船外调色板；

空间站补给机暴露托盘 I 型/III 型；

船外实验平台（从石川岛播磨重工业转让）；

国际标准实验架（ISPR）（从石川岛播磨重工业转让）；

通用燃气供应装置（CGSE）（从石川岛播磨重工业转让）；

实验数据处理装置（PDH）（从石川岛播磨重工业转让）。

（三）航天产品

LUNAR-A 放大镜（用于月观测）；

USERS/REM（轨道上长期实验用大气层再突入回收型）；

小行星探测器"隼"MUES-C 再突入密封系统；

i-Ball 大气层再突入观测装置。

（四）宇宙太空用组件产品

H-In/H-I3A 用 SRB/SRB-A（固体燃料火箭升压器）；

人造卫星用推进器 BT-4，BT-6 等（从石川岛播磨重工业转让）；

LNG 引擎 LE-8、推力 3—4 吨级绝对式、推力 10 吨级再生冷却型（从石川岛播磨重工业转让）；

各种火箭制品。

（五）飞机发动机产品

涡轮喷气发动机：

J3-3、J3-7B、J3-7C/D、ネ20、J3；

低涵道比涡扇发动机：

XF3-400、F3-30/30B、XF5-1；

高涵道比涡扇发动机：

V2500、F7-10；

许可生产发动机、涡轮喷气发动机：

J47、J79；

高涵道比涡扇发动机：

CF34、GE90；

低涵道比涡扇发动机：

TF40、F100、F110；

涡轮螺旋桨发动机：

T64、T56；

涡轴发动机：

T58、T700；

XF9-1 发动机（该型发动机 2017 年 6 月移交日本防卫省，2019

年末验证完成。全长约 4.8 米，进气口直径约 1 米，加力启动时最大推力为 15 吨以上，无加力情况下的中间推力为 11 吨以上，XF9-1 原型核心机确保了在涡轮前温度 1800℃情况下的可靠运转，这一指标已经达到了四代大型航空涡扇发动机的水平。是日本目前国产最先进的发动机）。

（六）军舰制造产品

千代田形号帆船；

鸟海号炮舰；

练习舰：石川号练习舰；

水雷舰：白鹰号水雷舰；

驱逐舰：枞型驱逐舰——栂号驱逐舰、薄号驱逐舰、堇号驱逐舰、蓬号驱逐舰，若竹型驱逐舰——朝颜号驱逐舰、夕颜号驱逐舰，神风型驱逐舰（二代）——疾风号驱逐舰、睦月型驱逐舰、卯月号驱逐舰、长月号驱逐舰，吹雪型驱逐舰——薄云号驱逐舰、天雾号驱逐舰；

炮舰：势多号炮舰、坚田号炮舰；

水雷舰：冲岛号、初鹰号、苍鹰号、若鹰号；

筑后级护卫舰：绫濑号（DE-216，1996 年退役）；

榛名级直升机驱逐舰：比睿号（DDH-142，2011 年退役）；

白根级直升机驱逐舰：白根号（DDH-143）、鞍马号（DDH-144）；

初雪级护卫舰：泽雪号（DD-125）、矶雪号（DD-127）、松雪号（DD-130）；

朝雾级护卫舰：朝雾号（DD-151/TV-3516）、天雾号（DD-154）、海雾号（DD-158）；

十和田级补给舰：常盘号（AOE-423）；

金刚级驱逐舰：鸟海号（DDG-176）；

村雨级护卫舰：村雨号（DD-101）、五月雨号（DD-106）、曙号（DD-108）；

高波级护卫舰：高波号（DD-110）、卷波号（DD-112）、铃波号（DD-114）；

日向级直升机驱逐舰：日向号护卫舰（DDH-181）、伊势号护卫舰（DDH-182）；

19500吨级护卫舰：22DDH。

（七）陆军装备武器

多装备火箭系统（MLS许可证生产商签约者）；

70式地雷原爆破装置；

92式地雷原处理车、火箭弹（MBRS主契约者）；

反坦克榴弹发射器（许可证生产）。

三、IHI公司的研发体制

IHI公司制定了本公司最新的技术研发战略"集团技术战略2019"。在"集团技术战略2019"中，以摆脱以往的技术偏重，转变为"社会课题起点、客户起点"的技术开发为大概念。以"客户心动不已的技术开发""主客一体进化"为口号，长期使用IHI的产品和服务，为了让顾客感受到以品质为首的优点而感到高兴，将以实现新价值创造的技术开发为目标。IHI 集团将进行以下技术开发，解决社会问题。①

（1）基于进化后的强大技术提供产品和服务。能够最大限度发挥 IHI 的优势的技术有高速旋转机械、燃烧、热、流体管理、模拟技术、有中央加工和机械装置数据融合、材料工程学、以焊接为代表的生产技术等。在这些技术领域，将进一步探索进化，为客户提供真正必要的产品和服务。（2）与客户一体实现的产品、服务的进化。与客户融为一体，在客户的现场进化有价值的产品和服务，以提供适应新的移动社会中以产品和服务为首的新社会的解决方案为目标。发挥 IHI 的技术，AI 相关技术、传感和数据分析技术，将系统工程、设计学、服务学等新技术以开放的形式引进，同时实现。（3）通过与客户共同创造为社会提供新的价值。近年来，人们越来越关注创造安全安心的能源、灵活使用、以各种各样的形式再利用。电动化、自动驾驶化是世界的大趋势。另外，现场人手不足是严重的课题。为了直面这样的社会和客户的课题，提供新的价值，IHI 公司将推进面向实现零碳排放社会的能源相关技术、电动化、自动化相关技术的开发。并且，在建立新地域创生、地域活性化模型等，一边验证落实技术实施的新社会基础设施系统，一边踏实地推进。②

该公司还制定了"集团 IoT/ICT 战略 2019"，即"集团物联网

---

① IHI・グループ技術戦略 2019 ［EB/OL］.［2020 - 03 - 07］. https：// www. ihi. co. jp/ihi/technology/technology_ policy/.

② IHI・グループ技術戦略 2019 ［EB/OL］.［2020 - 03 - 07］. https：// www. ihi. co. jp/ihi/technology/technology_ policy/.

（Internet of Things，IoT）/信息与通信技术（Information and Commu-nications Technology，ICT）战略 2019"。在"集团 IoT/ICT 战略 2019"中，通过在事业领域推进数字传输（以下称为 DX），并整备支持这些数据的平台，以"只有活用数字 IHI 才能实现顾客价值创造和社会课题的解决"为目标。在最大限度活用 IoT/ICT 的同时，通过 AI 数据分析，活用通过长年的 IHI 集团的事业积累的数据和新获得的数据。从生活周期的角度来看，这实现了省人化、效率最大化、运行最优化等"客户与社会的课题"。IHI 公司提出改变商务模式、改变产品制造、改变业务、改变联系四个改变，与客户一起，进行只有 IHI 才有的新价值提案、先进的产品制作、业务流程的优化。为此，除各种平台外，还致力于 IoT/ICT 人才的培养。努力通过"人"和"数字"来创造客户价值和解决社会问题。①

四、技术开发本部

IHI 公司的技术研发，主要由技术开发本部来完成。技术开发本部下设两个机构，一个是项目中心，主要负责资源和能源、社会基础设施、工业机械和航空航天具体的项目开发。另一个是技术基础中心，该中心主要负责基础技术、基础材料、基础理论和基础工学的研究。

---

① IHI・グループ IoT/ICT 戦略 2019 ［EB/OL］.［2020 - 03 - 07］. https：//www.ihi.co.jp/ihi/technology/ict_ policy/.

（一）项目中心开发的产品

1. 资源、能源和环境领域产品

（1）锅炉

IHI 为世界提供集成了最先进技术的高效可靠的燃煤锅炉。经过多年的实际成果和研究，以 IHI 的清洁呼叫技术为基础的燃煤锅炉，为更高效、更经济地利用相对便宜的煤炭做出了贡献。此外，除了向国内外客户提供以煤炭为首的各种燃料对应的锅炉，还推进了以减少排放量为目标的氧气燃烧技术和使用低品位炭褐煤的气化技术和预干燥技术开发，以早日实用化为目标。

以国内最大输出功率 105 万千瓦级火力发电设备用燃煤锅炉为首，IHI 作为国内外承担电力稳定供给一翼的电力事业用锅炉的供应商，努力提高以工厂高效化为目标的蒸汽条件，达到了世界最高水平的蒸汽条件。

IPP·PPS 设备用锅炉（独立电气经营者用特定规模电气经营者用）。IHI 从小型亚临界压力锅炉到大型超临界压力锅炉，备有煤、重质油、气等各种燃料的系列产品，可根据客户的业务规模和需求进行计划。

工业用锅炉（自家发电用）。中小型工业锅炉用于各种产业（工厂蒸汽送气用）、自家发电。面向海外的大型发电用锅炉，IHI 锅炉以高效率、高运转率著称，为各国的电力稳定供给做出了贡献。事业用大型锅炉（塔型锅炉）是日本国内首个大型塔型锅炉，可以进行小型的设置，在原有的锅炉运行中同时建设。IHI 经常致力于引进新技术，复合发电厂用排热回收锅炉（HRSG），燃气轮机复合发电设备（组合印度循环）用排热回收锅炉。回收燃气轮机发电设备的排热，制造蒸汽，驱动蒸汽涡轮发电设备。减压残渣油锅炉，有效利用在炼油厂作为副生物生成的减压残渣油和副生物气，生成发电蒸汽和工厂过程蒸汽的锅炉。对环境保护装置也给予了万全的考虑，氧气燃烧发电厂用锅炉在原有的煤炭火力发电站中应用氧气燃烧技术、CO_2 回收、地下储存这一划时代技术，参与了世界上第一个将发电时 CO_2 排放量几乎减少为零的实证项目。循环流动层锅炉（CFB），与沙子等流动介质一起，在炉内与介质混合燃烧燃料的锅炉，可以利用生物质燃料、废弃物燃料和低品位炭等作为燃料。二塔式气化炉正在开发将低品位燃料褐煤液化气，转换为化学原料等的二塔式气化炉（TIGAR ©）。以早期实用化为目标，在印度尼西亚致力于 50ton/日煤气化炉的实证项目。通过有效利用遍布世界未利用褐煤的技术，为能源资源的多样化做出贡献。

排烟处理设备（脱硫装置、脱硝装置）。排烟脱硫装置。排烟脱硫装置是从火力发电厂和工厂的尾气中吸收硫氧化物（SO_x），回收石膏等副产品的装置。利用大型排烟脱硫装置众多实绩和以锅炉设备为中心的发电设备经验，提供了遵守最近严格排放限制、性能高的环境设备。排烟脱硝装置是利用氨（NH3）和催化剂分解废气中的氮氧化物（NO_x）的装置。[1]

（2）LNG 接收基地、储罐

拥有液化天然气（Liquefied Natural Gas，LNG）接收基地及

---

① IHI・グループ IoT/ICT 戦略 2019 [EB/OL].[2020 - 03 - 07]. https：//www.ihi.co.jp/ihi/products/resources_ energy_ environment/boiler/.

LNG 储罐在日本占有率最高的 IHI，积极进军海外市场。在印度、卡塔尔、墨西哥、美国、中国都有建设业绩。特别是在 LNG 储罐的建设中，与金属双重壳式储罐、PC（预应力混凝土）外槽式储罐以及地下式混合罐等所有型号相对应，在世界上占有率最高。

覆土式 LNG 地下罐。屋顶部分也埋设在地下的覆土式液化气罐。贮藏容量为 250000kl，是世界最大。一般家庭可储藏相当于 36 万户家庭年使用量的 LNG。把罐体部分埋设在地下的液化气罐。日本最初的 LNG 地下罐体也是 IHI 制造。LNG 地上储罐（PC）是由 PC（预应力混凝土）外槽和金属内槽构成的储罐。①

（3）医药设备

通过建设超过 250 个医药设备，以高度的技术和丰富的实际成果为基础，向考虑建设医药品工厂、生物工厂、精细化工设备客户提供最佳解决方案的"成套设备工程"。要使生物设备高效实用化，需要使用规模提升、清洗、无菌化、合规应对等综合工程，运用先进的工程技术，从开发初期阶段到生产设备建设。原药和中间体成套设备，在原药、中间体成套设备的构筑中，需要适应急速进化的技术、业界的需求。针对这些课题，将灵活运用多元化对应、化学危险对应、清洗无菌化、GMP 适合、环境保护等核心技术，提供最适合的工程。在制剂成套设备中，缴纳固体制剂、注射剂、点眼剂、各种包装等多种药剂形式的设备。将以迄今为止积累的经验为基础，提供 3 极 GMP 符合、品质管理、提高生产效率等要求的可靠成套设

---

① IHI・LNG 受入基地・貯蔵タンク［EB/OL］.［2020 – 03 – 07］. https：//www.ihi.co.jp/ihi/products/resources_ energy_ environment/lng_ cryorgenic_ strage/.

备。精细化工厂，应用在医药工程中培养出的精密控制技术、洁净应对技术等工程技术，为客户提供最适合的精细化工设备，以适应客户产品工艺的特异性。受托、共同研究，在 IHI 横滨事业所内设置生物工程学实验室，从开发初期阶段开始帮助客户学习洗涤、无菌化、放大等微生物、动物细胞、植物细胞的各种培养过程工程技术以及与客户的共同研究等。封堵试验、验证、演示，IHI 在横滨事业所内设置了医药封锁实验室，提供有关化学危险的解决方案，包括确认封存设备的性能、确认操作性、追求运用方法、解决封存问题等。①

（4）原子能

在原子能领域，除了供应压力容器、容器、管道系统等主要设备外，在与原子燃料循环相关的系统方面也参与了开发、建设。关于原子能发电用机器，提供沸水型（BWR）、改良型 BWR（ABWR）以及加压水型（PWR）机器，积极致力于原子能相关设施的除染、废炉。原子能发电设备，BWR 核电站用原子炉保存容器包含核反应堆压力容器和周边设备的钢制容器。最近使用的是内侧用钢板衬里的钢筋混凝土容器。BWR 核电站用原子炉压力容器。压力容器使用极厚的钢板，内侧用不锈钢衬里。PWR 核电站用原子炉保存容器，这是一种钢制容器，用来存储原子炉容器、蒸汽发生器等主要设备。面向海外原子能设备提供本机器，面向 PWR 原子能工厂的钢制模块，是在核反应堆收藏容器内，支持核反应堆主要设备的钢制模块。

---

① IHI・医薬プラン ［EB/OL］. ［2020 - 03 - 07］. https：//www.ihi.co.jp/ihi/products/resources_ energy_ environment/pharmaceutical_ plant/.

面向海外原子能设备提供本机器，原子能配管/配管模块。面向国内外的原子能设备，提供管道/管道模块。①

（5）燃气轮机、柴油机、燃气机

IHI 在日本和海外提供使用高效、高可靠性原动机（航空发动机转换式燃气轮机、燃气发动机、柴油机）简单组合循环发电设备，热电电源设备和应急发电设备，还在整个产品生命周期内提供服务，例如，设备的远程监控和发动机维护。在工厂核心中使用高效、低 NO_x 的燃气轮机减少了 CO_2 和 NO_x 的排放。在船用发动机中，从船舶和高速船的燃气轮机中供应低速、中速、高速中小型柴油发动机和大中型柴油发动机，还为陆上发电提供柴油发动机。②

燃气轮机发电设备。燃气轮机联合循环设施"LM6000"。100MW 级发电设备结合了两台 LM6000 燃气轮机，两台废热回收锅炉和一台蒸汽轮机，具有世界上最高的发电效率、出色的环境性能和可靠性。燃气轮机发电设备"LM2500"是一个 20 兆~30 兆瓦级的发电系统，使用了高效且高度可靠的燃气轮机 LM2500，该燃气轮机使用了轻巧紧凑的喷气发动机。热电联产设备，热电联产系统"IM270"是典型的节能系统，通过将专有的高效率和低 NOx 燃气轮机 IM270 与废热回收锅炉相结合，每小时可结合 2MW 功率和 6 吨蒸汽。热电联产系统"IM400IHI-FLECS ©"是一个燃气轮机热电联

---

① IHI·原子 [EB/OL]. [2020-03-07]. https：//www. ihi. co. jp/ihi/products/resources_ energy_ environment/atom/.

② IHI·ガスタービン、ディーゼルエンジン、ガスエンジン [EB/OL]. [2020-03-07]. https：//www. ihi. co. jp/ihi/products/resources_ energy_ environment/gas_ turbine/.

产系统，其输出可根据功率和热（蒸汽）需求进行更改。如果有多余的蒸汽，可以将其转换为电能输出以进行能量回收。热电联产系统@ 太阳能燃气轮机 "Solar Taurus 70"，通过注水或 SoLoNO$_x$ 燃烧（稀薄预混燃烧系统）可减少 NO$_x$ 排放，它与双燃料兼容，并能高效、可靠地提供动力和热量（蒸汽）。①

（6）加工厂

从天然气到天然气液化厂，石油精炼、石化和液化石油气，已经建设了从工程到设备采购，建造和启动的各种工厂，并在日本和海外取得了许多成就。液化石油气厂提炼和液化从气田抽出的石油气，生产 LPG（液化石油气），日生产能力为 900 万吨，是世界上最大的液化石油气厂。天然气液化厂通过净化主要由气田产生甲烷组成的天然气，并将其冷却到−160°C 或更低的温度来生产液化天然气（LNG）。高纯丙烯生产设备是高纯丙烯生产设备。该方法由丁烯和乙烯高效生产高纯度丙烯，为多个客户提供 EPC 服务，并以低成本和短交付时间交付。现有设备的节能改造，在改造现有的石油精炼设备和石化生产设备时，基于丰富经验开展了广泛的建筑工作。即使在其他建筑拥挤、有限的建筑面积和工期情况下，也有可能增强能力，应对现有设施，建造合理化和节能建筑。

示范工厂，除了通过化学品和石化产品培养的工厂设计和建造专业知识，IHI 集团还通过对现有设施进行改造和故障排除来积累有关工厂运营的日常知识，利用这些技术开发尖端技术，提供从基础

---

① IHI・ガスタービン、ディーゼルエンジン、ガスエンジン ［EB/OL］.［2020-03-07］. https：//www.ihi.co.jp/ihi/products/resources_energy_environment/gas_turbine/.

设计到建筑工程的整体工程。低温煤气厂设备维修/改造工作，IHI集团根据从维护到拆除低温燃气设备的生命周期，拥有广泛的技术，提供长期安全有效使用设备的解决方案。①

（7）成套设备

提供包括加热炉、冷却塔等各种设备。成套设备、压力容器，进行石油提炼、石油化学、化学、气体处理设备等使用的塔槽类、热交换器的设计和制作，以及这些机器的构造解析、抗震设计。制作由 IHI 集团的工厂和日本国内的合作公司进行，并且积极致力于海外制作。同时，以 FCC 装置为首，从事大型塔槽类的现场改造工程。

（8）大型能源储存系统

IHI 以先进的控制系统 ESWareTM 为核心，提供大型能源储存系统的转基解决方案。首先，分析——导入前评估项目的收益性，优化系统构成。其次，控制——根据客户的要求和优化指令实时控制系统。最后，优化——根据过去的运用结果和气象、不可预测，制定将收益性最大化的运用战略。大型能源储存系统。用途：平移/节省峰值，推进可再生能源的导入，频率调整，备份电源。②

---

① IHI・ガスタービン、ディーゼルエンジン、ガスエンジン［EB/OL］.［2020-03-07］. https：//www. ihi. co. jp/ihi/products/resources_ energy_ environment/gas_ turbine/.
② IHI・大型エネルギー貯蔵システム［EB/OL］.［2020-03-07］. https：//www. ihi. co. jp/ihi/products/resources_ energy_ environment/energy_ storage_ system/.

2. 社会基础设施、海洋方面的产品

（1）桥梁

在日本国内，参与濑户大桥、明石海峡大桥等主要的大桥工程，在海外也有土耳其的第二大 boss 波拉斯桥、金鹰桥，美国加利福尼亚的卡其内斯桥，越南的文桥、nyantan 桥等，积累了很多实绩。吊桥，奥斯曼加齐大桥，伊兹密特湾横渡桥（オスマン・ガーズィ-橋，イズミット湾横断橋），全长 682 米，中央直径 1550 米，是 IHI 集团亲自设计的海外桥梁中最长的，居世界第 4 位的吊桥。IHI 集团承包了这项工程，于 2016 年 6 月交付并开通。吊桥，明石海峡大桥，全长 31，911 米，主径间为 991 米，是世界最大的吊桥。IHI 参与了主塔和桥位数的制作和架设工程。

（2）铁结构

在防波堤、岸壁、护岸使用的卸货用的浮体式系船岸、浮在海上使用的浮动消波堤、防止海岸侵蚀用的斜板堤、用于海底隧道建设的沉埋函等，钢铁结构和机械相结合的大型钢结构造物等领域，IHI 的交货量很大。同时，致力于兼具钢和混凝土特征的混合结构，已经将混合动力车和浮桥等实用化。混合动力车，钢制卡森混合动力车，在沿岸区域，作为港湾、渔港的设施之一，设置、排列，是防波堤、岸壁、护岸的构造物。其特点是由钢板和钢筋混凝土组成的混合结构，具有高强度、高耐久性，可对应复杂形状。因为可以在工厂进行制作，所以，不仅可以进行长大化，而且有利于缩短制作的工期。①

（3）混凝土建筑材料

混凝土建筑材料，作为屏蔽隧道外墙结构的区段（混凝土、钢铁、合成），从地下高速公路、地铁、上下水道、雨水储存管到电力、通信都可以广泛应用。隧道横断建筑物，PCL 工法，为了维护或强化隧道，采用了预分配版的照明方法，可以广泛应用于道路隧道和水路隧道等。PC-自动取款机工法，主要用于在道下构筑横断建筑物的施工方法，工程时间缩短和现场省力化成为可能。URT 工法在营业中的新干线下和高速公路下推进小钢角型元素的挖掘，是安全、安心地构筑大构造物的施工方法。隔音墙/风景墙，为减少火力发电厂的燃烧声音、保护机械类及景观保护，提供轻松且吸音、隔音效果高的 GRC 多彩隔音墙/景观墙。②

（4）海洋结构物

自持型（Self-supporting Proismatic shoape IMO type B，SPB ⓒ）槽运船是 IHI 集团独自开发的进口液化气罐。其形状是三角形，和其他舶用 LNG 罐相比，其特点是构造结实，搭载在 IHI 建造的 LNG 船上，在有很多海象的北太平洋航线上留下了长期的业绩。伴随着扩大的 LNG 需求，正在讨论在海上生产、装载 LNG 的 F-LNG，SPB ⓒ槽运船作为最适合它的储罐受到世界各国客户的关注。浮体式原油、气体生产储藏积出设备（FPSO）是将从海底提取的原油等在海

---

① IHI・橋梁［EB/OL］.［2020-03-07］. https：//www.ihi.co.jp/ihi/products/infra-structure_ offshore/bridge/.
② IHI・コンクリート建材［EB/OL］.［2020-03-07］. https：//www.ihi.co.jp/products/infrastructure_ offshore/concrete_ construction_ materials/.

上进行精制、储藏，并将其装载到油轮上的设施。海底油田生产的原油可以在海上直接发货是其优点。半潜水型海洋钻井装置，用于挖掘石油、气田的半合并型海洋钻井装置，IHI 有很多经验。从新建到翻修工程，充分利用了以海洋设备建造为专业的爱知工厂的技术诀窍，满足客户的广泛需求，为世界海洋资源开发做出了贡献。百万浮箱等，大型浮箱是对环境负荷少，适合循环型社会的超大型浮体构造物。在工厂制作浮体构造、功能的大部分，通过拖航、系留到当地来完成，因此可以缩短工期、提高效率。另外，初次运行后很容易转用到其他海域。这些大型浮体结构有望应用于海洋开发、防灾基地等。①

（5）安全性设施

IHI 公司向世界输送应用了机械电子学、传感技术的各种产品。三维激光雷达作为道口障碍物检测装置和安全驾驶支援系统用传感器，在日本国内外有 1800 台以上的交付业绩，以在安全领域的各种应用为目标。另外，大型集装箱货物海关检查中，进行图像处理的大型 X 射线检查装置是国内市场占有率最高的产品。包括港口及机场税关检查用的中型、小型检查装置在内，有丰富的交货业绩。②

三维激光雷达是一种不受昼夜、天气影响，能够瞬间测量物体位置、速度、大小的装置。其作为道口的障碍物检测装置被大量导入，作为安全驾驶支援系统中的道路交通传感器也开始导入。除此

---

① IHI・海洋構造 [EB/OL].[2020-03-07]. https：//www.ihi.co.jp/ihi/products/infrastructure_ offshore/marine/.
② IHI・セキュリティ [EB/OL].[2020-03-07]. https：//www.ihi.co.jp/ihi/products/infrastructure_ offshore/security/.

之外，它还可应用于恶劣环境下通过机器人眼识别物体、监视重要设施的侵入、结构物的健全性诊断等各种领域。

IHI 海啸救生艇是一种逃避海啸的洪流和瓦砾等碰撞，保护生命的交通工具。它最大特征是可以应对任何高度的海啸，考虑到海啸发生时容易避难，瓦砾和陆地构造物碰撞时的安全性，避难漂流时的心理等设计，安心、充实的设备，能从前所未有的危机中保护更多的生命。

大型 X 射线检查装置，在进出口货物的海关检查中，将集装箱货物从水平、垂直两个方向进行 X 射线检查的装置，可以进行高透明度、高分辨率的图像检查。此外，材料识别功能也可选择中型、小型 X 射线检查装置，提供了根据检查对物象的 X 射线输出可变、材料识别等特点的各种 X 射线检查装置。监视装置。

数字记录器"FineREC ©"，对应全高清（EX-SDI）监视相机用数字记录器，16ch 同时以高画质录像，可以通过监视器同时监视的 16ch，可以通过移动体检测录像和活动的电子邮件通知，备有支持全高清的多机型照相机和可移动式照相机雨刮器。漏油监视器是传感器部采用光纤的高性能油检测器，传感器沾上油分后，最快 12 秒检测。公司还准备了浮在水里使用的浮动型产品。抗震装置，阻尼装置，设置在高层建筑和正在建设中的桥梁主塔上，减少因风而产生的摇晃和地震发生后的摇晃。通过采用线性马达，可以实现比以往更高的推力和高速度，还可以应对长周期振动发生的下一代超高层建筑。隔震床设置在电脑室和电子计算机室，将因巨大地震造成的电子计算机等损失控制在最小限度。三次元滑移型免震床可以对应水平方向、垂直方向的地震，在直下型地震中也能发挥作用。

防灾机器，控制用地震仪 S 401-PSC，为了减轻地震造成的损失，控制用地震仪的目的是，尽可能靠近控制对象机器测量地震，并迅速进行控制。测量烈度计 S 100，测量烈度计 S 100 通过检测地震发生时最初到达的初期微动（P 波），事先告知之后到达作为"强烈摇晃"主要运动（S 波）的到达，实现"摇晃前知道"。紧急地震速报对应 QCAST ⓒ系列接收装置 S 704-FC21，QCAST 接收装置是接收"紧急地震速报"，根据该信息计算（推测）在本装置的设置位置，推定烈度阶级和该地震的主要动态（S 波）到达之前的延迟时间并进行显示的装置。是气象厅紧急地震速报新运算方式（PLUM法）对应机器。①

（6）水闸

在河川和水坝的水门上设置水闸的是一家长期进行制作、安装、检查整顿的日本顶尖制造商。不仅在日本国内，以东南亚为中心在海外也为利水、治水事业做出了贡献。江水门设备，加大结构辊门，在门体上安装车轮，支持全水压进行开闭的门是辊门。其中，使用数位来支持水压负荷等。其中，将整个门体作为箱位来确保强度。起伏闸门，门体下部设置了铰链的襟翼式门，用于蓄水及水位调整。扇区门，通过旋转安装在门体端部的圆盘，是进行开关的门。门体中央部是壳构造。除此之外，还有其他水门，以观音开闭状为主的各种类型的水门。水坝水门设备水闸，是设置在水坝的越流顶

---

① IHI・セキュリティ［EB/OL］.［2020-03-07］. https：//www.ihi.co.jp/ihi/products/infrastructure_ offshore/security/.

（Crest 部）门设备。高压辊栅极，是设置在孔口放流设备上的门设备。高压径向闸门，设置在用于洪水调节的大容量高压放流设备上的闸门设备。选择取水设备，在蓄水池中，从表层或任意水深的成层中根据需要，采用浑水或清水的设备。测量机器，水晶水位计（QWP 型），是从长期以来的水晶应用技术研究中产生，具有多个交货实绩的高精度、高可靠性型水位测量装置。多通道地震仪 S 240 在一台地震仪处理部中连接最多 6 台测量部，测量加速度和烈度。测量烈度计 S 210 是使用能测量到±3000gal 的 3 轴加速度计，测量加速度及烈度的地震运动观测仪器。①

（7）盾构（シールド）

世界最大规模的大口径盾构掘进机和复合圆形盾构掘进机等，开发、实用化各种可以实现隧道工程大幅度合理化的盾构掘进机，在分段自动组装系统中有着顶尖的业绩。屏蔽掘进机，大口径盾构掘进机，以在东京湾 AQUARIAN 的隧道部分工程中使用的大口径掘进机为首，有很多实绩。复合圆形盾构掘进机，通过根据旋转将切割机伸缩，可以合理挖掘地铁复线区间等非圆形断面的盾构。水平多轴盾构掘进机，用于构筑道路隧道等箱形大截面隧道。因为可以灵活对应任意的断面形状，所以很经济实用。双圆形盾构掘进机，这是一种一口气修筑地铁等上行线和下行线的盾构机。因为可以缩短工期，而且挖掘土量少，经济性好，所以在海外也被采用。球形盾构掘进机可以从立坑到横坑，从直行方向到直角方向连续挖掘。

---

① IHI・水門 [EB/OL]. [2020-03-07]. https：//www. ihi. co. jp/ihi/products/in-frastructure_ offshore/gate/.

这是和用户共同研究产生的 IHI 技术。向上盾构掘进机，是从既定隧道向地面构筑矿井的盾构，施工中对地上的影响最小，是环保的技术。矩形盾构掘进机，作为矩形盾构掘进机的一个例子，在作为交通堵塞十字路口和不打开的道口对策的立体交叉隧道构筑中被使用。这是一种通过多次往返掘进出发至到达之间来构筑大截面的盾构。属于自动组装机器人，实现作为隧道内壁的分段的自动组装。有助于提高工作效率和提高安全性，这是 IHI 机械电子学技术的成果。①

（8）交通系统

IHI 的综合技术，为了确保日常生活中不可缺少的"交通"安全可靠，在各种各样的场合都起了作用。除此之外，还提供了以建设新城市为目标的轻快柴油机车，以及保护铁路系统的保养车辆等对整个铁路系统的系统。②

新交通系统（机场用）是可以提出路线、驾驶、车辆基地、维护计划的新交通系统的先驱者，不仅负责车辆，还负责轨道、电力、信号、通信的系统工程制造商。该系统正在向关西国际机场、香港新国际机场等交货，面向关西国际机场的飞行器，香港国际机场新交通，台湾地区桃园国际机场。新交通系统（城市交通用），中规模城市使用新交通系统，不破坏城市景观，低噪声运行，解决地区交通情况。在日本最早开始商业运营的大阪市交通局的新交通系统等，

---

① IHI・シールド［EB/OL］.［2020-03-07］. https：//www.ihi.co.jp/ihi/products/infrastructure_ offshore/shield/.

② IHI・交通システム［EB/OL］.［2020-03-07］. https：//www.ihi.co.jp/ihi/products/infrastructure_ offshore/transportation_ systems/.

有很多实绩。

低地板路面电车（LRT）的 CO_2 排放少，是容易上下而且人和环境友好的城市用交通工具，拥有日本最早引进的全面超低地板车厢，是运行最多的车型。3 联接车辆等，可以对应所有的编成。富山轻轨用端口，富山地方铁道向中央列车。

IHI 的柴油动力车，具备了提高驾驶操作性的选项，搭载了高性能、低耗油量的引擎，进一步提高了维护性，确立了在日本国内不可动摇的地位。不需要架线等相对廉价基础设施的柴油动力车，在世界上也再次受到关注。维修车辆、道路用除雪车、隧道检查车、推土机搬运装卸车、新干线架线延线车、铁路用除雪车、柴油机车等，是为了运行安全、定时性优良车辆的保养用车辆，其制造商在日本国内市场中占有率最高。①

（9）城市开发

为了最大限度发挥 IHI 集团持有不动产的潜力，遵循 CRE（Corporate Real Estate）战略，开发了全国的事业所、公司的旧址等，其中也以首都圈为中心开展了租赁事业、分售事业。特别是在造船工厂旧址的丰洲，主导着市中心最大级别的再开发事业。另外，在有效利用闲置地方面，鹿儿岛市开展了日本最大规模的太阳能发电事业，致力于为地球环境和社会贡献。②

---

① IHI・交通システム ［EB/OL］.［2020-03-07］. https：//www.ihi.co.jp/ihi/prod-ucts/infrastructure_ offshore/transportation_ systems/.

② IHI・都市開発 ［EB/OL］.［2020-03-08］. https：//www.ihi.co.jp/ihi/products/infrastructure_ offshore/development/.

（10）环境测量

有以阿米达斯为代表的地上气象观测系统，在港湾、海上、山岳、高速公路等地检测，测定能见度障碍的能见度计，作为天气预报的基础信息，观测从地上到高空约 3 万米的气象数据的遥控器等高层气象观测系统，通过气象观测对大家有所帮助。①

气象观测装置"POTEKA"由可安装在各种场所的小型气象仪和连接它们的网络构成。如果在把握气象的区域仔细设置气象计，就可以直接获得准确的气象信息，信息可以通过网站随时获取。GPS 遥控器 iMS-100 是和气球一起飞到空中，从地面到高空约 3 万米的高空气象观测装置。它可以测量风速、风向、气压、温度、湿度等各种气象数据，广泛使用于日本国内外的气象局、大学、研究机构、民间气象公司等，有助于每天的天气预报和气候变化的监视。RD-08AC 简易 GPS 解析接收系统，专门针对大学等研究用途的功能，与以往的 GPS 数据接收系统相比，实现了大幅度降低成本。自动投球系统 ARS 是一种能够自动和手动释放最多 40 个散热器的系统。从起飞前检查、向气球充气等准备工作到解析、观测数据处理等一系列工作的自动化，从而实现高效的观测。地区气象观测系统阿米达斯，是一种无人观测气象，通过电话线路自动发送观测数据的系统。风向风速计、日射计、日照计、温度计、湿度计、气压计、雨量计、积雪计等 8 个传感器可以作为标准装备，可以进行高度的气象观测，用于农业、消防、防灾、研究等所有用途的气象观测。

---

① IHI・環境計測［EB/OL］.［2020-03-08］. https：//www.ihi.co.jp/ihi/products/infrastructure_ offshore/development/.

后向散射型光程计 TZE-4A 型在雾和暴风雪等发生时，通过光检测、测定大气中的可视障碍程度，进行模拟输出和警报触点。①

3. 工业系统、通用机械

（1）压缩机

压缩机是工厂需要的实用产品之一。IHI 准备了水润环式无油螺杆压缩机、涡轮压缩机、过程气压缩机等多种产品。此外，还可以根据客户的需求，从节能、生态等多种优点中选择。②

生产空气压缩机、水润滑式无油螺杆压缩机、主电机输出 15~75 千瓦，吐出空气量 2.3~12.7m³/min。涡轮压缩机（Tx 系列），主电机输出 75~100 千瓦，吐出空气量 756~1050m³/h。涡轮压缩机（T2 系列），主电机输出 125~230 千瓦，吐出空气量 1344~2598m³/h。涡轮压缩机（TRA ©系列），主电机输出 250~450 千瓦，吐出空气量 2400~4800m³/h。涡轮压缩机（TRE ©系列），主电机输出 375~950 千瓦，吐出空气量，360~1050m³/h。涡轮压缩机（T3 系列），主电机输出 750~13204 千瓦，吐出空气量 8300~13800m³/h。涡轮压缩机（TRX 系列），主电机输出 900~1800 千瓦，吐出空气量 9500~2000m³/h。涡轮压缩机（f 系列），主电机输出 350~1700 千瓦，吐出空气量 3000~1800m³/h。过程气体涡轮压缩机，对应原料空气、氧气、氮气，适用于空气分离装置、钢铁厂、各种成套设备等所有用途。过程气体压缩机，适用于可燃性、毒性、腐蚀性、混

① IHI·環境計測［EB/OL］.［2020-03-08］. https：//www.ihi.co.jp/ihi/products/infrastructure_ offshore/environmental/.

② IHI·圧縮機［EB/OL］.［2020-03-08］. https：//www.ihi.co.jp/ihi/products/industrial_ general_ machine/compressor/.

合气体等各种气体，满足吐出压力、容量、吸入温度、加油、无加油等要求。①

（2）最先进的涡轮设备

IHI 向社会输送了车辆用/船舶用高新机等各种各样的涡轮机器，利用这些涡轮机械技术，开发了低温旋转机、超高速马达驱动涡轮机械。最先进的涡轮设备——小型二进制发电装置，用 70℃ ~ 95℃ 的温水发电，是能够与商用电源系统连接的封装型发电装置。超快马达驱动涡轮发动机，利用 IHI 的涡轮机械技术，开发了一种新的涡轮机器，可以通过高速电动机直接驱动、特殊轴承稳定地支持高速旋转。低温旋转机，世界最高级别性能和直接驱动、无油技术，为极低温冷冻设备的性能提高做出了巨大贡献。②

（3）车辆用增压器

增压器从小型汽车引擎到大型船舶、陆上发电发动机系列供应，汽车用高新机已经生产了 5000 万台以上。在美国、欧洲、泰国、中国、韩国也有开发、生产、销售据点，在世界范围内开展业务。涡轮增压器，车辆用涡轮增压器，从轻型汽车，到大型巴士和卡车，已经有超过 5000 万辆的实绩。ECO CLOVER 超级魅力用发动机动力，给发动机加力的超级增压器，有助于提高输出功率和减少耗油量。③

---

① IHI・圧縮機 ［EB/OL］. ［2020 - 03 - 08］. https：//www. ihi. co. jp/ihi/products/in-dustrial_ general_ machine/compressor/.

② IHI・最先端ターボ機 ［EB/OL］. ［2020 - 03 - 08］. https：//www. ihi. co. jp/ihi/products/industrial_ general_ machine/turbo/.

③ IHI・車両用過給機 ［EB/OL］. ［2020 - 03 - 08］. https：//www. ihi. co. jp/ihi/prod-ucts/industrial_ general_ machine/turbochargers/.

（4）物流系统

在电子商务市场急速发展的今天，物流行业人手不足成为严重问题，要求物流业务的省人化、高效率化。可对应零下60℃的冷冻、冷藏自动仓库和保管危险物品的危险物品自动仓库、在无尘室内运行的保管、搬运设备、AI搭载的分离器系统等丰富阵容，同时活用在各个行业积累的经验，打造出"最适合客户"的物流解决方案。①

清洁物流系统，随着技术的进步，无尘室内的物流系统的需求也越来越高。IHI将以FPD（平板显示器）用玻璃基板生产线为首，提供在无尘室内的物流效率化，确保品质与可靠性。在搬入现场之前，会在IHI内的无尘室进行临时组装、试运行、粉尘试验等出厂前检查，以实现高品质和工期缩短的快速生产线。保管系统，自动仓库，冷冻、清洁、防爆等特殊环境，以及危险品、重物、长尺物、滚筒等特殊货物，可以满足各种产品阵容的需求。危险品自动仓库，可以保管危险品第2类、第4类产品、半成品、原材料等的自动仓库。通过集中管理，可以实现安全性、保管、出货效率的提高等。滚筒用自动仓库，立体保管钢材线圈和卷纸等，可以减少保管空间，缩短出库作业，提高库存管理的精度等。长尺物/重物自动仓库，这是一个可以处理木材等长尺物，超过10t的金属模具等重物的自动仓库。

搬运系统，无人搬运车"工厂"，准备了磁、激光等各种感应方式、移载装置、驱动方式、充电方式等多种功能，为客户提供最适

---

① IHI·物流システム［EB/OL］.［2020-03-08］. https：//www.ihi.co.jp/ihi/products/industrial_ general_ machine/logistics/.

合的输送系统。传送带作为物流系统中不可缺少的基本机器的传送装置，可满足搬运物的大小、重量、形状、使用环境、用途等多种需求。分类处理系统将以高速分类大小不一的货物，以满足每天不断变化的市场多品种、少批量、多频率、峰值对应等各种各样的需求。数字定位系统中简单易懂地数字显示取货个数。简单的机器构成，引进成本也很经济，增设也很容易。这是一种能够满足各种各样需求的尺寸，富有灵活性的系统。

IHI 分离器系统（AADS）是世界上第一个装载在托盘上的箱子、纸箱的装卸自动进行的分离器系统，配备了 AI 深层学习功能，极大提高了识别能力的"IHI 分离器系统"。根据 AI 的物体识别技术，无须事先注册数据或示教。即使是混载了各种尺寸货物的调色板它也可以应对，通过优化机壳的握持和机械臂的路径，可提高约30%的处理能力。①

（5）钢铁工业炉

提供最先进的高炉、焦炭炉、烧结设备，使生活中不可缺少的铁在环保、安全、经济领域生产使用。

工业炉、钢铁厂，在钢铁工艺的工序中，以高炉成套设备和焦炉成套设备为中心，从工程到 EPC 提供最先进的技术。高炉从 1941年开始，在日本国内外就有 90 座以上的实际成果，高炉在保罗华斯公司（卢森堡）丰富业绩的基础上，被日本国内的客户采用。加热炉，关于面向钢铁的热延、厚板生产线用加热炉，1965 年以后在日

---

① IHI·物流システム［EB/OL］.［2020-03-08］. https：//www.ihi.co.jp/ihi/products/industrial_ general_ machine/logistics/.

本国内外积累了丰富的实际成果，近年来采用了亚麻燃烧炉，为钢铁厂的节能做出了贡献。热处理炉，关于钢铁用厚板热处理，该公司是 1958 年以后国内市场占有率最高的制造商。配合淬火设备的滚柱淬火，今后也会满足日本国内外客户的要求。电炉、以废铁为原料生产钢铁，在世界各国都有很多实绩。提供同时实现原料预热和连续插入，实现了生产性大幅度提高的新型炉。步进汽缸，是内置机械反馈机构的定位汽缸，根据电脉冲指令，可以高精度地控制速度和位置。①

（6）工厂解决方案

汽车面板输送装置、橡胶、薄膜成形加工机、狭缝等，能够提供世界最高水准，通过连接这些设备工厂全体的自动化方案，为提高生产效率做出贡献。高速搬运装置、冲压间输送装置（X-Feeder），是汽车面板成形冲压之间的面板输送装置，是继承了 V-Feeder 优点的最新机种，用世界最高水准的 20SPM 能搬运单臂的搬运装置。Retrofit，通过将以往机械驱动式输送装置置换为最新式的"伺服型"，提高生产效率，实现零件、设备个数的大幅度削减，大幅提高维护效率。橡胶、薄膜成形加工机械是轮胎用胶布，各种树脂薄膜的连续生产设备，适用于高精度座椅生产，有世界上屈指可数的实绩。蠕变自动加载是一种将轮胎制造和提供给纺织生产线的线和纤维等材料缠绕在一起，全自动更换超过 1000 个纸箱的系统。②

---

① IHI・製鉄用工業炉［EB/OL］.［2020-03-08］. https：//www.ihi. co. jp/ihi/products/industrial_ general_ machine/steel_ manufacturing_ furnaces_ rolling_ mills/.

② IHI・ファクトリーソリューション［EB/OL］.［2020-03-08］. https：//www.ihi. co. jp/ihi/products/industrial_ general_ machine/fa_ solution/.

（7）分离器

固体、用于液体分离的分离机、过滤机、浓缩机等，作为工厂设备不可或缺的机械、装置被紧凑包装化、系列化提供。分离机提供通用性强的螺杆隔行离心分离机，振动小、噪声小、臭味少且环保的多圆板脱水机，脱水能力优秀的连续离心分离机等，可灵活应对客户的各种需求。[①]

分离机、脱水机中螺旋形离心分离机是在所有产业中都使用的IHI斯克龙洲际离心分离机。集公司高速旋转机械技术精华的离心分离机，从大型机到小型机，还有各种各样的系列，满足大家的需要。锯齿形离心分离机，齿轮连续离心分离器是用IHI高速旋转技术制造的连续全自动离心过滤式固液分离器。适合各种结晶和合成树脂等相对粗粒的脱水。另外，离心过滤器还可以通过特殊的清洗机构分离固体进行清洗。多层圆板型脱水机是以重力过滤为原理的低振动、低噪声、低臭气、节能环保的脱水机。从一般排水到食品工厂、屠场等混有油的污泥都发挥着威力。皮带压床脱水机是将IHI长年积累的脱水技术集成，对以往的皮带压床脱水机进行改良后开发的简单构造的脱水机。在污水、屎尿等排水领域得心应手。过滤器中IHI叶过滤器，IHI-叶滤镜不仅具有优异的过滤性能，还可以自动运行到蛋糕排出为止的所有行程，是水平滤叶加压型过滤器。此外，IHI还可以处理以往加压过滤器脖子上的残液，是最先进的过滤器。IHI-FUNDABAC过滤器，以化学、医疗、食品工业为首，是在广泛

---

① IHI・分離機［EB/OL］.［2020-03-08］. https：//www.ihi.co.jp/ihi/products/industrial_ general_ machine/separator/.

的生产过程中活跃的全自动过滤器。因为可以适用于树脂部件的接触液部，所以，是对于讨厌强腐蚀性液和金属污染客人推荐的过滤器。①

（8）热/表面处理

面向所有行业都持续发展的热处理事业，提供真空热处理炉、高压烧结炉、热压床、高纯化炉、真空渗碳装置、真空脱脂清洗机等多种阵容的热处理设备，以及热处理加工。另外，通过 PVD/PACVD/CVD 技术，面向航空宇宙、汽车零部件、医疗器具、装饰用途、模具、切削工具等广泛的行业，提供实现高硬度、低摩擦、低磨损、高耐腐蚀性等的尖端薄膜、表面处理事业解决方案。②

新材料制造设备，真空下加热加压形成加工装置，有烧结用、扩散接合用多轴型、多室型、混合型、热成型机等，可满足各种要求。高压烧结炉、脱脂高压烧结炉，可以连续运行 HIP 处理到散蜡/闪烁/100 气压。真空热处理设备中真空热处理炉，以真空下的金属淬火、回火等各种用途，在广泛的生产线上进行对应。

真空渗碳装置是一种没有浸炭不均匀的高品质处理、良好的再现性、洁净的工作环境等优点，目前备受瞩目的新工艺炉。真空脱脂清洗机是使用石油类溶剂，在减压下将沸点控制在 150℃ 以下，安全且再生效率高的节能洗净机，具有与有机溶剂清洗同等以上的效率性能。热处理委托服务，IHI VTN 公司以汽车、产业机械、航空

---

① IHI·分離機 [EB/OL]. [2020-03-08]. https：//www.ihi.co.jp/ihi/products/industrial_ general_ machine/separator/.

② IHI·熱·表面処理 [EB/OL]. [2020-03-09]. https：//www.ihi.co.jp/ihi/products/industrial_ general_ machine/heat_ surface_ treatment_ equipment/.

宇宙部件为中心，提供广泛的热处理服务。薄膜·表面处理装置，PVD/PACVD 涂层装置（IHI Hauzer Techno Coating B. V.），Hauzer 公司通过各种 PVD/PACVD 技术（ARC、UBM、HIPIMS、DMS），提供装饰、低摩擦（汽车部件等）、耐磨（切削工具、模具等）用金属膜、陶瓷膜、DLC 涂层装置、替代镀铬的环保创新 Cromatipic 技术。表面处理受托服务（IHI Ionbond AG），Ionbond 公司凭借 PVD/PACVD/CVD 技术，面向航空宇宙、汽车零部件、医疗器具、装饰用途、模具、切削工具等广泛的行业，提供实现高硬度、低摩擦、低磨损、高耐腐蚀性等最先进的薄膜·表面处理解决方案。CVD 涂层装置（IHI Bernex AG），Hauzer 的子公司 Bernex 公司，通过该公司开发的 CVD、CVA、CVI、MOCVD 涂层装置，实现各种零件、模具、工具的低摩擦、耐磨、耐热性。①

4. 航空、宇航、防卫

（1）航空发动机

IHI 是承担日本喷气发动机生产 60%～70% 的领先公司，成为防卫省使用的飞机大部分引擎的主契约者，承担着其生产。另外，还参与了从小型到大型各种民用发动机的国际共同开发事业，开发、提供发动机模块和零件。利用这些引擎的开发、制造技术致力于各种引擎的整备，作为亚洲航空引擎的维修中心获得了很高的评价。在对环保引擎的必要性和企业责任日益高涨的情况下，利用各种最

---

① IHI·熱·表面処理［EB/OL］．［2020-03-09］．https：//www.ihi.co.jp/ihi/products/industrial_ general_ machine/heat_ surface_ treatment_ equipment/.

先进技术的下一代引擎研发也在进行中。①

民用飞机用高涵道比涡轮风扇发动机，V 2500 涡轮风扇发动机，由日、美、英、德、伊五国国际共同开发中型引擎，搭载在 A 319/320/321 的 120~180 座级飞机上。这是一款订单超过 5000 台的畅销引擎，IHI 提供了粉丝模块、低压轴等，在整修方面也有很大投入。A 321（提供：空客公司），GENx ⓒ涡轮风扇发动机，搭载在下一代飞机波音 787 和 747-8 上，是燃料消耗率等对环境性能和航运成本出色的最新引擎。参与以美国通用电气（GE）公司为中心的开发计划，以低压涡轮旋转系统部分及高压压缩器后段为中心，以约 13% 的工作份额参与其中。波音 787（提供：The Boeing Company），GE 90 涡轮风扇发动机，波音 777 搭载的是世界最大的推力引擎，系列最大的是直径超过 3 米的大型引擎。这是以美国通用电气（GE）公司为中心的制造商共同开发。CF 34 涡轮风扇发动机，是 70~100 座级别的小型引擎，搭载在世界范围内的先导喷气式飞机上。美国通用电气（GE）公司和以 IHI 为中心的制造商共同开发。涡轮风扇发动机是以英国劳斯莱斯公司为中心开发的大型引擎，主要供应轴和低压、中压涡轮零件。PW 1100 G-JM 涡轮风扇发动机，由美国 Prat&Whitney 公司、德国 MTU 公司和日本飞机引擎协会共同开发、生产的引擎，搭载在中型飞机 A 320 neo 型飞机上，采用了齿轮涡轮系统的引擎，IHI 负责复合材料风扇部件的开发。面向防卫省的低涵道比涡轮风扇发动机，F 110 涡轮风扇发动机，日美共同开发的 F-2

---

① IHI·航空エンジン ［EB/OL］. ［2020-03-09］. https：//www. ihi. co. jp/ihi/products/aeroengine_ space_ defense/aircraft_ engines/.

战斗机用的先进引擎。根据美国通用电气（GE）公司的许可证，
IHI 作为主要签约者批量生产。F 3 涡轮风扇发动机，喷气式练习机
T-4 上搭载的小型涡轮风扇引擎，是在日本独自开发，批量生产的
引擎，是继 J 3 发动机之后的第二个引擎。面向防卫省的高涵道比涡
轮风扇发动机，F 7-10 涡轮风扇发动机，固定翼巡哨机 P-1 搭载的
高涵道比涡轮风扇发动机。防卫省正在对日本独自开发的引擎进行
批量生产制造。多用途直升飞机用涡轮轴发动机，T 700 涡轮轴发动
机，在防卫省的对潜、救难、多用途直升飞机上搭载的引擎中，将
喷气式喷流转变为旋转动力，旋转"旋转旋翼"。①

（2）航空管制系统

航空管制系统是飞机安全飞行不可或缺的系统。总括、综合控
制航空管制用无线电话通信和有线电话通信，从管制塔进行机场管
制业务的系统。另外，作为航空管制系统陷入意外事态时的替代系
统紧急用管制塔系统，是可以运送到其他机场的移动型系统，由管
制塔、控制和电源三个系统构成，从羽田机场被运送到东日本大地
震中受灾的仙台机场，早期机场功能为回复做出了贡献。②

航空管制系统（通信控制装置）是掌管飞机飞行员和管制官的
通信、飞机安全飞行的系统。紧急控制塔系统，常设的航空管制系
统陷入意外事态时，作为代替手段使用的系统。紧急情况下可以运
送到其他机场的移动型，由管制塔系统、控制系统、电源系统等各

---

① IHI·航空エンジン［EB/OL］.［2020-03-09］. https：//www.ihi.co.jp/ihi/prod-
ucts/aeroengine_ space_ defense/aircraft_ engines/.
② IHI·航空管制システム［EB/OL］.［2020-03-09］. https：//www.ihi.co.jp/ihi/
products/aeroengine_ space_ defense/air_ traffic_ control_ system/.

系统构成。①

（3）火箭系统和宇宙开发

IHI 最初就参与了日本的宇宙开发，以 IHI 引以为豪的低温泵技术、高速旋转机械技术等为基础，致力于火箭发动机的心脏部涡轮泵、气体喷射装置的开发和生产。2000 年，日产汽车合并了在固体燃料火箭方面取得重大成果的宇宙航空事业部，扩大了其活动范围。另外，在宇宙空间站的建设方面，负责日本实验栋"希望"的舱外实验平台等的开发和生产，承担着重要的作用，同时在宇宙环境利用领域为各种国际共同实验提供了主要的实验系统。②

火箭，H-IIA 火箭/H-IIB 火箭，是日本的骨干火箭，IHI 集团负责开发、制造涡轮泵等固体火箭升降机（SRB-A）、2 级燃气喷射装置、火工业品等。M-V 火箭有着用直径 2.51 米的世界最大级的 3 段式固体火箭向低高度轨道发射约 1.8 吨卫星的能力，被用于以科学勘探为目的的卫星（1997 年—2006 年）。埃普西隆火箭，是作为 M-V 火箭（1997 年—2006 年）的后继机开发的火箭，可以对应各种小型卫星用户，是可靠性高、成本低、运用性好的火箭，2013 年 9 月试验机发射成功。LNG 推进系统的开发，LNG 推进系统是以 LNG（液化天然气）为燃料的推进系统，在轨道上的储藏性优秀，与氢相比密度更高，由此可以实现储存槽的小型化，因此，将来有望用于轨道间运输机和行星探测器。火箭推进用机器，H-IIA 火箭

---

① IHI・航空管制システム ［EB/OL］.［2020-03-09］. https：//www.ihi.co.jp/ihi/products/aeroengine_ space_ defense/air_ traffic_ control_ system/.

② IHI・ロケットシステム・宇宙利用 ［EB/OL］.［2020-03-09］. https：//www.ihi.co.jp/ihi/products/aeroengine_ space_ defense/rocket_ system/.

LE-7A 发动机液氧涡轮泵，向火箭发动机的燃料氢的燃烧用输送液氧的泵，与液氢泵并列构成火箭的心脏部分。H-IIA 火箭 LE-7A 发动机液氢涡轮泵，作为火箭燃料的液氢输送泵，相当于火箭心脏部的装置。第一级的 LE-7A 发动机和第二级的 LE-5B 发动机的各个涡轮泵都是 IHI 生产的。人造卫星推进用机器，静止轨道投入用 2 液阿波罗等的开发，拥有 IHI 集团开发的 500N 级推力的阿波罗 Jengin，拥有世界最高性能，与 22N Slar 一起，得到了海外客户的高度评价。卫星装置，卫星监视器，监视器照相机由投光器和照相机以及照相机控制部构成，拍摄安装在人造卫星上的太阳能电池盘和天线展开情况。卫星收发器，搭载在小型卫星上，使用 2GHz 频带的电波接收来自地面的指令，向地面进行远程传送。卫星搭载磁传感器测量人造卫星姿势，控制所需宇宙环境中的磁场强度。卫星搭载的磁气托尔卡是利用磁矩来控制人造卫星姿势的致动器。卫星搭载用高压电源是搭载在科学卫星上，在宇宙环境中应用于检测器的高压电源，与模拟输入成比例，最多可输出 5000V 的高电压。宇宙用 QCM，根据水晶振子的振荡频率变化，测量宇宙环境的污染状况。卫星粒子检测器，测量电子、质子、He，测量被放射线带捕捉粒子的最坏环境，以及磁圈外粒子（太阳火炬粒子等）和极光粒子。宇宙辐射监视器，通过光电二极管的硅半导体传感器，可以测量卫星环境放射线的装置。能测量的射线主要是质子。不过，电子（电子）和其他的粒子也可以根据能量来测量。[1]

---

① IHI·ロケットシステム·宇宙利用［EB/OL］.［2020-03-09］. https：//www.ihi.co.jp/ihi/products/aeroengine_space_defense/rocket_system/.

　　空间站相关设备，国际空间站。日本在国际空间站负责开发的实验舱"希望"是 2009 年建成的日本第一座有人设施。IHI 集团负责开发"希望"舱外实验平台和舱外调色板，以及船内实验室设置的实验架和实验装置。宇宙补给机鹳（HTV）推进系，暴露调色板的开发（HTV＝H-IITransfer Vehicle）。HTV 是向宇宙空间站输送物资和回收废弃物的装置。IHI 集团正在进行包括 HTV 推进系在内的各种卫星推进系的开发。自 2009 年 HTV 1 号机发射以来，满足了高可靠性和严格的安全要求，达成了任务。①

　　地面试验设备，拥有以 LNG 发动机燃烧试验设备为首的人造卫星推进用设备和控制用设备的试验设备。回收胶囊等，隼鸟回收胶囊，小行星探测器"隼"于 2003 年由 M-V 火箭 5 号机发射，2010 年在澳大利亚的乌米拉沙漠回收了密封舱。IHI 集团拥有可承受进入大气层时严酷空气加热的耐热材料（CFRP）的设计和制造技术，其耐热材料将依次应用于今后的行星探查胶囊。再突入观测系统 i-Ball，i-Ball 是 IHI 集团开发的再突入数据收集装置。搭载在再进入大气层燃烧殆尽的宇宙机上，在拍摄再突入时破坏情况的同时，利用搭载的各种传感器进行温度、加速度、位置等的测量。2012 年 9 月安装在鹳 3 号机（HTV 3）上的 i-Ball 成功测量了以图像为首的各种再突入数据。下一代无人宇宙实验系统（USERS）是 USEF（现在的 JSS）用 H-I3A 火箭 3 号机发射的下一代无人宇宙实验系统。IHI 集团负责该回收密封舱部分（REM）和 REM 所搭载的超导材料制造

①　IHI・ロケットシステム・宇宙利用［EB/OL］.［2020-03-09］. https：//www. ihi. co. jp/ihi/products/aeroengine_ space_ defense/rocket_ system/.

实验装置（SGHF）的设计和开发，同时，负责反馈运用和探索回收工作。2003年5月IHI集团在小笠原东方的太平洋上，成功地从计划的第一条轨道返回、回收。①

（二）技术基础中心开发的技术

1. 研发主题②

（1）通过飞机电气化降低CO_2

飞机的CO_2排放削减正在成为世界重要的环境问题，飞机、引擎电动化系统（More Electric Architecture for Aircraft and Proopulsion，MEAAP）受到关注。飞机的电动化不仅可以改善耗油量，还不需要提供能源的复杂液压系统、气压系统、机械式机构，可以提高设计自由度、提高整备性和减轻质量。另外，要实现飞机的电动化，在发动机上安装大容量发电机的方法，以及发电机对引擎排热的耐热性是技术课题。IHI为了解决这些问题，正在致力于发动机内置型电动机、自律分散空气冷却系统、电动燃料系统等的开发。各自的开发处于试制、评价试验阶段，得到了机体制造商和机体零部件供给厂商的高度评价。

（2）场内重物搬运的省力化、自动化

在制造事业所和物流货物终点站等的区域内，厂内车辆在工厂—仓库间—卸货场—临时停车场之间的搬运频繁进行。但是，近年来由于驱动器不足，物流系统无法维持。在室内的物流系统中，

---

① IHI·ロケットシステム·宇宙利用［EB/OL］.［2020-03-09］. https://www. ihi. co. jp/ihi/products/aeroengine_ space_ defense/rocket_ system/.

② IHI·R&D TOPICS［EB/OL］.［2020-03-09］. https://www. ihi. co. jp/ihi/technology/topics/#article1.

虽然提出了各种各样的自动化解决方案，但是，在室外几乎没有有效的解决方案。因此，IHI 特别着眼于包括室外在内的场内重物搬运。以迄今为止，在防卫、灾害应对领域积累的机器人·无人车两种技术为基础，通过 NEDO 助成事业获得了实际运行数据。IHI 集团利用这一成果，正在开发在站内车辆上安装致动器、传感器、控制、通信装置等使其自动搬运的系统，进行实用化、事业化。IHI 作为重工业制造商，在构建处理大型、重物的物流系统方面具有优势。IHI 集团将正在开发中的自动搬运系统与以往的物流系统相结合，不仅是运输，公司的目标是向全面节省、高效的解决方案发展。

（3）部署系统（Depalleetizing）、IHI 集团通用物联网平台

IHI 集团通过分析、活用客户所缴纳的产品和工厂内设备的运行数据，致力于创造客户价值。支撑这个搭配的是 IHI 集团通用的物联网平台 ILIPS © （IHI group Lifecycle Partner System）。通过分析 ILIPS 中存储的工作数据，可以提取出更快检测故障的信息和与设备最佳运用相关信息等更高价值的信息。根据这个附加价值高的信息，创造、提供设备有效运用支持和新的商务提案等新价值。为了能更快地提供适合客户的有价值的服务，公司将继续致力于 ILIPS 的高度化。根据目的组合 ILIPS 上搭载的 AI 和数据分析功能，满足客户的各种需求。通过与客户及公司外部的系统、数据、平台的顺利合作，促进生态系统的构建和数据的利用。为了能够安心使用，公司一直保持着强大的网络安全性、高可用性和可靠性，与 ILIPS 连接的设备超过 1000 台（截至 2019 年 4 月）。

（4）创造客户价值的数据解析技术

通过收集和分析向世界各国客户缴纳的 IHI 产品的工作数据，向客户提供新价值。以产品的设计、制造、研究开发、保守服务中培养出来的知识为基础的独自的数据解析技术，以及对实际产品有效的应用技术为优势，适用于多种多样的 IHI 产品。

例如，在故障预兆检测中，即使存在导致检测精度下降的季节性变动的运转环境的变化，也可以瞬间用高精度检测的技术，从维护记录等文本信息中使用 AI、机械学习，将熟练的技术运用到维护工作中等，开发各种各样的数据解析技术，与创造顾客价值相连。①

2. 支持 IHI 产品的技术②

（1）材料技术

新材料开发（轻量化和耐热性）；

铸造/锻造/粉末冶金；

材料结构评估；

强度特性/剩余寿命评估；

耐环境评价；

涂料评估与开发。

公司正在致力于减轻重量和提高耐热性的新材料的开发，以及铸造、锻造和粉末冶金的开发。此外，正在使用先进的分析设备来开发技术，以评估材料的剩余寿命并阐明其降解机理。

---

① IHI · R&D TOPICS［EB/OL］.［2020-03-09］. https：//www.ihi.co.jp/ihi/tech-nology/topics/#article1.

② IHI · IHI 製品を支える技術［EB/OL］.［2020-03-09］. https：//www.ihi.co.jp/ihi/technology/ihi_ technology/#material.

（2）振动和结构强度技术

结构强度评估；

结构测试/测量；

非线性结构分析；

冲击/复合材料分析；

钢筋混凝土评估；

抗震、隔震、振动控制。

在结构强度、结构分析和结构振动技术领域，公司从事新材料强度和新制造工艺评估以及高温/强度预测模拟的研究和开发，还致力于支持安全性的地震，地震隔离和振动控制技术的研究与开发。

碳纤维复合材料的多尺度分析；

旋转机械和往复式发动机技术；

空气动力学设计；

振动和机械要素；

摩擦学；

性能评估/元素测试；

燃烧/流动数值分析；

燃烧/流动可视化。

公司充分利用先进的数值分析技术和元素测试与测量技术，提高效率，提高可靠性并减少涡轮增压器、工业压缩机、航空发动机、燃气轮机、柴油发动机、燃气发动机等的环境影响。

（3）旋转机械和往复式发动机技术

导热油/燃烧技术；

热/流体、燃烧、风洞测试；

热流/相变/多相流；

燃烧等反应流的数值分析；

热/流体测量/控制；

下一代能源技术。

公司正在改善各种设备的性能，并使用新的数值分析技术以及与热和流体有关的测试，测量和控制技术来开发新技术，还致力于发展氢能和可再生能源等下一代能源技术。

导热油和燃烧技术；

导热油/燃烧技术；

双塔气化炉（TIGAR©）；

数值分析与优化技术；

最佳化；

机器学习；

数学建模；

大规模并行计算；

多尺度分析；

多物理场分析。

公司致力于计算工程方法的研究和开发，以有效地进行计算，同时，忠实地在计算机上再现物理现象，最新的优化方法，通过机器学习进行的数据挖掘以及数学建模方法（例如数学建模）。

（4）数值分析与优化技术

自动计算流程、优化设计；

焊接技术；

电弧焊和自动化；

激光加工；

特殊黏结；

焊接现象分析；

焊接材料/结构评估；

焊接测试与评估。

公司提供新的连接工艺和新的材料焊接技术，以应对产品的多样化和高附加值。在传统的电弧焊中，使用最新的测量和观察技术以及评估方法，并通过自主流程来提高产品质量和可靠性。

（5）焊接技术

电弧焊接、自动化；

激光加工；

特殊接合；

焊接现象分析；

焊接材料、结构评价；

焊接试验、评价。

公司提供新的接合工艺和新材料焊接技术，应对产品多样化和高附加价值化。在以往的电弧焊接中，也使用最先进的测量、观察技术和评价手法，在自律型工艺中为产品的品质和可靠性的提高做出了贡献。

自主焊接技术的开发（完全自动焊接）。

（6）信息通信与互联网技术

大数据分析技术；

AI、机械学习技术；

传感技术；

通信网络技术；

信息安全技术。

ICT 对于 IHI 集团的产品、服务和产品制作的高度化是不可缺少的。公司用独立构建的算法分析客户缴纳的产品和生产设备的运行数据，为客户提供新的价值。

预防保全数据分析；

控制·电机技术；

前端控制·优化；

软件装配技术；

电力电子；

电机电磁场分析；

高速模拟电路；

二次电池应用。

公司致力于最大限度发挥广泛 IHI 产品性能的控制、优化技术、构建控制系统的软件嵌入式技术，以及应用最新电力电子的电、电子技术和能源技术。

（7）控制、电机技术

机械系统、机器人；

特殊生产/FA 系统；

海洋机器;

特殊·洁净环境机械;

模拟;

智能化、自律化;

传感。

公司基于机械电子学技术和系统工程技术,进行公司内的生产机械、应用机器人的 FA 系统、海中海洋机器的开发等。另外,下一代机器人技术的研究也在进行中。

机械系统、机器人;

涂装工序的机器人化、高效率化;

能源和化学工艺技术;

能源转换利用;

触媒创制/评价;

过程模拟;

反应器·培养装置设计;

藻类·微生物利用;

微小气泡利用/水处理。

能源、化学工艺技术从成套设备到各种制造现场,大多在野外被活用。公司致力于作为其基础的触媒技术、反应器设计技术以及工艺优化技术的高度化,推进各种技术开发。

(8)能源和化学工艺技术

小型反应堆;

尖端生产技术;

机械加工、塑性加工；

涂饰、防腐蚀、表面改质；

复合材料成形加工；

非破坏性检查、测量；

生产系统。

以 IHI 集团的制造革新为目标，关于制造中不可缺少的各种加工技术、保证品质的检查测量技术和为了使生产工序整体最优化的生产系统，公司正在利用最新的 ICT 进行开发。

（9）尖端生产技术

通过测量和机械加工的融合来适应加工；

物理化学应用技术；

电磁场应用；

等离子应用；

量子光束应用；

化学应用；

功能材料创制；

纳米微分析评价。

公司探索和获取以应用物理、应用化学领域为中心的尖端技术，致力于将这些技术应用到 IHI 集团的未来产品和现有产品的差别化的研究开发。

（10）物理化学应用技术

电磁场应用；

等离子应用；

量子光束应用；

化学应用；

功能材料创制；

纳米微分析评价。

公司探索和获取以应用物理、应用化学领域为中心的尖端技术，致力于将这些技术应用到 IHI 集团的未来产品和现有产品的差别化的研究开发。①

五、日本 IHI 公司的研发动态

2013 年 6 月，日本 IHI 公司将联手美国通用电气（GE）开发新一代飞机发动机。

两公司将在世界上抢先采用 IHI 开发的陶瓷材料技术，有望将燃效性能提高约一成。这种发动机有望应用于美国波音力争 2019 年投入使用的新型飞机。在飞机燃效竞争日趋激烈的背景下，日本技术正在得到广泛利用，这有望推动日本企业扩大全球业务。通用电气将开发面向波音大型飞机"777"（主要用于长距离航线）升级机型的发动机。总开发费用将达到 3000 亿日元左右。2013 年 6 月 17 日，第 50 届法国巴黎国际航空展在巴黎近郊开幕，波音在此期间对升级机型做出说明。通用电气与 IHI 有望在该年度内确定开发分工等详细问题，并基本达成协议。②

IHI 的复合材料将用于发动机内部的核心部位，将成为通过轻量

---

① IHI·IHI 製品を支える技術［EB/OL］.［2020-03-09］. https：//www.ihi.co.jp/ihi/technology/ihi_ technology/#material.

② IHI 与通用电气合作开发新一代航空发动机［EB/OL］. 环球网，2013-06-19.

化等举措改善燃效的王牌。其将采用宇部兴产等日本企业开发的特殊陶瓷纤维材料来制造零部件，与现在大量采用的镍合金相比，重量将减轻七成左右，且燃料消耗将随之减少，相比镍合金，可承受1500℃的高温燃烧，因此，发动机的燃烧效率也将提高。IHI 与通用电气和英国劳斯莱斯等在发动机开发领域具有合作关系。IHI 是日本最大飞机发动机制造商，年销售额约 3000 亿日元。该公司计划积极利用新材料技术，将全球份额提高至一成，比目前翻一番。在波音的新型飞机"787"上，机身采用了东丽制造的碳纤维复合材料等，日本厂商承担的生产任务已经达到 35%。日本飞机产业的制造额（民间飞机）在 2012 年约为 6300 亿日元，相比 2010 年增加了近三成。①

2014 年 9 月，日本企业 IHI 开发出了一项低成本的航空发动机零部件加工技术。

与传统的锻造法相比，该技术最多能削减 80% 的成本。为了让飞机机身更轻，以提高燃油利用率，越来越多的飞机制造商采用了特殊合金材料，生产加工成本也因此不断提高。IHI 希望通过提高成本竞争力来扩大零部件的销售量。新技术的生产流程是将钛和镍等粉状合金与树脂混合，然后，利用模具在 150℃~450℃ 的温度下塑形，成型后将树脂蒸发，并继续加高温让金属变坚固。以发动机为主的飞机和太空事业是 IHI 的最大收益源，占其合并销售额的约30%。公司计划在 2016 年之前，将该技术投向实际使用。现有技术通过锻造、铸造以及切削合金材料来加工成所需形状。与此相比，

① IHI 与通用电气合作开发新一代航空发动机 [EB/OL]. 环球网，2013-06-19.

据称新技术可以节省50%~80%的生产成本，以该技术加工钛和镍等特殊合金材料在业界尚属首次。加工成本与3D打印相当，并且，可以精密地加工出圆弧和角度等。IHI计划把利用这项技术加工的小型风扇和压缩机扇叶等合金零部件销售给美国通用电气（GE）和P&W等航空发动机生产商。①

2017年8月，IHI公司中标日本防卫装备厅招标项目。

领域：高温耐热材料的超常规耐热性基础研究。研究课题名：用于无冷却装置涡轮系统的新材料技术研究。该研究旨在将钼合金和镍合金材料应用到航空发动机，以使发动机涡轮系统无须冷却装置，并验证可行性。研究代表机构：IHI。研究分包机构：1个公共研究机构。

2019年3月18日上午10点，IHI寿力压缩技术（苏州）有限公司第3000台压缩机下线典礼，在位于苏州市工业园区的IHI寿力公司总部隆重举行。

公司管理层、全体员工及代理商代表齐聚一堂，共同见证了这一历史性的时刻。藤总经理回顾了IHI寿力15年的历程。在公司发展过程中，IHI寿力秉持"根植中国，以技术贡献社会"的原则，以市场为导向，持续推进标准化和国产化，全面满足客户节能高效的需求，为各个领域的客户提供高品质的压缩机及服务，成绩斐然。3000台产品凝聚了全体员工的辛勤和汗水，也见证了公司发展的征程。今后，IHI寿力将站在更高的起点，继续贴近市场与客户，全力

---

① 日本IHI飞机零件成本降到3D打印水平［EB/OL］. 百度文库，2014-09-29.

发展产品，实现新的突破。①

2020 年 1 月 6 日，新华社东京电，日本 IHI 公司发明了可减少钢筋混凝土中气泡的新技术，据称可将钢筋混凝土原本 100 年的使用寿命提高到 200 年以上。

传统混凝土在浇筑时会混入空气形成气泡，导致混凝土凝固后表面出现孔洞。在长年的风吹雨打中，雨水和盐分等会从孔洞渗入混凝土内部并腐蚀钢筋，导致混凝土出现裂缝等问题，影响使用寿命。据日本《读卖新闻》报道，日本石川岛播磨重工集团（IHI）发明了一种可减少混凝土中气泡的新技术。该公司使用独立研发的特殊设备在浇筑前振动混凝土，并施加压力排出空气，将由气泡导致的孔洞减少了约 70%。②

实验显示，雨水等对这样浇筑的混凝土的渗透速度大大减缓，该企业认为这种新技术能将混凝土原本约 100 年的使用寿命提高到 200 年以上。这家企业计划在隧道侧壁等基础设施建设中使用这一新技术，也计划将设备和技术对外销售。

报道称，日本在过去的经济高速增长期兴建了大量基础设施，到 2033 年，日本 63% 的道路桥梁和 42% 的隧道建筑年龄将超过 50 年，面临基础设施老化问题。新技术有望在今后帮助应对此问题，可减少道路、桥梁、隧道等基础设施的维护和更新费用。③

2020 年 3 月 30 日，IHI 株式会社新闻发布，开发出世界上第一

---

① IHI 寿力压缩技术（苏州）有限公司第 3000 台离心压缩机正式下线［EB/OL］. 中国压缩机网，2019-03-22.

② 新技术让钢筋混凝土更"长寿"［EB/OL］. 光明网，2020-01-07.

③ 新技术让钢筋混凝土更"长寿"［EB/OL］. 光明网，2020-01-07.

台可安装在喷气发动机后面的内置发动机的电动机——旨在优化整个飞机系统的能源管理以减少二氧化碳排放。

旨在优化包括发动机在内的整个飞机系统的能源管理，这是一项旨在减少飞机二氧化碳排放的技术创新。目前正在提议"用于飞机和推进器的更多电气架构（以下简称"MEAAP"）。为了实现这一目标，2020 年 2 月 IHI 株式会社与日本公司合作，制造了一种发动机内置电动机（250 千瓦级），该发动机可安装在喷气发动机后面的尾锥内，它是最早开发的。

随着旅客需求的增加，预计未来 20 年运营的喷气客机数量将增加一倍，而国际航空运输协会（IATA）将在 2050 年之前减少飞机的二氧化碳排放量。设定的目标是减少 50％。为此，不仅需要实现传统的技术改进，而且必须实现在保持安全性和经济效率的同时显著改善环境友好型的新型飞机系统。MEAAP 的飞跃是通过优化包括发动机的飞机系统，不仅是简单地给设备通电，而且还重新利用机舱中的空气来冷却电气设备，该空气目前尚未得到有效利用，并被排放到飞机外部，从而实现了飞跃。目标是实现高燃油效率。这消除了对传统的复杂液压/气动系统等的需求，从而提高了设计灵活性和可维护性并保证了质量。为了实现这一目标，IHI 与国内外公司合作进行各种研发。

实现 MEAAP 的最大挑战之一是开发可处理增加功耗的大容量电动机。在传统的飞机中，安装在发动机外部的电动机通过齿轮或轴机构与发动机转轴连接而发电，但是，这种方法的容量增加会由于设备尺寸的增加而导致空气阻力的增加。因此，在日本和国外正在进行对具有将发动机直接连接到发动机旋转轴的内置发动机的电动机的研究和开发。发动机中操作性和维修性最强的电动机安装在尾锥内，但振动、冲击、高温等，对电动机而言是严酷的环境。电动机抵抗发动机废热的耐热性已经是一个技术问题。IHI利用了喷气发动机研究和开发中积累的热量、流体和结构技术，以及充分利用材料技术的零件开发技术，这些技术可用于提高电动机的功率密度，例如，带有300℃耐热绝缘涂层的高密度模塑线圈。通过结合新开发的排气加热系统，IHI开发了一种发动机内置电动机，该电动机可以通过直接连接发动机轴安装在尾锥内。2020年2月，IHI技术开发总部（神奈川县横滨市）进行了地面示范测试，并达到了250千瓦的额定输出。①

据flightglobal网站2023年2月8日报道，日本IHI公司的航空发动机、航天和国防部门在2022财年第三季度（截至2022年12月31日）实现了强劲的收入反弹。根据公司业绩介绍，该部门第三季度实现收入2560亿日元（约合20亿美元），同比增长50%。IHI公司参与的普惠V2500、PW1100G发动机项目和GE公司的CF34、GE90、GEnx和Passport 20发动机项目，都已经在疫情过后复苏。

---

① 世界初，ジェットエンジン後方に搭載可能なエンジン内蔵型電動機を開発 [EB/OL]. [2020 - 03 - 30]. https://www.ihi.co.jp/ihi/all_news/2019/ aeroengine_space_defense/2020-3-30/index.html.

第七节　东芝公司的研发体制

一、东芝公司概况

东芝从产品的制造到服务，形成了多方面的子公司和关联公司，是位于东芝集团核心位置的巨大型企业。东芝的业务主要从电视机、家电产品、手机、电脑等面向消费者的产品中撤退，除了电子部件（HDD 等），还将重点开展核反应堆、重电机、军事设备、铁路车辆等企业间交易的重工业领域。冰箱、洗衣机、吸尘器、微波炉、电饭锅等家电产品的国产化，首创的第一号产品很多（除了微波炉和电饭锅，大多是在 20 世纪 30 年代开发），是白色家电在日本的先驱。但是，以 2015 年发现的粉饰决算事件为契机，2016 年白色家电事业因部分股票的出售而仅成为品牌，医疗器械事业也卖掉了，2018 年半导体、电视、电脑事业也卖掉了。由于经营不佳，同年 8 月 8 日，东芝发表的 2018 年 4 月至 6 月期决算（美国基准）的营业利润仅为 7 亿日元（只有 2017 年同期的 94.5%），销售额减少了7.3%，为 8422 亿日元。①

电机制造商也是最初转移到委员会设置公司的企业（2003 年转移到委员会等设置公司。现在的指名委员会等设置公司）。成为委员

---

① 東芝［EB/OL］.［2020-03-12］. https：//ja. wikipedia. org/wiki/% E6% 9D% B1%E8%8A%9D.

会设置公司后，会长成为没有代表权的董事会长，但是，从 2016 年
6 月开始，新设了代表执行董事会长。众所周知，历代社长等董事对
财界活动都很积极。石坂泰三（第 4 代社长）和土光敏夫（第 6 代
社长）就任经济团体联合会会长，冈村正（第 14 代社长）就任日本
工商会议所会长等，辈出了财界四团体的领袖。除此之外，西室泰
三（第 13 代社长）就任日本经济团体联合会第 2 号评议员会议长，
佐佐木则夫（第 16 代社长）从现役社长时期开始就任内阁府经济财
政咨询会议议员等，对日本的政财界有着很强的影响力。特别是石
坂泰三，拥有和"财界总理"不同的影响力，东芝在财界奠定了重
要的基础。①

　　东芝是三井集团的构成企业，加盟了二木会（三井集团旗下各
公司的社长会）、周一会（三井集团各公司的董事之间以相互和睦和
信息交换为目的的聚会）、三井业际研究所、纲町三井俱乐部。

二、东芝公司的主要军工装备产品

飞机搭载器械：各种惯性航行装置、搭载数据处理装置。

导弹系统：导弹系统装置等。

雷达系统：测高雷达装置、着陆引导装置、标定雷达装置等。

模拟器系统：飞机用飞行模拟器、机场管制训练模拟器等。

红外应用系统：夜视可视激光瞄准器、激动训练评估装置。

航空安保管制系统：机场监视雷达、二次监视雷达、航路监视

---

① 　東芝［EB/OL］.［2020 - 03 - 12］. https：//ja. wikipedia. org/wiki/% E6% 9D%
B1%E8%8A%9D.

雷达，仪器着陆装置、超短波全方位无线识别装置。

东芝公司最知名的应是防空导弹系统：

地对空导弹改良鹰（许可证生产）；

81 式短距离地对空感应弹（SAM-1）；

91 式便携地对空感应弹（SAM-2）；

91 式便携地对空感应弹（改）（SAM-2B）；

93 式近距离地对空感应弹（SAM-3）；

03 式中距离地对空感应弹（SAM-4）；

03 式中距离地对空感应弹（改）（SAM-4 改）；

11 式短距离地对空感应弹（短 SAM（改 II））；

89 式步枪用瞄准辅助用具（仪表台）。

主干连队指挥控制系统（ReCs）：同时参照自卫队的 C4I 系统项。

HPS-106：P-1 对潜巡逻机上搭载的雷达。

苏联海军的维克多型核潜艇搭载东芝制造的民用空调。

东芝还为自卫队设计了"C4I"中央指挥系统。这套中央指挥系统可帮助自卫队即时、有效且精准地处理情报。其设计的"基干连队指挥统制系统 ReCs"被运用于步兵连队，"战车连队指挥统制系统 T-ReCs"被运用于坦克联队。

目前，日本最先进的"10 式"坦克上搭载的就是"C4I"系统，坦克间共同应对敌方行动，提高了协同作战能力。神奈川县川崎市小向东芝町的"东芝电波产品株式会社"是东芝公司重要的军工产品生产厂家。

三、东芝公司的研发体制

（一）东芝公司的技术研发指导方针

东芝集团结合了已有 140 多年历史的制造业，在物理领域的经验和成就，以及经过 50 多年研究基于 AI 技术、数字技术的优势。目标是成为领先的 CPS（网络/物理系统）技术公司。公司考虑的 CPS 是一系列流程，这些流程在数字（网络）空间平台上分析和预测现实世界（物理）中感测到的数据，并将其反馈给现实世界（物理）。一旦建立，将创建东芝集团独有的服务和解决方案。①

当前，东芝公司向 CPS 技术公司过渡时，其技术开发政策具有三个支柱：（1）强大的差异化组件和 Edge；（2）基于 AI 的先进数字技术；（3）"Toshiba IoT Reference Architecture"（TIRA）并开发服务。这里使用的"边缘"一词意味着 IoT 和 AI 技术提供连接网络和物理的功能，并且，是支持新服务和平台业务发展的重要基础。专注于"Edge"的组件包括电力电子设备、Visconti 图像识别处理器、SCiB 可充电电池和智能机器人。关于人工智能技术，通过少量的人工反复学习，获得正确答案的人工智能，实现了即使有缺陷的数据，也能识别故障原因的技术。从而实现了学习少量数据的人工智能。相关的研究成果已经开始出现。最终，将进行研发以实现不需要学习的"学习 AI"。

在社会基础设施业务，能源业务和制造场所，东芝集团促进了

---

① 研究開発·技術 方針［EB/OL］.［2020-03-07］. https：//www. toshiba. co. jp/tech/vision_ j. htm.

领域知识的系统化，以及对从产品和系统获得数据的分析和优化。东芝将开发满足各种便利性和便利性需求的服务；将专注于精密医学，脱碳/碳利用和量子应用等先进技术，以解决社会问题，并稳步推动开展新业务的活动。东芝将在技术和冒险精神的推动下，通过创建东芝集团独有的 CPS，继续为人类和地球创造明天的新未来。①

东芝集团表示，在"为了人类和地球的明天"的集体口号下，给全世界人们的生活带来了变革，支撑着人们的生活和社会。在商品开发、技术开发方面，也经常通过推进客户第一主义、企业社会责任（CSR）经营，为社会做出贡献、共同发展。②

（二）东芝公司的技术研发机构

东芝公司的研发体系和机构包括首席技术官、通知总公司研发部门和下属分公司设计与研发部门。

东芝的研发系统由公司总部的研发部门，以及从总公司分离出来的公司设计和技术部门组成。公司研发部门正在从中长期角度，研究新业务领域以及创新和先进的研发。附属公司的研发部门和设计与技术部门，支持业务领域中的基本技术，根据业务计划开发新产品和差异化技术，并致力于商业化和量产，以满足客户的需求。这些部门密切合作，将产品推向市场。③

东芝公司总部的技术研究开发机构以研究开发本部为核心，包

---

① 研究開発・技術 方針 ［EB/OL］.［2020-03-07］. https：//www.toshiba.co.jp/tech/vision_ j.htm.
② 研究開発領域 ［EB/OL］.［2020-03-12］. https：//www.toshiba.co.jp/tech/rd_ j.htm.
③ 研究開発・技術体制 ［EB/OL］.［2020-03-07］. https：//www.toshiba.co.jp/tech/vision_ j.htm.

括研究开发部、研发中心、软件技术中心、生产技术中心。除此以外，还包括防止网络欺骗系统（サイバーフイジカル）推进部、数字创新技术中心（デジタルイノベーションテクノロジーセンター）。

东芝公司总部以外的独立技术研究开发机构包括：能源系统技术开发中心、基础设施系统技术开发中心、半导体研发中心、软件与 AI 技术中心、研究开发中心等。具体如下：

东芝能源系统株式会社——能源系统技术开发中心；

东芝基础设施系统株式会社——基础设施系统技术开发中心；

东芝机器存储株式会社——半导体研究开发中心；

东芝数字与解决方案株式会社——软件与 AI 技术中心；

东芝科技类株式会社——研究与开发中心。

海外研发机构包括：东芝欧洲研究所、剑桥研究中心布里斯托研究中心、东芝美国研究所、东芝中国研发中心、东芝软件印度公司、越南东芝软件开发有限公司。

四、研究开发本部

（一）研究开发中心

研究开发中心致力于将现在和未来相连。各种领域的专家们看清未来，致力于成为推动时代发展的东芝原动力研究开发。

第一，信息通信平台，深化无线网络、安全、计算技术，建设高速、大容量、高率、安全的信息通信基础设施所带来的安心、舒适的社会。

2020 年 2 月，面向下一代电力电子系统开发电磁界耦合型、高速绝缘 IC。多个信号和电力绝缘多重传输，以低成本实现，通过电力设备的小型、轻量化、节能化，为信息化社会发展做出贡献。

2020 年 1 月，使用量子密码通信技术的全基因组阵列数据传输，在世界上首次得到证实。支持大容量数据传输的量子密码技术能够在基因组研究和基因组医疗领域，活用到实用水平。

第二，智能化系统，在深耕 AI 技术、数据分析技术、机械电子学技术领域的先进技术的同时，通过融合网络技术和身体技术，建设安心、安全的舒适社会。

2020 年 2 月，世界上首次开发出在边缘设备上，高速动作带有语音关键字检测功能的朗读者识别 AI。在处理能力受到限制的家电等边缘设备上，也可以听取用户的意见，操作适合用户的设备。

第三，纳米材料，通过纳米技术，创造出具有新物质和功能的材料，建设高效率、节能、再资源化带来的可持续社会。

2019 年 11 月，开发了一种从 1 滴血液检测 13 种癌症达 99% 精度的技术。通过使用独自的微 RNA 检测技术进行健康检查等血液检查，从生存率高的癌症早期进行识别。

利用生物分解性 Liposom 将遗传因子传输技术应用于癌症的遗传因子治疗。

2019 年 9 月，使用有机半导体的薄膜型光传感器放射线脉冲检测，在世界上首次成功。活用薄型、轻量、广范围测定等特点，也可应用于工业用、医疗用等领域。

2019 年 8 月，日本国立癌症研究中心研究所开始开发使用微

RNA 的癌症检测技术。

2019 年 6 月，利用透过型亚氧化铜（Cu_2O）提高串联型太阳电池的发电效率。为了实现低成本高效的串联型太阳能电池，实现了超过 Si 单体的 23.8%的发电效率。

第四，电子设备，以半导体技术、自旋电子学技术为核心，生产出与系统差异化和新价值创造相关联的设备，实现安心舒适的社会。[1]

2020 年 1 月，开发出直接检测角度的高精度陀螺仪传感器的小型模块。通过小型化、高精度化，可以在机器人、无人搬运车、无人机等小型机器上搭载、实证实验。

（二）软件技术中心

为了强化东芝集团的软件力量，正在致力于软件要素技术、软件开发技术、软件开发过程、开发管理技术的开发和开展。

第一，软件元件技术。利用 OSS 和开发"只有东芝才有的"差异化功能，创造出有魅力的软件。以开源软件（OSS）为中心，开发东芝集团的产品、服务中可利用的高信赖且稳定的通用基础软件，从导入到维护终端支持。特别是 Linux、数据库、Web 基础 GUI 相关技术，积极参与 OSS 社区的策划并做出贡献。

第二，软件开发技术。开发高效"制作"高质量软件的技术和工具。为了提高软件开发的效率和可靠性，主要致力于以下技术开发和软件开发环境的构筑：

---

[1] 研究開発センター［EB/OL］.［2020-03-12］. https：//www.toshiba.co.jp/rdc/fields/index_ j.htm.

准确定义要求的技术（要求品质提高）。

能够早期检测规格和源代码中潜在的缺陷技术（设计验证、静态分析）。

从源代码中提取功能规范，再设计为理想架构的技术（规格提取、再设计）。

从设计信息中生成有效测试用例，自动测试的技术（测试设计、测试自动化）。

加速全球软件开发的软件开发环境。

第三，软件开发过程与开发管理技术，完善最佳开发流程，开发基于数据的开发管理技术和工具。开发软件开发过程的构筑、改善的技术、基于数据的品质管理、PJ 管理的技术和工具，作为企业功能致力于向东芝集团全体普及和展开。

基于三层体制开发基于参考模型能力成熟度模型整合（CMMI、Automotive SPICE 等）的 SPI 方法、面向产品开发的调整开发方法等，为现场课题的过程构筑和改善做贡献。此外，还开发了一种安全技术，可以有效推进功能安全的应对，以及在有限时间内实现高效测试的测试管理技术和系统测试自动化技术。

（三）生产技术中心

生产技术中心负责诸多技术领域的技术开发工作，具体如下。

（1）核心生产技术，生产工程技术，强化据点物制作能力，加强现场管理能力，利用 ICT 的生产管理、控制系统。

（2）设计、生产信息系统技术，从现象提取信息的技术，从信息中提取特征的技术，信息合作技术。

（3）材料、设备工艺技术，过程分析模拟，新设备开发和工艺应用，高密度实装技术，实装设计和可靠性评价技术。

（4）半导体封装模块技术，制造工艺革新。

（5）光学技术、传感技术、激光加工、3D 打印机、检查和图像处理技术。

（6）结构设计、制造技术，机械设计和可靠性技术开发，零件制造流程开发。

（7）控制技术，马达致动器，马达、机器人控制，EMC 设计。

（8）机械电子学技术，生产线、设备开发，先行要素开发。

（9）电子设备包装技术、CAD/CAE 模拟开发、PCB 高密度安装开发、印刷电路板开发。

五、日本东芝公司的研发动态

目前，东芝技术覆盖着社会发展的方方面面，从完整的楼宇解决方案、公共设施体系，到未来能源的研发提供，再到物联网、AI 技术的全链条发展，东芝在无形中保障着人类的生活，为社会的可持续进步贡献力量。随着互联网生态的高速发展，大数据的加速驱动，信息的喷井，为了顺应市场需求，东芝集团在分立半导体业务、大数据中心、服务器等信息通信所需的储存元件上，进行了重要的技术支撑。除此之外，东芝充分利用云计算、人工智能，实现物与物的连接，甚至人与情感的连接。在全新黏土 TVC 中，呈现出的智能、环保和可持续发展的社会，是所有人的向往和追求，也体现着东芝集团对全球战略布局的展望与期许。①

第八节　斯巴鲁株式会社的研发体制

一、斯巴鲁株式会社概况

斯巴鲁株式会社（Subaru Corporation，SUBARU）旧称富士重工业株式会社，是日本一家制造汽车等产品的重工业公司。主营业务：汽车及其零件制造、维修和销售，飞机和太空设备及其部件制造、销售和维修。资本金为 1537.95 亿日元（截至 2019 年 3 月 31 日），员工总数为 15，274 人（集团公司总计 34，200 人。截至 2019 年 3 月 31 日）。截止到 2022 年 3 月 31 日，资本金为 1537.95 亿日元，员工总人数为 16，961 人（集团公司总计 36，910 人）。② 富士重工是自卫队的主要武器提供商，陆上自卫队装备 AH-1S 反坦克直升机、AH-64D 战斗直升机等均为富士重工研制。

斯巴鲁株式会社作为日本汽车制造商有着悠久的历史，二战前曾经是日本中岛飞机制造公司，制造了 19，000 余架作战飞机。昭和 25 年（1950 年）6 月爆发的朝鲜战争，不仅给战后经济不景气的日本带来了"朝鲜特需"，还使盟军总部 GHQ 的日本占领政策为之一变。昭和 27 年（1952 年）4 月，旧金山和约生效后，旧财阀开始

①　科技东芝，用技术和创新智联世界 [EB/OL]. 东芝在华机构网，2018-04-24.
②　株式会社 SUBARU 会社概要 [EB/OL]. [2023-05-13]. https：//www. subaru. co. jp/outline/profile. html.

从所有者接收 GHQ 用于返还民间赔偿的土地、建筑物。以富士工业（太田、三鹰工厂）、富士汽车工业（伊势崎工厂）为中心的旧中岛飞机集团内的再联合行动突然活跃起来，昭和 27 年（1952 年）12 月，加上大宫富士工业（大宫工厂）、东京富士产业（旧中岛飞机总公司）的 4 家公司合并。与此同时，昭和 28 年（1953 年）的保安厅（现在的防卫省）预算中列入了教练机采购预算。为了重新开始生产飞机，当时处于再联合途中的旧中岛飞机集团也加速了再联合行动。昭和 28 年（1953 年）5 月，成为铁路车辆制造厂的宇都宫车辆（宇都宫工厂）决定重新联合参加，昭和 28 年（1953 年）7 月 15 日，由 5 家公司出资以飞机生产为事业目的的新公司富士重工业株式会社成立。斯巴鲁公司的标志是，在圆形中描绘了 6 颗星，标志着"5 家公司聚在一起成为了一个大公司"。①

SUBARU 是日本重要的军工企业。20 世纪 60 年代末进入汽车生产，虽然日本国内规模很小，却是雷克萨斯等知名品牌在世界范围内拥有很高人气和知名度的汽车制造商之一。特别是该公司标志性的 4 轮独立悬架和水平对置引擎技术在以北美为首的海外得到了很高评价，二手车的出口也很盛行。另外，位于爱媛县四国中央市的纸加工厂 SUBARU 股份有限公司与斯巴鲁公司名称相似，但并无关系。②

---

① SUBARU［EB/OL］.［2020-03-13］. https：//ja. wikipedia. org/wiki/SUBARU.
② SUBARU［EB/OL］.［2020-03-13］. https：//ja. wikipedia. org/wiki/SUBARU.

二、主要产品

（一）军工装备产品

T-1A/B 中等练习机；

J/AQM-1 无人目标机；

遥控观测系统 FFOS；

新无人侦察机系统 FFRS；

飞机模拟器；

UH-X（与贝尔·直升飞机共同开发中）。

1. 专利产品生产

新多用途直升飞机；

战斗直升飞机 AH-64D；

初等训练机 T-5；

无人侦察机系统；

T-34A 练习机（沙滩工艺品）；

LM-1/2 多座联络机（国内开发）；

KM-2 练习机·TL-1 练习联络机（日本国内开发）；

T-3 初级练习机（日本国内开发）；

T-5 初级练习机（日本国内开发）；

T-7 初级练习机（日本国内开发）；

L-19E 联络机（塞斯纳）；

UH-1B/H/J 多用途直升飞机（贝尔·空气船）；

AH-1S 对坦克直升飞机（贝尔、空气车）；

AH-64D 战斗直升飞机（波音）；

微调中程地对空感应弹用天线桅顶组（激光导通）。

2. 合作分工生产

F-2 战斗机（主翼、尾翼等）；

T-4 中等练习机（主翼、尾翼、卡诺比）；

OH-1 小型观测转录器（尾翼、卡诺比等）；

US-1/-1A 救难飞行艇（主翼外翼、纳赛尔、尾翼）等；

P-3C 对潜巡哨机（主翼许可证生产）；

U-15A 救难搜索机（装备安装、交货前整备）等；

P-1 巡逻机（主翼、垂直尾翼等）；

C-2 运输机（主翼等）。

（二）民用产品

1. 自己开发的产品

FA-200 空中飞碟；

FA-300（与富士 710、摇滚国际公司共同开发）。

2. 驾驶模拟器

RPH-2（遥控观测系统的面向民间的产品）；

SUBARU 贝尔 412 EPX（与贝尔、赫利科普勒·德克萨斯共同开发）。

3. 合作分工生产

波音 737（升降舵）；

波音 747（辅助翼、跑垒员）；

波音 757（外板襟翼）；

波音 767（YX 共同开发，主脚门、机翼整流罩）；

波音 777（共同开发，中央翼、主脚门、机翼整流罩）；

波音 787 梦之轮（共同开发，中央翼）；

空中客车 A 380（垂直尾翼结构）；

霍克地平线 M400（主翼结构及系统开发）；

阿古斯韦斯特 Land AW 609 提式旋转机（躯体构造开发）；

Eclipus 500（主翼）；

庞巴迪 DASH-8。

4. 专利许可生产

204B 中型运输转口（比利时航空公司）；

205B 中型运输转口（接受许可证后独自改进）。

5. 航天关联机器

H-I3A 火箭；

卫星模型；

远程（人造卫星）。

6. 环境技术

各种环保成套设备等。

三、斯巴鲁株式会社的研发体制与研发机构

斯巴鲁株式会社的企业理念（1994 年 11 月制定）一直致力于创造先进技术，提供让客户满意、高品质、有个性的商品。以人、社会、环境的和谐为目标，为创造丰富的社会做出贡献。公司将始终着眼于未来，站在国际视野上，以成为一家富有进取精神、充满

活力的企业为目标。品质方针（2019年4月1日修订）：最重要的是质量，回应顾客的信赖。1. 为您送上可以安心长期使用的商品。2. 经常倾听客户的声音，在商品和服务中发挥作用。3. 遵守法令、社会规范、公司内部规则，做受客户信赖的工作。环境方针（2017年4月修订）："大地、天空和自然"是以汽车和航空航天事业为支柱的SUBARU事业的领域。只有保护大地、天空和自然广阔的地球环境，才会使社会和公司未来的可持续性成为可能，在所有的企业活动中都要努力。网络安全基本方针（2018年6月制定）：株式会社SUBARU及集团公司各公司在开展业务活动时，提供产品、服务，为了保护信息资产不受威胁，满足顾客以及社会的信赖。①

（一）研发与制造汽车的经营理念

斯巴鲁公司约定，要研发对所有乘坐人来说都安心、愉快行驶的汽车。让与SUBARU相关的所有人的人生都丰富多彩。以SUBARU品牌闻名的汽车部门自1958年"SUBARU 360"上市以来，一直追求在所有环境下的高安全性能、出色的行驶性能和合理的包装。这是SUBARU制造所有汽车的共通思想。

基于这个想法开发对称AWD（全轮驱动）。以低重心、紧凑水平对置引擎（SUBARU BOXER）为核心，构成左右对称的动力传动装置。通过这些技术，可以实现SUBARU驾驶员任意理想驾驶，在任何天气条件和路面状况下，都能确保可靠的行驶性能。同时，与行车安全性能一起，防备万一。碰撞安全性能，预防安全性能，也

---

① 株式会社SUBARU企業理念とSUBARUのビジョン［EB/OL］.［2020-03-13］. https：//www. subaru. co. jp/outline/vision. html.

同时提高。2010 年为了防止追尾事故发生，斯巴鲁公司将受害控制在最小限度的驾驶支援系统 EyeSight（ver. 2）搭载在"regashi"上。2014 年将各功能性能进一步提高，并将可操控舵 EyeSight（ver. 3）搭载在"revog"上，"谁都可以放心驾驶"连续追踪汽车。此外，斯巴鲁公司还开发了兼具行驶性能和环境性能的小排量引擎和直喷涡轮发动机组合的"1. 6l 智能 DIT"。2013 年斯巴鲁公司还发售了"SUBARU XV HYBRID"等环保技术，提供安心、可实证的快乐。通过一辆车，人生变得更加丰富、活跃，SUBARU 想要的就是这种车。①

（二）研发与制造航空航天产品的经营理念

领导日本的宇宙航空产业，从事各种各样的飞机开发和生产。向天空和宇宙扩展 SUBARU 品牌。航空宇宙公司凭借传统和革新技术，从事面向以防卫省、美国波音公司为代表客户的各种各样的飞机和组件的开发和生产。

在旋转翼机方面，2015 年 9 月接受了与防卫省签订的试作承包合同，与美国贝尔、赫利科普勒·德特龙公司共同开发了面向民间的最新型直升飞机"SUBARU BELL 412 EPX"，将该机体作为共同平台，对陆上自卫队新的多用途直升飞机进行试验、开发和制造机器，并于 2019 年 2 月交货。在陆上自卫队进行灾害救助等活动的多用途直升机"UH-1J"和"UH-2"，支持海上自卫队和航空自卫队的飞行员训练的初等练习机"T-5"和"T-7"，开发 15 种以上的无

---

① SUBARU の自動車事業 ［EB/OL］. ［2020 - 03 - 13］. https：//www. subaru. co. jp/outline/business_ car. html.

人机，并开发、制造、整备、修理、技术支持操纵训练用模拟器等。在民间飞机事业方面，曾参与波音767、777、787以及777X等国际共同开发，负责波音777X中央翼开发，制造主脚门、机翼整流罩等。①

在以小型飞机和无人飞机为首的飞机系统集成领域，通过面向防卫省和宇宙航空研究开发机构（JAXA）的各种程序，通过50年的开发经验培养了技术基础。作为该领域的日本领先航空宇宙公司，成为经济产业省及国土交通省举行的"空中移动革命"官民协议会的成员，探讨新的自主飞行系统课题和可能性。"飞机搭载型小型红外传感器系统集成的研究试制"飞机试验机。②

（三）研发汽车技术的理念

1. 创造未来，支撑的顶梁柱

掌控汽车乘坐感觉和安全性能的平台。SUBARU于2016年10月开发了新一代平台"SUBARU GLOBAL PLATFORM"（SUBARU全球平台），并将其作为第一批次搭载在了第五代植入器上。展望2025年的这个平台，是以"SUBARU史上最高水平的综合性能进化"和"将来包括电动化在内的所有车型，用一个设计构想来对应的平台实现"为目标而开发。除轻型汽车和小型跑车"BRZ"外，计划所有车型都采用。在"从重新评估，使之焕然一新"的号召下，由先行开发开始。

---

① SUBARUの航空宇宙事業［EB/OL］.［2020-03-13］. https：//www. subaru. co. jp/outline/business_ aero. html.
② SUBARUの航空宇宙事業［EB/OL］.［2020-03-13］. https：//www. subaru. co. jp/outline/business_ aero. html.

2. 不设置界限点、超越界限点

不仅仅是车身设计部，评价部等所有相关部门的成员都被集合起来，被指令"拿出想在下一代平台上实现的事情"，各自思考，写出目标公布。新平台的目标是提高碰撞安全性能和运动性能，特别是运动性能，是所谓的"乘坐感"（动态质感）的重要部分。乘坐舒适、安心感高的汽车，到底处于什么状态？不是凭感觉，不能量化吗？因此，公司决定在车体上安装200个传感器，验证实际运行中的状态。

3. 用自己的手制作的感觉

通常汽车只有10个左右的传感器，完成改造后的SUBARU全球平台，车身、底盘各部分性能，比原来机型大幅度提高了1.7~2倍。通过脚轮机构的进化和低重心化，实现了忠实于驾驶员意愿的操作性能，成功地发挥了吸在路面上的驱动效果。另外，在碰撞安全性能方面，碰撞能量的吸收比现行机型大幅提高了1.4倍。根据日本的事故信息，在多发生行人事故的日本，还搭载了行人保护安全气囊。

（四）研发航空航天技术的理念

D-SEND是非对称分布音爆简化评估跌落试验（Drop test for Simplified Evaluation of Non-symmetrically Distributed sonic boom）（低sonic 高潮设计概念证实）的省略。为了实现下一代超音速客机的设计，JAXA（宇宙航空研究开发机构）正在推进最先进的航空技术研究项目。

JAXA在设计空气动力学形状和感应控制方面，SUBARU负责其他设计和制造第 2 阶段试验（D-SEND#2）时表示，"应用了低音波设计概念试验机，通过从气球上掉落而以超音速飞行，测量音波来证实设计概念"。在这样的目的下，在瑞典实验场进行测试。2013年 8 月的第一次测试失败，2014 年气象条件不好延期。2015 年 7 月24 日，充分准备实施第三次。这是世界上第一次成功验证了低音波设计技术的飞行。①

宇宙往返系统、成层飞船、静音超音速机这三个其实都是SUBARU 从 JAXA 作为黄金制造商（主契约者）负责开发、制造的"为了研究先进技术的无人机"。宇宙往返系统，也就是作为日之丸航天飞机实验的"HSFD：高速飞行实验机"。为了实现用于通信、广播、地球观测等的平流层飞行器——"定点滞空试验机"。并且，致力于设计静音超音速机的"D-SEND#2 试验机"。无人机被称为"飞天机器人"，正因为人无法乘坐并操纵，所以，需要比有人机更高级的控制系统。利用计算机和通信网络从地面上进行管制，自动操纵得以切实发挥作用。在小小的机体中，加入了代替人头脑的电脑和精密机械装置，在正确控制飞行的同时，防备故障等，可以说，是混合了电子、电气、机械、航空、宇宙、材料、信息等工学技术的结晶。

---

① SUBARUD-SENDプロジェクト ［EB/OL］. ［2020－03－14］. https：//recruiting-site. jp/s/subaru-as/1932.

第九节　日本电气株式会社的研发体制

一、日本电气株式会社（NEC）概况

日本电气株式会社（日语：日本電気株式会社/にっぽんでんき；英语：NEC Corporation；简称：NEC，旧英社名 Nippon Electric Company，Limited 的简称），是总部位于东京都港区芝五丁目的住友集团的电机制造商。很少被简称为"日电"，一般使用简称"NEC"，在 LOGO 标识和关联公司的名字中也使用"NEC"。作为电机行业和公司内部的隐语，日本电气被称为"三田"。另外，住友电气工业、兄弟公司与该公司和住友商事一起是住友新御三家的一角，但是，没有使用住友的象征"井"字的标志。

NEC 是日本老牌的电子通信商，战后依然活跃在电子通信技术和卫星通信领域。NEC 是日本第一颗卫星的生产商，也是日本超级电脑、侦察卫星、指挥通信装备的主要生产商之一，曾经生产了排名世界第一的超级计算机：地球模拟器。在 NEC 生产的电子通信产品中，除了大量的民用产品，也有一部分用于自卫队的军事通信、网络工具等产品。

主要产品有有线、无线通信设备（IP 电话网、移动电话基站、电视广播设备、交通无线、铁路无线、船舶无线、航空无线、汽车通信、宇宙通信等）、计算机（从 IA 服务器、UNIX 服务器到主帧、

超级计算机）及 IT 服务以系统集成为主力事业。信息技术（IT）和网络（NW）甚至提出 IT 和操作技术（OT）的融合，服务器和中间件等云计算基础，为了 IoT 的边缘计算基础，NGN 和 SDN 等的通信网络、智能网格等能源网络，面向社会解决方案的人工智能（AI）、大数据分析和网络安全。

近年来 NEC 也致力于 FinTech（区块链开发）和自动驾驶技术。日本的微型电脑、个人电脑市场从黎明期开始着手，昭和 51 年（1976 年），发行 TK-80，努力激活日本微机市场。在日本国内以"NEC"这个品牌为人熟知的是个人电脑（PC），2000 年以后，为了从面向个人消费者的产品向法人产品和社会基础设施产品，进行事业改革。日本国内外的社会基础设施事业中，提出了从海底到宇宙活用 ICT 社会基础设施的高度化。有管理系统的构筑实绩，活用政府开发援助，以新兴国家为中心，亲自动手建设 ICT 基础设施。①

与非洲从 1963 年开始有交易，到现在为止为非洲大陆 40 个以上的国家提供了微波通信系统。另外，NEC 面向亚洲主要机场，提供了利用生物测定技术，实现安全可靠出入境审查的电子护照系统。在南非，当地政府通过指纹认证建立了 7 千万人规模的国民 ID 系统。2019 年，NEC 在服务器领域继富士通之后，位居日本第二。另外，NEC 是世界上唯一现存的矢量型超级计算机制造商。通信设备在日本国内居首位，从通信卫星到光通信等各种设备都有销售。PA-SOLINK 品牌在小型固定无线传输装置中，占有世界首位的份额。网

---

① 日本電気 [EB/OL]. [2020-03-14]. https：//ja. wikipedia. org/wiki/% E6% 97%A5%E6%9C%AC%E9%9B%BB%E6%B0%97.

络设备相关产品以 UNIVERGE 品牌为代表产品。IoT/M2M 解决方案的产品有 CONNEXIVE。IT 服务方面，在富士通和 NTT 数据之后，NEC 位居日本国内第三。①

另外，在利用人工智能的图像识别和自然语言识别技术方面，脸部识别系统 NeoFace 在日本国立标准技术研究所主办的脸部认证基准中连续三次获得了世界第一的速度和精度。脸、虹膜、指纹、手指静脉、声音、耳声六种生物测定技术均以 Bio-Idiom 为品牌开展服务。除了致力于向国际市场销售这些产品和服务，还销售海外厂商等通信设备、计算机和软件。但是，从硬件单体的销售和销售断开的 SI 委托开发，向以持续性服务的销售、生物测定和人工智能为核心的 IT 平台商业模式推进着构造改革。②

二、主要产品

NEC 主要产品服务是计算机、软件包和网络通信设备的生产和销售，以及提供结合它们的 IT 服务（计算机系统的构建/集成）。平成十二年（2000 年）以后，事业选择和集中都在进行，半导体、个人电脑的设备等，手机、照明都分社化。这些产品记载在"分公司/子公司化部门的产品"中。2011 年，NEC 个人电脑将加入联想旗下的 NEC 联想日本集团。2004 年开始的 Itanium 系统服务器开发在2012 年结束，并且在 2015 年退出了办公室电脑的制造，维护支持将

① 日本電気 [EB/OL]. [2020 - 03 - 14]. https：//ja. wikipedia. org/wiki/% E6%97%A5%E6%9C%AC%E9%9B%BB%E6%B0%97.
② 日本電気 [EB/OL]. [2020 - 03 - 14]. https：//ja. wikipedia. org/wiki/% E6%97%A5%E6%9C%AC%E9%9B%BB%E6%B0%97.

持续到 2023 年。2017 年开始发售比海外势力落后、将服务器和存储设备合并的超转换型产品。在 PC 方面，虽然往年没有压倒性的市场占有率，但和联想合并后，在日本国内占有率保持首位。

超级计算机（HPC 服务器）

UNIX 系；

SX 系列（矢量型超级计算机）；

LX 系列（标量型）；

特别订购机

地球模拟器

服务器

UNIX 系；

NX 7000 系列；

NX 7700 i；

NX 7700x 系列（包括面向 SAP HANA 的电器服务器"NEC High-Performance Appliance for SAP HANA"）；

CX 5000 系列（SUN 的 OEM）；

西格玛网格

西格玛刀片

TX 7 系列；

主框架

ACOS-2 系列；

ACOS-4 系列；

ACOS-6 系列；

DIPS 系统主框架

NEDIPS（向 NTT 的 OEM）；

Windows 系统

Express 5800 系列；

TWIN-POS 系列；

初始 TWIN-POS 中也有使用 MS-DOS 的系列；

集成平台（NEC Solution Platiforms）

Cloud Plaatform Suite；

Data Plaatform Suite；

苹果 Plaatform Suite；

存储

iStorage；

工作站

Express 5800/50 系列；

美国系列

工厂计算机

FC 98-NX 系列；

ShieldPRO 系列；

FC-NOTE 系列；

NBC 系列（板电脑）

机器人

佩罗（PaPeRo）

软体类

NEC 的大多数软件包都用于公司系统，中间件特别强大。除以下软件外，该公司还开发和销售专门用于行业（医疗、制造等）的打包软件。每个业务部门都为公司出售打包的软件，例如，医疗解决方案业务部门出售电子病历。

高可用性软件 EXPRESSCLUSTER；

服务执行平台 WebOTX；

交易监控；

集成运营管理软件 WebSAM；

信息管理软件 InfoFrame；

群件 StarSuite；

InfoCage 安全软件

ERP 套件说明

集成开发环境 SystemDirector

其他

WMS 套件

CAD／PLM／PDM

地理信息系统

科技计算软件（数据挖掘软件，HPC 数值计算软件）

大数据分析

通信和网络设备

在大多数情况下，NEC Networks 都是内部公司时代的业务领域，但是 Aterm 和 Speaks 是 NEC Solutions 的产品。

办公解决方案

UNIVERGE 解决方案

路由器

IX 系列；

COMSTARZ 系列；

电话交换

APEX 系列；

SV7000（用于 IP 电话，如 PASSAGE DUPLE 的 SIP 服务器）；

NEAX61（许多在海外）；

NEAX61Σ（主要用于家用 NCC）；

MMM；

TA；

Aterm 系列

DATAX；

微波/毫米波通信装置

PASOLINK；

射频识别

光学收发器

Pasolink 系列超紧凑型微波/毫米波通信设备的销售，一直在向主要的海外运营商扩展，并且，自 2007 年以来，已经连续三年占有世界顶级市场份额。但是，在 21 世纪最初 10 年中期，中国的华为技术有限公司的类似产品进行了低价销售，NEC 和瑞典的爱立信失去了顶级份额。①

三、日本电气株式会社（NEC）的研发体制与研发机构

（一）日本电气株式会社（NEC）的研发理念

基于生态系统的研发改变了科研机构的观念。通过输入来自世界各地的人力资源和材料，快速实现创新的社会解决方案。

1. 成为面向世界，促进商业化的研究机构

许多人可能会将研究所视为致力于种子技术研究的地方。但是，该公司现在正在远离这些后端实验室。首先，研究人员本身必须站在前台，并逐步实现商业化；其次，要致力于成为一个研究中心，通过从早期发布技术并与客户和外部合作伙伴紧密合作，可以快速实现商业化。人工智能和物联网在研究主题中占很大比例，它们是技术快速发展的领域。不用说，商品化的速度是在激烈竞争中生存的关键。当然，NEC已经开发了许多可以说是世界上第一和唯一的核心技术，并与业务部门合作在市场上推出了高质量、高精度的服务。然而，在这种类似管道的商业化流程中，速度是有极限的。因此重要的是，要收集来自世界各地的人力资源和资金，从技术开发的早期阶段就与外界合作，并进行能够实现有效商业化的生态系统类型研究。②

为此，采取的措施之一是 NEC X, Inc.（以下简称 NEC X），该

---

① 日本電気 [EB/OL].[2020 – 03 – 14]. https://ja. wikipedia. org/wiki/% E6% 97%A5%E6%9C%AC%E9%9B%BB%E6%B0%97.

② 研究所の概念を変えるエコシステム型 R&D [EB/OL].[2020 – 03 – 15]. https://jpn. nec. com/rd/labs/index. html.

公司于 2018 年 7 月在硅谷成立。它以 NEC 技术核心为基础，与硅谷的优秀研究人员、企业家和加速器共同创建，旨在迅速开展对社会有影响的企业。如果成功实现了商业化，则可以与合作伙伴分享双赢的利益，从而建立双赢的关系。换句话说，就是一家公司完全支持研究人员进行企业孵化。NEC 拥有强大的技术和来自世界各地的优秀研究人员。实际上，NEC 集团的许多论文已被 AI 相关社会所采用。因此，与世界各地的外部合作伙伴进行商业化合作，总是可以取得显著成果。①

2. 供组织支持以加速世界一流研究

NEC 在现实世界传感领域一直非常强大。NEC 不仅在人脸识别等生物识别认证方面处于世界领先地位，该技术已在 NIST 上证明了其准确性和速度，而且，在光学传感、成像、声音和气味分析方面也处于领先地位。不幸的是，很少有能够达到客观基准（如人脸识别）的技术，但是，它们都是有能力拥有世界顶级技术的领域。综合力量也是主要力量。NEC 在 AI 和 IoT 之外的各个领域（如安全性、硬件和光通信）都有持续业务的往绩记录。最近（截至 2018 年 7 月），与 Google 合作发表的有关光通信的论文已成为全球热门话题。通过使用机器学习，极大提高了各大洲之间的光纤通信性能，这也是 NEC 的成果。NEC 不仅在机器学习方面，而且，在光通信领域也积累了许多成就。

最重要的是，正是这些才华横溢的研究人员创造了这些优势。

---

① 研究所の概念を変えるエコシステム型 R&D ［EB/OL］.［2020 - 03 - 15］. https：//jpn. nec. com/rd/labs/index. html.

目前，NEC 集团拥有约 900 名研究人员，无论国籍或种族，日本研究人员大约有一半。近年来，它已经转变为一个更具全球化的组织。①

3. 从"机器学习 2.0"开始，进行彻底的创新

在研究实验室，将继续创建以 ICT 为中心、以技术创新为中心、新的社会解决方案，这种态度不会改变。但是，仅 10% 的创新变化是不够的，像月球着陆这样的剧烈变化就十分重要。随着数字化转型的推进，社会系统将在未来 10 年到 20 年内发生重大变革。超越传统的"改善"解决方案，创新研发具有重要意义。例如，现在正在启动"机器学习 2.0"的概念。当今机器学习技术，需要大量数据和专家的长期分析。但是，很难立即在现场使用它，并且，也很难传播它。这就是为什么创建任何人都可以有效分析的新机器学习——"机器学习 2.0"，也是导致下一次技术创新的原因。

为此，NEC 已经在开发预测分析自动化技术和紧凑型矢量计算机，以加速机器学习。诸如可以分析少量数据技术之类的创新技术开始出现。NEC 将这些技术用作加速 AI 和 IoT 传播的武器。

（二）日本电气株式会社（NEC）的研发指导方针

该公司关注的是技术领域以及为明天创造社会价值的过程。真实世界、东西、人、环境、社会价值、安全平等、安全效率、实时性、动态的、遥控、安全的，通过自主优化而不依赖人类，从基础上支持商品的分配。从网络现实的两面来看，促进整个社会系统的

---

① 研究所の概念を変えるエコシステム型 R&D ［EB/OL］. ［2020 - 03 - 15］. https：//jpn. nec. com/rd/labs/index. html.

安全，同时降低功耗、优化社会制度。可视化，对现实世界中的信息和事件认识并理解，作为有价值的信息利用它。根据分析结果，做出最佳决定。设备控制，帮助引导人们。分析方法，利用机器学习等。发现新规律，做出未来的预测和推断。

"可视化"可收集世界范围内的大量现实信息，"分析"可从其中收集的大量数据中获得新知识。"响应"是将从分析中获得的知识反馈到现实世界中，并实现其价值。通过这些 AI 流程，通过连接现实世界和网络世界来创造新的价值。而且，这种 AI 处理由基于计算和强大安全性网络的"ICT 平台"支持。其正在致力于实现可持续发展社会必不可少的核心技术的研发。①

（三）日本电气株式会社（NEC）的技术研发目标

加速 AI 的实际使用和采用，迅速发展的 AI 已在社会中广泛使用，并在实地应用。

四、研发机构

NEC 技术研发的组织架构包括：NEC 的研究实验室负责研发，以增强 NEC Group 的技术能力，并从全球角度与全球基地和研究机构合作，共同创造新的社会价值和研发成果，以开拓未来。

在日本国内设有：数据科学研究所（データサイエンス研究所，Data Science Research Laboratories），生物识别研究所（バイオメトリクス研究所，Biometrics Research Laboratories），安全研究所（キュリ

---

① PDFNEC Research Activities（2019 年版）わたしたちが注力する技術領域と明日へ向け社会価値の創造プロセス［EB/OL］.［2020－03－15］. https：//jpn. nec. com/rd/labs/index. html.

ティ研究所，Security Research Laboratories），系统平台研究所（システ ムプラットフォーム研究所，System Platform Research Laboratories），价值共创中心（価値共創センター，Value Co-creation Center）。

NEC 已在全球建立了 7 个研发基地，并与实验室紧密合作，同时充分利用了区域特色和合作伙伴组织的优势。

北美研究所，坐落在学术东海岸的普林斯顿大学和创新的西海岸硅谷的圣何塞，将通过基础技术开发和商业化方面的技术创新为社会做出贡献，包括尖端的数据分析和平台技术。

欧洲研究所，与海德堡附近的大学、研究所、公司、医院和地方政府、德国大学的发源地进行协作，正在努力针对欧洲和全球趋势的前沿 AI／IoT 研究，重点是金融、医疗、交通等。

中国研究院，推动中国市场（全球领先的 AI 领域）在数据科学和无线通信网络领域的研发。中国研究院通过标准化等，致力于开发适用于全球市场的基本技术，作为解决社会问题的关键。

新加坡学院，与新加坡和其他发达国家的政府、公司和研究机构合作，结合每个研究所的先进技术，共同创建和展示针对社会问题的解决方案，例如公共安全、公共交通和医疗保健。

以色列研究中心，利用以色列独特的技术创新生态系统，该生态系统以积极主动的态度创建大量新业务，我们通过与当地大学和初创企业进行技术集成来促进快速研发。

印度研究所，与印度政府、公司和研究机构合作，致力于运输和物流、安全、付款和认证等领域的问题。该研究所通过共同创造和展示利用每个研究所的先进技术，来加速新兴国家的商业化。

五、NEC 的尖端技术

（一）秘密计算技术

秘密计算技术可以在信息保密的情况下执行数据分析。什么是秘密计算技术？这是一种允许在保持数据秘密的同时，进行计算处理的技术。计算端无法确认数据内容，仅显示输出的计算结果，这在利用诸如个人数据和公司机密之类的机密信息时非常有效。有几种秘密计算方法，而且，NEC 正在研究一种基于秘密共享的方法。将数据分为多个部分，然后将它们分发到多个服务器进行计算。每个数据段均由随机数保密，并划分为多个服务器，这使得恢复极为困难，并保持很高的安全性。预计该技术将用于个人信息、生物信息和机密公司信息。

在安全性方面，NEC 拥有专有技术来检测服务器错误和欺诈。在机密计算中，多个服务器协同执行计算处理，但是，不能完全排除其中之一发生欺诈或异常的风险。为了防止危险，快速而准确地检测出此类异常非常重要，而且，NEC 关于检测技术的原始论文也是安全领域世界上最好的论文之一。它已在 Eurocrypt 2017 和 IEEE Security&Privacy 2017 会议上采用，并经过了高度安全性和可靠性评估。

NEC 还致力于简化开发方面的研究。在 2018 年，NEC 构建了一个开发环境，使创建秘密计算程序变得更加容易。例如，通过使用此技术，一般系统工程师可以在大约几天内，完成一次由专家执行大约一个月的任务。关键是可以使用类似于 Python 的语言，这是机器学习中广泛使用的编程语言。

该开发环境和执行引擎的部分源代码现已向公众开放。世界上没有其他公司发布与秘密计算有关的源代码。发布源代码很重要，这样不仅可以发布论文，而且可以评估性能和验证安全性。希望每个人都可以尝试。①

（二）密码技术

NEC 通常使用的所有通信方法都使用某种类型的密码学。密码技术是支持多种安全技术的最基本技术。

在世界范围内，物联网正在发展，各种事物都将连接到互联网。结果，现在需要保证过去无法预期的场景的安全。例如，可以在小型设备上安装的轻量级安全加密技术，是需求急剧增长的领域。密码学还用于目前引起关注的区块链中，它们是影响其性能的重要因素。密码技术是在世界范围内仍然重要的技术。过去，对称密钥密码术是公司研究人员精湛技术的一个领域，但是近年来，随着学术领域的发展，许多技术已经理论化和系统化。

"身份验证加密"是一种通用密钥加密，是一种可以同时执行加密和篡改检测的技术。单独加密会增加风险，因为它无法确定解密的明文是否已被篡改。因此，在物联网等要求高安全性的场景中，有必要引入认证加密。

然而，由于认证加密除了加密，还执行篡改检测，因此，具有

① 情報を秘匿したままデータ解析ができる 秘密計算技術 ［EB/OL］.［2020-03-17］. https：//jpn. nec. com/rd/technologies/201805/index. html.

计算量加倍的问题。另一方面，OTR 使用两轮 Facetell 加密来使计算尽可能高效。由于加密和解密都是由同一处理系统计算，因此，计算量几乎与仅使用加密时的计算量相同。OTR 是一种加密算法，与TWINE 相似，需要非常少量的计算，因此，在实现时可以减少电路规模。目前，NEC 已经开始通过结合两种加密技术"TWINE-OTR"在物联网等产品中实现它。

（三）网络控制技术

自适应网络控制技术通过判断每个终端优先级的同时，适当分配带宽，成功地改善了通信延迟的情况。

该技术的本质是高精度地实现了这种"预测"。除通过机器学习来估计通信终端之外，还通过实时分析、预测和控制通信条件，成功建立了稳定的无线通信。有关该技术的论文在 2017 年 IEEEComSoc 国际通信质量和可靠性研讨会（CQR）上获得了最佳论文奖，在国际会议上获得了很高的评价。

（四）网络攻击自动诊断技术

近年来，网络攻击威胁不仅限于 ICT 领域，而且，在控制系统和 IoT 领域也很常见。在控制系统中，关键基础设施的运行有时会受到威胁，例如，电力系统和工厂的关闭。以前，未连接到外部世界的控制系统越来越多地通过网络进行远程监视。结果中有损坏的报告，例如，勒索软件在控制系统中传播，导致生产线暂停。对关键基础架构的网络攻击也在增加。

网络攻击利用系统漏洞、不完整的设置和通信数据。因此，不仅有必要采取措施防止设备和系统中的漏洞，而且必须了解如何利用和攻击漏洞和通信数据。网络安全专家已经开发了通用漏洞标识符 CVE（常见漏洞和披露），以及主要由美国政府支持的非营利组织 MITER 开发，系统化和运行的常见攻击模式 CAPEC（通用攻击）列表。

NEC 使用模式枚举和分类（ATTE）以及 ATT&CK（专业策略、技术和常识）框架来分析网络攻击。此外，由通用漏洞评分系统（CVSS）的基本值表示漏洞的严重性。安全措施的优先级，通常按 CVSS 基本值的顺序确定。实际上，低漏洞也正在被利用。基于其他专家难以理解的攻击模式信息，公司分析了建立攻击的条件和成功攻击后发生的影响，并根据攻击模式的共同特征，将其构造为独特的规则。使用该分析数据库和虚拟模型，可以通过模拟全面生成从攻击源到攻击目标的连续攻击场景。另外，指定一个喜欢的位置，作为虚拟模型的攻击起点或为特定设备设置漏洞，可以在内部人员为零的情况下进行风险分析。

基于分析结果的对策模拟。从虚拟模型和风险分析模拟得出的攻击场景，可用于了解系统中存在风险的位置，并查看应优先考虑安全措施的位置。通过将考虑的安全措施输入虚拟模型中，可以模拟这些措施降低风险的效果。通过事先在虚拟模型上尝试各种度量组合，可以计划经济有效的度量。①

（五）变位解析技术

使用卫星雷达的二维微位移分析技术，可对城市中的多条道路

---

① サイバー攻撃リスク自動診断技術［EB/OL］.［2020-03-17］. https：//jpn. nec. com/rd/technologies/201804/index. html.

和建筑物进行老化检查。

"二维微位移分析技术"，通过使用 NEC 专有的反射点聚类技术关联反射点，在城市地区也可以实现毫米级的高精度微位移分析。在这种方法中，基础结构被视为刚体（例如，混凝土块等）的集合，并且属于同一刚体的雷达反射点被聚类。启用小位移分析使得可以检测位移，这从结构保护的角度来看非常重要，例如，如何在建筑物中（例如，在地面沉降很多的垃圾填埋场中）表现出这种影响。

根据地图信息正确绘制地图，适用于二维位移分析。通过使用针对每个刚体分离反射点簇的形状和位置，可以与地图信息进行核对。以此方式，可以与实际基础设施结构相关联，并正确地关联从两个不同方向观察到的反射点分析结果。基于正确关联结果的二维位移分析，可以得到几乎没有误差的位移测量结果。

合成孔径雷达（SAR）：通过利用绕地球旋转的卫星的运动使雷达天线的尺寸（孔径长度）大幅度变大，从而获得高分辨率雷达图像的技术。例如，NEC 的小型雷达卫星 ASNARO2 可以从距地面几百千米的高度，获得分辨率约为 1 米的高清图像。但是，由于雷达仅测量距离，因此与通过光学照相机获得的图像相比，获得的雷达图像看起来是失真的。

采用 SAR 的位移分析技术使用雷达图像，该图像由地面和道路等结构上的反射点（也称为散射点）组成，这些反射点是在使用常规轨道雷达在地面上进行雷达观测时获得的。假设定期观察的数十个雷达图像中的稳定反射点源自单个结构，并通过执行时间序列分析，来测量每年在地面和道路上的微小位移（每年约几毫米）。使用单颗卫星的位移分析技术是一项技术，可在内阁办公室的 SIP（战略创新创建计划）"基础设施维护，更新和管理技术"开发技术团队中，以高精度和高效率监控人造结构的长期位移。这种"研发"及其实际应用正在不断发展。①

（六）多目标识别技术

识别范围广泛的产品，从不确定的易腐品到包装产品。最近由于劳动力的减少，人们已经开始要求劳动力替代。在诸如便利店和超级市场这样的零售商店中，这种情况尤为严重。在零售商店的业务中，结算业务（在收银员处付款）对文员的负担特别大，并且人们越来越希望无人值守。对于无人值守的付款，已经有使用条形码扫描的自助结账系统，但是，用户一张一张地保存条形码需要花费时间和精力，并且条形码无法像新鲜产品那样被附着。效率存在问题，例如，无法处理产品。该公司还尝试通过将 RFID 分配给产品来实现自动付款，但是，每张卡的成本很高，并且在一般零售商店中，全面推广仍处于领先地位。

通过使用图像识别技术，该方法可从相机识别零售产品本身，而无须条形码和 RFID，可实现无人值守的付款，使用户易于使用，并降低了介绍公司的运营成本。这次开发的多对象识别技术，即使在零售商店中产品杂乱排列的情况下，也可以对在零售店处理的所有产品进行准确的图像识别，从而大幅度提高了付款期间产品读取效率。

---

① 都市部における複数の道路・ビル等の老朽化検査を可能にする衛星レーダを活用した2次元微小変位解析技術 [EB/OL]．[2020-03-17]．https：//jpn. nec. com/rd/technologies/201802/index. html.

六、日本电气株式会社的研发动态

2020 年年初，NEC 公司用于奥运会人脸识别的安全技术，已经全部研制成功。

2020 年 4 月 16 日，NEC 平台开始提供面向服务站的新服务，顾客可以通过手机简单、方便地加油。

2020 年 4 月 15 日，NEC 将支持微软 Azure Stack HCI 的 HCI 专用模型进行产品化。

NEC 在 HCI（Hyper Converged Infrastructure）专用模型"NEC Hyper Converged System"中，新推出了与"Microsoft Azure Stark HCI"对应的产品。近年来，很多企业为了应对商务的快速变化，需要一种 IT 系统，可以根据服务状况灵活扩展 IT 系统，优化运用作业的负荷和成本。新产品"NEC Hyper Converged System for Microsoft Azure Stack HCI"是基于 Windows Server 的 HCI 专用机型。如果只使用"Windows Server 2019 Datacenter"构成 HCI——Windows Server 虚拟机，那么许可证可以无限制地使用，在低成本下可以进行系统运用的同时，通过新的运用管理工具，HCI 的运行管理也变得容易。同时，为了促进对中坚中小企业的虚拟化整合系统的导入，将小规模结构特殊化、降低引进成本的 2 节点入口 HCI 模型进行了产品化。①

2020 年 4 月，NEC 为了实现客户的数字传输（以下简称 DX）

---

① NEC、Microsoft Azure Stack HCIに対応したHCI 専用モデルを製品化［EB/OL］.（2020-04-16）［2023-05-01］. https：//www. necplatforms. co. jp/press/202004/20200416_ 01. html.

的安全系统构建，于 2020 年 7 月开始销售确保 IoT 设备真实性的安全服务。

具体来说，将 NEC 具有的 IoT 安全产品和安全制造的边缘设备、块链技术组合起来作为安全服务进行提供。今后将依次扩大该服务的适用对象，通过构成包含边缘、IoT 设备和服务器等系统的机器的生命周期来实现管理，从而确保真实性成为可能。①

第十节　日本三菱电机工程株式会社的研发体制

一、日本三菱电机工程株式会社概况

三菱电机公司，全称三菱电机工程有限公司（三菱電機エンジニアリング株式会社；Mitsubishi Electric Engineering Company, Limited, MEE），世界排名第 57 位。该公司名称经常被中国媒体误译成"三菱电气公司"。三菱电机有限公司是三菱集团的工程公司，负责三菱电机的开发和设计，主要开发和设计电子硬件、生产电子产品和建筑设备。它还开发和设计自己的产品，如与工厂自动化（FA）相关的产品和医疗设备。自 2006 年以来，该公司一直在生产和销售接管自 2006 年以来由三菱电机制造和销售的 Diatone 品牌的扬声器。这是日本第三大综合电机生产商，属于三菱财团的核心企业之一。

---

① NEC、IoTデバイスの真正性を確保するセキュリティサービスを販売［EB/OL］. （2020-04-08）［2023-05-01］. https：//jpn. nec. com/press/202004/20200408_01. html.

三菱造船公司（现在的三菱重工业株式会社）将日本神户的一家工厂独立出去，组建了三菱电机公司，负责制造电机。在二战中三菱电机曾帮助日本海军设计飞机引擎。二战结束后，三菱电机是日本主要舰用雷达、机用雷达、车载雷达、C4ISR 系统、战术数据链、导弹的生产商。旗下拥有：以专利证生产的麻雀导弹（AIM-7F），自行研发的空对空导弹 AAM-4 等。

三菱电机于 20 世纪 90 年代前期在全球首次开发出面向平面型战机的雷达。该雷达被日本国产 F-2 战机采用，该技术还被转让给了美国。2014 年，日本内阁修改武器出口三原则之后，三菱电机开始向欧洲推销其雷达。2014 年 7 月 14 日，三菱电机参加英国举办的"范堡罗国际航展（Farnborough International Airshow）"。在日本防卫省的指导下，面向国际市场推销产品。三菱电机开发的战机雷达使用"氮化镓"半导体元件。雷达平面上排列着几百个微型天线，通过这些天线发出广角电波来探测物体。氮化镓半导体的功率是传统砷化镓半导体的 1.5 倍~2 倍，从而可在更大范围内搜索敌情。三菱电机将力争获得旨在提高战机能力的军需厂商的订单。

2018 年 3 月，日本国家安全保障会议（NSC）内阁会议同意雷达制造商三菱电机参加泰国空军实施的招标活动。2020 年 3 月，菲律宾媒体证实，菲律宾空军决定从日本购买一批防空雷达站，包括 3 套现代化的 J/FPS-3ME 雷达站和 1 套移动式 J/NPS-P14ME 雷达站。菲律宾国防部已经选择采购日本三菱电机公司改进型相控阵预警雷达，以升级菲律宾空军空域控制系统。该型雷达探测距离约 400 千米，对远程战机、导弹具有较强的探测能力，升级后可进一步增强反导弹探测能力。到 2020 年 7 月，日菲双方已经达成正式协议，价格由原来的 5 亿美元降至 1.3 亿美元。据日本《产经新闻》透露，日本政府希望菲律宾共享探测数据，以加强对相关方向的监控能力。受疫情影响，最后的交付工作要推迟到 2021 年下半年。

三菱电机工程有限公司位于东京都千代田区九段北 1−13−5 Hulic Kudan Building。1962 年 2 月 1 日成立，资本金为 10 亿日元。员工人数共 5666 名（截至 2019 年 4 月 1 日），销售额 1178 亿日元（2018 年度）。2021 年度销售额为1076亿日元，截止到 2022 年 4 月 1 日，从业人员共 5637 名。企业理念：以人、技术和质量构筑信赖。三菱电机工程有限公司的口号是技术支持美好的未来。①

二、主要产品

作为支持三菱电机公司和三菱电机集团制造的技术合作伙伴公司，三菱电机工程公司开发和设计与电气、结构、功能和生产相关的产品。三菱电机工程公司在各个领域的产品和系统的开发和设计领域中提供最佳设计和服务，以支持与人们生活密切相关的家庭发展、空间发展和社会基础设施。

卫星/卫星设备、卫星通信设备、光通信设备、无线/有线通信设备、雷达设备、闭路电视监控系统等的开发设计。

发电厂、变电站设施、配电系统、供水和排污设施、变压器、断路器等的开发和设计。

---

① 三菱電機エンジニアリング株式会社・会社概要［EB/OL］.［2023−05−18］. http：//www. mee. co. jp/kaisyaan/index. html.

监控系统、电源控制系统、测控设备、电力电子设备等的开发和设计。

自动扶梯、电梯、楼宇管理系统、大型视频系统设备的开发和设计。

推进控制装置、铁路车辆设备、车辆空调系统、活动平台围栏等的开发和设计。

音序器、逆变器、伺服器、机器人、放电机、激光机等的开发设计。

发动机电气部件、发动机控制设备、混合动力汽车的功率控制、汽车导航系统、汽车音响等的开发和设计。

液晶电视、冰箱、通风机、鼓风机、电热水器、制冷/冷藏设备、室内空调、成套空调、太阳能发电系统等的开发设计。

与三菱电机公司研究中心相对应的开发支持和分析/评估工作。

重电系统：涡轮发电机、液压涡轮发电机、核能发电成套设备、电机、变压器、电力电子设备、断路器、气体绝缘开关装置、开关控制设备、监控系统控制与安保系统、大型显示设备、机车和轨道车辆的电气设备、电梯、自动扶梯、楼宇安保系统、楼宇管理系统等。

工业自动化系统：可编程控制器、逆变器、伺服电机、人机接口、电机、起重机、磁力开关、无保险丝断路器、短路断路器、配电用变压器、计时器和功率计、不间断电源、工业风扇、计算机化数字控制器、电火花加工机械、激光加工机械、工业机器人、离合器、汽车电子设备、车用电器和车用机电一体化设备、汽车多媒体等。

信息通信系统：无线和有线通信系统、监控摄像头、卫星通信设备、卫星、雷达设备、天线、导弹系统、消防控制系统、广播设备、数据传输设备、网络安全系统、信息系统设备、系统集成等。

电子元器件：功率模块、高频器件、光学器件、LCD 器件等家用电器液晶电视、家用空调、中央空调、空气对水热泵锅炉、冰箱、电扇、通风设备、光伏系统、热水供应系统、LED 灯、荧光灯、室内照明、压缩机、制冷机、除湿机、空气净化器、陈列柜、吸尘器、电饭煲、微波炉、电磁炉及其他。

其他：采购、物流、不动产、广告、金融和其他服务。

三、日本三菱电机工程株式会社的研发体制

三菱电机工程公司在日本和海外设立了多个研发中心。在三菱电机满足未来需求的新技术方面，公司的研发中心以前瞻性的眼光不断为公司的研发和业务活动提供全面支持。在日本国内设有 3 个研发机构，包括先进技术研发中心、信息技术研发中心、工业设计中心。

（一）先进技术研发中心

三菱电机所有活动均以尖端技术为依托。从普通的基本技术到新产品开发，再到开创未来新业务机遇的研发工作，先进技术研发中心凭借这些广泛的措施为公司业务发展提供有力支持。

（二）信息技术研发中心

信息技术研发中心通过在信息技术、媒体智能、光电微波技术

以及通信技术领域的基本研发工作，积极创造新的业务机遇。三菱电机工程公司也积极探索推动成为业界领袖的卓越技术，同时通过在 IT 领域的研发成果不断革新现有业务。

（三）工业设计中心

工业设计中心负责三菱电机丰富产品系列的设计开发工作，包括太空、能源、建筑/社会、公共交通、计算机/通信、家用电子产品、图像、工业等多领域产品。通用设计体现追求从用户视角创造设计。

（四）三菱电机工程公司研究实验室

三菱电机研究实验室（MERL）是公司研发组的北美分部，从事应用程序领域的基础研究，以及电子、数字通信、媒体处理、数字分析、空间信息处理、机械电子和优化技术领域的高级开发工作。

（五）三菱电机工程公司研发中心欧洲有限公司

MERCE 位于欧洲领先研发区的核心地段，在法国和英国共拥有两支研发力量。MERCE 主要从事环境、能源技术和通信技术方面的研发工作。①

四、三菱电机工程公司自领先技术

（一）开发提高工厂生产准备工作效率的 AI 技术

"开发提高工厂生产准备工作效率的 AI 技术"——这是三菱电机和日本国立研究开发法人产业技术综合研究所共同开发的能够大

---

① 三菱电机全球集团研究开发·技术［EB/OL］.三菱电机（中国）官方网站，2023-03-21.

幅提高生产准备工作效率的 AI 技术，其中包括工厂投入生产前必需的 FA 设备的调整和程序设计。通过三菱电机的 FA 设备、系统相关技术与产综研 AI 技术的相融合，能够缩短生产准备工作的周期。①

根据现场技术人员的讲解，在伺服系统的定位控制中，即使是熟练工也需要 1 周以上才能完成定位控制调整工作，而该项 AI 技术仅需 1 天即可自动调整完成。另外，AI 还能以与熟练工同等的水平，根据激光加工切面的图像对加工品质进行判定。它还可以基于判定结果，为不熟练的操作人员设定最佳的加工条件，以及将工业机器人异常处理程序的编写时间削减至三分之一，降低了作业负担。

（二）"使用制冷剂和水的楼宇用多功能空调"

其独特之处在于采用全球变暖系数低的制冷剂 R32 的同时，运用制冷剂和冷温水进行热量输送的三菱电机独创的混合式空调系统［利用水的楼宇用多功能空调 HVRF（混合可变制冷剂流量）］，减少制冷剂的用量，实现楼宇用多功能空调对地球变暖的影响最小化，与传统空调型号相比，对全球变暖的影响降低了 84%。冷水和温水同时生成，可以实现室内冷气和暖气的同时供给。同时，由于室内热量的输送使用的是水，限制了制冷剂流动的范围，从而可以防止制冷剂直接泄漏到室内的危险。这也是世界上首次在没有压缩机损耗的情况下降低制冷剂温度，实现吸入式喷射压缩机的实际应用。

（三）"机敏且自然的 HMI（人机界面）技术"

汽车驾驶辅助技术——为汽车驾驶提供了更加安全、智能的保

---

① 三菱电机研究开发成果展示会"黑科技"吸睛［EB/OL］．人民网，2019-02-27.

障。该技术组合了两种功能，一种是可以识别驾驶员面部朝向并针对其他方向的危险做出通知的"机敏的通知"功能。一种是可以随时识别驾驶员声音并以类似于对话的感觉对驾驶路线进行确认的"自然的导航"的功能，为实现安全且舒适的驾驶做出贡献。例如，当驾驶员不知道从哪个十字路口转弯时，可以向导航询问"是在这里右转吗?"，导航会回复"这里直行，下一个路口右转"，就如同副驾驶座上有一个人在亲切地进行回答一般。

（四）"无缝语音识别技术"

三菱电机运用"Maisart"开发了世界首个在事先不进行语言设定、不限制用户数量、不明白说了什么语种的情况下，也能实现高精度语音识别的"无缝语音识别技术"。通过建立能够识别多语言的语音识别系统，无须事前设定语言，也可实现 5 种语言 90% 以上、10 种语言 80% 以上的高语音识别率。而且，多个用户同时说话，该系统也能对应声音重叠的状况，做到精准识别。①

（五）面向高层建筑的电梯用"钢丝绳制振装置"

三菱电机开发了抑制因强风和长周期地震发生时，高层建筑电梯曳引钢丝绳晃动的"钢丝绳制振装置"。通过降低由于绳索晃动引起的电梯运行停止的频率，实现了稳定操作，为提高用户的便利性做出了贡献。三菱电机利用永久磁铁的磁力，根据振幅，加大电梯箱上部的钢丝绳末端的晃动幅度。随着钢丝绳的共振频率降低，建筑物和钢丝绳变得难以共振，从而大幅度地抑制了钢丝绳晃动。三

---

① 三菱电机研究开发成果展示会"黑科技"吸睛［EB/OL］.人民网，2019-02-27.

菱电机于稻泽制作所的电梯试验塔"SOLAÉ"（高 173 米）上，进行了因长周期地震引起的建筑物晃动的模拟试验，证实了与没有"钢丝绳制振装置"的情况相比，钢丝绳晃动幅度减少了 55% 以上。①

（六）细微加工下的集成电路技术

为了在手机电路板空间里制成复杂的电路，在电路板上开非常细小的孔必不可少。三菱电机激光加工机能以最快每秒 6000 个孔的速度进行作业，保证在不改变手机大小的前提下，为手机搭载更多功能。三菱电机激光加工机能开直径仅在 0.1 毫米以下的细微小孔。②

（七）星座级别小型卫星的研制

2019 年 12 月，日本宇宙航空研究开发机构（JAXA）已选定由三菱电机公司来建造一颗 100 千克重的卫星，希望以此为研制一款可批量生产的星座级别卫星奠定基础。三菱电机 12 月 22 日称，它将作为主承包商为 JAXA 建造"创新卫星技术验证"2 卫星（日文称"小型实证卫星 2 号机"）。卫星定于 2022 年 3 月底之前由日本"埃普西隆"火箭进行发射。三菱电机主要为日本政府建造卫星。比如，相当于日本版 GPS 的"准天顶卫星系统"。该公司也参与商业卫星项目的竞争。由其承造的卡塔尔运营商老人星卫星公司"老人星"2 卫星已在 2019 年由太空探索公司的"猎鹰"9 火箭成功

---

① 2019 三菱电机研究开发成果展示会于东京顺利举行［EB/OL］. 东方资讯，2019-04-09.

② 三菱电机研究开发成果展示会"黑科技"吸睛［EB/OL］. 人民网，2019-02-27.

发射。①

五、日本三菱电机工程株式会社的研发动态

2017 年 4 月 21 日举办的 "一网打尽——CC-Link IE Field Basic 网络及 FA 关联新产品发布会",进一步完善产品布局,优化 e-F@ctory 综合解决方案,成为三菱电机帮助中国制造业客户实现转型升级的又一力证。

CC-Link IE Field Basic:让控制网络化更简易。IT、IOT 技术的日益成熟,使得受制于开发成本等原因而无缘网络化的传统低端设备、小型设备也有了实现联网的可能性,基于 IT 及 IOT 技术的系统构建也从原来主要针对大规模设备延伸到了小规模设备。大量用户开始希望使用廉价的产品构筑低成本系统,而设备厂商也在找寻能提供可在短时间开发的低成本从站设备,实现用一个硬件设备便可对应多个网络。

在这种需求之下,"简单设置、简易诊断、简单连接、简单开发"的 CC-Link IE Field Basic 应运而生。藤泽正宏透露,CC-Link IE Field Basic 是 CC-Link IE 协议的新成员,其是适用于高速控制的小型设备,能在充分发挥 Ethernet 特点的同时,通过软件实现 CC-Link IE 现场网络的实时通信。只需要通过软件开发即可实现通信的兼容性,更加容易实现控制设备的网络化。用 PLC 自带以太网连接通过 IE Field Basic 网络可以控制多个伺服,节约开发成本。这让那

---

① 日本宇航研发机构「JAXA」计划打入星座市场,三菱电机为其造技术验证小卫星 [EB/OL]. 36Kr, 2019-12-30.

些担心成本太高、操作复杂而对"将设备联网化"望而却步的用户，也能轻松应对网络的构建。对开发者而言，主从站无须专用芯片和硬件，仅软件即可实现通信控制，缩短开发时间及成本。①

2017 年 4 月，三菱电机自动化发布了诸多 FA 关联产品，包括 MR-JE-C 伺服放大器、FR-A800-E/F800-E 变频器、新型张力控制器 LE7-40GU 等。

"这些新产品网络设置简单，操作也非常简便，还可根据用户的不同需求自由搭建整体网络。"藤泽正宏透露，之后三菱电机将陆续推出对应 100Mbps 的搭载 CC-Link IE Field Basic 的 FA 产品。"基于这些产品的推出，三菱电机工程公司可以更好地帮助企业提高生产现场与设备的可视化程度，以实现生产效率的提升。同时，CC-Link IE Field Basic 在安装运用时可根据实际需求进行对应开发，减少 CLPA（CC-Link 协会）合作伙伴的开发时间与成本，从而带动 CC-Link IE 的普及加速。"②

2018 年 8 月，三菱电机工程公司中标日本防卫装备厅招标项目，题目是：石墨烯等二维原子薄膜光电探测器的基础研究。

该研究旨在实现高性能光检测元件，通过使用石墨烯的高灵敏度响应检测方法，研究光照射在基板材料上引起的电压变化，将创建粒子并验证该方法。项目主持人是三菱电机公司的佐竹徹也。另有 1 所大学合作。

---

① 三菱电机自动化：让制造业革新进阶：访三菱电机株式会社 FA 海外事业部机器营业部部长藤泽正宏［EB/OL］. 汽车制造网，2017-06-28.

② 三菱电机自动化：让制造业革新进阶：访三菱电机株式会社 FA 海外事业部机器营业部部长藤泽正宏［EB/OL］. 汽车制造网，2017-06-28.

2018 年 11 月，作为日本战斗机雷达的专家，三菱电机公司可能与防卫装备厅合作开展传感器项目。

考虑到展出的雷达明显适合安装在 F-2 战斗机上，该模型有可能像日本为未来战斗机准备的其他设备一样，是一个技术验证机。未来还会有一个为新飞机研制的完整的传感器后续项目。从展示的雷达和模型上只能获取少量信息。该天线宽度约为 74 厘米，根据附着在后面的管路可知，它采用液体冷却。一位雷达分析家评论道，在小型战斗机上，雷达采用液体冷却方式是困难的。冷却剂可燃需要与飞行员很好地隔离起来。与 F-2 不同，未来战斗机将是一款大型飞机，尺寸超过 F-22。雷达后部的一个仪表读数显示为"500 小时"，明显表示出其累计运行时间。因为 500 是一个明显的整数，这可能意味着研究者完成了该 AESE 的 500 小时测试计划。安置天线的小车具有提升功能，所以，该天线明显在地面上进行了测试。通过 AESE 仅有少量擦痕的干净外部涂层可以判断，该传感器研制出来只有几年的时间。

整个雷达 1∶5 缩比模型显示出，天线有一个向上的小偏角，这在战斗机中很常见，目的是减小向敌方雷达的无线电反射。雷达模型和真实天线之间有一些明显的小差别。这些差别包括模型天线的周边做了切除，这可能代表了发射接收组件的分布；这一部分在真实天线中不可见。发射—接收组件实际上是一些"小雷达"，共同组成 AESE，同时工作形成波束。从其新外观上新颖性并考虑到高功率，该雷达可能使用了氮化镓组件，这种组件可以提高输出功率、降低噪声，因而提高了相同尺寸目标的探测范围。日本至少从 2010

年就在研发该技术，并将该技术用在了 MBDA 公司的"流星"空空导弹的导引头上。

日本不太可能将该雷达用于 F-2 战斗机的升级。J/APG-2 雷达的大规模安装是在 2012 年。该雷达为 72 厘米 AESE，用于升级 F-2 原来的 J/APG-1 雷达。J/APG-1 雷达是最早的 AESE 战斗机雷达，性能不佳。日本现存的 92 架 F-2 战斗机将在 2030 年退役，所以，新雷达在其上服役时间会很短。但是，新雷达也可能会被安装在 F-15J 上。日本防卫省正在申请经费，为少部分 F-15J 进行升级。尽管 F-2 服役时间比 F-15J 短，但很明显 F-2 会比升级后的 F-15J 先退役。安装新雷达需要延长试飞时间，F-15J 上已经安装了雷神公司 APG-63（V）3 AESE 雷达，该雷达采用了传统的砷化镓组件。一幅粗略的示意图中显示用于 F-15 升级的系统包含了电子扫描雷达，该雷达看上去不像 APG-63（V）3。[①]

第十一节　富士通株式会社的研发体制

一、富士通株式会社概况

富士通株式会社（Fujitsu Limited）是日本最大的电子计算机制造厂家之一，富士通是全球前五大服务器和 PC 机生产商，日本第一大服务器及第二大 PC 厂家。在信息与通信技术（ICT）领域，提供

---

① 日本展示未来战斗机 AESE 雷达［EB/OL］. 中国航空新闻网，2018-12-17.

各种服务，并提供全面的解决方案业务，全面提供最先进、高性能和高质量的产品以及为其提供支持的电子设备的开发、制造、销售以及维护和运营。以先进的技术和高质量的系统平台和服务为核心，主要为公司客户提供全球基于 IT 的业务解决方案（业务优化）。世界排名第 98 位左右。富士通是全球第二大企业用硬盘驱动器的制造商和第四大移动硬盘制造商。富士通拥有超过 32000 项的创新专利，2005 年在美国是拥有专利最多的前十位。超过半数的财富 500 强企业是富士通的客户。富士通重视对环境的保护，拥有强烈的企业责任感，在 Dow Jones Sustainability Indexes 和 FTSE4Good Index Series 指数中表现卓著。富士通员工遍布全球 70 个国家，富士通把世界各地的系统服务专家、高度可靠的计算通信产品和先进的微电子技术结合起来，提供给客户更多的附加价值。

富士通公司成立较晚，在二战中并未受到过多影响。二战后富士通公司主营通信、微电子、芯片技术，是日本自卫队主要的芯片和电子硬件提供商，属于日本当今十大军火供应商之一。富士通公司总部在神奈川县川崎市，原为富士电机制造公司所属制造电话设备的部门，1935 年 6 月，独立成为富士通信机制造公司，1967 年改取现名。富士通公司 1937 年开始制造载波通信设备，20 世纪 50 年代向制造综合通信设备方向发展，1951 年成为日本第一家制造电子计算机的企业，到 20 世纪 70 年代后期，富士通公司已生产第四代即大规模集成电路电子计算机。除电子计算机和数据处理系统外，富士通公司的主要产品还有通信系统、半导体器件、电子元件、汽车音响设备和其他产品。

2003 年富士通连续第五次在道琼斯 SAM Sustainability Group´s environmental sustainability 股指中排名第一。富士通是世界领先的面向全球市场提供行业解决方案的 ICT 综合服务供应商。富士通集团总部设在东京（东京证券交易所上市代码：6702），截止到 2023 年 3 月 31 日会计年度，富士通公司全球从业人员达到 124，000 人，销售收入 37137 亿日元，研究开发经费 1095 亿日元。①

富士通公司于 20 世纪 70 年代进入中国，在计算机平台产品、软件与解决方案、通信、半导体以及高新技术的研究开发等领域与中国进行合作并取得了丰硕的成果。三十年来，富士通在中国的总投资金额超过 19 亿人民币，共设 45 家公司，员工共 23000 多人。除了商业性的投资经营活动，富士通还积极投身于中日两国的社会、文化交流事业，并在环境保护领域做出贡献 。

2017 年，富士通公司中标日本防卫省防卫装备厅招标项目。领域：大功率高频半导体技术的基础研究。研究课题名：利用极端量子限制效应的新型大功率高频器件。本研究旨在通过应用一种新型半导体材料，与高散热材料等一种材料融合，提高高频器件的功率。研究代表机构：富士通。研究分包机构：1 所大学，1 个公共研究机关，1 家企业。2018 年 8 月，富士通公司再次中标防卫装备厅招标项目，题目是：研究二维功能性原子薄膜创新红外传感器。通过研究光照射在石墨烯基板材料上引起的电压变化，验证室温下传感器的高灵敏度和高速成像性能。富士通公司项目主持人：佐藤信太郎。

---

① 富士通株式会社プロフィール［EB/OL］.［2023 – 05 – 18］. https：//www. fujitsu. com/jp/about/corporate/info/index. html.

研究分包机构：1 个公共研究机构，1 家企业。

二、主要产品

（一）服务项目

解决方案/ SI，它将 IT 系统咨询、设计、应用程序开发、实施等与基础架构集成在一起，以外包和维护服务为中心，其中 ICT 系统委托给数据中心，并代表客户进行集体操作和管理推出服务。

解决方案/ SI·系统集成（系统构建，业务应用程序等）咨询·前端技术（ATM、POS 等）。

基础设施服务·外包服务（数据中心、ICT 运营管理、应用程序运营/管理、业务流程外包等）·网络服务（商业网络等）·系统支持服务（信息系统和网络的维护和监视服务）·安全解决方案。

提供的主要服务，COLMINA 通过物联网可视化工厂，体操评分支持系统。

工作方式改革解决方案

海啸模拟；

机器人产品促销；

系统平台

由作为 ICT 基础的系统产品和网络产品组成。系统产品主要包括用于构建 IT 系统的服务器（大型机，UNIX，骨干 PC 服务器等），存储系统和中间件；网络产品包括支持通信基础结构的移动电话基站和光传输系统。

（二）系统产品

1. HPC（高性能计算）

富士通超级计算机 PRIMEHPC；

富士通超级计算机 PRIMEHPC。

2. 贮藏

富士通仓储 ETERNUS AF650 S3；

富士通仓储 ETERNUS AF650 S3。

3. 伺服器

富士通服务器 GS21；

富士通服务器 GS21；

SPARC M12；

SPARC M12；

富士通服务器 PRIMEQUEST；

富士通服务器 PRIMEQUEST；

富士通服务器 PRIMERGY；

富士通服务器 PRIMERGY。

4. 网络产品

富士通网络 1FINITY S100；

富士通网络 1FINITY S100；

富士通网络 IPCOM EX2-3500；

富士通网络 IPCOM EX2-3500；

富士通网络 LEGEND-V；

富士通网络 LEGEND-V。

三、富士通研究所

富士通研究所是富士通最主要的研究开发机构，通过实现两个价值链，为客户和社会促进数字创新。富士通研究所致力于解决客户的问题，以转型为富士通旨在的 DX（数字转换）公司，围绕两个价值链进行研发，这两个价值链扩展了技术的前沿，而"业务价值链"则扩展了技术的社会实施。不仅在日本，而且在美国、中国和欧洲各国的全球研究体系下，富士通研究所旨在解决客户面临的最困难问题的研发。①

富士通研究所的宗旨是在社交数字时代提供信任，富士通旨在成为 DX（数字转型）公司。富士通研究所努力解决数字技术方面的客户问题。解决从未有人解决过或客户放弃的问题，使不可能变为可能。富士通实验室一直在展望未来，富士通研究所为客户和社会提供比其他任何地方更好的解决方案。迈向数字化时代，人与物无限地联系在一起，富士通研究所在 1976 年采用了富士通的口号"可靠性和创造力的富士通"已重新定义为"数字信任与共创"。使现实世界的每一个"信任"都适合数字时代，与各利益相关者共同创造新价值——在这一重大提议下，富士通研究所本身也将发生变化。追求研究态度"技术"和"商业"，富士通实验室旨在实现两个价值链。从材料和设备到计算机网络和软件服务，为了实现涵盖广泛技术领域的"技术价值链"，领先的研究人员挑战着世界上最先进的

---

① 富士通株式会社研究開発［EB/OL］.［2020-03-20］. https：//www.fujitsu.com/jp/group/labs/about/.

研发，并拥有丰富的知识产权和专利技术。①

富士通研究所不断把握世界趋势，并为未来开发技术。而且，作为富士通集团的全球研究机构，凭借领先于其他公司的创新技术核心，富士通研究所还将寻求实现"业务价值链"，与业务部门合作，促进客户和社会的数字创新。此外，在全球研究体系下，不仅在日本，而且在美国、中国和欧洲各国，富士通研究所正在进行研发，以解决客户最棘手的问题。随着"技术价值链"的扩展，技术前沿，扩展技术的社会实施的"商业价值链"。富士通研究所将通过实现这两个价值链，为客户和社会促进数字创新。②

（一）富士通公司的技术研发目标与领先技术

1. 拓展技术前沿、技术价值链

为了实现涵盖材料和设备，到计算机网络和软件服务广泛技术领域的"技术价值链"，领先的研究人员挑战世界上最先进的研发，拥有知识产权和专利技术。富士通研究所不断把握世界趋势，并为未来开发技术。主要包括：

新一代计算突破性能极限；

下一代计算；

人与发展中社会信任的 AI；

人工智能；

通过设计促进安全性；

---

① 目指す社会デジタル時代の「信頼」を提供する［EB/OL］.［2020-03-20］. https：//www. fujitsu. com/jp/group/labs/business/.

② 目指す社会デジタル時代の「信頼」を提供する［EB/OL］.［2020-03-20］. https：//www. fujitsu. com/jp/group/labs/business/.

安全与数字信任；

以人为本的自治系统的实现；

以人为本的自治系统；

扩大技术的社会实施。

2. 商业价值链

作为富士通集团的全球研究机构，通过与业务部门合作将在其他公司之前开发的创新技术快速商业化，追求实现"商业价值链"，从而促进客户和社会的数字创新。

实用性超越量子计算机的新架构

数字退火炉（Digital Annealer，量子运算技术——Fujitsu Digital Annealer。Digital Annealer 结合传统运算与量子运算的最新技术，且以量子运算概念为基础打造的数字电路结构设计，能高速、有效地使用大数据进行组合最佳化演算，未来可望应用于包括医疗研究、金融投资、库存管理、数字行销等多方领域）；

解决方案核心，可加速您的数字转换（DX）；

数字转换（DX）；

新的数字数据利用平台；

可信数据平台。①

（二）富士通研究所内部机构

退火炉项目研究团队；

数字革新技术核心团队；

① 富士通株式会社研究開発 Research Field［EB/OL］.［2020-03-18］. https：//www. fujitsu. com/jp/group/labs/.

超级中间流程团队；

商业服务开发运用团队；

平台型项目；

集团项目；

信息与通信系统研究所；

软件研究所；

人工智能研究所；

安全研究所；

机械与材料研究中心；

研究与开发战略本部；

研究与开发经营本部。

第十二节　日本制钢所株式会社的研发体制

一、日本制钢所株式会社概况

日本制钢所（日语：株式会社日本製鋼所/にほんせいこうしょ；英语：The Japan Steel Works，Ltd.，JSW）是一家日本钢铁以及机械制造生产企业，主要生产钢板、锻件、铸件、塑料注射成型机、轨道车辆产品、坦克和舰炮。公司属于三井集团，缩写是 Nikko 或 JSW。日经平均指数成分股之一。日本制钢所二战时期发展为日本第四大企业，为日本军队生产了大量武器，除各种火炮外，还制造火箭、坦克、发动机以及潜水艇等。二战前，该所是日本唯一的火炮生产企业。二战后，依然是日本最主要的大中口径火炮生产商。该公司长期以来垄断日本大、中口径火炮的生产。下设 4 个工厂，其中的广岛制造所，除主要生产火炮外，还生产火箭发射架和火箭弹装填机。苍龙级潜艇所用 NS110 钢超过 1000MPa 的屈服强度，能够使其下潜到海底 500 米的深度，这种钢材就是日本制钢所研制的。

日本制钢所的特殊应用钢材和塑料机械在世界市场上占有重要地位，也是目前世界上少数几个能够制造核电厂压力容器的企业。全球有约 130 个核能反应堆采用日本制钢所的压力容器及配套设备，这一数据占据全球 80％的市场份额。全世界核电厂都依赖于 JSW 的压力容器，因此 JSW 不得不将产能从每年 4 个提高到每年 12 个。

日本制钢所株式会社成立于明治四十年（1907 年），是一家通过引进英国技术制造家用武器的公司，其中有英国阿姆斯特朗·惠特沃思公司（Whitworth and Co., Ltd.）和英国的 Vickers Sons and Maxim, Ltd.。这是继安来钢厂（Yasugi Steelworks）之后炼钢业务的里程碑。随着太平洋战争的失败，该公司于昭和二十五年（1950 年）解散，并通过了《企业重组与维护法》。日本制钢所株式会社是根据解散前公司资产和人力资源而新成立的。它将在武器制造中培养的锻造和铸造技术专门用于发电厂和化工厂。该公司生产锻件、铸件、塑料和镁注射成型机以及各种工业设备。它还继续制造国防设备，例如，坦克和海军火炮以及射击系统。广为人知的是，应大都会高速公路公司的要求，该公司参与了大都会高速公路江户交会处的弧形大梁桥的铸造。

该工厂生产用于发电的蒸汽轮机、核能组件、化工厂中使用的钢铁产品、叶片和塔架等风力涡轮机、塑料和镁的注塑机，以及坦克和战舰的火炮。广岛和横滨工厂生产激光退火设备等电子设备。东京和鹿岛工厂用于生产工业机械，宇都宫（后来的新日铁钢铁公司）、赤羽工厂和丸石工厂（现为新日铁室兰工厂）负责制造和维修军工设备。以前，总公司所在地分别在东京千代田区有乐町、日比谷三井大厦和东京府中市日光町的旧建筑（东京清酒庄的前身，于 2004 年出售）。但是，2007 年 8 月 14 日，它搬到了东京都品川区的城门大崎西塔楼。

2019 年，日本制刚所营业额：220153 百万日元（集团合并）、1566. 24 亿日元（总公司），资本金 197. 16 亿日元，员工人数为 5174 名（集团合并）、2222 名（总公司）。截止到 2022 年第三季度，销售额达到 213790 百万日元（集团合并）、132911 百万日元（总公司），资本金 19799 百万日元。从业人员为 5329 名（集团合并）、1767 名（总公司）。①

二、主要产品

（一）军工产品

为了对日本的国防事业做出贡献，日本制钢所以成立以来培养的材料和机器制造技术为基础，聚集了新材料、机电一体化、模拟等先进技术，以设计和制造枪支系统、导弹发射器等国防设备。日

---

① 株式会社日本製鋼所［EB/OL］.［2023-06-20］. https：//www. jsw. co. jp/ja/guide/outline. html.

本制钢所还从事新型国防设备和系统的研发。

其中包括现在日本海上自卫队护卫舰上使用的各种大口径单管速射炮，日本陆上自卫队 10 型主战坦克的主炮，99 式 155 毫米自行榴弹炮。

（二）树脂制造机械

制粒机（大容量聚烯烃挤出机）可实现大规模生产，制造通用塑料产品原料的聚烯烃颗粒。

双螺杆挤出机，挤出机混合技术不仅可以用于塑料，而且应用广泛。

树脂加工机械，薄膜/片材生产设备，从通用薄膜到高性能薄膜，日本制钢所满足了客户广泛的需求。

纺丝挤出机，一种合成纤维挤出机，在从熟悉的服装到汽车零件（如安全气囊和轮胎帘线）的各个行业中都发挥着积极作用。

（三）工业机械

吹塑机，它广泛应用于各种行业，包括汽车用塑料多层油箱和塑料桶。

压气机，基于日本制钢所丰富的经验，可提供适应各种环境的压缩机。

轨道车产品，为日本的各种车辆和海外的车辆制造大量的联轴器和减震器。

赛马设备，赛马相关设备的制造，包括负责赛马公平启动的启动器和障碍设备。

（四）注塑机

塑胶射出成型机拥有从小型到超大型和立式电动注塑机的产品阵容，在日本和全球范围内都很活跃。

镁注塑机能向客户提供高性能制镁设备。

（五）平板显示器（FPD）装置

制造高性能 LCD 和 OLED 所需的准分子激光退火设备。

固态激光退火设备，使用固体激光器的退火装置。

激光微钻机是一种通过激光形成微孔并进行局部热处理的设备。

（六）特殊材料和结构钢（与各种各样的铸钢和锻钢兼容）

包层钢板/钢管、功能材料广泛用于各种应用中，包括船舶结构、烟囱、压力容器、储罐和各种工业机械。

包层钢管，主要用于天然气的海底运输管道。从小口径到大口径的各种相应产品都能制造。

发电基础设施，集成转子轴用于发电。锻钢材料用作火力发电厂和核电站所需要的涡轮机轴材料。

核压力容器的外壳法兰，核反应堆中使用的锻钢构件。

涡轮机壳体，用于热力发电，是铸钢构件，可以做成覆盖发电涡轮机的外壳。

热锅炉用锻造钢管，用于蒸汽管道部件的锻钢产品。随着日本各火力发电厂负荷的增加，锻钢钢管在稳定的电力供应中发挥着重要作用，可靠性高、履历丰富。

工业机械零件/铸钢产品，炼钢铸钢零件，炼钢设备中使用的铸钢零件。

水泥制造设备中使用的铸钢零件。

其他铸钢件，提供质量享誉多年的铸造技术，提供品质高、可靠性高的铸钢零件。

工业机械/锻钢，炼钢卷，钢铁厂轧制作业中使用的锻钢辊。

炼钢用锻钢件，炼钢厂设备中使用的锻钢材料。

冲压件，用于冲压机的锻钢件。

水泥生产用锻钢件，用于水泥制造设备的锻钢件。

高合金钢，不锈钢，镍基高温合金，高合金钢，不锈钢和镍基超级合金，具有耐腐蚀性和耐热性。

模具钢，利用多年积累的锻钢制造技术和最新研究成果，提供高性能工具钢。

其他锻钢件，公司成立以来一直拥有先进的大型锻钢制造技术，为一般工业领域提供高质量的零件。

（七）氢能，氢能源相关产品

为了实现氢能社会，提供了从超高压氢到低压氢存储设备，以及对建设氢能社会都有贡献的技术和设备。

为了实现氢能社会，用于向燃料电池车提供氢的氢站的钢制蓄能器（HyST300），使用能够在室温和低压下安全地存储氢的储氢合金的储氢设施等。日本制钢所提供结合了材料和氢气技术，以及多年积累的知识产权。通过提供以可靠的技术和知识为后盾的安全产品，将为未来的氢能社会做出贡献。

氢气站钢制蓄压器（HyST300）分为两个类型：

1. HyST300 S 型

它在氢气中具有出色的抗压性能，具有很长的使用寿命，并且，可以响应对容量和设计标准的要求。该型材料具备高压氢环境下的可靠性，采用纯度高，淬透性优异的 SA-723M，储氢周期长也不影响使用寿命。其基于高精度无损检测的长寿命设计，在氢运输检查时，采用了具有较高缺陷检测精度的磁性颗粒缺陷检测方法（JIS Z320-1）。

2. HyST300 R 型

日本制钢所制造的耐压设备是世界上耐用性最高的，可使用超过 30 万次。

该设备适用于在高压氢气环境中生产具有优异耐久性的 Cr-Mo 钢管。已经确认了其与常规蓄压器材料（SA-723M）相同的疲劳特性。由于优异的淬透性，镜面部件和镜体均具有均匀且优异的硬度。低成本和除皱功能，与光圈形状和大光圈兼容。镜子内表面的皱纹可通过内表面处理轻松去除。内表面的可靠性已通过对内表面的无损检查得到了证实。

铬钼管，HyST300，蓄能器可实现超耐久规格，储氢合金制储氢容器（金属氢化物：MH），可以安全地在低压下储氢的储氢合金容器有望在未来的氢能社会中广泛使用。

1. 储氢合金、Hydrage

储氢合金通过独特的团聚技术，确立了高安全性和可靠性。

其适用于日本《消防法》规定的非危险品。由于不受指定体积的限制，因此它可以存储大量的氢气。由于对存储位置没有限制，因此可以在各个地方使用氢气。

高储能密度，由于具有减小体积膨胀的作用，因此，可以进行高密度合金填充，从而实现更紧凑的储氢。

2. 储氢合金罐具有丰富的设计和运行效率，可以根据各种用途和目的进行设计，适合在各种行业中使用。特色功能，低压安全储氢，氢气以低压（小于 1MPa）存储，不受高压气体安全法的约束。为使用目的而设计。从可以一只手携带的小容器到用于大容量、长期能量存储的固定罐，以及用于输送氢气的车载罐，可以根据需求进行设计。

储氢合金的工作压力和温度可以通过设计组成来调节。例如，寒冷地区的规格，热带地区的规格等。

大型固定罐（储氢量：1000Nm3）；

APF 型固定罐（储氢量：50Nm3）；

小型储罐自动注氢设备；

小型 MH 战车；

大型 MH 水箱的功能大型 MH 储罐。

三、日本制钢所株式会社的研发体制

日本制钢所的研发部门主要是新事业推进部、钢铁事业部、机械事业部、成型事业部、平板装置事业部、特机事业部、风力室，以及室蓝制作所、广岛制作所、横滨制作所三大炼钢厂。

（一）日本制钢所株式会社的理念

日本制钢所的理想是以塑造企业形象为目标，以自主技术研发

为手段并为社会发展做出贡献。日本制刚所凭借多年来积累的独特
技术，积极满足日益变化的社会需求。日本制钢所的愿景是成为一
个"变革创造公司"，以新技术为社会发展做出贡献。

在技术研发方面，为了成为全球第一的制造业公司，日本制钢
所努力根据自己的技术开发新产品和生产技术，并促成各个领域的
技术联盟和共同发展，以使它们尽早开发，并让技术成熟。除此之
外，每个制造工厂的实验室都对当前的主流产品进行高性能和可靠
性的迭代，新业务促进部致力于在与时俱进的新领域中促进产品开
发。日本制钢所专注于能源与环境、电子与信息和通信以及汽车等
领域，以研发和商业化为导向。除了自己的研发，日本制钢所还专
注于参与国家项目，以及与国内外研究机构进行联合研究。日本制
钢所拥有室兰研究所和技术开发部（广岛/横滨），并利用各自的特
点开展活动。

（二）日本制钢所株式会社的研发机构

1. 室兰研究所

日本制钢所公司成立于 1907 年，同时成立了室兰研究所。日本
制钢所展开了从钢铁、造船、炼油、水力、热力、核能发电、桥梁
等核心行业的基础材料到应用材料的研究，已经开发了成型材料的
制造和材料技术。

近年来，日本制钢所一直在积极进行功能性材料的制造工艺研
究，包括高清洁度钢和有色金属，以及耐热性材料、耐腐蚀材料和
新型功能性材料的研究。

2. 技术开发部（广岛）

技术开发部（广岛）成立于 1975 年。在包括塑料和聚合物合金在内的领域，日本制钢所对从高性能复合材料原材料到最终产品的成型工艺进行研发，并开发与这些工艺匹配的新材料。日本制钢所还对挤出机和注塑机的耐磨性和耐腐蚀材料等机械元件进行研究，并将这些技术应用于轻金属注塑成型技术、环保塑料等新材料。日本制钢所正在进行广泛的研究活动，如成型技术和纳米技术。

3. 技术开发部（横滨）

技术开发部（横滨）一直巩固在显示领域和半导体相关领域的研发活动，并在主要产品准分子激光退火设备之后，致力于新产品开发和技术开发。此外，日本制钢所的目标是开发制造工艺并开发工业机器（主要是中空成型机）的分析和检查技术。日本制钢所不仅专注于产品开发，还专注于工艺技术开发，并开发满足客户需求的新产品。①

（三）日本制钢所株式会社的工厂

日本制钢所以最先进的生产设施，提供世界一流的"质量"，以回应客户的信任。Muroran、Hiroshima 和 Yokohama-Advanced 的产品和系统从 JSW 的三个生产基地交付到世界各地。在这些追求合理性和效率的生产基地中，许多技术人员正在努力创新生产技术，并致力于建立更先进的生产系统。JSW 的三个独特制造工厂均配备齐全，可满足不同时代的需求，例如高混合、小批量生产、高精度和节能。

① 研究所・技術開発部について［EB/OL］.［2020 – 03 – 21］. https：// www. jsw. co. jp/ja/guide/pamplets. html.

除了在所有工厂推广全面质量管理（TQC），1974 年，世界上最负盛名的美国还通过了美国机械工程师协会的认证，可用于需要最严格质量控制的反应堆容器及其材料，通用压力容器、锅炉等。1983 年，获得了久负盛名的戴明质量管理奖。1994 年，公司获得了国际质量保证标准 ISO9001／9002 认证，并于 1998 年获得了 ISO14001 认证。

1. 室兰工厂

自成立以来，室兰工厂作为传统的异型材料工厂，为日本的化学工业发展做出了贡献。大型设备的液压机的最大重量为 14000 吨，配备了最先进的设备，包括 150 吨的 ESR 熔炉，铸造和锻造从超大型到中型的钢铁产品，钢板、管材以及炼油和石化产品。室兰工厂向世界提供高质量产品，主要是在能源领域，例如，反应堆容器和风力发电机。

主要机械设备：120 吨电炉、150 吨 ESR 熔炼炉、5 吨真空感应熔炼炉、3000 至 14000 吨压机、30000 马力四联可逆板轧机、12000 吨管材成型机、低频淬火设备、各种金属机床、70 至 730 吨码头吊。

2. 广岛工厂

广岛工厂致力于"追求塑料技术和机电一体化"的主题技术创新，最先进的制造和装配线已建立。广岛工厂享誉全球的大型制粒机、挤出机、薄膜装置和尖端的塑料注射成型生产机器，并在制造和开发大炮等国防装备方面拥有悠久的历史。

主要机械设备：8 吨低频炉、6 吨电炉精密铸造设备、等离子渗氮炉等热处理设备、工业镀铬设备激光/转塔底盘联合机、各种焊接设备、2000 吨液压机加工中心及其他金属机床、60 吨码头提升机。

3. 横滨工厂

用于 IT 相关产品的准分子激光退火设备，可实现高品质液晶显示器（LCD）和有机 EL 面板的批量生产，占据最大的市场份额，并开发和推出与 LCD 兼容的下一代设备。同样，日本制钢所的主要产品，如中空成型机和纺丝挤出机在日本和海外都受到了高度评价。日本制钢所还在研究用于半导体制造的新设备。

主要机械设备：加工中心数控车床，专用于螺丝加工和其他金属机床的母机床。①

第十三节　日本小松制作所株式会社的研发体制

一、日本小松制作所株式会社概况

小松制作所株式会社（日语：株式会社小松製作所/こまつせいさくしょ；英语：Komatsu Limited），小松制作所有限公司是一家位于日本东京都港区、以建筑和采矿设备制造为主的综合性制造企业。小松集团主要开发建筑和采矿设备、公用事业小型设备、林业设备和工业设备。英文名称为 KOMATSU。创始人是竹内名太郎。小松制作所是日本东京股票交易市场东证股价指数（Tokyo Stock Price Index，TOPIX）Large70 第一板块内的日本国内公司，拥有日本最大

① 株式会社日本製鋼所・製作所について［EB/OL］.［2020-03-21］. https：//www. jsw. co. jp/ja/guide/pamplets. html.

的建筑设备份额，在世界上仅次于卡特彼勒。除日本外，该公司还在美洲、欧洲、独联体、中东、非洲、东南亚、大洋洲和中国设有集团公司。尽管未在美国纽约证券交易所或纳斯达克上市，但它发行了美国存托凭证（ADR）（股票代码：KMTUY）。2017 年 4 月 6 日，该公司宣布已完成对美国主要采矿设备制造商 Joy Global 的收购。小松公司的长项是为日本自卫队研制装甲车。

小松制作所是日本重要的军工生产企业，是日本自卫队车辆的最大供应商之一。小松制作所是军用车辆、军事工程车辆和炮弹生产厂商，下设 6 个工厂，产品包括：82 式指挥车、87 式侦察车、96 式装甲车、轻型装甲车、60 式自行无后坐力炮、60 式自行 81 毫米迫击炮和 60 式自行式 107 毫米迫击炮等装甲车辆。① 小松制作所的大阪工厂是炮弹生产专用厂，川崎工厂是装甲车、自行火炮车体生产厂。

小松制作所的名称来源于日语"小松"，意思是"小松树"。大正 6 年 1 月（1917 年），在石川能美郡甲府村（今小松市）经营铜矿的武内矿业（由竹太郎创立），是小松站附近小松铁厂开业的开始。起初，株式会社小松制作所只是竹内矿业旗下一家附属公司。最终，该公司在 1921 年 5 月 13 日分拆成为株式会社小松制作所。1931 年生产出第一台农用拖拉机原型机。1949 年，该公司开始生产第一台柴油发动机。公司增长得益于日本战后重建的 20 世纪 50 年代强劲的推土机需求。1951 年 8 月，株式会社小松制作所将总部迁

---

① 小松製作所 ［EB/OL］.［2020-03-21］. https：//ja. wikipedia. org/wiki/%E5% B0%8F%E6%9D%BE%E8%A3%BD%E4%BD%9C%E6%89%80l.

至东京。1964 年，小松制作所开始出口产品到国外。1967 年 7 月，小松制作所开始进入美国市场。作为一家最早全球化的公司，20 世纪 50 年代以来，小松制作所就一直向海外出口，并在海外发展工厂，比汽车制造商还早。1960 年左右，随着 Caterpillar 进入日本，开展了一项名为"丸 A 措施"的质量改进活动。结果，产品质量得到了极大提高。小松制作所以此为契机，认真开始全球扩张。目前，小松制作所在美国、中国、巴西等国有近 50 个生产基地。

1991 年 5 月，在公司成立 70 周年之际，小松更改了公司名称，并继续发展新业务，引入 CI 并面对新的业务战略。它以扎实的管理和相对良好的财务状况，以及强大的全球战略而闻名，受到投资者和经济学家的高度评价。在许多情况下，都会显示于报纸杂志的经济栏，包括好坏。有一段时间，它曾经被称为幕后行业，但是，工程机械行业正在蓬勃发展，最近被视为成长中的公司。它也是日本领先的制造公司之一。该公司开发和生产所有电子控制组件，例如，发动机、变速箱、液压设备、轮轴和控制器。这些电子控制组件对工程机械至关重要。2008 年 5 月，该公司发布了 PC200-8 Hybrid，这是世界上第一台带有商用建筑设备的混合液压挖掘机。它还相对活跃于投资者关系活动和公司治理。

在石川县，小松制作所是一家杰出的本土公司，小松市是小松制作所的城堡镇。此外，小松制作所于 2010 年关闭的原小松工厂所在地——小松之森林，开设了 Waku Waku 小松博物馆，以便普通人和儿童对建筑机械更加熟悉。修复前总部大楼的第一层有一个展览和体验区，用于展示建筑和工业机械、建筑机械的立体模型和 3D 影院。第二层则举办科学课等活动。同样位于小松市的淡路工厂开业，是很受家庭欢迎的活动。该公司还开展交流活动，例如，每年两次在静冈县 Techno 中心进行巡回演出，并为儿童开设一个网站"Kenken Kiki"。①

小松制作公司总部位于东京都港区赤坂 2-3-6 3107-8414（小松大厦）。小松制作集团资本金为 683.11 亿日元（根据美国公认会计原则），总公司资本金为 7,056,100 万日元，已发行股份总数 972,252,460 股（包括库存股），股东人数为 193,434 人，销售合并 27,252 亿日元（截至 2018 年 3 月的财政年度）。截止到 2023 年 3 月，2022 年度销售额共 28,023 亿日元，年度营业利润3,170亿日元。②

2018 年 3 月，小松集团由包括小松在内的 258 家公司（包括合并公司）组成：215 家合并子公司，权益法核算的 42 家公司，小松（母公司）公司。基地数：工程机械和车辆部门的生产基地数量：84 处，工程机械销售基地：57 处；员工人数：61,908（全部）人，直属公司人员：11,537 人。截止到 2023 年 3 月，小松集团员工总数：62,774 人，直属公司人员：11,927人。③

---

① 小松製作所［EB/OL］.［2020-03-21］. https：//ja. wikipedia. org/wiki/%E5%B0%8F%E6%9D%BE%E8%A3%BD%E4%BD%9C%E6%89%80l.

② 株式会社小松製作所会社概要［EB/OL］.［2023-06-21］. https：//home. komatsu/jp/company/profile/.

③ 株式会社小松製作所会社概要［EB/OL］.［2023-06-21］. https：//home. komatsu/jp/company/profile/.

二、主要产品

(一）军工产品

小松制作所 1983 年研制了陆上自卫队的第一部国产轮式装甲车并装备自卫队。在 2002 财政年度轻装甲车生产了约 2000 辆。该公司不仅支持日本，而且还向法国和联合国维和部队派遣了 SDF，但在 2010 年代订单减少。据报道，该公司基于无法预测利润与开发成本相匹配，决定于 2019 年停止为所有自卫队开发新车。在此之前，由于防弹板性能未达到要求水平等原因，小松制作所在 2018 年开发的新型轮式装甲车计划已被取消。小松制作所主要开发和生产的武器装备包括：

I 型 56 式防弹车；

SUB-2；

82 型指挥通信车；

87 型侦察警车；

96 型轮式装甲车；

轻型装甲车；

轮式装甲车（仅适用于原型；开发于 2018 年停止）；

自动式 60 后退无弹枪；

60 型自推式 81 毫米迫击炮；

60 型自推式 107 毫米迫击炮；

203 毫米自行榴弹炮（许可生产）；

60 型 3t 雪地车；

61 型大型雪地车；

74 型自走式 105 毫米大炮；

75 型 130 毫米自行式多管火箭炮；

75 型自走式地面测风装置（仅车身）；

JMPQ-P7 76 型反加农炮雷达装置（仅适用于履带式反加农炮雷达车辆）；

75 型推土机；

设施作业车；

化学防护车；

NBC 侦察车；

章鱼挖掘机——基于该公司的液压挖掘机，它增加了使手臂旋转 360°并使车身倾斜的功能。①

（二）民用或军民两用产品

1. 工程机械

公司制造的液压挖掘机 GALEO 系列。

推土机 D61PX。

液压挖掘机。

轮式挖掘机。

混合动力挖掘机。2008 年 6 月，该公司推出了世界上第一台带有混合动力系统的商用电铲。与相同尺寸的传统液压挖掘机相比，通过同时使用回转马达、发电机马达、电容器和柴油发动机，燃油

---

① 小松製作所 [EB/OL]. [2020-03-21]. https://ja. wikipedia. org/wiki/%E5%B0%8F%E6%9D%BE%E8%A3%BD%E4%BD%9C%E6%89%80.

经济性降低。这将转弯减速时产生的能量转换为电能，将其存储在电容器中，并在通过发电机、电动机加速发动机期间，将其用作辅助能量。构成这种混合动力系统的组件，包括电容器电池，均由小松内部制造。

推土机：

两栖推土机。小松制作所开发了一种两栖推土机，用于在船只无法进入的浅水区进行平整和桥梁施工。1968 年，小松制作所在前建设部的指导下开始开发。操纵是从车辆顶部的转塔或从地面无线遥控进行。它由普通发动机提供动力，但特点是长管向上延伸以进行进气和排气。由于需求低迷，1993 年停产，但由于 2013 年东日本大地震造成码头建设受损，拥有该码头的青木 Asunaro Construction 建筑公司要求小松在受灾地区对两栖推土机进行维修和工作。

ICT 推土机。2013 年 4 月，小松制作所宣布推出全球首款配备全自动铲刀控制功能的中型 ICT（信息和通信技术）推土机。它配备了世界上第一个全自动的铲刀控制功能，可以自动进行所有铲刀控制，不仅包括地形的修整工作，也可以实现通过计算机化完成传统的建筑产品，还可以进行挖掘工作。通过使用 Topcon Corporation 的 GNSS 天线、惯性测量单元（IMU）、行程感测油缸等信息，可以高精度地测量推土机的姿态和位置，以及铲刀边缘的位置等，从而获得高精度施工。

水准仪和高度由基于 GNSS 测量技术的高精度 ICT 自动控制，甚至，初学者也可以提高水准仪（水准仪 ±15 mm）和三点链接/后置 PTO 标准设备。目标是通过应对直接播种（计划在 2019 财年末实现），将农业机械成本降低至三分之一。小松制作所还对一项计划进行了研究，在该计划中，建筑设备租赁公司将运营商派往需要的水田。

农用推土机。

轮式装载机。

自卸车，自主运输系统（AHS）。2005 年，无人驾驶自卸车操作系统首次在美国公司智利北部的铜矿中使用。2008 年年底，开始在澳大利亚西部的一个铁矿进行测试，并宣布到 2015 年将安装 150 多个无人倾倒系统。该系统是在世界上最大的自卸卡车（轮胎直径仅 3.8 米）上检测卡车的状态和周围环境，例如高精度 GPS 位置信息系统、毫米波雷达和光纤陀螺仪。该自卸车已经安装了传感器，以使泥沙运输无须将人员放在卡车上。恶劣的环境使得在难以吸引人力资源的地方开发矿山成为可能，并且有可能提高矿山作业的生产率。

2. 智能建筑

2015 年 2 月，小松制作所宣布一个集成建筑工地管理系统"智能建筑"制作成功，该系统结合了以下五种 ICT 技术：

利用无人驾驶飞机、3D 激光扫描仪，安装在建筑设备驾驶员座椅上的立体摄像机等。"当前情况的高精度测量"已完成工程图的"三维化"。

预先进行"土壤和地下埋藏物调查"的"波动因素调查与分析"。

使用施工计划模拟功能针对每种条件提出不同施工模式的"施工

计划创建"。

信息通信技术施工设备的"高度智能，自动控制的施工"，基于完整的图纸转换为三维数据。

完成后利用施工数据。

小松制作所的生产装备主要如下：

越野车；

轮转系列；

平地机；

压路机；

自推式破碎机；

加拉帕戈斯系列；

自推式土壤改良机；

Litera 系列；

自推式木材破碎机；

Refore 系列；

挖掘装载机；

滑移装载机；

伸缩臂叉车。

3. 其他产品

柴油汽车用 SA6D125H 发动机（北海道 JR N-DMF11HZB 型）；

叉车；

电池驱动叉车 FE25-1；

盾构机；

大型压机；

曲轴镜等机床；

飞机牵引车；

工业发动机；

内燃机车和柴油机；

机场化学消防车（与森田共同开发）；

由于更严格的废气法规，引入了配备有外部制造的柴油发动机的 Electric Welder-A 模型；

久保田 Z482-KA，洋马柴油机 3TNE68-U；

杀伤人员扫雷机；

小松伐木机 931.1；

土地日志；

康宝系列产品。

KOMTRAX 是小松制作所开发的一种用于远程检查建筑机械信息的系统。该工程机械配备有 GPS 和通信系统，并且，该工程机械的位置和操作状态被收集在数据服务器上。工程机械的用户和代理商可以浏览 Internet 上的信息，并可以从这些信息中采取车辆维护和节能措施。截至 2010 年，全球有超过 150,000 个 KOMTRAX 系统投入运行。

LANDLOG 是面向建筑公司的云服务，自 2017 年 10 月起，小松制作所与 NTT DoCoMo、SAP 日本和 OPTIM 共同开发和运营。LANDLOG 可以汇总建筑的 3D 数据和建筑设备的信息，从而可以使用各种建筑优化系统。API 的发布还允许第三方开发和销售自己的软件。①

三、小松制作所株式会社的研发体制与研发机构

（一）小松制作所株式会社的研发发展战略

1. 小松制作所创新发展战略

通过开发和介绍电投 DANTOTSU 产品、DANTOTSU 服务和 DANTOTSU 解决方案，小松制作所将与客户一起创新客户场所，创造新价值。除了提高产品竞争力，小松制作所还将使用机器操作管理系统"康宝 KOMTRAX"和采矿机器管理系统"KOMTRAX Plus"，以及无人自卸车操作系统中的自动化公路系统"AHS"来实施零件供应和服务活动，从而提高建筑效率。小松制作所引入了最先进的信息和通信技术（ICT）的系统，例如，实现自动化的"ICT 建筑设备"。此外，小松制作所正在日本开发"智能建筑"，这是一种解决方案业务，通过将建筑工地上的所有信息与 ICT 连接起来，实现安全高效的"未来工地"。②

2. 将客户现场改善（GEMBA）与分销商和生产 GEMBA 联系起来的物联网世界

为了显著提高客户现场的安全性、环境友好性和生产率，小松制作所推出了实现自动化和无人操作的下一代产品以及机器操作管

---

① 小松製作所 [EB/OL]. [2020-03-21]. https：//ja. wikipedia. org/wiki/%E5%B0%8F%E6%9D%BE%E8%A3%BD%E4%BD%9C%E6%89%80l.

② イノベーションによる成長戦略 [EB/OL]. [2020-03-21]. https：//home. komatsu/jp/company/tech-innovation/.

理系统"康宝 KOMTRAX"。小松制作所使用以上方式进行零件供应和服务活动。此外，小松制作所提供有助于解决客户现场问题的解决方案，例如，"智能建筑"和无人自卸车操作系统"AHS"。小松制作所的物联网充分利用了尖端的 ICT，旨在通过连接整个生产现场（包括客户现场、代理商现场和合作公司）来提高现场的安全性和生产率。①

（二）小松制作所株式会社开发本部

小松制造所株式会社开发本部是其研发机构，负责小松公司技术与产品的研究开发工作。但是，小松的开发本部技术研发能力并不强大，小松制造所的技术核心主要在直属公司的技术研发部门手中，其技术开发、技术前瞻和技术创新，也主要由这些直属公司的技术研发部门分别掌握并完成。

小松制作所的招聘广告表示，一直在挑战地球的小松制作所现在正在考虑保护地球。液压挖掘机和推土机有自己的优势。在高于3000 米的山峰上、在广阔的森林中、在高温的沙漠之上，承受着恶劣的环境而工作，一切都变成了现在的形式。在 21 世纪，时代从"消费"转变为"与地球共存"。如何应对有限的自然环境和能源资源，是小松制作所的新课题。在保持耐用性和工作性能的同时，小松制作所需要制造二氧化碳排放量低的高能效建筑设备。

目前，最先进的技术是混合动力施工设备。当然，在研究阶段，小松制作所已经在展望未来。小松制作所正在研究适应全球环境的

---

① イノベーションによる成長戦略 [EB/OL]. [2020-03-21]. https：//home. komatsu/jp/company/tech-innovation/.

建筑设备。如何从更少的燃油中获得最大收益？研发是一项挖掘潜力的工作。未来的建筑机械是什么样的？一切都始于研发理念。以混合动力和电气化为主题，面向下一代的技术发展。工程机械的电气化是一个未知领域。小松制作所正在与大学和研究机构合作促进先进技术的发展。与海外（俄罗斯）进行了产学合作研究，受到鼓舞。小松制作所的目标是开发对日本和其他国家都有贡献的建筑设备。材料工程系的生产技术开发中心与焊接自动化团队拥有先进技术的团队，负责先进的机器人焊接技术。

生物系统应用科学组、驾驶室开发中心/履带系统开发组，还将人机工程学应用到工程机械技术中。但由于新人的知识不足出现了问题。目前，随着对用户界面的深入研究，他们在成长，在致力于设计一个易于所有人使用的操作系统。研究与开发电气与电子、信息与控制；ICT 开发中心 Composoft 集团主要负责 ICT 工程机械的控制器和 OS，执行质量确认测试和缺陷处理，分析全球工程机械的运行状况。这对改进很有用。研究与开发数据科学：数学科学系理学院，ICT 解决方案部业务创新促进部，分析实际的运营数据，并将其用于改善大规模矿山运营。影响工程机械的动力性能开发关键组件。研究开发动力传递设备：机械科学系、工程系、开发总部动力总成开发中心 T／M 开发小组，对变速器的发展，从设计到批量生产，始终如一地做出回应，达到世界要求的性能。研发液压设备、机械工程科学与技术学院、气缸开发组、油机开发中心开发部、负责液压设备的开发，这是工程机械的重要组成部分。在美国发生了问题，小松制作所工程师飞到现场，并与每个部门合作做出回应。转移到完全不同的技术领域的开发部门，即使在恶劣的环境中也能表现出出色的性能，为新兴国家开发的引擎。研发柴油机：机械工程学创新科学与工程系，IPA 小型和应用发动机设计小组，以排气法规和可承受恶劣环境的耐久性为主题进行内部开发。随着开发的进行，了解发动机的深度。

1. 研发流程

（1）FS（可行性研究/初步研究）

确定市场需求并探索应进行研究的主题。首先，为其设定一个假设；其次，将研究该假设发挥作用所需的条件、面临的挑战以及首先应研究的内容。

（2）验证研究

验证 FS 中的假设成立。小松制作所将针对需要解决的主题性能和克服问题的措施进行实验和测试。

（3）发展研究

开始全面研究。完全确认在下一次型号更改中安装它的可行性。每个领域都设立了部门，领导小组下的项目由三到四个成员负责。有时需要几年时间。

2. 地下研究

工程师还根据自己的主题进行了"地下研究"。从自由的角度探讨各种可能性。①

---

① コマツ（株式会社小松製作所/東証一部上場）の研究開発［EB/OL］．［2020-03-21］．https：//employment. en-japan. com/desc_ 119650.

四、日本小松制作所株式会社的研发动态

2015 年 10 月，小松公司相关人员表示，使用 Skycatch 无人机绘制地图不但节约时间，而且减少了犯错的机会。

无人机将配备立体摄像头，系统能够以三维数据的形式，获得施工人员和其他建筑机械的作业结果（地形变化），并对当前数据与施工前使用无人机测量的地形数据、三维竣工图的数据进行自动对比，从而提高施工效率并管理施工进度。此前，小松测量团队利用传统方法绘制某块区域的地图大约平均需要两周时间，现在使用无人机在一天之内就可以完成全部绘制工作。这种无人机由美国 Skycatch 公司制造，不过还是需要一到两个工作人员操作无人机和利用机器人来完成这项工作。Skycatch 首席执行官 Christian Sanz 表示，美国法规限制了无人机的使用，但是由于日本面临巨大的劳动力短缺，因此为无人机进入日本市场提供了一次契机。①

小松制作所株式会社宣布公司将在 2018 年 3 月庆祝其自动运输系统（AHS）投入商业运行 10 周年。

共有超过 100 台无人驾驶自卸卡车在澳大利亚、北美洲和南美洲运行。小松制作所称将以此为起点，加速自动运输系统业务拓展的步伐。2005 年，小松自动运输系统开始在 CODELCO 智利铜矿区试运行；2008 年 1 月，世界上首台商用自动运输系统成功实现运行。第二台无人驾驶自卸卡车于 2008 年在力拓澳大利亚铁矿上成功实现运行。力拓在其西澳大利亚 Pilbara 的四个矿区运行无人驾驶车辆，

---

① 日本小松公司利用无人机指导智能推土机［EB/OL］. 环球网，2015-10-14.

整套自动运输系统由距离矿区约 1500 千米的力拓 Perth 控制中心远程高效地操控。随着这些自动运输系统成功运行，2013 年，Suncor 公司也在其位于加拿大部分的油砂矿区运行了自动运输系统。今天，小松自动运输系统在全球三大洲六个矿区时刻不停地运输三种不同矿产资源。截至 2017 年年底，小松自动运输系统创下累计运输物料总量 15 亿吨的全球领先纪录。①

在传统的采矿环境下，一辆小型卡车的操作失误都将造成严重事故；在安全方面，自动运输系统明显更加安全。自动运输系统能够提高客户生产力，同比传统的运输方式，可降低 15% 以上的装卸成本。此外，优化的自动控制系统减少了车辆突然加速或紧急转向情况的发生，使得轮胎使用寿命同比提高 40%；自动运输系统的多方面特点也在降低环境影响方面做出巨大贡献。加装小松自动运输系统套件的标准型 830E 自卸卡车正在以自动驾驶模式在力拓澳大利亚矿区运行。

2017 年 9 月，为了进一步拓展自动运输系统的价值，在力拓现有的矿区，小松制作所成功完成了标准型自卸卡车加装自动运输系统套件的试运行。这套安装于小松 220 吨级 830E 型电驱动标准型自卸卡车上的改装配件，能够使卡车在自动驾驶的模式下运行。随后，小松收到了来自力拓的 29 套自动运输系统加装套件的订单，这些套件都将安装在力拓 Brockman 4 号矿区目前运行的 830E 标准型自卸卡

---

① 过去十年，小松超百台无人驾驶自卸卡车投入全球运行 [EB/OL]. 百度，2018-03-11.

车上。①

此外，小松制作所称将会把自动运输系统改装套件拓展至其他主要型号的小松电驱动标准自卸卡车上，提升自动运输系统的混合运行的特点，任何品牌的有人驾驶自卸卡车均能够与小松自动运输系统的车辆在混合编队的模式下安全运行。小松制作所称将继续为矿山客户提供自动运输系统解决方案，以满足矿区从传统作业向全自动开采逐步切换的需求。②

2020 年 3 月 31 日，小松制作所向国土交通省提交了关于 3 台挖掘装载机行驶装置（氟利昂轴）的召回申请书。

在挖掘机装载机的前丙烯醇轴中，由于丙烯醇轴的钢材制造工序中氢含量的管理不充分，因此，在丙烯醇轴内部产生了裂缝，最坏的情况下，丙烯醇轴会折损，前轮轮胎有可能脱落。③

改善措施：查明原因需要时间，作为所有车辆的暂定措施，确认了前 Acers 的批量号，更换新的 Acers 轴。此外，一旦决定了永久对策，就迅速实施。使汽车使用者等周知的措施：使用者通过直接电话或直接邮件等进行联络。汽车分解整备经营者：掌握了使用方法者，无须采取周知的措施。已实施改善的车：将贴纸（NO.4731）

---

① 过去十年，小松超百台无人驾驶自卸卡车投入全球运行［EB/OL］. 百度，2018-03-11.
② 过去十年，小松超百台无人驾驶自卸卡车投入全球运行［EB/OL］. 百度，2018-03-11.
③ ［リコール情报］走行装置（フロントアクスルシャフト）に関するリコールについて』［EB/OL］.（2020-03-31）［2023-06-21］. https：//home. komatsu/ jp/press/2020/others/1205516_ 1611. html.

粘贴在把手的后部窗户内侧左下角。①

2020 年 3 月 17 日，小松制作所推出新产品，行业首台液压挖掘机标准装备启动，在日本国内市场推出"KomVision 人体检测与碰撞缓解系统"。

小松制作所（社长：小川启之）在业界首次将其公司开发的"KomVision 人体检测与碰撞缓解系统"标准装备在液压挖掘机上②，开始导入日本市场。该系统提高了以往日本市场标准装备的机械周围摄像头系统"KomVision"的功能，通过系统确认机体周围的人，在行驶或回旋启动时检测到人的情况下，控制机体的加减速。另外，低速行驶中检测到人的情况下，将使机体停止。通过这些功能，有助于在行驶启动时、低速行驶时、掉头启动时抑制机体与人之间的碰撞事故发生。③

该系统在 2019 年 12 月开始发售的液压挖掘机"PC 200-11"上作为标准装备进行搭载，同时，对于现有的传统建筑机械④，也可以通过"KomVision"的软件变更，让该系统适配传统机械成为可能，向广大客户宣传该系统，推进支持建设现场安全系统的普及。

---

① ［リコール情報］走行装置（フロントアクスルシャフト）に関するリコールについて』［EB/OL］.（2020-03-31）［2023-06-21］. https：//home. komatsu/jp/press/2020/others/1205516_ 1611. html.

② 液压挖掘机"PC 200/200LC-11，PC 210/20LC-11"中的标准装备。

③ 一業界初、油圧ショベルへ標準装備開始—「KomVision 人検知衝突軽減システム」を国内市場導入［EB/OL］.（2020-03-30）［2023-06-21］. https：//home. komatsu. jp/press/2020/product/1205501_ 1608. html.

④ 只有液压挖掘机用 KomVision 的搭载车辆通过软件变更来对应。根据条件的不同，也有可能伴随着摄像头交换和软件变更。

今后，小松制作所将依次开展其他机型①的标准装备，同时收集和支持市场需求，以进一步提高安全支援系统为目标。小松今后也将追求"品质和可靠性"，谋求企业价值的最大化，同时凭借绝对价值（通过顾客价值创造来解决 ESG 课题和提高收益），以实现安全、生产性高的智能、干净的未来现场为目标。

KomVision 的人体检测结构。（1）4 台摄像机和监视器，确认周围情况。使用 4 台单眼照相机在监视器上显示机体周围。另外，可以切换到机体的右侧、右前方、左侧、后方的图像。（2）检测到人后，用蜂鸣器提醒机体停止。在检测区域或停止控制区域检测到人后，在监视器上显示记号（黄色圆圈或红色圆圈），同时通过鸣笛提醒操作员注意。②

2020 年 3 月 11 日，小松制作所在日本国内市场推出电池动力微型挖掘机"PC30E-5"。

小松制作所（总裁：小川裕之）已开始将电池驱动的小型挖掘机"PC30E-5"推向日本市场。迄今为止，基于小松已经开发的混合动力工程机械和电池叉车的技术，该机械在实现"零废气"和显著降低噪声的同时，实现了与发动机驱动型相同的挖掘性能。预计

---

① 预计将在 12t~40t 的日本国内液压挖掘机（装载液压挖掘机用 Komvision 的车辆）中展开。一部分的特别规格车（2 块高潮、超长前厅、滑动臂等）不支持；一業界初、油圧ショベルへ標準装備開始—「KomVision 人検知衝突軽減システム」を国内市場導入［EB/OL］．（2020-03-30）［2023-06-21］．https：//home. komatsu/jp/press/2020/product/1205501_ 1608. html.

② 一業界初、油圧ショベルへ標準装備開始—「KomVision 人検知衝突軽減システム」を国内市場導入［EB/OL］．（2020-03-31）［2023-06-21］．https：//home. komatsu/jp/press/2020/product/1205501_ 1608. html.

它将用于室内工作和夜间工作,并且是一种先进的模型,它将有助于人类和环境友好型机器的传播。小松制作所在 2019 年 4 月于德国举行的国际工程机械展览会"bauma 2019"上展示了它的原型,并且在客户现场进行了多次运行测试之后,已经开始将其引入市场。一位与操作测试合作的客户说:"由于噪声低,因此很容易向操作员发出口头指示,并且因为安静而易于发现危险。"工作环境得到了改善,且无须担心发生危险。"在室内工作时,不必担心废气和废热对现场的影响。"首先,通过市场介绍,将有许多客户将电池供电的小型挖掘机用作租赁车,以便他们能感受到环境和安全,并希望在未来进一步推广。小松制作所将继续追求"质量和可靠性",以最大限度提高企业价值,并使用 DANTOTSU Value(解决 ESG 问题并通过创造客户价值来提高利润),使它安全、高效、智能、清洁。小松制作所的目标是实现未来的站点。①

在租赁市场推出的"PC30E-5"的主要特点:②

1. 环境,经济、电池驱动系统实现零废气排放,对人与环境友好

实现零废气的清洁工作环境。它对车辆周围的工人和树木友好,广泛用于室内建筑、管道建筑、市区建筑、园林园艺等领域。

静音性能优异的电动机可大幅降低噪声。电源是电动机,因此

---

① バッテリー駆動式ミニショベル「PC30E-5」を国内市場に導入開始[EB/OL]. (2020-03-17)[2023-06-21]. https://home. komatsu/jp/press/2020/product/1205404_ 1608. html.

② バッテリー駆動式ミニショベル「PC30E-5」を国内市場に導入開始[EB/OL]. (2020-03-17)[2023-06-21]. https://home. komatsu/jp/press/2020/product/1205404_ 1608. html.

不会产生发动机车的大噪声。除了能够在工作期间与车辆周围的工人安全通信，它还可以安全地用于居民区、医院、夜间施工以及需要考虑环境噪声的其他场所。

根据使用场所，可以选择两种充电方式。正常充电，当夜间不使用车辆时，长时间为电池充满电；快速充电，在短时间内将电池充电至其容量的80%。通过根据工作环境的收费方法，有助于提高工作效率。

2. 舒适与安全，通过消除发动机振动来减轻操作员疲劳

由于未配备发动机，因此大大改善了传递给操作员的振动。操作员可以舒适地工作，并在工作时减少压力和疲劳。

减少车身产生的热量，营造舒适的工作环境。由于未安装发动机，所以车身产生的热量少，并且热量对车辆周围的影响不太可能影响工作环境。

3. 安全性、可靠性、可维护性

小松制作所独创的电气元件具有出色的安全性、可靠性和可维护性。① 基于小松制作所多年来培养的混合动力建筑设备和电池叉车技术，它配备了新开发的高性能充电器和高压转换装置。小松电池叉车 FE 系列中还安装了易于维护的电池，它不仅需要较少的工作量和加水成本，而且，具有出色的安全性、可靠性和可维护性，所以不必担心因忘记加水而导致电池劣化或损坏。

将日常检查部分和高压部分完全分开。由于日常检查部分和高

---

① バッテリー駆動式ミニショベル「PC30E-5」を国内市場に導入開始［EB/OL］．（2020-03-17）［2023-06-21］．https：//home. komatsu/jp/press/2020/product/1205404_ 1608. html.

压部分完全分开，因此，操作员可以安全地进行日常检查，不必担心高压电源。另外，高压部分不需要日常检查，并且消除了与发动机和燃料相关的检查项目，因此，大大减少了日常检查和定期维护项目。①

2020 年 3 月 10 日，小松制作所公司加速在建筑工地实现数字化转型，开始引入智能建筑改造套件。小松制作所（总裁：小川裕之）正在安装"智能建筑翻新套件"，该翻新套件可为施工现场运行的现有传统工程机械提供 ICT 功能，例如，3D 机器引导功能和有效载荷功能。将于 2020 年 4 月下旬通过 Land Log Co.，Ltd.（总裁：井川浩作）在日本推出。②

在 2019 年 4 月开始的新的中期管理计划"DANTOTSU 价值—共同实现可持续增长"中，小松制作所进行了物联网（机器的自动化）和 Koto（优化建筑运营）的数字化转型。其旨在建设一个安全、高效、智能和清洁的未来站点。

同时，目前在日本建筑工地中使用的工程机械中，有 98% 以上是没有 ICT 功能的常规工程机械，并且现有工程机械上都可以使用"智能建筑翻新套件"。通过安装它，可以使用与 ICT 建筑设备相同的 ICT 功能③，例如，3D 机器导航和有效载荷功能。

---

① バッテリー駆動式ミニショベル「PC30E-5」を国内市場に導入開始［EB/OL］．（2020-03-17）［2023-06-21］．https：//home. komatsu/jp/press/2020/product/1205404_ 1608. html.

② 建設現場のデジタルトランスフォーメーション実現を加速-スマートコンストラクション・レトロフィットキットの導入開始［EB/OL］．（2020-03-10）［2023-06-21］．https：//home. komatsu/jp/press/2020/management/1205353_ 1606. html.

③ IMLITi-Construction 在 ICT 应用建设中 ICT 工程机械所需的功能。

为了加速在建筑工地实现数字化转型，"智能建筑改造套件"不仅可以安装在小松建筑机械上，还可以安装在任何型号的液压挖掘机上。此外，为使客户更容易使用 ICT 功能，3D 施工所需的"GNSS 校正信息发布服务"和智能施工/翻新套件的"SMART CONSTRUC-TION Pilot"应用程序，可开发和提供管理 3D 设计数据和施工历史的传输。此应用程序使得可以使用市售的平板电脑作为显示器，从而使"智能建筑翻新套件"更加方便，且价格低廉。小松正在通过"智能建筑翻新套件"，促进常规建筑设备的数字化，并致力于通过对建筑进行数字化改造，尽早建成"安全、高效、智能和清洁的未来现场"。

智能建筑改造套件的内容、主要功能及特点：

根据 3D 设计数据使用 3D 机器指导进行施工。

有效载荷计①。

不论型号，均可对液压挖掘机进行改造。

计划价格 700000 日元（不含消费税和安装费）。

开始提供：从 2020 年 4 月下旬开始（计划扩展目标模型）。

---

① 关于有效载荷计量器选件，有必要为每小中型号设置参数，因此，仅小松型号针对最初的型号；建設現場のデジタルトランスフォーメーション実現を加速-スマートコンストラクション・レトロフィットキットの導入開始［EB/OL］. （2020 - 03 - 10）［2023 - 06 - 21］. https：//home. komatsu/jp/press/2020/management/1205353_ 1606. html.

第十四节 日本新明和工业株式会社的研发体制

一、日本新明和工业株式会社概况

新明和工业株式会社（日语：新明和工業株式会社/しんめいわこうぎょうかぶしきがいしゃ；英语：ShinMaywa Industries，Ltd.）是一家运输和工业设备制造商，总部位于兵库县宝冢市。第二次世界大战之前，它是川西飞机公司，是在川西飞机公司基础上发展起来的飞机制造公司。二战时期曾为日军制造多款军用水上飞行载具，如著名的二式大艇。日军战败后，该公司转营民营飞行器具，并开拓工业机械、工程作业车辆、立体停车场设备等业务。现在为日本最大的水上飞机生产商，属于行业运输设备制造商。主营业务（产品）包括：工业机械系统，自动线加工机，环境系统，真空设备，电动机，薄膜/表面改性相关产品，流体相关产品（设备潜水泵、潜水搅拌器、鼓风机等），停车系统，机械停车设备（高架停车设备等），空中乘客登机桥，飞机、飞行船和商用飞机的组件，装备特殊的车辆与建筑有关的车辆（自卸汽车等），环境（垃圾车等）和物流机械（尾门举升机等）。

它的前身川西飞机公司是一家开发和制造飞机的公司，其生产产品有 97 型水上飞机和 2 型大型水上飞机等，以及战斗机 Shiden／Shiden Kai。战后，川西飞机公司在转换私人需求的同时，将其名称更改为"明和工业公司"，这是名为 Shin Meiwa 公司的根基。Meiwa Kogyo 根据《公司重建与维护法》进行吸收和拆分，该法是战时赔偿义务终止后的相关法律。公司重新建立新明和接管川西的飞机制造技术，但由于日本从整体上禁止军用飞机制造，因此，在成立之初进行了各种尝试来满足民用需求。在朝鲜战争之后，航空业禁令被解除，该公司重新进入了飞机制造业。从 YS-11 私人运输螺旋桨飞机生产分部开始，该公司恢复为海上自卫队的完整飞机制造商，并拥有水上飞机。目前，它制造了救援水上飞机 US-2。此外，它是一家工业设备制造商，生产特殊装备车辆，例如，垃圾车、工业机械，还有泵和自动电线处理器，机械停车场和登机桥。

新明和工业株式会社总部所在地：兵库县宝冢市新梅岩町 1-1，总电话号码为 0798-56-5000。资本金为 159.82 亿日元（截至 2023 年 3 月 31 日），成立于 1949 年 11 月 5 日。公司集团员工总人数共 5083 名，非合并共 3075 名（截至 2019 年 3 月 31 日），新明和工业集团包括 29 个公司。到 2023 年，员工人数有所增加，集团公司总人数为 6040 人，直属总公司人数为 3136 人。①

二、日本新明和工业株式会社主要机构

（一）航空飞机事业部

该公司生产的是两栖飞机，生产和制造波音和空中客车的飞机部件，并对自卫队使用的飞机进行改造和定期维修。过去曾为 Japan

---

① 新明和工业株式会社会社概要［EB/OL］.［2023-06-22］. https：//www. shin-maywa. co. jp/company/outline. html.

Aircraft Manufacturing（NAMC）的共享产品。

2012 年 4 月，为了向印度海军销售 US-2 救援飞机，该公司成立了"水上飞机私人旋转促进办公室"，并与川崎重工和岛津制作所合作成立了专门的团队，正在进行积极的发展活动。

（二）特种装备车辆事业部

装备特殊的车辆产品：环境维护车辆，可拆卸车身车辆，带有货物装卸设备的运输车辆，粉末和颗粒物料运输车辆，液体运输车辆、自卸车、搅拌车等。

2012 年 4 月 2 日，东邦车辆有限公司（东急车辆专用设备有限公司），继东急车辆制造的特种汽车业务之后获得了挂车的股份，这是在以前没有涉及的领域。收购时它尚未集成到新明和（Shin Meiwa）产品阵容中。

另外，2013 年 1 月 1 日，公司收购了富士重工的垃圾车业务，合并终止了富士威猛品牌。

新明和汽车工程有限公司提供售后服务（各种零件的修理和销售），买卖二手车，以及租用特殊装备的车辆。

2014 年 4 月，与富士重工的垃圾车业务一起收购大和祥子，和富士专用车进行了重组，组成了新明和汽车销售有限公司。当时，二手车相关业务从新明和汽车工程转移到新明和汽车销售，大和祥子和富士通社的售后服务业务也转移到新明和汽车工程。垃圾车销售也已转移至新明和。

岩富士实业有限公司：林业机械（处理器、货运代理、秋千推土机等）与环境有关的设备（卷扬机、集尘桶等）。

东邦车辆有限公司：东急将继续使用东急特别设计的汽车波峰（右侧的 TOKYU 已更改为 TOHO）。

另外，在制造商所在地，公司徽章的颜色在白色背景上已变为蓝色，但是贴在专用车辆上的贴纸在红色背景上仍为白色。

拖车（集装箱拖车、重型拖车、平板拖车、厢式货车、各种拖车等）；

油罐车（油罐车、特种油罐车等）；

厢式车厢（铝厢式货车、厢式货车、厢式拖车等）；

自卸车（大型自卸车、自卸拖车等）；

粉末运输车（碳堆、饲料运输车等）；

环保维修车（真空车、污泥抽吸和排放车、大风量强力抽吸工作车、废油卡车、饮水车、洒水车等）；

作业车辆和专用车辆（机场、堆场运输工具等的医疗车辆）。

除了一些拖车和专用车，该公司与 Shin Meiwa 的特种设备车业务有很多重叠，但没有用于 Toho 车辆的垃圾车。

收购东急车辆专用设备有限公司（成立于 2010 年 4 月 1 日），该公司接替了东急车辆制造公司的专用汽车业务。公司的前身是 Toho Tokushu Kogyo Co., Ltd. 与 Tokyu Vehicle Manufacturing Co., Ltd. 合并而成的（于 1964 年 6 月 1 日合并）。

在大阪设有东宝汽车服务有限公司（前称东急汽车服务），提供售后服务（维修和零件销售）。东邦汽车服务公司也是上述新明和汽车工程的指定服务工厂。在东急汽车制造时代，汽车零件也在东急汽车制造的仙台、广岛和福冈服务处出售。

（三）工业机械系统事业部

自动电线加工机（端子打孔机、台式数字压接机等）。

环境系统垃圾转运设施（压缩和转运设施），回收中心、除尘螺丝、除尘桶、压实机容器等。

真空沉积设备，用于光学薄膜市场、装饰膜市场、大型复合真空系统，组件和可选设备等。

内置 DD 电机系列，无框电机、大型转盘，用于加工机的空气主轴，用于液压发电的大型执行器，特殊环境电机等。

薄膜和表面改性业务，离子等离子体处理设备、大面积电子束处理设备、高频磁控管设备、离子注入设备等。

（四）流体事业部

水处理设备、设施用潜水泵、一般和建筑用潜水泵、水处理相关产品、系统产品等。

（五）停车系统部

停车系统，机械停车设备、电梯停车设备、垂直循环停车设备、平板往复停车设备、水平循环停车设备、多级停车设备、乘机登机桥、多级停车设施"Z Park"（千叶县船桥市船桥北口停车场）。

塔式停车设施，ele 停车、高层电梯、旋转停车。地下停车设施，跨停车、多级停车设施（Z 停车）。

2018 年 4 月 1 日，公司名称由东京工程系统有限公司（TESC）更改为新明和公园科技有限公司。

新明和停车科技有限公司（新明和パークテック株式会社，Shin Meiwa Park Tech Co.，Ltd.），TESC 和 TPSC 都继承了用于生产

Tokyu 车辆的公司徽章。

自推式停车设备 TC 系统，机械式停车设备 TP 系统，大型停车系统 TIP。

塔式停车设施 TPN 和 TPNW 与 Elepark 重叠，各种类型的升降式和上下横越停车设施与 Cross Park，Trans Perth 和 Z Park 重叠。

收购东急公司多层停车场业务的新东急停车场有限公司成立于 2011 年 11 月 9 日，并收购了东京工程系统公司（TESC）。收购 Tokyu Vehicle Manufacturing 的多层停车设备业务部门和 Tokyu Parking Systems Co., Ltd.（后简称东京停车系统有限公司，简称 TPSC）的股份。①

三、主要产品

（一）军工产品

实验水上飞机 UF-XS。在生产 PS-1 的阶段，格鲁曼公司的 UF-1 是从美国海军购买的，以弥补技术不足，并对此进行研究，在此基础上对四分之三大小的水上飞机进行了改装。但仅改装了一架飞机。

反潜巡逻飞机 PS-1（PX-S）。该飞机是反潜巡逻机，机身类型与后来的 US-1 相同。该飞机具有强大的边界层控制（BLC）系统，具有很高的短程起降（STOL）性能。但是，由于 23 架飞机的反潜巡逻能力不及 P-3 反潜巡逻机，采购被终止。

---

① 新明和工業［EB/OL］.［2020-03-21］. https：//ja. wikipedia. org/wiki/%E6% 96%B0%E6%98%8E%E5%92%8C%E5%B7%A5%E6%A5%AD.

救援飞机 US-1（PS-1 断裂）。这是基于 PS-1 开发的灾难救援模型。从 PS-1 上拆除了反潜巡逻设备，配备了灾难救援设备，装备了起落架等，这使得起飞和降落成为可能（许多飞机无法起飞和降落）。该公司共制造了 6 架这样的飞机。

救援飞机 US-1A。该飞机是带有 US-1 发动机的救援两栖飞机。它由日本海上自卫队操纵，并部署在岩国和厚木机场。当东京都没有飞机场的小 gas 原村的 Chichijima 或 Hahajima 突然患病时，这架飞机经羽田空军基地，将他们运送到东京 23 区的一家医院。该类型飞机总共制造了 14 架。

平成二十九年（2017 年）12 月 13 日，取消制造所有类型飞机的计划，专心制造 US-2 飞机（US-1A 改进）。

US-2 飞机。该飞机是基于 US-1A 制造的，而且进行了现代化改造并提高了性能。通过合并加压机舱、玻璃座舱、电传操纵等，可增加操作能力。2013 年，公司努力将模型出口到消防飞机上，并出口到海外。

2020 年 2 月 20 日（新华第二年），新明和工业公司的第 5097 架飞机，第 9907 单完工，并交付给日本海上自卫队。

训练机 U-36A。这是 LearJet 36A 的改良版。公司共改造了 6 架此类型飞机。

其他：

对 U-36A 和 US-2 进行定期维修（PAR：渐进式飞机返修）。

空中自卫队 U-4 定期进行飞机维修（伊朗：必要时进行检查和维修）。

岩国新明和航空服务有限公司。这是一家集团公司，在日本海上自卫队岩国空军基地从事 U-36A、US-2 和相关设备的维护工作。2012 年 11 月，总共进行了 500 次定期检查。过去，它还负责维护 US-1A。

（二）民用产品

生产合作：

生产波音 787 的主翼翼梁，作为三菱重工的分包商。负责波音 777 机翼机身整流罩的制造。为川崎重工、三菱重工和富士重工负责制造波音 767 零件，作为第二分包商。

主条目：波音 767/空中客车 A330/空中客车 A340：机翼圆角整流罩的制造。空中客车 A380：机翼圆角整流罩和坡道面板的制造。YS-11：负责后机身，翼尖和背海豚（垂直尾翼前的稳定翼）。

有关详细信息，请参见"YS-11#飞机制造"和"日本飞机制造#国产飞机的开发"。

自卸车（Chamber dumps），带有货物装卸设备的运输车（四个门），垃圾车、搅拌车、油罐车、洒水车等。

"Tenzuchi Dump"和"Sichoku Gate"是 Shin-Meiwa Co., Ltd. 的注册商标。此外，"天地垃圾场"在国外也被称为"TENTSUKI"。

四、新明和工业株式会社的研发体制与研发机构

新明和工业株式会社没有统一的技术研发本部，其技术部分散在公司的各个事业部和各个下属公司当中。

1. 工业机械系统部

为社会提供优质的产品和服务，工业设备系统部开发和制造满足社会需求的各种产品，从纳米级薄膜形成到吨级废物处理。尽管这些产品在日常生活中很少见，但它们在市场上都是众所周知的，并且在日本和海外的各个地区都发挥着积极作用。

2. 流体事业部

支持舒适日常生活的水基础设施。从提供高质量的潜水泵和水处理设备，到维护和更新建议，流体部门可满足广泛的客户需求，改善污水处理周围的水环境。新明和还继续积极参与设计并考虑节能和二氧化碳减排的产品，为社会做出贡献。

3. 停车系统事业部

新明和通过为空中登机桥提供停车设施和产品及服务，作为连接人和汽车的未来以及亚洲与世界之间的桥梁的停车设施的综合制造商，为社会基础设施的改善和发展做出贡献。新明和的目标是成为世界第一登机桥制造商。机械停车设施已经实现了能够在有限的汽车社会和土地的情况下响应日本停车状况的产品。专注于开发和制造满足城市发展需求的停车设施，新明和改善了交付记录并提供了高质量的维护服务，使客户可以放心使用新明和的设施。新明和还将业务范围扩展到以硬币停车为代表的停车管理业务，为汽车社会的发展做出了贡献。

此外，新明和还提供了通往天空的门户"机场大厅"和架设客机的空中登机桥"Paxway ©"。自 1969 年向羽田机场交付首台 Paxway ©以来，该公司已在日本和东南亚的主要海外机场交付了

1000 多架飞机。新明和将通过提供高质量的产品和服务，继续为客户提供"安全"和"舒适"，并进一步提高他们的技术和服务能力，提供新的解决方案来改善社会基础设施，为社会发展做贡献。

第十五节　日立造船的研发体制

一、日立造船株式会社概况

日立造船株式会社（日语：日立造船株式会社/ひたちぞうせん；英语：Hiitachi Zosen Corporation，Hitz）曾经是日本十大军工生产商之一，主要生产环境装置、工厂设备、产业机械、发电设备等，是日本机械、成套设备制造商。现在的主力事业是环境、成套设备事业、造船业，但近年来，日立造船事业正处于衰退阶段，一直走下坡路。业务内容有垃圾发电设备、海水淡化厂、水和污水/污泥再生处理厂、船用发动机、压力机、加工设备、精密机械、桥梁、水闸、盾构挖掘机、防灾相关设备的设计与生产等。就目前而言，日立造船已经没有专门的军工产品，但是，在船舶制造专业和自动化控制领域，仍然可为军工部门提供配套设施和零部件。

日立造船株式会社商号中包含了"造船"的字样，平成十四年（2002 年）与日本钢管（现在的 JFE 工程）合并，日立造船株式会社放弃了主要的造船事业。但是，船舶用柴油机等的制造还在继续。由于平成十八年（2006 年）卖掉了子公司内造海船的股份，所以，从平成十九年（2007 年）的决算开始，造船事业在合并结算中也消失了，但是，在平成二十一年（2009 年）再次成为合并对象。另外，因为曾经是日立制作所旗下，所以，被冠以"日立"之名的商号。但是，由于太平洋战争后财阀解体，现在已经脱离了日立集团。不过，与日立制作所并没有完全绝缘。日立制作所是日立造船的第九大股东，两个公司都是由原日产 Conturn（日产、日立集团、春光集团）的主要 20 家公司组织的春光会以及旧三和银行［现在的三菱UFJ 银行是由三水会和绿会（三和集团）组成的］组成的融资体系会员企业。①

由于作为解决造船业不景气对策而涉足的事业多元化，曾经有一段时期，从事与造船公司形象相去甚远的杜仲茶制造和旅行预约网站"旅行窗口"的运营。之后，杜仲茶卖给了小林制药，"旅行窗口"卖给了乐天。另外，子公司有东证二部上市的日立造船富冈机械，由于无法预计今后的事业发展，平成十六年（2004 年）进行了通常清算（卖掉未破产的公司的资产，将剩余的资金分配给股东并解散）。上市公司通常清算是极为罕见的情况。日立造船本身的股票在东京证券交易所上市（证券代码：7004），是日经平均股价采用品种之一。因为总部设在大阪市，所以，在关西财界活动，日立造船首脑在关西经济联合会担任副会长等职务。

日立造船株式会社总部：邮编为 559-8559，大阪市住之江区南港 1-7-89。电话：06-6569-0001，传真：06-6569-0002。日立造

---

① 日立造船［EB/OL］.［2020-03-12］. https：//ja. wikipedia. org/wiki/%E6%97%A5%E7%AB%8B%E9%80%A0%E8%88%B9.

船株式会社东京总公司：邮编为 140-0013，东京都品川区南井 6-26-3 大森贝尔波特 D 楼 15 楼，电话：03-6404-0800，传真：03-6404-0809。资本金 45，442，365，005 日元（截至 2023 年 3 月 31 日）。从业人员截止到 2023 年 3 月 31 日为 11,400 人。①

二、主要产品

（一）民用产品

船用设备：

砌石机和逃生系统（SCR）；

船舶甲板机械；

海洋生物设备（MGPS）：

海水淡化/水处理；

半导体/ FPD 阶段；

食品和医疗事务；

电子约束：

基础设施/防御系统；

新功能材料：

沸石膜脱水系统；

带发电设备的机械式垃圾焚烧炉；

水门式可动防波堤；

桥梁：

---

① Hitz 会社概要［EB/OL］.［2023-06-25］. https：//www. hitachizosen. co. jp/com-pany/outline. html.

屏蔽掘进机；

LaRWS 工法用设备；

水处理系统。

（二）驱逐舰护卫舰（基本是 21 世纪以前的产品）

驱逐舰：

DD 初之类型：白雪、山之雪；

DD Asagiri 类型：Hamagiri；

DD 紫色类型：Ikazuchi；

DE 五十铃类型：五十铃、天篷；

DE Chikugo 类型：千岁、Teshio、熊；

DE Abukuma 型：Jintu、Chikuma；

训练船：

鹿岛电视台；

运输船：LST Osumi 类型、Kunisaki；

补给船：

AOE 和和田类型：十和田、法力；

海洋观察船：

AGS Suma；

AGS 锅盖类型：若狭；

扫雷车：

MST 返回类型：返回；

排雷船；

MMC。

特殊服务船：

赤脚；

青函渡轮"圆亭丸"——昭和四十年（1965 年）竣工；

油轮 Yamajumaru——1965 年完成；

液化石油气运输船"Esso Fuji"——于 1973 年完成；

油轮"埃索大西洋"（Esso Atlantic）——于 1977 年完成；

油轮"阿罗萨"——于 1993 年完成；

高速客船"Seamax"——平成十年（1998 年）建成；

94 型岸上敷设设备。

三、日立造船株式会社的研发体制与研发机构

日立造船株式会社（Hitz Hitachi Zosen Co., Ltd.）以业务规划和技术开发部为中心进行研发，并与每个部门的开发部门合作，以实现快速商业化。研发中心专注于加强基础技术和研究核心技术，而其他站点则在开发性能更高的产品。日立造船株式会社的研发机构主要包括：

技术研究所；

环境研究中心；

精密机械中心；

控制设备中心；

凯汉娜；

柏市工厂；

人工智能/ TEC。

四、日立造船株式会社的研发机构

（一）技术研究所

技术开发总部（Chikko），作为日立造船集团的业务、产品和技术开发基地，正在与业务部门和集团公司合作进行开发。在新领域和先进技术的研究中，制造的核心技术和技能在传世之前，具有广泛的对应性。

（二）环境研究中心

多年来，日立造船主要在环境绿色能源领域进行了实证研究。但是目前，一种新的功能材料 Eucommia 弹性体©正在生产。主要产品：杜仲弹性体精制设备。

（三）精密机械中心

精密机械中心的技术中心是精密机械业务技术发展的核心，也是精密机械业务技术发展的中心。主要测试开发设备：卷对卷 II 薄膜沉积测试仪、激光加工试验机、电子束灭菌测试设备、食品灌装试验机、无损氧气浓度测试仪、功能膜挤出试验机。

（四）控制设备中心

日立造船使用光伏发电设备和风力发电设备，数字标牌等对微电网系统和工厂安全系统进行演示测试，并开发和生产电子控制系统和设备。主要产品：微电网系统演示测试设施、风能发电机、太阳能发电、微电网示范设施、电子控制设备生产设备、自动钻孔攻牙设备、全自动电线加工机、空气平衡器。

（五）凯汉娜

日立造船主要进行水和污泥处理新技术的研发，并致力于创造舒适的水环境。日立造船通过广泛的专业知识，通过水质分析、基准测试、中试、验证测试等，提出最佳的处理系统。日立造船还提出了改善现有设施的解决方案。主要研发设施：仪器分析部分，日立造船使用先进的精密分析设备进行 BOD 和 COD 等水质分析、比色分析、重量分析和与环境污染有关的痕量分析。实验部分，使用广口瓶测试进行化学处理测试，使用小型加工设备进行实验室规模测试，进行中试工厂测试等。

（六）柏市工厂

日立造船正在研究下一代清洁能源生产技术，例如，使用催化材料技术和电化学相关技术的氢气生产以及 CO_2 甲烷化。日立造船还致力于净化技术等的开发，并致力于环境和能源相关技术的研究与开发，这些技术有助于维护全球环境以及世界的安全与保障。主要研究内容：制氢技术，开发高活性电极和高效低成本的电解池和系统。氢气发生器（氢弹簧）。甲烷化技术，在常压和低温下开发高活性催化剂和高效甲烷化工艺。甲烷化测试设备，曝气搅拌技术，开发并验证了兼具节能和高性能的水处理炸药/搅拌装置。

（七）日立造船高级信息技术中心"AI／TEC"

日立（Hitz）高级信息技术中心"AI／TEC"于 2018 年 10 月投入运营，作为远程监控和 ICT 的基础设施。例如，IoT（物联网）、大数据和 AI（人工智能）。迄今为止，通过日立造船业务积累的先进技术和大数据，将积极发展成为更具全球竞争力的高附加值业务。

日立造船的目标是在现有工程和制造业务领域的基础上，将价值链扩展到更有利可图的业务计划和服务领域。此外，日立造船正在努力开发新产品和新业务，包括开放式创新。①

第十六节　日本海洋联合株式会社的研发体制

一、日本海洋联合株式会社概况

日本海洋联合株式会社、日本海洋联合公司（日语：ジャパンマリンユナイテッド株式会社；英语：Japan Marine United Corporation，JMU）是日本成立较晚的一个船舶制造公司，并且不是上市公司。业务内容：工业运输设备、船舶、海上漂浮物等的设计、制造、销售等。日本海洋联合株式会社是目前日本仅次于今治船厂的第二大造船企业。其主营业务是制造各种船舶，为日本自卫队制造驱逐舰与护卫舰，已经成为日本最主要的军舰制造商，并为日本政府海上保安厅制造公务船、巡逻船等。日本海洋联合株式会社为日本海上自卫队制造的出云级直升机航空母舰，一旦配备 F35 垂直起降战机，将成为日本真正的航母，也是日本目前为止最新锐、最先进的海上军舰。

截至 2022 年 3 月 31 日，日本海洋联合株式会社资金：575 亿日

---

① Hitz 先端情报技術センター「A. I∕TEC」ついて ［EB∕OL］. ［2020-03-22］. https: ∕∕www. hitachizosen. co. jp∕AITEC.

元，销售额：2133 亿日元（2022 年第三季度），营业利润：15 亿日元（2022 年第三季度），经常利润：4 亿日元（2022 年第三季度），净利润：3 亿日元（2022 年第三季度），净资产：813 亿日元（截至 2022 年 3 月 31 日），总资产：2779 亿日元（截至 2022 年 3 月 31 日）。主要股东：JFE 控股 35%，IHI 35%，今治造船（株）30%。主要子公司有 JMU AMTEC、株式会社 IMC。①

二、主要产品

（一）军工产品

1. 军舰：

出云级驱逐舰；

日向级驱逐舰；

玛雅型驱逐舰；

阿瓦兹扫雷车；

初岛（扫雷）。

2. 国防装备和机电产品：

离岸补给设备；

自动驾驶系统；

两栖车辆。

---

① ジャパンマリンユナイテッド株式会社［EB/OL］.［2023-06-25］. https://ja. wikipedia. org/wiki/%E3%82%B8%E3%83%A3%E3%83%91%E3%83%B3_%E3%83%9E%E3%83%AA%E3%83%B3%E3%83%A6%E3%83%8A%E3%82%A4%E3%83%86%E3%83%83%E3%83%89.

（二）军民两用产品

1. 海上保安厅巡逻船：

秋津岛（直升机巡逻艇）；

大豆（破冰巡逻船）；

木曾（2000 吨巡逻艇）；

本部（1000 吨巡逻艇）；

Tokara（350 吨巡逻艇）。

2. 政府部门用船舶与设备：

裕龙（消防船）；

丸悠照（渔业调查船）；

Shinpo（渔业巡逻船）；

Shimakaze（海关船）；

海龙（吸泥船）；

日本丸（帆船）；

特种船和小型船；

观光船；

流冰观光船；

浮吊；

深层搅拌容器；

客船；

海洋地球研究船；

维修和改装船；

安装压载水处理设备（改造）；

除污设备；

造船焊接机器人；

水下维修机器人。

（三）民用产品

1. 集装箱船

14000 TEU 型集装箱船；

9600 TEU 型集装箱船；

8200 TEU 型集装箱船；

6500 TEU 型集装箱船。

2. 油轮

马六甲最大 VLCC；

马六甲—最大 VLCC（335 米）；

马六甲—最高 VLCC（339 米）；

下一代节能 VLCC（兼容 H-CSR）；

200 万桶 VLCC；

下一代节能 VLCC（G302T）；

苏伊士型油轮；

新一代节能型 Suez Max 油轮（兼容 H-CSR）；

阿芙拉型油轮；

巴拿马型油轮。

3. 散货船

Unimax 或 New Castle Max 散货船（G209BC）；

Dunkel Kumax 散货船（G182BC）；

下一代节能煤船；

巴拿马型散货船（G81BC）；

Ultramax 散装货船（Future-60）；

破冰船散货船。

4. 液化气船

SPB ©（自承方 IMO 型 B 型）储罐式液化天然气运输船；

GTT Mark III 系统（膜式）LNG 船；

液化石油气运输船。

5. 汽车装载船

载车 7550 辆。

6. 石油钻探设备

离岸结构；

液化石油气生产、储存和卸货设备（LPG-FPSO）；

浮动原油生产/存储/卸载设备（FPSO（船体））；

浮动式装卸设备（FSO）；

石油钻机、生产和储存容器（生产和测试系统）；

半潜式钻机；

自升式钻机。

7. 其他设备

浮式海上变电站（变电站）；

离岸储存基地；

近海服务船；

锚固标签供应船；

平台补给船；

海洋拖曳标签；

客船和乘用车渡轮；

客船；

快速载车渡轮；

大型载车渡轮；

SSTH 高速客运/载车渡轮；

船运；

沿海船舶解决方案；

船舶设备；

防滚槽；

冲浪球；

SPB ©储罐系统；

改造工作（延长寿命的工作）。

三、海洋联合株式会社的研发体制与研发机构

（一）海洋联合株式会社的研发体制

海洋联合株式会社的技术与研发体系，主要由其技术研究所和下面的研究团队构成。通过关于韩国航行实验设施，包括津市和横滨的水箱设施，以及四个小组共同开展的技术和研发系统。主要内容：储罐设备、流体研究组、冰海研究组、结构研究组、生产技术研究组。JMU 生态船："eFuture" 和 "G series"。海军联合株式会社一直在竭尽全力开发节能船。海军联合株式会社推动建设生态船倡

议，重视包括节能技术在内的技术开发。内容分为四类：流动技术、冰海技术、结构技术和生产技术。

（二）技术研究所

海洋联合株式会社技术研究所拥有水族馆设备、船体试验箱（240 米×18 米×8 米）。JMU 在津市拥有一个船体形的试验箱（世界上最大）和一个冰海型试验箱（日本唯一的私人公司），在横滨拥有一个运动型试验箱和一个气蚀试验箱，可以进行各种试验。这些储罐与 CFD（计算流体动力学）工具一起，用作强大的流体性能设计和开发工具。运动表现水槽（70 米×30 米×3 米）。空化水族馆、冰和水族馆（20 米×6 米×1.8 米）。①

1. 流体研究小组，基于通过在海洋领域进行研究而培养的流体的分析，实验和信息处理技术等基本技术，它具有"出色的性能（低油耗、低海裕度、高机动性）和成本竞争力"。流体研究小组正在开发船体形式，研究海洋结构。

2. 冰海研究小组，冰海缸（20 米×6 米×1.8 米），旨在建立一个强大而环保的冰海船，以打开冰海。作为日本领先的破冰船制造商之一，海洋联合株式会社建造了冰海船，包括历届南极研究船。冰海研究小组进行研究和开发，以提供适用于北极和南极极地地区、鄂霍次克海等冰海地区环境和任务的冰海船只。

破冰船在冰上性能改进的研究。

破冰船型开发，冰海推进器，破冰船辅助装置。

_____

① ジャパンマリンユナイテッド株式会社・技術・研究開発体制［EB/OL］.［2020-03-22］. https：//www. jmuc. co. jp/rd/technology/.

冰性能评估技术。

再现各种结冰条件的冰和海罐测试（平冰、流冰、冰山、冰雪覆盖的冰，拉丝冰道等），在冰中的性能估算计算。

冰海导航仿真技术。

冰水的运行状态，经济评估，冰海导航支持。

评估冰海船只，冰海结构上的冰负荷。

3. 结构研究小组，基于先进的结构分析技术和振动、疲劳等实验、测量技术，高度结合了安全性和经济性的船体结构，以及有助于设计效率和优化的研发。

4. 生产创新小组，主要目标是"通过差异化的生产技术来实现高生产率"，将促进生产技术的研究和开发，这有助于稳定质量，降低生产成本以及缩短交货时间。并与办公室合作，以促进对企业站点的部署。①

焊接技术研究。

切割和焊接技术的研究与开发，造船的基本技术之一。

生产自动化研究（FA，机电一体化）。

自动化设备、机器人、CAM 系统的研发，用于各种操作，如加工、焊接、安装、喷漆、清洁、检查和测量。

先进的生产管理系统研究。

生产仿真与调度研究与开发。②

---

① ジャパンマリンユナイテッド株式会社・技術・研究開発体制 ［EB/OL］. ［2020-03-22］. https：//www.jmuc.co.jp/rd/technology/.

② ジャパンマリンユナイテッド株式会社・技術・研究開発体制 ［EB/OL］. ［2020-03-22］. https：//www.jmuc.co.jp/rd/technology/.

四、日本海洋联合株式会社的研发动态

2020 年 4 月 15 日，日本海上联合公司（总部：神奈川县横滨市，总裁：千叶小太郎）在吴市工厂（广岛县吴市）建造并交付新一代节能散货船"FIRST PHOENIX"。

该船是满足法国敦刻尔克港口要求的最大船舶，也是海洋联合株式会社采用最新节能技术的 G 系列 182000DWT（G182BC）散货船的第 21 艘船。①

（一）新一代节能散货船"FIRST PHOENIX"

1. 船的轮廓

主要尺寸：总长 292.0 米×宽 45.00 米×深度 24.55 米×吃水 18.15 米

载重量：182,591 吨

主引擎：MAN-B&W 7S65ME-C8.5 1 柴油引擎

航行速度：15.05 节

可容纳人数：25 人

船级：DNVGL

船舶注册处：巴拿马

---

① 次世代省エネ型バルクキャリア" FIRST PHOENIX" 引渡 ［EB/OL］.［2020-04-15］. https：//www.jmuc.co.jp/press/2020/first-phoenix.html.

2. 特点

（1）配备有 SO_x 洗涤塔①，并符合自 2020 年 1 月以来已应用于一般海域（某些指定海域除外）的 SO_x（硫氧化物）排放法规。

（2）通过最新的分析技术，开发出追求低阻力和高效率的最佳船体形式，并优化了海洋联合株式会社的原始节能设备，Super Stream Duct ⓒ和 SURF-BULB ⓒ减少了。

（3）预计 2020 年以后适用于合同船的第二阶段水平，海洋联合株式会社对温室气体（Greenhonse Gos，GHG）排放法规船舶能效设计指数（Energy EHcieroy Design Inlex，EEDI)② 感到满意。

（4）考虑到新的噪声法规，采用称为 LEADGE-Bow ⓒ的船首形状和低风压起居区，来改善实际海域的性能。

（5）使用电控发动机，低摩擦涂料和大直径螺旋桨可提高该船的燃油效率。

（6）与各种环境法规兼容，包括压舱水处理设备，有害物质清单维护，以及符合 NO_x 排放法规 Tier II。

（二）马六甲 JMUVLCC 型 "Toya" 原油运输船

马六甲 VLCC 为在中东和日本之间的原油运输中穿越马六甲海峡的最佳船只类型。这是新一代节能型马六甲型 VLCC，结合了 VLCC 的开发知识和海洋联合株式会社的前身 IHI Marine United 和 U-

---

① SO_x 洗涤塔是一种用喷在设备内部的海水清洗主机和发电发动机的废气的装置，该装置可以吸收 SO_x，并抑制向大钟排放 SO_x。该设备旨在减少环境负荷，例如，由于 SO_x 排放引起的酸雨。

② 次世代省エネ型バルクキャリア" FIRST PHOENIX" 引渡 [EB/OL].［2020-04-15］. https：//www.jmuc.co.jp/press/2020/first-phoenix.html.

niversal Shipbuilding 积累多年的最新技术。①

1. 船的轮廓

主要尺寸：总长 339.5 米×宽 60.00 米×深度 28.50 米×吃水
21.05 米

载重量：311，393 吨

主引擎：一台 W7X82 柴油引擎

定员：34 人

船级：ABS

船舶注册处：巴拿马②

2. 特点

（1）配备有 SO_x 洗涤器③，并符合自 2020 年 1 月 1 日起在一般
海域实施的燃油中硫含量的规定。

（2）通过最新的分析技术，开发出追求低阻力和高效率的最佳
船体，并优化了原始节能设备 Super Stream Duct ⓒ，SURF - BULB
ⓒ，ALV - Fin ⓒ，降低了油耗。

（3）预计从今年开始适用于合同船的第二阶段水平，海洋联合
株式会社对温室气体排放法规 EEDI 感到满意。

---

① JMUマラッカ型 VLCC" 豊弥" 引渡 ［EB/OL］.［2020 - 04 - 15］. https：//
www. jmuc. co. jp/press/2020/Toya. html.

② 次世代省エネ型バルクキャリア" FIRST PHOENIX" 引渡 ［EB/OL］.［2020-
04-15］. https：//www. jmuc. co. jp/press/2020/first-phoenix. html.

③ 为了减少 SO_x 对环境的不利影响，世界各地均统一进行了燃料中硫浓度的控制。
使用 SO_x 洗涤塔作为替代方法可将低硫燃料油用作主机和发电。将海水喷洒到
发动机的废气上并对其进行净化，以使 SO_x 脱硫。该设备可以将 SO_x 降至规定
值以下。

（4）考虑到新的噪声法规，采用称为 LEADGE-Bow © 的船首形状和低风压起居区来改善实际海域的性能。

（5）最新的电控发动机，低摩擦涂料和大直径螺旋桨用于提高该船的燃油效率。

（6）与各种环境法规兼容，如配备压载水处理设备并保留有害物质清单。

（7）对于货油舱和压载舱的涂层，适用防护涂料性能标准（IMO PSPC）① 规则，并且货油舱的底板使用耐腐蚀钢。

（三）新一代节能散货船"SAKIZAYA STAR"

2020 年 3 月 27 日，日本海洋联合有限公司（总部：神奈川县横滨市，总裁：千叶小太郎）交付新一代节能散货船"SAKIZAYA STAR"，智慧山 SA 在舞鹤办事处（京都府舞鹤市）建成。

该船是 J 系列 82，400 DWT（J82BC）的第一艘船，是 G 系列 80，800 DWT 的进一步发展，G 系列 80，800 DWT 是巴拿马型散装货船的下一代船，在海洋联合株式会社拥有悠久的历史。该船是下一代节能船"J 系列"的巴拿马型散货船，该船已通过采取各种节能措施，大幅减少了燃料消耗，成功减少了温室气体（GHG）。②

1. 船的轮廓

主要尺寸：总长 229.00 米×宽 32.26 米×深度 20.20 米×吃水 14.55 米

---

① 次世代省エネ型バルクキャリア" FIRST PHOENIX" 引渡 ［EB/OL］.［2020-04-15］. https：//www.jmuc.co.jp/press/2020/first-phoenix.html.

② 次世代省エネ型バルクキャリア" SAKIZAYA STAR" 引渡 ［EB/OL］.［2020-03-31］. https：//www.jmuc.co.jp/press/2020/sakizaya-star.html.

载重量：82，516 吨

主引擎：MAN-B&W 6S60ME-EGRBP 1 柴油引擎

航行速度：14.50 节

可容纳人数：25 人

船级：NK

船舶登记处：利比里亚①

2. 特点

（1）通过使用最新的分析技术，海洋联合株式会社开发了一种追求低阻力和高效率的最佳船体形式，同时，还采用了原始的节能设备 Super StreamDuct ⓒ，优化的 SURF-BULB ⓒ大大降低了油耗。

（2）预计 2020 年以后适用于合同船的第二阶段水平，从而满足GHG 排放法规 EEDI②。

（3）通过采用考虑了新的噪声规定的低风压住宅区，可以改善实际海域的性能。

（4）结合了最新的规则，如"散货船和油船通用结构规则""氮氧化物（NO_x）排放法规第 III 层""SO_x（硫氧化物）排放法规"等，增加了装载货物的重量并减少了燃料消耗。

---

① 次世代省エネ型バルクキャリア" SAKIZAYA STAR" 引渡 ［EB/OL］.［2020-03-31］. https：//www.jmuc.co.jp/press/2020/sakizaya-star.html.
② 次世代省エネ型バルクキャリア" SAKIZAYA STAR" 引渡 ［EB/OL］.［2020-03-31］. https：//www.jmuc.co.jp/press/2020/sakizaya-star.html.

第十七节　日本住友重工业株式会社的研发体制

一、住友重工业株式会社概况

住友重工业株式会社（日语：住友重機械工業株式会社/すみともじゅうきかいこうぎょう；英语：Sumitomo Heavy Industries，Ltd.）是住友集团的机器制造商。该公司在造船、各种制造设备和精密机械等尖端机电一体化领域向全球扩展，是住友集团公共关系委员会和白水会住友集团的成员企业。住友重机械工业株式会社创建于1888年，是一家历史久远的公司。旗下拥有众多子公司，是制造和销售包括大型工业机械和最尖端的精密控制设备及多元化产品的综合性设备制造商。在包括欧美和亚洲等在内的世界各地，都拥有众多制造、销售基地，开展着全球化业务。住友公司除了生产广泛的机械、船舶等重工业产品，还为日本自卫队提供机关枪、机关炮等产品。该公司于1982年10月兼并了日特金属工业公司之后，成为机枪生产厂商。公司下设9个工厂，其中，田无制造所除生产机枪外，还生产机关炮。

住友重机械工业株式会社资本金：3,087,165万日元（截至2019年3月31日）。母子公司联合791,025百万日元（2017年度）。截止到2022年3月31日，住友重机械工业株式会社从业员工数量：

24，584 人，年度销售额：943，979 百万日元。①

2013 年 12 月 14 日，日本媒体曾爆料，作为日本防卫省专用军火承办商之一，住友重机械工业生产了日本陆海空自卫队使用的大多数机枪和机关炮。住友重机械工业十多年来擅自篡改机枪测试记录，将上万挺未达标的劣质机枪售予日本防卫省。日本陆上自卫队使用的仿 FN-M249 式 5.56 毫米机枪、62 式 7.62 毫米机枪、74 式车载 7.62 毫米机枪、仿 M2 式 12.7 毫米重机枪，以及日本海上自卫队扫海艇和运输舰艇搭载的各类机关枪、日本航空自卫队战斗机搭载的 20 毫米机关炮等，都由总部位于东京都品川区的住友重机械工业生产制造。日本防卫省在向制造商下自卫队防卫用品订单时，对军品有一定的性能要求，如机枪须达到一定的发射速度，以及在一定距离下的目标命中率等。住友重工长达十年擅自篡改机枪性能测试记录，将没达到性能要求的机枪伪装成合格品，售予日本防卫省。日本防卫省在主力军火的购买、管理上的重大失误也随之浮出水面。②

二、主要产品

（一）军工产品

为防卫省制造国防装备。通过应用尖端技术的产品为日本的安保做出贡献。

---

① 住友重機械工業株式会社会社概要［EB/OL］.［2023-06-27］. https：//www.shi.co.jp/company/overview/index. html.

② 日防卫省御用军火商被爆造价 交付自卫队上万挺劣质枪械［EB/OL］. 观察者网，2013-12-16.

住友62式7.62毫米机枪（Rokuni-shiki Nana-ten-rokuni-miri Kikanjū）是一挺由日本日特金属工业枪械工学设计师河村正弥博士于1954年至1962年间研制的机枪。并且，由住友重机械工业生产的一种弹链供弹及气动式操作的轻重两用中型通用机枪，被陆上自卫队作为步兵（日本称为普通科）部队制式武器，发射7.62×51毫米北约口径步枪子弹。在日本以外的文献中标记为"NTK-62"或"Type62 GPMG"，重量为10.15千克（22.38磅）。

住友74式7.62毫米车载机枪（Nanayon-shiki Shasai Nana-ten-rokuni-miri Kikanjū）是住友62式7.62毫米机枪的装甲战斗车辆固定衍生型，架设于三脚架上作为重机枪使用，搭载该机枪的载具包括三菱74式、90式和10式主战坦克，三菱89式装甲战斗车，小松87式侦察警戒车和82式指挥通信车，在直升机上作为机载机枪（舱门机枪）使用，重量达到20.4千克（44.97磅）。该机枪的射速可在约700发/分钟与约1000发/分钟之间切换。

仿FN-M249式5.56毫米机枪。

仿M2式12.7毫米重机枪。

日本航空自卫队战斗机搭载的20毫米机关炮。

（二）警戒与警用设备

1. 机械安全

住友重机械工业株式会社在客户办公室和建筑物等安全设施中安装各种传感器，并每天24小时在基站进行监控。

当由传感器发出的信号检测到可疑人员入侵等异常情况发生时，主管人员从最近的等候区到达，并根据情况紧急呼叫110或119。

2. 设施安全

保安人员驻扎在建筑物、工厂、学校等处，以控制出入，并注意入侵者和事故。

3. 交通引导安全/忙碌安全

住友重机械工业株式会社在施工现场和停车场的入口和出口引导车辆，以确保行人和车辆的安全。此外，在活动和节日中，引导人和汽车，减轻交通拥堵并防止事故发生。

4. 巡逻保安

安全人员定期或不定期在办公室、商店、建筑物、工厂等地巡逻，并检查安全性。

5. 故障处理

持续监视安装在偏远地区（例如室外或室内）的设备状态，在发生异常时确认情况，并迅速做出响应。

6. 图像监控

摄像机将安装在要监视安全性的区域中，并且，住友重机械工业株式会社提供的基站将监视传输图像，如果有可疑人员进入，则会发出警告。此外，通过安装麦克风，可以与访客进行双向对话。将第一层设置为办公室，将第二层和第三层设置为房屋的示例。根据建筑物的状况、预算和用途，可以进行各种安装计划。随时可以咨询。

7. 被动式传感器（热射线传感器）

安装在天花板等的传感器检测人体温度（红外线），并在可疑人员进入警告区域时输出警告信号。

8. 磁感应器

安装在可打开和关闭以检测入侵者的窗户上的传感器。它由开关和磁铁两个部分组成，它检测窗户的打开和关闭并输出警告信号。

9. 快门感应器

安装在车库或仓库中，以监视打开和关闭。

10. 玻璃破碎传感器

检测车窗玻璃破损并输出警告信号。

11. 发射器

发射器控制安装在防护区域中的传感器，通过在线线路将异常信号发送到基站。收到异常信息后，基站控制器将发出调度命令，收到命令的警卫会赶赴现场。

12. 读卡器

从防护区域外部启动或释放安全保护时使用。通常，它安装在门口附近，并读取卡以启动/取消安全性。

13. 紧急按钮

将其安装在桌子或柜台下等不起眼的地方。通知外部发生房间异常。

14. 热感探测器/烟雾探测器

安装在天花板上以便及早发现火灾。当检测到一定温度或热量时，它将输出警告信号。

15. 安全传感器

检测保险柜何时移动或掉落，或何时打开门，并输出警告警报。

（三）民用或军民两用产品

1. 电力输送、控制

从事减速机的开发、制造和销售。减速机是将电机的转速减为最佳速度并提高转动力矩的装置。减速机被用于电梯和自动扶梯、产业机器人、工厂的生产线等，是电机使用中不可缺少的重要配件。住友重机械工业株式会社拥有丰富的产品阵容，涵盖从 6 瓦的小型电机至数千千瓦的超大型电机。

主要经营产品：

摆线减速机；

精密控制用减速机；

小型减速机；

大型减速机。

2. 塑料机械

从事射出成型机的开发、制造和销售。射出成型机是将熔化的塑料注入模具中成型、制造出塑料产品的设备。CD、DVD、蓝光光碟和聚酯瓶、手机和电脑配件、医疗器械等与人们生活密切相关的塑料产品大部分是由这一射出成型机生产的。

主要经营产品：

射出成型机；

塑封压机。

3. 产业机械

经营应用了电子加速技术的产品。如能够击中癌症病灶的"质子束治疗癌症系统"和用于对早期发现癌症很有效的"PET（正电子断层显像）诊断"中的"制剂给药系统"等。另外，还提供能够在保健、能源领域为社会做出贡献的产品，如"太阳能电池制造设备"等。

主要经营产品：

PET 用回旋加速器；

PET 相关系统；

质子束治疗癌症系统；

起重磁铁；

锻造压机。

4. 精密器械

从事可冷却到接近绝对零度（-273℃）的"极低温冷冻机"及其应用产品的开发、制造和销售。极低温技术被用于超导的形成和捕捉恒星的微小热量的高精度红外线天文望远镜等。具体来说，被用于半导体制造设备中不可缺少的低温泵（超高真空泵）和医疗机器 MRI（磁共振成像诊断设备）、SUBARU 等天文望远镜等。

主要经营产品：

极低温冷冻机；

低温泵。

5. 机电一体化

从事用于制造半导体、液晶显示板的"精密定位设备""激光加工机""成型设备"及各种设备的驱动、"控制系统"的开发、制造和销售。为实现用于有效控制电气的功率半导体（IGBT）的制造工艺中的"激光退火设备"、用于尖端半导体包装的"压缩成型设备"的批量生产机器等及手机、移动设备等的小型化做出了贡献。"控制系统"被广泛用于锂离子电池生产设备和各种产业机械的混合动力控制等领域。

主要经营产品：

精密定位设备；

控制系统；

关键部件；

成型设备；

激光退火设备；

激光钻孔设备。

6. 能源环境

从事与"火力发电设备""防止大气污染设备""产业废弃物设施"等相关的产品的开发、制造和销售。用于工厂自发电中的"CFB（循环流化床）锅炉"是可从底部吹入空气，在使燃料飘浮的同时，使其有效燃烧的适用于低质炭和生物质燃料等各种燃料的环保型产品。

主要经营产品：

回转炉式再资源化设备；

废气处理设备；

自发电用锅炉。

7. 物流、停车场系统

从事"立体自动仓库"及工厂内的保管和搬送设备、物流中心的保管和分拣、分类设备等涉及广泛领域的物流系统业务。并且，还提供采用拼图式，可通过多样化布局最大限度有效利用空间的"机械式停车场"。

主要经营产品：

无人搬运车；

机械式停车场。

8. 船舶海洋

自创业以来，建造了 1300 多艘船舶。近年来，专注于中型油轮领域，建造了需要更高技术水平的高附加值船。曾经建造了世界第一艘双动油轮和双壳油轮、世界最大的冷冻货物船、汽车运输船、载入吉尼斯纪录的抓斗式挖泥船、称霸于世界的大型练习帆船"日本丸""海王丸"等。

主要经营产品：

船舶。

9. 水环境事业中心

从事有关"面向民间的排水处理设施"和面向政府部门的上下水设施的业务，以及有关水质、大气、燃气等的分析、测量业务。该中心充分利用在水处理行业 50 多年的业绩，提供从工厂到各种整套设备的有关水处理的综合解决方案。

主要经营产品：

产业排水处理设施；

下水处理设施。

10. 化工机事业中心

经营用于石油炼制设备的"反应容器"和化学等行业中的"搅

拌槽"等。作为"反应容器"之一的"焦炭塔"是从重质油中提取轻质油，为石油资源的有效利用做出了贡献。"搅拌槽"可将低黏度至高黏度的各种液体均匀混合，促使其发生化学反应。有助于制造高性能薄膜和功能性树脂等使生活变得丰富的产品。

主要经营产品：

反应容器。①

三、住友重工业株式会社的研发体制与研发机构

（一）住友重工业株式会社的研发体制

住友重工业株式会社的研发体制主要是总公司和分公司以及工厂相结合的技术开发和产品设计体系。在整个技术开发应用的过程当中，总公司的技术本部起到统领与引导的作用，而下属公司的技术开发部门则发挥核心开发和创新产品的任务。大多数情况下，技术开发本部提出技术开发的构想，由下属公司的技术部门负责研制。

（二）住友重工业株式会社的研发机构

住友重工业株式会社下设技术本部，负责公司产品的技术开发与创新业务。其包括开发战略统筹中心、知识产权统筹中心、生产技术统筹中心、技术研究所4个机构。

---

① 住友重机械营业部介绍［EB/OL］. 住友重机械网站，2020-06-25.

第十八节　日本丰和工业株式会社的研发体制

一、丰和工业株式会社概况

丰和工业株式会社、丰和工业公司（日语：豊和工業株式会社／ほうわこうぎょう；英语：Howa Machinery，Ltd.）是一家机器制造商，总部位于爱知县清须市。是一家制造重型机械设备和枪炮的专业制造商。公司成立时的名称为 Toyota Shiki Loom Co.，Ltd.（丰田章吉为第一任董事总经理），是日本久负盛名的步枪生产厂商，下设3个工厂，其中，新川工厂和稿泽工厂是枪械、迫击炮、无后坐力炮、烟幕弹发射器、手榴弹等轻兵器生产厂。丰和工业株式会社是日本国内唯一的以步枪制造为主要业务的生产商。丰和工业株式会社长期致力于步枪生产，把专业技术和业务做精，在这些长期积累的经验和技术基础上，不断努力创造出更优秀的产品。

丰和工业株式会社由总公司和7个子公司组成，生产和销售机床、气动和液压设备特种车辆、隔音窗扇、火炮，以及电子机械相关的机床、枪支、建筑材料和清洁工具。此外，子公司和关联公司还从事与公司业务相关的业务活动，包括公司产品的生产和销售，原材料和零件的购买以及物流服务。总公司所在地：爱知县清洲市须贺口1900-1，邮编452-8601。资本金为90.19亿日元，网址为http：//www.howa.co.jp，上市交易所为东京证券交易所（第一部），名古屋证券交易所（第一部），证券代码为 6203。营业年度为每年的 4 月 1 日至下一年的 3 月 31 日，从业员工为 703 名。①

丰和工业株式会社于 1907 年成立，目的是制造丰田佐吉发明的动力纺织机（Toyoda Loom Co., Ltd.）。1936 年昭和重工业成立。1941 年昭和重工株式会社与之合并，更名为丰和重工株式会社。二战前和二战时，其是日本陆军使用的 38 式步枪等的生产厂家之一。1945 年更名为 Howa Kogyo Co., Ltd.。1949 年在东京证券交易所、大阪证券交易所和名古屋证券交易所第一部上市。2003 年从大阪证券交易所退市。其是日本唯一一家常年坚持步枪研发和生产的老牌企业。

丰和工业人事部高等职业培训学校是一所经认可的职业培训、职业发展学校。最初于 1934 年作为工作室开始。此后，该培训改为 1951 年技术员培训，并且，随着法律的修订，在 1961 年成为经过认证的职业培训机构，对从事关键技能的"实用人力资源开发系统"工作的高中毕业生进行培训。

二、主要产品

（一）军工产品

作为常年精炼的技术力量结晶，丰和工业株式会社 1964 年开发了"64 式 7.62mm 步枪"，1989 年又开发了"89 式 5.56mm 步枪"，并交给防卫厅（现在的防卫省）。

---

① 豊和工業株式会社会社概要 ［EB/OL］. ［2020 - 03 - 24］. http://www.howa.co.jp/corporate/about.html.

除步枪外，还拥有 64 式 81 毫米迫击炮、84 毫米无反动炮的制造实绩，现在还生产 81 毫米迫击炮 L 16、120 毫米迫击炮 RT、76 毫米发烟弹及同一发射机、各种手榴弹等。1996 年又开发了 96 式 40 毫米自动步枪，承担着防卫的一部分任务。2020 年 5 月 18 日，日本陆上自卫队对外首次公开了新研制的步枪——20 式突击步枪。20 式突击步枪由丰和工业公司研发制造，其口径和 89 式步枪一样为 5.56 毫米，使用的仍然是 5.56×45 毫米弹药。其总体的尺寸在伸缩枪托打开的情况下，全长是 850 毫米左右，在伸缩枪托收起的情况下，全长则是 780 毫米左右，比 89 式步枪的 920 毫米还要短。这主要是因为 20 式步枪的枪管有较大缩短，其枪管长度为 330 毫米，比 89 式枪管的长度短了 90 毫米。枪托采用聚合材料制作的可伸缩枪托。89 式和 20 式的重量却完全一样，空枪重都是 3.5 千克。该枪采用意大利贝雷塔公司生产的 GLX 160 型 40 毫米枪挂榴弹发射器，可直接安装在枪下。2020 年，日本防卫省对该型榴弹发射器只采购了 300 多个。日本陆上自卫队计划采购首批 20 式突击步枪的数量为 3000 余支，单价达 28 万日元（约合人民币 1.86 万元）。另外，该公司利用这种技术开发了猎枪，向全世界的猎枪市场发货。

89 式 5.56 毫米步枪：

89 式 5.56 毫米步枪固定枪床式；

89 式 5.56 毫米步枪折曲枪床式。

迫击炮：

81 毫米迫击炮 L 16；

120 毫米迫击炮 RT。

闪光发烟筒：

76 毫米发烟弹发射机；

76 毫米发烟弹。

89 型 5.56 毫米步枪。

64 式 7.62 毫米步枪。

96 型 40 毫米自动榴弹。

L16 81 毫米迫击炮（许可生产）。

120 毫米迫击炮 RT（许可生产）。

84 毫米无后坐力炮（许可生产）。

丰和 M1500。

丰和金熊。

Howa M300——国产 M1 卡宾枪。

Howa M55G——使用二氧化碳气体的步枪。

富士超级 Auto-A 汽油动力自动 shot 弹枪，曾由 Toyoka 制造。

上述型号的 Fuji Perfect Skeet-Skeet 竞赛枪。

经许可生产的 AR-180-Armalight AR-18 运动模型（半自动＝限于半自动功能）。

Mark II 手榴弹（许可生产）。

60 型 12.7 毫米机关枪（用于 60 型自走式无后坐力火炮）。

仪仗枪，M 1 作为格兰德的继承人，面向特别仪仗队制造。

（二）民用产品

1. 工具机械

以坚实技术为后盾的产品将为未来社会做出贡献。HOWA 机床以丰富的经验和扎实的技术为后盾，是追求高生产率、节能和灵活的机床，在工业界得到了广泛的应用。高可靠性，包括高速、高精度转移机，具有灵活性的 FTL／FMS，#30 和#40 加工中心，支持它们的 FA 机床单元以及适用于多面多轴加工的转塔头机床。

加工中心，卧式#30，#40 加工中心"MBN 系列"，在批量生产用于两轮和四轮发动机和变速箱的铝制零件中，显示出很高的生产率。通用型#15，#30 加工中心"Kiwami 系列"，可高速、高精度地加工电子零件，以及两轮和四轮零件。

传输线，积累了机床技术的生产线形式，该技术对汽车市场需求变化进行了快速响应，并以高精度和高效率对各种发动机和变速箱组件批量生产进行了响应。

机床单元，随着加工中心的迅速发展，加速了批量生产，继续协助批量生产机床单元系列，以及可以实现更灵活组合的生产线基础机器。

2. 空气和液压设备

对将最佳机械工程学结合在一起的新技术寄予很高期望。节省劳动力，追求更高的质量。为了满足无休止的现代社会需求，丰和工业株式会社一直在推动动力卡盘和气缸作为机床设备的发展。HOWA 的动力卡盘和油缸采用最佳机械工程技术制造，始终处于行业领先地位，并为车床的非凡发展做出了重要贡献。AJC 系统（自动颚式换刀器）的开发，使 FMS 可以用于 NC 和车床，这在行业中处于领先地位，并且使动力卡盘的顶级制造商的地位不可改变。此外，专注于"更紧凑、更高性能"的无杆气缸，已成为革命性产品，对该行业产生了重大影响。随着丰富人类的机器文明的发展，这个领域变得越来越复杂，现在正受到人们的期许。因此，丰和工业株式会社所扮演的角色将变得更加重要，并将继续展现开拓精神，保持对未来的愿景，为工业界提供"技术丰富性"。

动力卡盘，动力卡盘种类繁多，可支持所有卡盘。

旋转缸，该气缸主要用于数控车床，作为动力卡盘的驱动源。动力卡盘也有多种选择。

无杆气缸（狭缝型），它是没有杆的气缸，可容纳普通气缸的一半空间。

活塞和滑块集成在一起并用金属带密封。

无杆气缸（磁铁型），它是没有杆的气缸，可容纳普通气缸的一半空间。

活塞和滑块磁耦合。

液压钳缸，用于固定铣削和钻孔等切削工件的液压缸。

气动夹紧缸，气动缸，用于夹持铣削和钻孔专用工件。

液压夹具缸，圆形和薄型夹具缸，可广泛应用。

回转式，这是使用齿轮齿条系统的圆周运动执行器。它有液压规格和气动规格。

液压缸，多功能液压缸。根据用途选择，如迷你油缸和低液压油缸。

3. 电子机械

通过对制造设备的承诺，丰和工业株式会社为各种电子组件提供了各种新技术。

随着信息技术产业的多功能化，电子产品的性能得到了进一步提高，因此，对更高密度、更短、更轻、更薄的电子组件的需求也越来越强。利用多年积累的制造知识，丰和工业株式会社开发了自己的技术和最新的高科技零件。丰和工业株式会社为行业做出了广泛的贡献。

印刷电路板的曝光设备，基于高精度、高质量和高产量概念的各种印刷电路板自动曝光设备。

陶瓷生片相关设备 ν-cera 系列，满足电子产品小型化和高性能要求的陶瓷生片相关设备。

安装板检查设备，X 射线断层摄影检查系统，可确保安装板的高度可靠性。

4. 清洗车

现代被称为舒适时代，一个更美丽、更舒适和人类友好的全球环境，是每个人都希望的。这些环境在迅速变化，维护和美化它们的需求也在多样化。为了维护汽车社会的安全性和舒适性，丰和工业株式会社设有各种场所，例如道路清洁车，对于维护从高速公路和国道到住宅道路、建筑、公共设施、休闲设施等的所有道路都是必不可少的。丰和工业株式会社开发了一系列工业清洁机和地板自动清洁机，它们在清洁产品中发挥积极作用，以满足客户的需求。丰和工业株式会社以丰富的经验和扎实的技术能力为后盾，提供优质的产品和服务，努力为社会做出贡献。

扫路机，是一种特殊装备的车辆，用于清理高速公路、一般道路、工厂厂房、采石场等的人行道上的垃圾、泥土和沙子。可以根据应用选择"刷子类型""干式抽吸刷子类型"和"真空回流类型"。

工业清洁机（扫地机），"工业清洁机"是用于清洁人行道表面上的垃圾、污垢等的机器，无论是建筑物内部还是外部，如工厂、仓库和停车场。刷子和吹风机具有出色的清洁效果。

自动地面清洁机（洗涤器），是用于清洁诸如工厂、仓库和建筑物之类的建筑物中地板的机器。用刷子擦亮地板并倾斜收集污水。

5. 金属建筑配件

创建一个面向未来的环境。1958 年，为响应建筑行业的强劲需求，丰和工业株式会社开始生产窗扇和门。从那时起，丰和工业株式会社一直致力于开发更舒适的面向未来的建筑材料，并一直向世界提供隔音窗扇、建筑窗扇和其他优质产品。最重要的是，着重于噪声问题的隔音窗扇是最早研发出噪声对策的隔音窗扇，成为日本首个获得 JIS 认证的产品，在需求和行业中引起了极大的关注。另外，通过结合各种专利，其他产品在质量、功能和性能方面也能与时俱进。此外，HOWA 的产品和服务被派往日本的每个角落，因此专业领域的员工可以被派往各个地方，以便他们做出严格的响应。丰和工业株式会社将继续开发新技术和新产品，以应对多样化和复杂的建筑新时代，并通过质量控制产品与所有人建立新的建筑文化。

隔音窗扇，一种具有特殊机制的窗扇，可消除空气间隙并提高气密性，从而阻止空气传播的噪声。在嘈杂的地方有效。

普通窗扇，建筑物的窗扇，可以广泛使用在各种建筑物中。玻璃支持单层玻璃、厚玻璃和双层玻璃，而隔音材料则可支持一般的

T-1 和 T-2 性能。

装修（改造）窗扇，HOWA 的翻新窗扇可在较短的建造时间内实现低成本并提高性能。

钢门，在商业建筑、公共设施、工厂、仓库等的入口处可以使用各种门来满足各种需求。

防水板/防水门（Mizguard），HOWA 的活动防水板可快速响应洪水灾害。

电磁波屏蔽门，与宽带频率屏蔽兼容。专为从低到高的性能而设计。

玻璃专用防火设备，HOWA 的特殊玻璃防火设备结合了高防火性能和明亮开放的空间。即使发生火灾，也可以看到内部，这对于疏散和灭火非常有效。

气密配件，适合需要气密性能的开口的配件，丰和工业株式会社提供各种适合不同应用的配件。

三、丰和工业株式会社的研发体制和研发机构

（一）丰和工业株式会社的研发体制

1907 年 2 月，丰和工业株式会社以丰田织机会社的名称在日本国内批量生产当时进口的纺织机。此后，为了响应时代的多样化需求，积极开拓新领域，例如，机床、气动和液压设备、电子机械、隔音窗扇和建筑窗扇等金属配件、清洁车、步枪和猎枪等，丰和工业株式会社在枪支等广泛领域取得了成果。目前，丰和工业株式会社的口号是"丰和工业在今天实现价值，在明天实现飞跃"。丰和工

业株式会社作为一家公司共同致力于技术创新、新产品开发和质量改进。展望未来，打算以"增强企业竞争力"和"提高盈利能力"为支柱，通过制造，来提高企业价值，从而实现进一步发展。①

（二）丰和工业株式会社的研发机构

从丰和工业株式会社的组织架构中我们可以看到，尽管该公司有自己突出的品牌和高精尖技术，以及长期树立起来的声誉，但是，在日本仅仅属于专业性中等规模的公司，不像其他大公司那样有庞大的研发机构。该公司的技术和产品研发部门只有一个技术部②，负责整个公司的技术研发与产品创新。

四、丰和工业株式会社的研发动态

2020 年 5 月 18 日，日本陆上自卫队对外首次公开了新研制的步枪——20 式突击步枪。

20 式突击步枪由丰和工业公司制造，其口径和 89 式步枪一样为 5.56 毫米，使用的仍然是 5.56×45 毫米弹药。20 式步枪显然是对 FN 公司 SCAR 步枪进行了深度参考和借鉴，枪身左侧弹匣释放按钮、枪栓释放按钮和快慢机旋钮的布置，和 SCAR 步枪完全一样，而快慢机按钮也同样设计了左右两套，这就使得无论左手还是右手的射手都很方便操作。在快慢机档位设置上，20 式步枪去掉了 89 式步枪的 3 发点射档，只剩下了保险、单发和连发这三个档位。上机

---

① 豊和工業株式会社ごあいさつ［EB/OL］.［2020-03-25］. http：//www. howa. co. jp/corporate/.

② 豊和工業株式会社·役員·組織体制［EB/OL］.［2020-03-25］. http：//www. howa. co. jp/corporate/officer. html.

匣的拉机柄开槽方面，20 式步枪也和 SCAR 步枪一样，在机匣左右两侧都开了槽，所以拉机柄可以很方便地设置在左右任意一侧。机匣右侧抛壳窗的设置也与 SCAR 步枪相似，但是尺寸显得更大。

日本陆上自卫队计划 2020 年采购首批 20 式突击步枪的数量约为 3000 支，优先装备水陆两栖团，并计划在未来采购 15 万支装备自卫队。该步枪单价达 28 万日元（约合人民币 1.86 万元）。可以预见，该步枪将成为日本陆上自卫队最主要的制式步枪。20 式突击步枪由于外形比较前卫和独特，特别是后半部分非常类似著名 FN 公司的 SCAR 步枪，而受到了媒体和网友的特别关注，此次新 20 式步枪特别受到关注的原因是，日本自卫队 20 世纪 80 年代末换装 89 式步枪之后，30 年没有重新推出过新步枪，而这次的 20 式步枪是陆上自卫队 31 年来首次装备的一款主力新枪械。

第十九节　日本三井工程与船舶株式会社的研发体制

一、三井工程与船舶控股有限公司概况

三井工程与船舶控股有限公司（株式会社三井 E&S ホールディングス，みついイーアンドエスホールディングス；Mitsui E&S Holdings Co., Ltd.），原名三井造船株式会社，是三井集团的重工业制造商，曾经是日本船舶制造第二大企业，主要从事造船、机械和工业设备生产。公司于 2018 年 4 月 1 日转移到控股公司系统，属于

三井公共关系委员会。它起源于三井物产株式会社在多摩（现冈山县玉野市）建立的造船部门，在太平洋战争期间参与了各种军舰的建造。目前，它涵盖了广泛的领域，不仅在商船、SDF 船和船用柴油机等航海领域，而且，在发电和化工厂等工程业务，以及社会基础设施业务（如港口起重机和桥梁的建造）中都有涉及。

三井工程与船舶（E&S）控股有限公司三大主要业务是，船舶、机械和工程。在其保护下，三井海洋开发公司拥有大量的海上浮动油气生产设施（FPSO）。该公司还在对甲烷水合物的实际使用进行研究，其特点是与其他重工业制造商相比，对海洋领域的关注更大。三井工程与船舶控股有限公司是日经平均指数成分股之一。2019 年11 月，日本有媒体报道，由于遭到中韩两国造船业的竞争，曾经日本第二大造船集团日本三井 E&S 控股（原三井造船）商船造船量急剧萎缩，将裁员约 1000 人（约占集团员工人数的 10%），重组、裁员、缩编、核心业务亏损，并有可能退出商船建造业务，以减少固定成本。

三井 E&S 集团是一支工程团队，提供各种产品和服务，从对物流至关重要的船舶，到作为船舶动力的柴油发动机和工业机械；从工厂工程，到海洋资源开发。它的前身三井工程造船厂成立于 1917年，前身是三井物产株式会社造船部。2018 年 4 月公司庆祝成立100 周年，改用控股公司结构，并将公司名称更改为 "Mitsui E&S Holdings"，迈出了三井 E&S 集团的新一步。该公司的主要产品包括散货船、大型原油轮、训练船等船舶，船用柴油机和港口起重机等工业机械，各种旋转机械、发电厂和石化厂等工厂工程。该公司可提供广泛的产品，从咨询到售后服务，以及各种产品设计和制造，例如，社会基础设施。集团公司包括三井海洋开发有限公司、天然气工程公司 TGE Marine Gas Engineering GmbH，以及欧洲和其他地区的生物质发电厂 Burmeister&Wain、北欧承包商 A／S。凭借集团的综合能力，将在能源和海洋物流领域提供全面解决方案。造船总量2000 余艘。船用柴油机引擎在日本国内市场占有率第一，港口集装箱起重机在日本国内市场占有率第一，同 54 个国家 184 个单位有船舶供货业务往来，浮式生产储油船（FPSO）业务世界第 2 强。员工人数共13，607 人（截至 2019 年 3 月 31 日），集团公司数有 100 家以上。①

2019 年该集团增加了用于船用柴油机和售后服务的机械，稳定地进行了船上工程，并开发了用于海上开发的 FPSO（海上浮式油气生产、储藏和卸油设备）。由于施工工作的进展，销售额有所增加。但是，由于工程业务的海外基础设施建设蒙受额外损失，第二季度的合并业绩中净销售额为 3569 亿日元，营业亏损 677 亿日元，普通亏损 649 亿日元以及归属于母公司所有者的净亏损。总公司季度损失是 665 亿日元。②

2020 全年合并收益预测已从先前的预测下调。全年营业收入预测从 120 亿日元修改为 720 亿日元，全年净利润预测从 30 亿日元修改为 880 亿日元。年终股息将不派发。由于海外基础设施建设的经常性亏损，2020 财年被迫大幅修改业务前景，总裁敏锐地意识到自

---

① 三井 E&Sグループ・グループ概要［EB/OL］.［2020 - 03 - 25］. https：//www. mes. co. jp/company/overview. html.

② 岡良一. 三井 E&Sグループ・株主・投資家の皆様へ［EB/OL］.［2020-03-25］. https：//www. mes. co. jp/company/overview. html.

己的责任并向股东道歉。对于此类损失案件，该集团将动员集体力量完成施工，并将继续采取一切可能的措施。目前，由于巨额亏损以及造船业务和工程业务等现有业务的利润下降，其财务基础受到严重损害，该集团面临前所未有的严峻形势。为了克服这一困难局面，集团审查了今年五月宣布的三井E&S集团业务振兴计划的一部分，在加强财务管理的同时加快了必要措施的实施。所有高管和员工都分享了对危机的认识，并正在尽一切努力改革结构。该集团将通过出售资产和减少固定成本来恢复财务基础，还将通过重组和退出无利可图的业务以及将资源集中在增长型业务上来提高公司的盈利能力，以使公司恢复为能够产生稳定利润的稳健公司。①

2022年度，销售额（合并）为2623亿日元，营业损益（连结）为94亿日元，经常利益（连结）为125亿日元，本年度纯利润（连结）为156亿日元。截止到2023年3月31日，员工数总人数为5747人。② 这种情况说明，与2019年度相比，到2022年度，公司盈利能力已经大幅度好转。

二、主要产品

（一）军工产品

1. 军舰

驱逐舰冬月（ふゆづき），2018年6月下水，这是第四艘通用

---

① 冈良一. 三井E&Sグループ・株主・投资家の皆様へ［EB/OL］.［2020-03-25］. https：//www. mes. co. jp/company/overview. html.

② 三井E&Sグループ・グループ概要［EB/OL］.［2023-07-02］. https：//www. mes. co. jp/company/overview. html.

护卫舰"秋月号"。

运输舰"大隅"和"下北田"（「おおすみ」「しもきた」），这是 2 艘运输能力强的运输船，包括车辆、人员和所有驾驶舱。该船配备了两个气垫船（LCAC）。

潜水艇"Chihaya"（ちはや），这是一艘配备有深海救援船（DSRV）和深海潜水设备的潜艇救援船。该船配备自动位置保持装置（Mitsui DPS），用于将船舶保持在海上固定点。

补给船 Masyu（ましゅう），它是日本海上自卫队最大的舰船，也是第一艘配备燃气轮机的补给船。

驱逐舰：

雷号（いかづち）级：DE-203 闪电（いなづま）；

高波级：DD-106 敷波-DD-110 高波；

いすず型：DE-211 いすず；

山云（やまぐも）：DD-113やまぐも；

峰云级（みねぐも）：DD-116みねぐも；

筑后级（ちくご）：DE-215 筑后（ちくご），DE-217 三隈（みくま），DE-218 十胜（とかち），DE-219 岩濑（いわせ），DE-221 によど，DE-223 吉野（よしの），DE-225 能代（のしろ），DE-226 石狩（いしかり）；

初雪级（はつゆき）：浜雪（はまゆき）DD-126，DD-131 濑户雪（せとゆき）；

朝雾级（あさぎり）：DD-152 山雾（やまぎり）；

あぶくま级：DE-229あぶくま，DE-231 大淀（おおよど）；

村雨（むらさめ）级：DD-102 春雨（はるさめ）；

秋月（あきづき）级：DD-118 冬月（ふゆづき）。

补给船：

ましゅう级：AOE-425 ましゅう。

扫雷母舰：

浦贺（うらが）级：MST-464 型，MST-464 丰后（ぶんご）。

潜艇救援母舰：

ASR-403 千谷（ちはや）；

ASR-404 千代田（ちよだ）；

AS-405 千代田区。

海洋观察船：

AGS-5106 沼南（しょうなん）。

声学测量船：

声音（ひびき）级：AOS-5201 声（ひびき），AOS-5202 播磨（はりま），AOS-5203 あき。

运输船：

大隅级：LST-4001 大隅（おおすみ），LST-4002 下北（しもきた）。

2. 公务船

大型巡逻艇。

研究船，训练船。

有许多建造记录，如邮轮培训中心，大学和技术学院的培训船，渔业厅的研究船以及日本气象厅的气象观察船。

渔业巡逻艇，地方政府的高速铝合金船。该公司正在建造一艘强调高速和破浪的渔业巡逻船。

（二）民用产品

1. 环境与能源产品

海洋开发和水下设备，通过连接已经开发的技术，支持各种下一代海洋资源开发，如发电、资源生产和海底勘探。

发电厂，为发电厂提供有前途的技术，可以有效利用风能和生物燃料等资源。

环保工厂，已经建立了各种回收工厂技术，并正在提供保护全球环境的下一代系统。

2. 海洋物流运输产品

作为熟悉整个供应链的专业人士，将在海上物流和运输领域进一步创新。从船舶建造到提供产品（如集装箱起重机），通过 IT 进行引擎管理以及提供服务（如集装箱码头管理）。作为熟悉整个全球供应链的海洋物流专家，将实现进一步的创新。

商船，基于一个世纪的造船经验，制造了各种最先进的船舶，以满足时代的需求。

维修，MES-KHI 尤拉码头和千叶工厂从事各种类型和尺寸船舶的维修。

船舶发动机，通过集成世界一流的生产结果和尖端系统来支持运营和维护工作。

港口起重机（运输车），配备各种对环境影响小、燃油效率低的起重机，有助于实现生态友好和高效的港口装卸。

ULCC（大型油轮）"伯格皇帝"于 1975 年完成。

ULCC（大型油轮）"伯格皇后号"昭和五十一年（1976 年）完工，是"伯格皇帝"的姐妹船。

VLCC（大型油轮）"贝尔海伦"1976 年转换为 FSO。

ULCC（大型油轮）"Berge Pioneer"于昭和五十五年（1980 年）建成。

ULCC（大型油轮）"Berge Enterprise"于昭和五十六年（1981 年）完成，是"Berge Pioneer"的姐妹船。现在转换为 FSO。

VLCC（大型油轮）"Sixane"于 2009 年完成。

三井造船的发动机生产基地集中在玉野工厂。该公司在大型船用发动机的日本国内市场中占有 50% 的份额，2015 财年主要制造了用于货船的 181 台发动机。过去曾制造过 100,000 马力级船用柴油发动机，但截至 2016 年，主发动机为气缸直径是 50 厘米的气缸，气缸尺寸为 5~6 缸。它是一台 5000~20000 马力的柴油发动机。为了在 2017 年至 2019 年间为今治造船厂生产 11 缸 10 万马力的发动机，该公司将斥资 35 亿日元增加 Tamano Works 的五面加工机、自动焊接线以及发动机测试和操作设备。

3. 社会和工业基础设施领域的产品

对于新兴国家而言，工厂设备和运输基础设施对于发展至关重要。对于日本和其他发达国家，通过基础设施维护技术为安全和保障做出了贡献。新兴国家的社会基础设施建设，包括桥梁和发电厂，以及化工厂的建设。在日本，三井工程与船舶控股维护技术被用作基础设施老化的对策。通过融合集团的多种产品技术并与外部各方

423

积极合作，提供新的解决方案。

桥梁与发电土木工程，通过开发整体工程，在世界各地创建舒适的城市。

工业机械，不断生产先进的系统，这些系统使用能源可以满足行业的各种需求。

化工厂，利用三井工程与船舶控股来自全球 40 多个国家/地区的专业知识，正在广泛的领域中为 21 世纪建造环保型工厂。

船舶，政府机关的培训船，以熟悉海洋的技术实力向海洋派出最新的船只。

IT 和服务相关，通过融合原始技术，三井工程与船舶控股大力支持行业中的 IT 革命。

（三）三井工程与船舶（E&S）控股有限公司的技术研发方向

三井工程与船舶（E&S）控股有限公司由于在体制上属于控股公司，自身没有主导的研发机构，其主要技术产品开发机构分散在各个下属公司当中，很难就其公司的整体技术研发机构进行统筹概括。就目前而言，三井工程与船舶（E&S）控股有限公司的技术研发方向是要保持自身船用发动机研发优势，结合网络、海洋石油开采、环境保护等新科技领域，向更广泛的社会需求、科技领域拓展，发展新型科技，同时，让这些新型科技反过来为三井工程与船舶（E&S）的产品技术服务。

三井工程与船舶（E&S）控股有限公司长期致力于研究环保节能的船舶推进发动机。2009 年就开始研究减少二氧化碳排放的船舶用发动机系统 Hybrid 推进系统。三井造船与大阪大学将共同研究船舶的推进系统，该系统为在柴油机上安装电子组的"Hybrid 推进系统"，以减少二氧化碳的排放作为目标，并考虑今后加强限制标准，从长远的角度进行开发，展开研发低污染排放船舶。日本三井造船目前正加紧研发二氧化碳排放比当前减少 30% 的新船舶，这将是一个长期的技术推进目标。三井造船降低二氧化碳排放主要围绕改进船舶运行、提高主机燃料效率和改进船舶配置能力方面进行。三井造船加紧研发减排技术，是期望在船市需求好转时保持领先的竞争力。

三井造船研发的下一代海上 FPSO 平台被称为"三井 NOAH FPSO 船体"（NOAH：新海上应用船体），能根据不同的造船设施来灵活设计 FPSO 船体，无须按照船体要求调整造船设施。该平台能分别独立考虑船体的船首和船尾部分以及并行的中间部分，实现了灵活设计和建造 FPSO 船体。其中，模块化设计方法"NOAH 灵活模块设计"能根据各项目要求，改变并行船体中间的长度，"NOAH 灵活模块建造"则能明显扩大建造的灵活性。这些模块化方式还能分别用于建造自航式船体。① 三井造船与美国船级社已经共同发起了一个联合研发项目，共同研发划时代的设计和 FPSO 船体建造方法，其设计和建造方法，已获得了美国船级社的原则批复。②

三井工程与船舶（E&S）控股有限公司致力于开发与传播相关联的大数据系统，进一步提高造船的效率和航船运行的安全性、稳定性与可靠性。2017 年 6 月，商船三井和三井造船，就共同开发下

---

① 三井造船研发下一代 FPSO 船体平台［EB/OL］. 国际船舶网，2015-09-23.
② 三井造船研发下一代 FPSO 船体平台［EB/OL］. 国际船舶网，2015-09-23.

一代船舶监测和支持系统达成合作。该系统基于实时数据，包括导航信息和由三井造船制造的设备机械信息。举例来说，通过数据采集装置（三井造船产品）采集来自导航和设备的数据，利用三井商船自己的运行经验和技术，以及三井造船在采用最新技术、信息、通信技术和系统集成方面的经验，联手开发。同时，双方还将从各个方面就短周期数据和大数据进行分析。①

三井工程与船舶（E&S）控股有限公司在日本的造船工业已经陷入很难接到船舶订单的困境，为了维持生存，不得不走出去和中国企业相结合，期待通过在中国造船工业的发展中，保留和发展自身的造船技术，获得造船事业的存续与发展。2019 年 8 月，三井 E&S 与扬子江船业建立合作伙伴关系。三井 E&S 造船和三井物产持有 49% 股份。合资公司的生产基地位于扬子江船业集团太仓基地。三井 E&S 计划缩小千叶工厂的造船业务，将生产转移到合资船厂。预计合资船厂年销售额将达到 600 亿至 800 亿日元（约合人民币 38 亿至 51 亿元）。② 日本三井 E&S 造船希望在江苏扬子三井造船有限公司（扬子江船业集团与日本三井 E&S 造船和三井物产共同成立的合资船厂）建造 LNG 运输船，计划在 LNG 市场上东山再起。三井 E&S 造船表示，由三井 E&S 在 2015 年收购的子公司 TGE Marine Gas Engineering 扬子江船业为 82，000-cbm 船舶设计了方案。这艘液化天然气运输船将配备 C 型液货舱。这家中日合资船厂计划于 2022 年

---

① 商船三井联手三井造船研发船舶大数据系统［EB/OL］. 国际船舶网，2017-06-26.

② 中国最好船厂来了！扬子三井造船启动运营［EB/OL］. 国际船舶网，2019-08-02.

开始建造用于运输中东 LNG 的中型 LNG 船。到 2026 年前后，将开始建造 18 万立方米级超大型 LNG 船。①

三井工程与船舶（E&S）控股有限公司开发海洋新电能。三井造船等多家日本船企正在开展利用潮汐能、波浪能、洋流等海洋能发电项目研究。这些项目由新能源与工业技术开发组织（NEDO）支持，未来可能实现商业化。三井造船等正在开发波浪能发电系统，由三井造船负责推进概念和原理研究，并承担整个项目相关的制造工作。2015 年，三井造船已经完成了水池试验，下一步将开展验证试验。在解决安装等相关问题后，今后将在更远的岛屿上开展试验。就目前而言，相关的技术要实现商业化，还需要降低成本。

第二十节　大金工业株式会社的研发体制

一、大金工业株式会社概况

大金工业株式会社（日语：ダイキンこうぎょう；英语：Daikin Industries，Ltd.，Daikin）是一家全球性的空调和化学产品制造商，总部位于日本大阪，在五大洲的 38 个国家设有办事处。2010 年，空调业务的销售额在全球排名第一。此外，它是氟化学产品的全球第二大公司，仅次于杜邦，并且在通风业务方面全球第一。该公司在

---

① 中国最好船厂来了！这家新的中日合资船厂将造"世界最好船舶"［EB/OL］.
国际船舶网，2019-08-02.

大约150个国家/地区开展业务，其海外销售比例约为70%，所有员工中约80%在日本境外工作，属于日经平均股价成分股公司之一。

　　大金工业株式会社资本金为850亿日元，公司员工人数共7254人（截至2019年3月31日），参股公司总人数为76，484人。① 集团公司数（截至2019年3月31日）：291家合并子公司（日本国内公司30家，海外公司261家）。② 该公司主营业务是生产空调、冰箱、化学品、石油机械、专用设备、电子系统。截止到2023年3月31日，大金集团本公司员工人数为7618人，参股公司总人数为96，337人。③ 这说明，经过3年疫情，大金公司及其集团仍然在成长。

　　大正十三年（1924年）10月24日，大阪金属工业有限公司作为合资企业由山田彰创立。昭和九年（1934年）2月11日，改组为大阪金属工业株式会社（代表董事：山田彰，董事：加藤刚辅、冈村一夫，审计员：松田孝明）。当时的主要产品是内燃机、精密机械、飞机零件等。昭和十一年（1936年）制造日本第一台用于南海铁路（现为南海电力铁路）的铁路车辆空调装置。战争期间，还为海军A潜艇从事空调工作，为当时的潜艇配备了空调设备，这是一项突破，是促使南太平洋长期作战的因素之一。1951年，大金工业株式公社成功开发了日本第一台民用空调。它是专门从事建筑和其他商业用途的空调设备。目前，大金工业株式公社拥有40%的压倒

---

① ダイキンについて 会社概要 [EB/OL]. [2020-04-03]. https://www.daikin.co.jp/corporate/overview/summary/data/.
② ダイキンについて 会社概要 [EB/OL]. [2020-04-03]. https://www.daikin.co.jp/corporate/overview/summary/data/.
③ ダイキンについて 会社概要 [EB/OL]. [2023-07-02]. https://www.daikin.co.jp/corporate/overview/summary/data/.

性份额。此外，在家用空调中，它仅次于松下，后者在日本占有最大的市场份额。这是因为室内空调"Uruto Sarara"既在冬季具有加湿功能，又在夏季具有除湿功能，使大阪金属工业株式会社受到了销售方面的打击。并且，它没有像竞争对手的家电制造商那样的附属零售商网络。大规模零售商链中，销售渠道的积极开发似乎是成功的。

大金公司拥有大金空调技术培训学校，其目的是培训空调工程师，他们可以根据现场的课程内容，对时代的变化做出响应。它还拥有东京学校和大阪学校两所学校，东京学校负责茨城县筑波市大金工业有限公司筑波培训中心的短期课程，包括建设课程、服务课程、设备设计课程，大阪学校是大阪府堺市的大金工业大阪培训中心金冈学校，开设的课程是短期施工课程和服务课程。

二、主要产品

（一）军工产品

96 式 96 毫米自动榴弹；

06 型步枪子弹；

120 毫米坦克炮弹；

105 毫米坦克炮弹；

84 毫米无后坐力炮弹；

81 毫米迫击炮弹；

120 毫米迫击炮弹；

155 毫米炮弹；

50 口径 5 英寸弹药壳（127 毫米快速射击弹）；

62 口径弹药壳（76 毫米快速射击弹）。

（二）军民两用产品

化学相关：

氟树脂/加工产品；

氟橡胶；

脱氟剂 DAIFREE；

氟碳气体；

氟基拒水拒油剂；

氟功能剂；

氟基高性能涂料；

液压设备；

混合冷却设备（油控 AKZ／AKZJ／AKZC 系列，冷水机 AKZW 系列等）；

混合液压设备（环保型 EHU 系列，环保型 EHU－S 系列，超级单元 SUT 系列等）；

液压机械液压设备；

工程机械车辆的液压设备；

专用设备；

飞机零件；

太空电子探测器。

（三）民用产品

空调产品：

大金的商用空调安装在天王寺站。在大阪市，地铁御堂筋线新大阪站也安装了大金的商用空调。

天空航空（五星级 ZEAS，生态 ZEAS，个人◎ZEAS-Q，热生态 ZEAS）。

建筑物用多功能空调（VRV 系列）。

独立空调进行更新（新的 VRV Q 系列）。

设备成套空调。

燃气热泵空调（与 Aisin Seiki 联合开发，也已由 OEM 提供给 Yanmar Energy System）。

无水管道的室外空气处理机的湿度控制（DESICA）。

总热交换器单元（"通风机"）。

家用空调（"Uruto Sarara"）。

Eco Cute（适用于家庭/企业）。

住宅热泵热水地板采暖（"舒热""舒缓生态地板"）。

远红外加热器（"血清热"：家庭/企业）。

加热机（"温热"）。

流光排放空气净化器。

流光空气除湿机（"Clear Force Z"）。

中低温空调。

机房空调。

特殊的冷热产品。

海运集装箱的冷冻和冷藏设备（"ZESTIA"）。

船舶空调（"客舱合作伙伴"）。

电子系统。

卡通动画。

编剧。

三、大金工业株式会社的研发体制

大金株式会社的研发重点：

大金以空调、化学药品和过滤器为中心开展业务。为了使人和空间健康舒适，大金工业在全球市场上提供了各种各样的产品和服务，以满足每个国家和地区不同文化和价值观的需求。

空调事业。通过在全球范围内部署广泛产品和解决方案，大金工业可以满足全球所有的空调需求。

化工业务。开发具有各种特性的氟化合物，如树脂、橡胶和气体，并在各个领域为社会提供支持。

过滤业务。通过结合空调和化学的技术能力，为空气污染控制以及制药和食品工业的卫生管理做出了贡献。

油机业务。利用空调中培育的节能技术，通过液压泵支持生活和工业发展。

特种设备业务。通过在国防相关产品中培育的高精度处理技术，可以满足医疗现场的高要求。

电子系统业务领域。利用制造中积累的专业知识，通过 IT 解决方案支持增强企业竞争力。

全球扩张的业务发展：大金的业务扩展超过了 150 个国家，并有生产基地。海外生产据点在 100 个以上，海外业务比例为 76%。除日本外，亚洲、大洋洲、欧洲等地区的国家也在加速全球扩张，遵循存在市场需求的产品"市场友好型生产策略"，并继续以全球制造商的身份增长。①

第二十一节 日本东京计器株式会社的研发体制

一、东京计器株式会社概况

东京计器株式会社（東京計器株式会社/とうきょうけいき；TOKYO KEIKI INC.）是日本一家精密设备制造商，总部位于东京都大田区。该公司的主要业务是港口设备、液压和气动设备、流体设备、国防和通信设备等的开发、制造、销售和维修。资本金为 7，217，597，300 日元。上市市场为东京证券交易所第一部分。2019 年，约有 1400 名员工（合并）。② 截止到 2023 年 3 月末，东京计器株式会社集团员工人数增加到 1676 人。③

日本第一家压力表制造公司——和田计器制作所，于 1896 年开

① ダイキン・事業展開 ［EB/OL］.［2020-04-03］. https：//www.daikin.co.jp/corporate/overview/business.

② 東京計器株式会社（TOKYO KEIKI INC.）［EB/OL］.［2020-04-07］. https：//www.tokyokeiki.jp/company/.

③ 東京計器株式会社（TOKYO KEIKI INC.）［EB/OL］.［2020-04-07］. https：//www.tokyokeiki.jp/company/.

始制造压力表。它在 2016 年庆祝公司成立 120 周年。在港口设备业务中，自动驾驶仪是主要产品，在日本和海外占有巨大的份额。陀螺罗经在商船上的市场份额为 60%。世界领先的综合船用设备制造商之一。在液压和气动业务中，它在家用塑料加工机中占有很高的市场份额。它还开发了建筑设备中使用的电子设备，例如无线电遥控器。在流体设备业务中，世界上第一台超声波流量计于 1963 年商业化。在家庭用水排水和农业用水市场中占有最大份额。在国防和通信设备业务中，向防卫省提供各种导航设备和电子战设备，并扩展到私人市场，例如，直升机广播中继系统，还提供检查设备和防灾设备。另外，在超声波轨道检查车（由东京经济产业公司提供）等铁路维护设备中，在日本占有最大的市场份额。

二、东京计器的产品

（一）军工产品

飞机设备：

雷达警报装置；

反向搜索装置；

雷达指示器；

姿态基准装置；

空气规格计算器；

加速度计；

液压设备；

接地电子；

搜索雷达；

模拟无线电波发生器；

地图信号发生器；

船用设备：

惯性导航装置；

计数器绘图仪；

导航信号连接板；

战术状态显示；

接近角度指示器；

车载设备：

面板控制；

各种面板设备；

自我定位定位装置；

海上运输设备：

雷达系统；

海上交通信息处理系统；

甚高频海岸电台无线电电话设备；

通信控制系统公司；

信息通信设备：

微波装置；

GaN FET 大功率放大器；

ISM 波段集成半导体大功率振荡器/系统；

适用于各种通信设备的复合 RF 模块；

高输出低失真放大器；

低噪声放大器；

变频器；

通信控制设备：

自动天线指向装置；

天线姿态控制装置；

侦察接收器；

移动卫星通信天线稳定器。

（二）军民两用产品

船舶设备系统公司；

船舶和港口设备：

集成桥系统（IBS，英文版）；

陀螺／罗盘；

自动驾驶；

船用雷达；

电子海图信息显示装置；

航程信息显示装置；

图表绘图仪；

多普勒速度记录；

GMDSS 相关设备；

海事卫星通信设备；

船舶自动识别装置；

船舶警告和通知装置（英文版）；

航程信息记录装置；

电动液压转向机；

船用液压设备；

阴极保护设备；

无线电液位计；

船用 BS 天线稳定器；

防灾设备：

惰性气体灭火设备；

测量仪器系统公司；

测量仪器；

超声波流量计；

超声波下水道流量计；

超声波明渠流量计；

热气体流量计；

超声波气体流量计；

无线电液位计；

船舶停泊速度表；

集中管理系统；

液压控制系统公司；

液压控制设备：

水泵；

马达；

压力控制阀；

流量控制阀；

方向控制阀；

集成阀；

插装阀；

比例电磁控制阀；

伺服阀；

数字阀控制系统：

电子压力开关/传感器；

油缸；

路西法电磁开关阀；

调速系统；

建筑设备和车辆设备；

无线电控制系统：

旋转刷；

行程传感器；

工程机械的各种控制器；

高空作业车辆的力矩限制器；

RF-ID 系统；

RFID 读写器；

非接触式 IC 卡系统；

动态可重配置处理器；

DAPDNA 处理器；

无损检测设备：

超声波测厚仪；

检验设备系统公司；

检验设备；

印刷/异物检查装置；

物料表面检查设备；

电子系统公司。

（三）民用产品

民用建筑设备：

道路施工设备；

平面度测量和分析设备；

道路截面形状测量装置；

沥青整理机控制装置；

沥青混合料供应传感器；

隧道施工设备；

隧道机用光纤陀螺罗盘；

隧道机液位检测仪；

惯性传感器和应用设备；

伺服加速度计；

速度型强震地震仪；

振动陀螺仪姿态传感器；

农业机械制导与自动转向系统；

东京庆基航空有限公司；

无噪音无线对讲机；

EMC 对策——屏蔽室/屏蔽箱；

东京计木铁路技术有限公司。

铁路轨道维修设备：

超声波轨道检查车；

图像式超声波轨道探伤仪；

便携式超声波探伤仪；

头裂测量仪；

道岔检测设备；

便携式截面测量仪；

轨道游隙测量装置；

数据仓库系统：

火车摇摆测量装置；

轨道检查服务；

铁路检查服务。

三、东京计器的研发体制

（一）经营动态

为了使公司稳定增长，需要扩展业务领域，即追求"市场开发策略"和"产品开发策略"，而不要创建新产品和新市场上的顶级业务。2018 年以来，公司一直在进行全公司范围的改进活动，以稳定地提高运营效率，并且，正在开发一种环境，以培养新客户，并开发作为基础的技术。东京计器将竭尽全力开展这些活动，并努力实现销售和利润的持续增长。每个业务部门的个别策略如下。

1. 船舶及港口设备业务

在海运市场上，船舶仍然过剩，预计成熟的新造船需求将需要一段时间才能恢复，因此，新造船市场的主要产品是自动驾驶仪 PR-9000 和陀螺仪。围绕指南针，东京计器将通过进一步降低成本来确保促进利润。此外，设备任务已经完成，将为即将开始的更换周期开发下一个 ECDIS（电子海图信息显示设备），并将实施 ACE（直线控制系统）以响应客户对环境问题日益增长的兴趣。以在节能领域增加附加值来扩展设备更换业务。在中国船舶和渔船市场，将尽快推出新产品中型自动驾驶仪，并进一步加强在中国船舶和渔船市场的销售。

2. 液压和气动设备业务

尽管由于中美贸易摩擦，塑料加工机市场和机床市场在日本国内外需求低迷，但东京计器将继续开拓日本国内外销售渠道，为需求的恢复做准备。其专注于扩大竞争激烈的产品的销售，例如控制系统和中型电磁换向阀。同时，在主要的工程机械市场中，东京计器将继续深化在日本和中国的销售，重点是战略产品，例如工程机械的液压设备和电子设备（高压液压设备、工程机械的显示器和控制器等）。在液压应用设备方面，东京计器将继续推动高压气体设备业务，并专注于扩大主流工业机械市场的销售。

3. 流体设备业务

在日本国内公共需求市场上，应对因台风造成的倾盆大雨和河道泛滥等防洪措施的需求不断增长，东京计器通过使用与危机管理相关的产品（例如危机管理型水位计和用于洪水对策的液位计）来扩大防灾领域的销售，推广主要产品超声波流量计，将继续致力于更高的精度和更高的附加值，赢得大型项目的主要合同订单。在灭火设备市场，东京计器将发展危险品和设备市场，并以"检查气体灭火设备的容器阀门的安全性"为重点。

4. 国防和通信设备业务

在公共需求市场上，东京计器将加强采纳在飞机、军舰和潜艇等强大技术领域中的产品建议，并加强海外市场 VTS 的新型半导体雷达的促销。在私人需求的传感器设备市场中，将专注于农业机械的自动化相关设备，该设备有望在市场上扩大；除了正在接受批量生产订单的水稻插秧机，还将加强拖拉机的销售。在电信设备市场中，尽管需求暂时停滞不前，但作为未来业务的核心，用于半导体制造设备的微波设备的市场启动是预期的增强容量的设备以及除当前采用的设备之外的其他设备，并扩展到电磁能应用（例如加热设备）的市场。

5. 其他

在检查设备业务中，将专注于扩大主要产品印刷质量检查设备 P-CAP V6 的销售，并主要在凹版印刷市场上扩大市场份额，而凹版印刷市场则保持着日本的最高市场份额。在铁路设备业务中，东京计器将开拓新的海外需求，并专注于研发和推出下一代战略产品，这些产品将成为主要铁路检查车辆之后的核心产品。在日本国内市场，东京计器将继续开发新产品，以培育替代需求并开发新产品。

东京计器中期管理政策旨在改善和创新作为市场领导者的技术和技能，并继续创造独特的高附加值产品，这是时代和社会必不可少的。它致力于解决与安全和环境有关的社会问题。东京计器将继续积累可持续的增长，增加销售额和利润，同时增加盈利能力和现金来满足利益相关者的需求和期望。①

（二）东京计器株式会社的下属公司

东京计器铁路技术有限公司（東京計器レールテクノ株式会社），主要进行铁路维修服务、检查服务，生产和销售铁路轨道检查产品。

Mocos Japan Co.，Ltd.（株式会社モコス・ジャパン），主要开展无线电相关业务。

东京计机动力系统有限公司（東京計器パワーシステム株式会社），主要制造和销售液压单元和液压应用产品。

东京庆基航空有限公司（東京計器アビエーション株式会社），主要开展密封室销售、飞机维修服务、无线对讲机销售。

东京计机信息系统有限公司（東京計器インフォメーションシステム株式会社），主要进行系统开发，系统运行。

东京经济技术港有限公司（東京計器テクノポート株式会社），主要进行产品包装，保险代理，房地产管理与调解。

东京计器美国公司（TOKYO KEIKI U. S. A.，INC.），主要销售东京计器产品，负责在北美市场的营销，进出口业务。

华东技术（上海）贸易有限公司（東京計器（上海）商貿有限公司），是在中国的本地子公司。主要开展用于船舶设备的产品和零

---

① 東京計器株式会社・トップメッセージ［EB/OL］.［2010-04-07］. https：//www. tokyokeiki. jp/ir/guide/message. html.

件的销售和服务。

东京精机精密技术有限公司（TOKYO KEIKI PRECISION TECH-NOLOGY CO., LTD.），为亚洲地区生产液压设备。

东京计器韩国电力有限公司（TOKIMEC KOREA POWER CONTROL CO, LTD），韩国分公司，负责液压设备的制造和销售。

第二十二节　日本旭化成株式会社的研发体制

一、旭化成株式会社概况

旭化成株式会社（旭化成/あさひかせい，ASAHI KASEI CORPORATION）是日本领先的普通化学制造商，从事化学、纺织品、房屋、建材、电子、制药和医疗等业务。战前，它是日氮调节器公司（Nishikori Konzern）的一部分，后由于日本战败而中断了资本关系。1946 年 4 月，日氮化学工业改名为旭化成工业，并成立了一家独立公司。从野口成功在延冈市合成世界上第一个砂锅氨开始，到使用氨推出了再生纤维，后来，推出合成纤维"尼龙""人造丝"、鲜味调味料味精（谷氨酸钠"Asahi""Mitas"）、化学品"苛性钠"（离子膜法）。旭化成使用原始制造方法，用氯气、盐酸、硫酸、硝酸等。1982 年，旭食品公司建立，发明了热销的冷冻食品"点心名菜"。旭化成公司还是日本的火药制造商，为日本自卫队武器制造研发并提供各种火药，但不知道是出于保密的原因，还是火药已不在此公司占据主要业务，在旭化成公司的自我介绍中，完全没有火药开发和制造的内容。

当前，除上述内容以外，旭化成公司还开发了药品治疗荨麻疹，还有一种感冒药，并生产采用纤维加工技术开发的轻型电气组件，还销售正面具有耐火性新型建筑材料"赫伯力板"，以及使用"赫伯力板"的品牌房屋。公司名称在 2001 年 1 月 1 日更改为旭化成，公司 CI 从以前的汉字更改为字母。2003 年 10 月，出售酒精饮料和食品等非核心业务后，该公司转移成为一家控股公司，并且，每项业务的运营都转移到了子公司。公司名称中的"旭"，起源于位于滋贺县大津市的人造纤维工厂琵琶湖附近的吉中寺（木曾义仲被称为旭将军）。"化成"一词来自于中国的《易经》，含义是朝着正确的方向产生、改变和发展。它是日本唯一一家同时拥有诺贝尔奖和奥运会金牌的公司。旭化成株式会社名誉研究员吉野彰（Akira Yoshino）被选为 2019 年诺贝尔化学奖得主，以表彰他在锂离子电池研发方面取得的成就。他与得克萨斯大学奥斯汀分校的约翰·B. 古迪纳夫（John Bannister Goodenough）和宾汉姆顿大学的斯坦利·惠廷厄姆（M. Stanley Whittingham）平分价值约 116 万欧元（合 907 万人民币）的奖金。

截止到 2020 年 3 月 31 日，旭化成株式会社资本金为 103，389 百万日元，已发行股份数共 1，393，932 千股，合并资产总额为 2，575，203 百万日元，结算日期是 3 月 31 日。员工人数（合并）为

39，283 人。① 截止到 2023 年 3 月 31 日，旭化成株式会社集团员工已增加到 48，897 人。②

二、旭化成株式会社的产品

（一）材料领域

旭化成株式会社（业务部门）——纺织、石化、高性能聚合物、高性能材料、消费品、分离器。

旭化成电子株式会社——电子零件。

（二）住宅建筑领域

旭化成房屋株式会社——房屋。

旭化成建筑材料有限公司——建筑材料。

（三）医疗医药领域

旭化成制药株式会社。

旭化成医疗株式会社——医疗。

三、旭化成株式会社的研发体制

（一）旭化成株式会社的研发战略

在过去的几年中，新兴国家（如印度和中国）是新兴的高增长市场，对环境和资源问题的反应，以及电动汽车所代表的产业结构的重大变化，已成为传统业务发展的挑战。挑战已经开始。为了应

---

① 旭化成株式会社［EB/OL］.［2020－04－08］. https：//www. asahi－kasei. co. jp/asahi/jp/aboutasahi/profile/.

② 旭化成株式会社［EB/OL］.［2023－07－02］. https：//www. asahi－kasei. co. jp/asahi/jp/aboutasahi/profile/.

对这些挑战，旭化成集团正在改变业务领域的产品组合。为了实现这一投资组合转型，将根据中期管理计划"Cs+为了明天的2021"，促进业务并进行研发，以实现"健康、舒适、安全的长寿社会"和"清洁环境与能源社会"。

1. 促进新业务发展

旭化成集团考虑了在整个集团内发展中长期主题的企业研发，并考虑了要研发的业务领域的新颖性和市场的增长潜力，加大了发展现有各项业务所必需的主题的力度，正在努力研发。旭化成集团的目标是通过无缝地连接每个主题，并通过 CVC（企业风险投资）积极与外部资源合作，以创建利用集团独特多样性的新业务。

2. 研发投入

整个旭化成集团 2018 财年的研发费用为 901 亿日元，研究费用细目如下：医疗医药占 24.3%，化学领域占 20.2%，临床治疗占 17.0%，控股公司内部占 16.9%，电子产业占 12.8%，纤维占 4.6%，住宅占 3.2%，建材占 1.0%。①

3. 产学研合作

旭化成集团通过在日本国内外公司、大学和公共研究机构之间进行联合研究和技术外包，积极参与工业，与政府和学术界的合作。

（二）旭化成株式会社的研发机构

旭化成集团拥有一种以跨组织、综合的方式解决团体优先主题的系统。

---

① 旭化成株式会社研究开発戦略［EB/OL］.［2020-04-08］. https：//www. asahi-kasei. co. jp/asahi/jp/r_ and_ d/strategy. html.

1. 旭化成研究开发部

CVC Office 医疗保健研发中心；

技术政策办公室信息学促进中心；

知识产权署化学与工艺研究实验室；

基础技术研究所纺织技术开发中心；

研发中心高性能聚合物技术开发中心；

高性能材料技术开发中心；

下一代设备技术开发中心。

2. 生产工程部

设备技术中心；

工程中心；

生产技术中心；

数字创新中心；

清洁能源项目 UVC 项目。

3. 材料领域

旭化成（业务部门）；

基础材料事业本部；

功能产品部；

专业解决方案业务部。

4. 旭化成电子

研发中心。

5. 住宅领域

旭化成房屋；

技术总部；

住房技术研究所。

6. 生活创新中心

旭化成建材；

质量保证与技术部；

建材开发室。

7. 医疗领域

旭化成制药；

临床开发中心。

8. 药物研究中心

旭化成医疗。

9. 药品开发部

研究开发部。

（三）旭化成株式会社的知识产权战略

1. 基本方针

旭化成集团正在整合业务战略、知识产权战略和研发战略以创建新业务，这是管理问题之一。为确保研发和知识产权活动可以为新业务和业务利润做出贡献，通过稳定地授予研发成果许可来确保业务相对于其他公司的优势，并通过将其与业务联系起来，来提高盈利能力。旭化成集团提倡与业务管理直接相关的知识产权活动，以便确保它们的安全。①

①　旭化成株式会社知的财产戦略［EB/OL］.［2020-04-08］. https：//www. asahi-kasei. co. jp/asahi/jp/r_ and_ d/intellectual_ asset. html.

　　在每个业务策略中，每个业务公司在起草与业务类型相对应的知识产权策略时都扮演着核心角色，但强调每个专利的质量以及专利数量，从而加强业务。如果有效，将进行战略许可活动，以增加对集团业务的贡献。

　　在实现增强业务目标的知识产权活动过程中，建立了知识产权部门与研发部门之间的信任，因此，两者之间建立了合作。旨在将知识产权活动整合到各种开发活动中。

　　2. 全面的信息调查

　　旭化成集团非常重视专利检索。在"专利研究是知识产权管理的关键"的口号下，在知识产权活动的关键点进行了必要的搜索。

　　根据调查的目的，执行机构是完全分开的。知识产权部内部的搜索会进行对业务有重大影响的重要调查，而研究人员则需要自己进行简单的调查，并通过这些调查来提高调查研究人员的道德和技能。

　　旭化成集团还专注于正在进行的专利信息传播（SDI）。这些调查的结果已建立并用作策略数据库，如下面的"知识产权组合"部分所述。

　　（1）海外知识产权战略

　　在中期管理计划中，"发展全球领先业务"是该战略的支柱之一。旭化成集团的知识产权战略着重于确保和利用更强大的权力来支持全球业务的扩展。具体来说，旭化成集团旨在改善其在美国和欧洲其他国家，以及新兴国家的知识产权。近年来，中国在旭化成集团的海外扩张中的重要性逐年提高，并且，旭化成集团已经加强了在中国的知识产权。展望未来，旭化成集团将继续增强全球知识产权，以便随着业务在全球范围内的发展而增强。

（2）知识产权组合

在构建知识产权组合时，旭化成集团将构建能够进行战略性专利信息分析的专利数据库（战略数据库：SDB），将利用这些专利的商业信息，研究与开发知识产权，并正在促进部署。

策略数据库包含根据每个业务的发展主题缩小范围的专利信息（内部和其他公司的专利信息），以及每个信息的唯一信息（重要性等级，实施状态，技术分类，其他公司的专利）。与相关政策有关的关键字和符号战略数据库包括：掌握技术，市场和其他公司的趋势；搜索研发主题；明确技术和专利的定位；掌握研发和企业的障碍专利。它用于知识产权组合管理，例如计划措施。

通过建立和利用战略数据库，以及 IP 联络小组这一技术信息小组和研发组织的共同努力，为其他公司制定专利，并在三位一体的系统中制订自己的申请计划。①

第二十三节　日本日油株式会社的研发体制

一、日油株式会社概况

日油株式会社（日油株式会社/にちゆ，NOF CORPORATION）

---

① 旭化成株式会社知的财产战略［EB/OL］.［2020-04-08］. https：//www. asahi-kasei. co. jp/asahi/jp/r_ and_ d/intellectual_ asset. html.

是源自日产 Konzern 的日本化学品制造商。旧商标名为日本油脂株式会社（日本油脂/にほんゆし；Nihon Yushi Co., Ltd., Nihonyushi）。日油株式会社的春光会是日产、日立集团的核心成员，也是芙蓉集团的加盟成员。

日油株式会社的口号是"从生物到太空"。这说明它是一家多元化、具有多项事业领域的公司，业务涉及范围广泛，事业大致分为功能化学品事业、生命科学事业、药物事业以及其他事业四个部分。其主要包括石油化工、化学、火药、火箭、导弹化学发射剂、食品、展示材料、生命科学、药物输送系统（DDS）和防锈。就像以前的公司名称"油脂"（"Fats and Fats"）所暗示的那样，该公司专注于石化业务，而在化学业务中，则从事自卫队和国防工业的生产，作为制造 H-IIA 火箭的固体推进剂的制造商。此外，化学业务中生产的有机过氧化物和显示材料业务中生产的等离子电视用减反射膜，在日本和海外均占有很高的市场份额。

二、日油株式会社的产品

（一）化学火药部门的产品

化药事业自 1919 年火药事业创业以来，创造出以卓越的研究开发力和制造技术为优先的高机能产品群和安全性为优先的应用技术，并提供给社会。现在，作为世界上稀有的综合火药制造厂，构筑了坚实的事业基础，开展产业用炸药事业、防卫·宇宙开发事业以及民生品事业。在产业用炸药事业中，通过含水炸药、电雷管以及遥控炸药装置等，对以隧道挖掘为首的国土开发做出贡献。在防卫·

宇宙开发事业中，日油株式会社利用了发射药、枪炮弹、火箭用推进药、火工业品等最先进技术的高性能产品。

另外，民生产品事业方面，日油株式会社向汽车用安全部件、海洋机器、示温材料、杀菌材料、医药品原料、防盗设备等日常生活相关的各种领域提供产品，为社会做出了广泛的贡献。今后，日油株式会社将最大限度活用最先进的先锋技术（火工业品技术），向新的未来挑战。

1. 宇宙火箭用固体推进药、火工业品

宇宙火箭的推进剂是由在没有燃料和空气的宇宙空间中燃烧燃料的氧化剂制成的。日油株式会社开发制造固体火箭的推进剂火药（固体推进药），在另一个窗口日油技研工业株式会社，正在开发制造安装在火箭上的点火用以及分离用的各种火工业品。

H-I3A 火箭 SRB-A 发动机。

H-I3A 火箭 SRB-A 马达。

使用高性能大型推进药的固体火箭升降机。

日油株式会社提供了从铅笔火箭（1955 年）开始的日本全部宇宙火箭用固体推进药。宇宙火箭随着时代的发展而大型化，其固体推进药研究开发了具备所需性能的新组成，致力于改善产生高可靠性的制造技术和引进制造设施、设备。现在，在爱知县的武丰工厂，进行气象观测用火箭的制造和小型卫星发射用的点火火箭的开发，鹿儿岛县的种子岛事业所，利用世界最大的搅拌机，制造着大型卫星发射用的 H-I3A、H-I3B 用固体火箭燃料（SRB-A）。

<适用范围>

S-310、S-520 火箭用。

H-I3A、H-I3B 火箭的 SRB-A 用。

各种马达用点火器。

2. 工业火药类

高性能、安全性高的乳胶类含水炸药、"高杰克斯©"等各种炸药和电雷管，在土木、建筑、各种矿山等广泛领域使用，通过满足客户需求的产品制作和周边服务获得了很高的信赖（各火药类在株式会社 Japex 进行介绍。日本工机株式会社介绍了甘赛泽©）。

含水炸药 ANFO 电雷管。

非电起爆系统导爆线发破器测试仪。

体流©装填系统甘赛尔©。"甘赛尔©"是日本工机株式会社的注册商标。

3. 海洋机器

21 世纪的世界主题之一是海洋的利用和开发。在海洋开发中，日本作用很大，作为国家项目也占有很大的比重。集团公司的日本油技研工业株式会社致力于海洋观测、调查所需的"海洋调查机器"的研究、开发，开发出应用了基于固有的火工业品技术的固体式气体发生器的"水中自动切断装置"，将其与超声波、测量、控制等复合化的技术结合。因此，诞生了最先进的海洋开发机器。

最新的 L-II 型切断装置实现了水深 1 万米的分离，对深海的调查、海流的测量、海底电缆的铺设和海洋土木工程等的飞跃性进步做出了贡献。作为海底地震仪用的切断装置，作为海底钻探机器承担着重要的作用。而且现在，地球环境问题等，使安全性和可靠性被证实了的产品制作和技术服务，受到有关政府机关、研究机关、学术关系、产业界的极大期待和关注。

数据传输系统水中切断装置。

采水器水温计/深度计水中自动升降装置。

钛球。

防卫用火药类。

防卫用发射药，防卫用推进药空包药。

弹头炸药/导弹填药/炮弹填药/火药类废料。

4. 防盗相关商品

（1）网络启动器© （便携型拘束网展开装置）

日本工机株式会社的 Network ©，在可疑人员入侵时，让任何人都能轻松展开并飞翔，使之缠绕。可疑者会被限制行动，在这期间可以获得避难、通报等时间。

（2）网络即时启动器（便携式拘束网展开装置）

NK 即时记号射击"Net Lancer ©"、即时"NK marker Shot"，是日本工机株式会社的商标。

5. 其他开发品

火炬©。日本工机株式会社的圣火火炬©在昭和三十三年（1958 年）第三届亚运会上首次被使用，之后不仅被采用于国家体育，还被采用在海外的竞技大会上，为各种竞技大会锦上添花。

液态防冻剂（岩浆©）。为了改良冬季路面，日油株式会社开发了"Camark ©"系列。"卡玛©"的成分中不含氯化合物，是一种对环境温和，兼具卓越速效性、持久性的液态防冻剂。

磁悬浮喷气式供应系统（奥托卡马克ⓒ JET）。

温度管理用示温材料电设器材 TAKAWALD ⓒ（泰卡威德ⓒ）是日油技研工业株式会社的注册商标。

道口用防冻剂，菲巴斯ⓒ即"FiveryNo ⓒ"全天候公路维修材料（烫发贴）。"烫发补丁"是素材科学株式会社的注册商标。

（二）油化领域产品

自 1910 年油脂事业创业以来，石油化工事业作为日本油脂化学领域的先驱，在业界是领头羊。现在，除了脂肪酸类、脂肪酸衍生物、表面活性剂等油脂化学领域的产品，在石油化学领域也开发了以烷基氧基衍生物和（元）丙烯酸酯等为基础的各种功能性产品。在资源、环境、能源领域，电子、信息领域，保健领域等技术革新提供给显著的成长领域。今后，将进一步探讨旧的新材料"油脂"的可能性，并以长期积累的固有技术力为基础，在油脂化学、石油化学等广泛领域，开发新的高机能、高附加值产品。在发展的尖端领域开展有存在感的事业。

硬脂酸。天然油脂中存在着碳数量从 6 到 24 的链长不同的脂肪酸，不仅含有饱和脂肪酸，还存在含有双重结合的不饱和脂肪酸。硬脂酸是碳 18 的饱和脂肪酸。熔点高，在室温下是固体，油性大，被用作各种工业产品的中间体。同时，也有像橡胶中的添加剂那样保持脂肪酸的使用方法。日油株式会社为了能在不同领域使用硬脂酸，还备有 NAA ⓒ-173K、NAA ⓒ-180 等产品。

油酸。是碳 18 的脂肪酸，是有 1 个双重结合的不饱和脂肪酸。

饱和脂肪酸的硬脂酸在室温下是固体的，而油酸虽然是长链脂肪酸，却是液体，作为食品、医药、化妆品领域乳化剂的原料，被广泛使用。因为油酸是不饱和化合物，所以，有容易被氧化的性质。但是日油株式会社通过活用精制技术，改善了色相，制造了氧化稳定性出色的油酸和高纯度油酸。

NAA ©系列。该系列备齐了从碳数 6 到碳数 22 的脂肪酸，以及提高了各自纯度的各种单体脂肪酸。

甘油。天然油脂是甘油（三价醇）和脂肪酸的酯，通过水解分为甘油和脂肪酸。甘油是有甜味的天然化合物，在食品领域被使用的同时，在化妆品领域作为保湿剂被使用。同时，作为多种化学制品的原料被利用，活跃在各种各样的领域。根据用途有各种甘油的品种。

（三）化学合成事业部门的产品

化学合成事业自 1957 年有机过氧化物事业创业以来，稳步扩大事业领域，现在以有机过氧化物产品、功能性聚合物产品、石油化学产品、电子信息产品为支柱。在有机过氧化物领域，致力于积极的产品开发和新用途开发，作为世界上屈指可数的综合有机过氧化物生产商得到了很高的评价。

在功能性聚合物产品事业中，计划积极地应用从新的构思产生的高功能性聚合物产品群，如塑料改质、功能性涂覆剂、功能性材料等。在石油化学产品事业中，生产聚丁烯、异石蜡类无臭溶剂等，为相关行业的发展做出了广泛贡献。今后，也将致力于开发与下一代技术对应的最尖端素材，开拓化学的新领域。

（四）日油株式会社近期的产品

尤卡丝网印刷用独立窗口铜浆（开发）。

化妆品原料"WILBRIDE ©"系列和"MacbeoBride © MG"系列。

另一种具有柔软皮肤再生功能的新型 Seracute ©化妆品材料。

化学品快速固化环保型固化剂"Perhexyl © A"。

独立的窗口热塑性烯烃弹性体"NOPHALLOY ©"系列。

液晶滤色片的保护膜材料。

Kayaku Another window 便携式约束网络部署设备"NetLauncher ©"（日本工机株式会社）。

另一个窗口运输／存储温度管理卡"Thermo－Treca ©"（NOF Engineering Co.，Ltd.）。

食品保健材料"Komekosanol ©"。

生命科学"LIPIDURE ©眼药水"。

DDS 磷脂"Coatsome ©"。

聚乙二醇基改性剂"Sun Bright"。

防锈无铬表面处理系统"GEOMET ©"（NOF Metal Coatings Co.，Ltd.）。

三、日油株式会社的研发体制

日油株式会社的研发机构以日油株式会社研究本部为主导，分为知识产权部、尖端技术研究所、新事业开发研究室、石油化学研究所、化学合成研究所、研究开发部、食品研究所、生命科学研究所、供药系统（DDS）研究所。其集团公司下属有日本工机株式会社白河制造所研究开发部。日油技研工业株式会社下设有研究开发部。日油（NOF）金属涂料有限公司下设有技术部。

（1）研究本部。研究本部统领日油株式会社的研发机构全局，积极致力于新事业的发掘、世界尖端技术的探索、与日油集团固有技术的协同融合等独自的研究开发。

（2）知识产权部。知识产权部推进该公司集团的专利、商标等研究开发及营业活动的整体战略支持知识产权的权利化及活用。

（3）尖端技术研究所。尖端技术研究所以生物材料、功能材料、精细聚合物为主体，致力于长期的研究。除此之外，尖端技术研究所还积极与日本国内外的研究机构进行信息交换、技术交换等，包括不同行业在内的广泛的共同研究。

（4）新事业开发研究室。新事业开发研究室致力于新医药医疗原料和技术的研究开发，以发掘开放创新的共创合作伙伴为目的，在纳米医疗创新中心（iCONM）内设置研究据点进行开发。

（5）石油化学研究所（油化事业部）。石油化学研究所以油脂及其衍生物、表面活性剂、高分子相关的应用研究为中心，从各种角度进行研究，致力于开发资源·环境·能源、保健、电子·信息领域的高机能·高附加值产品。

（6）化学合成研究所（化成事业部）。化学合成研究所通过对有机过氧化物的研究和开发，开发了高度利用合成技术、分析技术、聚合技术、评价技术等的高机能性聚合物等最先进的材料，以及使用固有技术的块化羧酸产品。

（7）研究开发部（化药事业部）。研究开发部在构筑新技术、新领域的开拓，着眼于将来国际化的海外合作体制的同时，也在推进发射药、炸药以及燃料等的研究开发。作为试验设备，考虑到环境的隧道构造的神冈办事处发挥着巨大的力量。

（8）食品研究所（食品事业部）。食品研究所以油脂加工、乳化、可溶化、粉末化、微胶囊化等加工技术、乳化剂、酶等功能利用技术，DHA 等功能性脂质技术为基础，致力于食用加工油脂、功能食品、医疗营养食品等"安全、放心"的产品开发。

（9）生命科学研究所。生命科学研究所以作为生物相容性素材的 MPC 聚合物为核心，致力于眼部护理、皮肤保养、光环护理等医药品领域，医疗设备领域，诊断药物领域的应用研究。

（10）供药系统（DDS）研究所（DDS 事业部）。供药系统研究所为了在 DDS 领域广泛开展 PEG 诱导体、磷脂、新 DDS 素材等高纯度的素材和高技术而进行研究开发。

（11）日本工机株式会社白河制造所研究开发部。该部运用多年的防卫装备制造技术，或是包括各种火药类及汽车安全装置在内的精密加工品制造技术，致力于反映社会状况的新的安全领域、防盗领域的产品开发，受到各方面的期待。

（12）日油技研工业株式会社研究开发部。日油技研工业株式会社研究开发部以固有技术为基础，擅长利用和添加新技术的复合化，通过超越化学、电气、机械、控制、加工等各领域的专业领域的研究开发体制，创造出许多新产品。

（13）日油（NOF）金属涂料株式会社技术部。该技术部致力于汽车零部件等防锈剂的开发，在其他公司率先上市高品质的无铬防锈剂。

第二十四节　日本日立株式会社的研发体制

一、日立株式会社概况

日立制作所株式会社（株式会社日立製作所/ひたちせいさくしょ；Hitachi, Ltd.）是日本的电机制造商，也是日立集团的核心企业，还是世界屈指可数的综合电机制造商。它由 8 个部门组成，包括信息和通信系统、社会和工业系统、电子设备和系统、建筑设备、高性能材料、汽车系统、军工系统、生活方式和生态系统等。公司销售额为 94806 亿日元，营业利润为 7549 亿日元，是通用电气机械领域中较大的公司。资本金为 458790 亿日元（截至 2014 年 3 月 31 日）。日立制作所职工人数为 33500 人（截至 2014 年 3 月 31 日），含控股公司 320725 人（截至 2014 年 3 月 31 日）。营业额为 2070147 百万日元（截至 2014 年 3 月 31 日），含控股份公司 9616202 百万日元。①

日立制作所株式会社是一家跨国公司，在世界各地设有制造和销售办事处，其中，51% 的销售额来自日本以外的地区。美国杂志《福布斯》每年都会发布世界上最好的 2000 家公司，该杂志被归类

---

① 日立制作所概况［EB/OL］.日立制作所中国网站，2020-04-10.

为集团公司（集团也包括通用电气公司、西门子公司等）。

日立集团共有 1286 家公司，其中包括 879 个合并子公司和 407 个权益法子公司。整个集团公司的座右铭是"激励下一个"。是日经平均股价及 TOPIX Core 30 的构成品种之一。特别是在创业之地，拥有主力工厂的茨城县日立市等地，为了与行政机关的日立市和其他日立集团各公司区别，日立制作所的简称也被称为日制。其前身是现在茨城县日立市生产铜和硫化铁矿的久原矿业所日立矿山。以日立矿山为母体的久原财阀诞生，受久原财阀的影响，形成了日产 Conturn。此外，日立矿山使用的机械修理制造部门于 1910 年完成了日本国产首个 5 马力感应电动机（马达）的研制，成立了日立制作所。不久，该公司作为日本最大规模的综合电机制造商，以及世界上屈指可数的大型电机制造商而发展起来。

二、日立株式会社的事业部门

日立株式会社的事业部门包括 IT 部门、能源部门、产业部门、移动部门、生活部门、子公司日立高科技、日立建机、日立金属、日立化成等 9 个事业部门。

（一）IT 领域

以"通过与客户合作为社会革新事业做出贡献"为事业方针，进行系统集成、信息处理设备及通信设备等的开发（预计从制造中撤退）。

信息设备是 IBM 兼容的大型通用机（硬件由 IBM 提供）、PC 服务器·Unix 服务器和伪矢量型超级计算机（与 IBM 协作的 SR 系列）、产业用个人电脑、磁盘阵列装置，特别是加强了与 IoT 合作的云计算相关事业。

日立解决方案（solution）、日立系统作为系统集成者，负责信息系统的开发和外包的委托。占销售额的比例为 19%，有 76，534 名员工。相关企业包括日立国际电气等。

（二）能源部门

除了制造发电机、变压器和电力设备，该工厂是日本国内 3 个核反应堆制造厂之一，从 GE 引进技术的沸水型核反应堆与东芝一起向以东京电力为首的各电力公司提供核反应堆设备。

蒸汽涡轮机和大型锅炉是由与三菱重工业的合资公司三菱日立电力系统制造的。2012 年，该公司从富士重工业（现在的 SUBARU）收购风力发电机事业，主要开发和生产陆上设置的输出 2000 千瓦和面向海上的 5000 千瓦这两种风力发电机，但是，目前已经停止了新的订货活动，合同产品的生产结束后，码头工厂（茨城县日立市）预计将停止风力发电机的生产。因此，该公司决定从风力发电机的生产中撤退。今后将把重点放在子公司合作的独立制造厂风力发电机销售和维护、驾驶支援等服务事业上。

（三）产业部门

作为主要的产品和服务部门，处理产业、流通解决方案，水解决方案。子公司日立工业株式会社经营产业用机器。

（四）移动部门

经营大楼系统和铁路系统。大楼系统：电梯（电梯和自动扶梯：经营关联公司的日立大楼系统。2014 年，除了开发部门和海外市场，

全面转移管理）。2010 年，茨城县日立中市建设了世界第一高 213.5
米的电梯研究塔"G1 TOWER"。日立电梯在日本国内的市场占有率
居第二位。另外，由于海外市场留在日立主机上，日立主机也是日
本电梯协会的会员。以世界第一为目标而建设 G1 TOWER。

铁路系统。日立株式会社是世界上唯一一家能够制造与铁路相
关的一切东西的公司，包括铁路车辆，安装在其上的电气设备、动
力传输设备、座位预定/票务系统、信号和中央指挥部等运营管理系
统等。

（五）生活部门

该公司处理医疗保健业务（如医疗设备）、生活方式和生态系统
业务（如家用电器），以及汽车业务（如汽车零部件）。

（六）卫生保健

前日立医疗保健制造公司是一家综合性制造商，通过收购涩谷
X 射线和大阪 X 射线，与佳能医疗系统和 Shimadzu 进行竞争，在
2016 年接管了主要部门（制造部门除外）。日立产业株式会社改名
为日立高科技，不仅起贸易和销售公司的作用，还生产电子元件和
半导体制造设备。

（七）生命/生态

该公司处理环境商业产品，如冰箱、洗衣机和其他白色家电，
空调系统产品，LED 照明和住宅太阳能系统。在 2019 年 4 月 1 日，
制造和销售冰箱和洗衣机等家用电器（白色家电）的日立环球人寿
与日立消费品市场合并，后者销售美容家电和剃须刀等。

由日立消费市场部负责的 Wooo 品牌电视的日本国内销售于

2018 年 9 月结束，当地电子商店日立 Chain Stall 销售索尼的平板电视 "BRAVIA"。诸如房间空调之类由日立江森自控空调公司制造。截至 03/16 财年，它占销售额的 6%，拥有 11997 名员工。

（八）汽车系统

在汽车系统领域，日产汽车在历史背景上与日立株式会社有着紧密的联系。日产的主要零件制造商 Unisia Jex 成为其子公司后，日立并入了日立的汽车集团。日立一直与日产公司合作，以使附属的汽车零部件制造商成为子公司，并进行业务整合，例如，将前日立集团公司 Tokiko 整合到 Automotive Group 中。

日立在汽车电子控制技术方面拥有良好的记录，其中包括 Skyline GT-R 的 4WD 系统，奥迪的 Quattro 系统以及 e-4WD 系统，如 March、Tiida 和 Mazda Demio。它占销售额的 9%，拥有 30594 名员工。

（九）其他

关于日立高科技、日立建机和日立金属，请参阅各自的项目。

（十）咨询业务

合并咨询业务，成立日立咨询。除日立集团之外，电子制造商整合咨询业务的动向也在增加，如 IBM 收购 PwCC（在日本建立 IBM 业务咨询服务）。

三、日立株式会社的产品

（一）军工产品

日立的全称是"日立制作所"（以下简称日立），其传统军工产品是坦克、装甲车和造船。二战期间，日立为旧日本军生产过军舰、坦克、军用飞机发动机等，其生产的 97 式中型坦克在当时非常有名。

日立是日本第三大装甲战斗车辆制造商，日本陆上自卫队使用的牵引车和弹药车几乎全由日立研制生产。而生产基地主要是位于神奈川县横滨市的"防卫系统公司"。

日立生产的装甲车包括：73 式牵引车，日本陆上自卫队野战特科部队用于牵引重炮和输送弹药人员的车辆；87 式炮侧弹药车，部署于陆上自卫队野战特科，伴随自走榴弹炮前行，补充弹药，并运送多余的炮弹操作员；99 弹药给弹车，专门为 99 式自走 155mm 榴弹炮补给弹药的车辆系统。

目前部署于陆上自卫队 96 式自走 120mm 迫击炮（车体部分），搭载 120mm 迫击炮，在路外机动性和装甲防护性方面非常优越；设施作业车（车体部分），一边粉碎崖石，一边前行的设施器材系统。

另外，日立还为自卫队提供车桥系统。例如，为坦克通过河川而搭设的"92 式"浮桥、帮助坦克通行的"07 式"机动支援桥等。

近年来，日立越来越多地将精力投入防卫系统和软件的开发。日立向自卫队提供的这方面的相关产品包括：舰艇搭载系统，用于探测和防御水雷的舰艇搭载系统；指挥系统，通过系统融合和 SOA 架构，为作战指挥提供支持的系统；网络中心战（NCW）相关系统。例如，小型无人机系统（传送无人机飞行中拍摄图像的系统）、反潜航空通信系统（地面基地与 P‑3C 巡逻机互传数据的地面系统）、数据链系统（搭载于各型飞机上，传送战术数据的数据链系统）、信号变换系统、通信缓冲系统等。

（二）民用产品

1. 汽车相关领域

电动汽车相关产品；

发动机和排气系统相关零件；

底盘系统相关零件；

电气元件；

生产设施（模具钢，切削工具钢）；

汽车铸件。

2. 工业基础设施相关领域

飞机零部件；

能源成分；

铁路/铁路网络组件；

工业设备；

电线电缆；

配管设备；

信息通信。

3. 电子相关领域

医疗设备的材料和零件；

电池材质的窗口；

磁铁和各种电机；

电源电路元件及噪声对策；

液晶显示器/半导体封装件；

电子设备用电线电缆；

复印机相关窗口；

信息通信；

制造设备材料（化学/半导体/医疗相关）。

4. 主要铁路车辆制造

新干线：

0 系列，100 系列，200 系列，300 系列，500 系列，700 系列，
N700 系列，800 系列，E2 系列等商务车，923 型，1000 型，951 型，
962 型，WIN350、300X 等商务车，STAR21 等原型车；

L0 系列（线性汽车）领先车辆；

JNR／JR 常规线。

蒸汽机车：

8620、9600，D51，C59，C62 等。

内燃机车：

DD51／DE50 等。

电力机车（自 1955 年以来主要是交流/直流电机）：

EF58，ED75，EF80，EF81 等。

火车：

前 JNR：201 系列，205 系列，415 系列，485 系列等。

北海道铁路（JR 北海道）：789 和 733 系列以外的常规线路
火车。

东日本铁路公司（东日本铁路公司）：E653／E655 系列（6 辆
车中有 3 辆，其中包括 E655-1 特快列车。其余 3 辆车由 Tokyu Carri-

ers 制造。合并后解散，现在的业务：在通用汽车制造有限公司横滨办事处制造），E657 系列，EV-E801 系列。

东海铁路（JR 东海）：383、373、311 系列。

西日本铁路（JR West）：283 系列，681 系列，683 系列，221 系列，207 系列，223 系列（仅 1000 系列 8 列火车 W3 火车）。

四国旅客铁路（JR 四国）：8000 系列。

九州客运铁路（JR 九州）：系列 787/883/885/815/817。

乘用车：

九州铁路公司（JR 九州）：77 系列。

JR，第三部门，新运输系统以外的私人运输。

东京地铁（Tokyo Metro）：05 系列（第 13 辆车），10000 系列，15000 系列，16000 系列（自 2012 年起）。

东洋高铁：2000 系列。

大都市区新都市铁路（筑波快车）：TX-2000 系列。

东武铁道：50000／60000 系列。

西武铁道：5000 系列，10000 系列，6050 系列，20000 系列，30000 系列，001 系列。

京王电铁：直到 2000/2010 年/首批 5000/6000 辆初始汽车。

东急公司：80。

相模铁道：每种新型号达 8000 系列，20000 系列。

东京单轨电车：所有车辆。

舞滨渡假村线：所有车辆。

名古屋铁路：猴子公园单轨电车仅 MRM100。

大阪市高速电轨道：10 系列，20 系列，新 20 系列。

阪急株式会社：9000 系列，9300 系列，1000 系列，1300 系列。

冲绳市单轨电车：1000 型。

公共交通：

札幌市交通局（札幌电车）：330 型。

名古屋市交通局：5000/2000/3000／N3000／6000。

福冈市交通局：1000/3000 系列。

四、日立株式会社的研发体制

日立致力于实现繁荣昌盛的社会。它与各种利益相关者合作，旨在提高人们的生活质量和客户公司价值。追求协作创造，以加速开放式创新。研究领域十分广泛，包括控制系统、数字技术、电子产品、能源、卫生保健、材质、机械、生产、系统、设计方案等，采取开放式创新的技术研发方针。

（一）日立株式会社的研发方针

1. 开放式创新，协作创造，加速创新

日立正在寻求与各利益相关者的协作创造，以加速创新，实现繁荣昌盛的社会，提高人们的生活质量和客户企业价值为目标。通过将外部知识与日立积累的技术基础和知识相融合，旨在改善社会环境和经济价值，并实现一个可以共同成长的更美好社会。

以敏锐的思维和行动引领世界各地的协作创作，改变人们的生活和社会的未来，创造创新。研发战略加速全球价值创造。

日立的研发已有 100 多年的历史，奉行"通过开发卓越的独立技术和产品为社会做出贡献”的企业理念，创造了联系的创新。在2021 年中期管理计划中，日立集团的整体规模将在三年内达到 1.2 万亿日元，以期成为推动“可持续发展目标”和“社会 5.0”的“全球创新领导者”，并为改善社会环境和经济价值做出贡献。日立将投资研发费用，用于建立生态系统，用于创造创新并加强核心技术，用于扩展 Lumada 业务。①

日立研发方面的优势在于，它拥有统一的技术基础和日立五个部门和日立集团拥有的 OT×IT×产品的专有技术，并建立了从协同创造到发展与积累的价值创造周期。在体现为客户提供价值的解决方案的同时，通过价值创造，不断提高研发效率。②

2. 开放式社会创新社区

为此，日立将结合客户和合作伙伴的知识，整合日立积累的技术基础和专有技术，加快共同成长的开放式创新。日立的目标是通过捕获四个阶段的过程来创建创新，并且每个阶段都与行业、学术界、政府机构、初创企业、客户、合作伙伴和市场进行合作。

3. 体验进化

此外，日立将开发一种独特的客户协作创建方法、个人经历体验（“NEXPERIENCE”），并提供促进从愿景创建到服务解决方案的物联网鲁马达平台——Lumada。通过加强与公司内部和外部各个部门的协作，包括与中央研究所中新建立的开放式协作创建基地

① グローバルな価値創生を加速する研究開発戦略［EB/OL］.［2023-07-02］. ht-tp：//www. hitachi. co. jp/rd/about/index. html.

② グローバルな価値創生を加速する研究開発戦略［EB/OL］.［2023-07-02］. ht-tp：//www. hitachi. co. jp/rd/about/index. html.

"Kyosai no Mori"，以及与行业、学术界、政府和初创公司的协作，已经实现了这些目标。

（二）日立株式会社的研发人员与经费

研究人数数量达到 2700 人。

研发费用：3321 亿日元（占销售额的 3.6%，截至 2019 年 3 月）。①

（三）日立株式会社的研发机构

开放式创新基地/ 亲历体验 NEXPERIENCE 客户协作创造空间；

共创森林；

日立开放研究所，横滨；

茨城县合作空间；

硅谷研究中心；

欧洲研发中心；

日立（中国）研发有限公司；

共创空间北京（北京，广州）；

日立剑桥研究所；

日立北海道大学研究所；

日立神户研究所；

日立京都大学研究所；

东京日立大学研究所；

清华大学联合研究所；

---

① グローバルな価値創生を加速する研究開発戦略 ［EB/OL］.［2023-07-02］. http：//www. hitachi. co. jp/rd/about/index. html.

日立京代研究所；

日立神户再生医学研究所。

从 2015 年 4 月 1 日起，日立决定构建客户导向型的研究开发体制，以期为解决日益复杂化的全球性社会课题做出贡献。"社会创新协创统括本部"是整合了设计本部、海外研究基地等机构，与客户共同开发解决方案的前端部门。该部将充分运用独有的服务设计手法，与客户一同找出课题所在，探讨、制定愿景和对策。在解决课题的过程中，还将灵活运用"技术创新统括本部"的技术资源及创新性产品，开展从解决方案原型开发，到客户方实地运行实验的一系列工作，从前端引领解决方案开发。"技术创新统括本部"由日立研究所、横滨研究所，以及中央研究所的部分机构整合而成，下设机械、电子、材料、信息通信、控制、能源、生产、系统、医疗健康 9 个中心。该部将通过相关领域的技术基础强化、技术优化组合、创新性产品开发，大力支持新解决方案的开发工作。"基础研究中心"以解决未来的社会课题为宗旨，进行远期的尖端技术研究开发。同时，该中心将作为全球开放性的实验室与各种研究机构合作，培育下一代社会创新事业的基础。

迄今，日立一直致力于前沿性的基础研究，例如，开发超高压电子显微镜来研究高性能材料和细胞培养技术、研究智慧型社会的新概念计算机技术等。本次整编，旨在继续强化日立与大学、研究机构的合作，通过开放式创新进一步提高基础研究的水平。日立建立以客户为导向的全球研究开发体制，以期通过能与客户共同发现课题，并提供创新性解决方案的社会创新事业。

1. 日立研究所

日立研究所是 1934 年在日立制作所创立的第一家研究所，位于茨城县日立市，是可以俯视关东平原和太平洋的绝佳之地。为了实现可持续的地球社会，安全、安心、舒适的生活，日立研究所致力于最先进的研究开发，主要侧重于产业产品开发与控制技术研究。2011 年 4 月，日立研究所将机械研究所（茨城县一町市）等集中起来，研究社会基础设施事业等。

为了减少在研究活动中 CO_2 的排放量，日立研究所通过将公用事业设备的集成、照明的 LED 化，向节能型空调设备更新，向高效率机器转换，来推进节能措施，2015 年能源使用量与 2005 年相比减少了约 37%。

作为环境和社会贡献活动，致力于日立研究所及周边生活的野鸟调查和生态系统的保护活动，并且实施着研究所周边的美化清扫。

2. 中央研究所

中央研究所是日立公司最大的研究所，研究人员达到 900 多人。有日立"头脑"的称谓，负责研究最顶尖的技术，是日立公司技术创新的大脑。泡沫经济崩溃后的 20 世纪 90 年代后半期，产业界的基础研究交给大学，日立公司致力于接近商品化的开发。在这样的情况下，日立中央研究所幸存了下来。在开放革新的浪潮中，或许终于有一天会改变这个角色。2011 年 4 月，中央研究所合并了负责最尖端研究的基础研究所（埼玉县鸠山町），以新领域为目标，承担从基础到应用的研究开发。它的研究领域几乎包括了机械、电子、材料、信息通信、控制、能源、生产、系统、医疗健康等日立公司所涉及的技术和产品领域，也包含了日立公司的所有产品。位于东京国分寺的日立有限公司中央研究所，是一个重视与客户合作的研究机构。2019 年 4 月 11 日，日立在公司最大的中央研究所开设了一家新的研究机构。在当天的开幕式上，东原俊明总裁表示："'共生之森'是供中央研究院的研究人员和设计师与客户和合作伙伴合作，以分享想法，加深讨论并利用日立的基础。日立希望创造一个可以创造创新的地方。"①

中央研究所成立于 1942 年。它是日本最大的日立研究所，在日本设有 3 个基地，研究人员约 900 人。横滨研究所侧重于系统 IT，日立研究中心侧重于产品和控制技术，而中央研究中心涵盖基础研究和技术相关的广泛领域，并拥有许多医生。

新创建的共同创造建筑，地上共 4 层。一楼是可容纳 350 人的国际会议厅"日立巴巴纪念堂"，以巴巴博士的名字命名，并通过"Ideason"和"Hackathon"等公开讨论提出构想，还建立了"NEX-PERIENCE 空间"。二楼的"项目空间"中，使用客户公司的技术，日立的先进技术（例如，人工智能（AI）、传感器和机器人）以及 IoT 平台"Lumada"快速验证和演示该技术。据该公司称，可以与客户一起集中开发技术和服务。

3. 日立横滨研究所

2011 年 4 月开始，日立制作所将重新审视研究开发体制。日本国内有 8 个据点研究所，从 4 月开始将重组为 3 个据点。与中央研

---

① 冨岡耕. 日立が「武蔵野の森」に開いた研究施設の正体 [EB/OL]. [2020-04-10]. https://toyokeizai.net/articles/-/277261.

究所（东京都国分寺市）、日立研究所（茨城县日立市）一起，将横滨市户冢区吉田町的多个研究所合并为"横滨研究所"。

在户冢地区，系统开发研究所、生产技术研究所、消费者电子研究所都设立在同一地区。通过作为横滨研究所的合并，日立集团的"IT（信息技术）、产品制作"的定位变得鲜明。作为据点重组的一环，"人员的配置已经完成"。横滨研究所统括信息服务、软件生产、生产系统开发等领域，以下一代 IT 的基础技术为中心进行研究。

日立公司在海外设立了多个研究中心、研究所，在印度开设 IT 相关据点，2012 年，全世界的研究开发人员都大幅度增加。日立制作所株式会社在日本国内中央研究所、日立研究所和横滨研究所，强化社会基础设施、IT 等重点领域的研究开发。同时，通过在印度成立新研究开发基地等措施，强化海外研究开发工作。借此构筑了全球化的研究开发体制，以推动社会创新事业的加速发展。社会和客户所面临的能源、环境、食品、水、交通系统、安全等课题正日趋复杂化，为解决这些课题，需要日立以"协创"的方式走近客户，与其共同面对并开发解决方案。但是，在军工研发方面，目前，日立公司的所有介绍当中，都隐去了相关的内容，可能是日立公司故意为自身塑造了一个民用开发的研究形象，同时，也有助于对军工技术和军工产品研发的保密。

476

第二十五节 日本神户制钢株式会社的研发体制

一、神户制钢株式会社概况

神户制钢株式会社（株式会社神戸製鋼所/こうべせいこうし
ょ；Kobe Steel，Ltd.）是日本的大型钢铁制造商（高炉制造商）。统
一商标、国际品牌名为"KOBELCO"。在大型钢铁制造商中，钢铁
事业的比率最低，以材料部门、机械部门、电力部门为支柱的复合
经营为特征。材料部门线材和运输机用的铝材料，在机械部门螺旋
式非通用压缩机等领域占有很高的份额。电力部门作为电力批发供
给事业，以是日本国内最大规模而自豪。其是第一劝业银行集团三
和集团的一员，绿会的会员企业。此外，神户商工会议所的会长也
与川崎重工业交替担任，是日经平均股价构成股。

神户制钢株式会社是旧铃木商店系的大型钢铁制造商。明治三
十八年（1905 年），合名公司铃木商店收购了小林清一郎经营的小
林制钢所，作为神户制钢所创业。

在大型钢铁制造商中，钢铁事业的比率最低，材料部门、机械
部门、电力部门三大支柱的复合经营是其特征。钢铁事业也和其他
公司不同，致力于开发比规模更高的特殊用途高附加价值的材料。
特别是线材领域，面向汽车的弹簧用线材占世界市场份额的 50%，
以"线材神户"而闻名。薄板领域中，高张力钢板（海貂）占有优

势，在塑型材料领域，复杂形状的汽车零部件中使用的铁粉占日本国内市场的50%，除此之外，海军时代以来船舶用的组装型、一体型曲轴占世界市场的40%。此外，除了钢铁，神户制钢株式会社还制造了铝、钛、铜等多种金属材料，是世界上独一无二的复合材料制造商。在铝领域，汽车用铝板材料和汽车悬挂用铝锻造零部件，铁路车辆用铝型材在日本国内居首位。在钛金属领域，是日本国内第一个成功实现钛工业化的先锋，在飞机引擎部件用钛方面拥有优势。在铜领域，汽车端子、连接器用铜合金在日本国内位居首位。

机械部门负责压缩机、产业机械、真空成膜、表面改质装置、超高压装置等。在压缩机领域，是世界上唯一一家在非通用压缩机中经营卷轴式、涡轮式、螺旋式的制造商。特别是螺旋式非通用压缩机，占世界市场份额的50%。近年来，进入市场扩大的大型涡轮压缩机市场。另外，在产业机械领域，轮胎、橡胶混炼机占世界市场份额的40%，树脂机械在面向HDPE的树脂混炼机中占世界首位。电力部门正在开展以钢铁厂自行发电操作作为起源的电力批发事业。除了2002年启动的神户发电站1、2号机，2019年10月运转的真冈发电站1号机，2020年3月运转的该发电站2号机，计划2022年启动神户发电站3、4号机，获得与四国电力大体相同规模的发电能力。

除此之外，在体育事业方面，1928年创立的橄榄球队作为参加顶级联赛、国内首屈一指的强队而闻名。1995年1月，在阪神大地震中，神户总公司办公楼和公司住宅倒塌，神户制铁所的第三高炉损坏，紧急停止，造成了民间企业最大约1000亿日元的损失。震灾发生后，仅仅两个半月就重新启动的第三高炉，成了"复兴的象征"。但为了强化竞争力，2017 年 10 月第三高炉停止运营。近年来，铝、机械、电力等钢铁以外领域的关注度很明显，他们将摆脱"钢铁制造商"，转而成为"钢铁制造厂"。子公司有 213 家，关联公司有 56 家。2017 年曾曝出神户制钢钢材和汽车弹簧线材数据造假丑闻。

神户制钢所株式会社资本金为 2509 亿日元（截至 2019 年 3 月 31 日），集团员工数量为 39341 人（截至 2019 年 3 月 31 日），总公司共 11401 人（截至 2019 年 3 月 31 日，调职人员除外），子公司共 218 家（截至 2019 年 3 月 31 日），关联公司共 52 家（截至 2019 年 3 月 31 日）。① 截至 2023 年 3 月 31 日，集团公司总人数为 38488 人，总公司人数为 11368，拥有子公司 202 家，合作公司 49 家。② 这说明，由于受到疫情的打击和市场影响，公司业务有所萎缩。

二、神户制钢株式会社的事业部门

神户制钢株式会社的事业部门主要包括技术开发本部、钢铁铝材事业部门、素形材事业部门、焊接事业部门、机械事业部门、工程事业部门、电力事业部门等六大事业部门，还包括高砂制作所、海外事务所等。这些部门管理神户制钢公司的经营与产品制造。

神钢集团的事业领域广布钢铁、焊接、铝铜、机械、工程技术、

---

① 株式会社戸製鋼所会社概要 ［EB/OL］. ［2021 - 06 - 24］. https：// www. kobelco. co. jp/about_ kobelco/kobesteel/profile/index. html.
② 株式会社戸製鋼所会社概要 ［EB/OL］. ［2021 - 07 - 03］. https：// www. kobelco. co. jp/about_ kobelco/kobesteel/profile/index. html.

工程机械、电力……在这众多领域中为社会做出贡献。

钢铁事业部门由钢材、铸锻钢、钛材、铁粉事业单元组成，立足于提高生产率和成本竞争力，深入强化"制造力"。同时，将特色产品和技术推向全球，并向运输工具领域等不断增长的需求领域转移。

铝板。

高精度铝合金厚板。

素形材。

铝铜事业部门将运输工具领域作为重点领域，不断加强特色产品的开发，努力构筑和强化全球供应体制。作为日本国内顶级的铝铜厂家，神户制钢将进一步完善长期积累下来的技术和信誉，努力发展成为世界各地客户不可或缺的企业。

铜板条。

焊接。作为世界上最可信赖的焊接解决方案企业，为努力达到亚洲第一的目标，焊接事业部门根据焊接材料、焊接机器人系统、施工技术等，不断为社会提供焊接综合解决方案。

机械。神钢的机械事业领域拥有工业机械、压缩机、能源设备等种类丰富的各类产品。为了应对环境、能源、汽车领域等发展中市场的全球性需求，神户制钢努力开发特色产品和技术，同时加强生产制造能力，构建最佳生产体制。

卷绕镀膜机（卷到卷镀膜装置）。

钢带轧制设备。

工程技术。工程技术事业部门将业内顶级的独有工艺、各种技术、经验有机融合，从而拥有了强大的工程技术实力，能够适应急剧变化的顾客需求，为顾客提供具有附加价值的解决方案，以此为社会做贡献。

工程机械。神户制钢建机株式会社与神钢起重机株式会社于2016年4月1日实现了并购合并。作为拥有挖掘机和起重机两大专业领域优势的工程机械生产厂商，神户制钢建机以创造更大价值和促进富裕社会的发展为目标。同时，加速推进全球化体制的构筑，以满足不同地区、不同产品带来的多样化需求。

电力供应。自2002年开展电力供应业务以来，神户制钢集团就一直为当地的电力稳定供应做着自己的贡献。现在也在不断推进发电厂的增设和新设计划。

其他。神户制钢集团的商务活动遍及各个领域，集团通过"选择与集中"不断革新事业领域。不同技术和服务相互融合，以此创造出新的价值，这是神钢集团的个性。

特色产品和技术。介绍神户制钢集团引以为豪的多项独有技术和独家产品。

三、神户制钢株式会社的产品

（一）军工与军民两用产品

高屈服强度合金钢；

飞机用合金铝材；

高强度钢板；

汽车阀门弹簧用线材；

军舰钢板材料；

飞机铝板材料；

坦克装甲车用钢板；

炮管用钢。

（二）民用产品

钢铁事业部门：

线材；

厚板；

薄板；

铸铁；

钛；

铁粉；

焊接事业部门：

焊接材料；

焊接系统；

铝、铜事业部门：

铝板；

铝制挤出/加工品；

铝镁铸件；

铜板条；

铜管；

机械事业部门：

通用压缩机；

旋转机（螺旋式涡轮）；

轮胎、橡胶机械；

树脂机械；

高机能商品；

轧钢设备；

超高压装置；

能源、化学相关设备；

工程事业部门：

钢铁厂相关；

原子能成套设备；

防沙、海岸防灾（火炬护岸）产品；

噪声振动工程；

城市交通系统；

能源化工厂；

电力事业部门：

电力供应。

四、神户制钢株式会社的研发体制

（一）神户制钢株式会社的研发方针

神户制钢株式会社的研发体制，以通过团体合作来强化"有特点的产品和技术的创造"和"产品制作能力"为目标。神户制钢集团将技术开发本部的基础、尖端技术与紧贴客户和生产现场各事业部门的技术相融合，有效地在材料、机械、环境、能源、电子技术等各事业领域，创造出"特长产品和技术"，并在强化"制作能力"中推进。

在 2016—2020 年中期经营计划中，以提高支持成长战略的技术开发能力为目标，致力于创造支撑事业收益，扩大主力产品的竞争力，强化差别化技术和该集团独有实现顾客价值的产品和过程。①

技术开发本部多年来通过对素材系、机械系、电力等各种各样事业的研究开发，培养了广泛的技术。支持有特点产品的创造和高度制造能力的技术资产，可以分为 4 个领域、21 个核心技术。在强化核心技术的同时，将这些技术组合起来，继续为客户创造新的价值，并保有核心技术（KoCoLab）。

（二）神户制钢株式会社的研发机构

技术开发总部是神户制钢所的研发核心，为强化神户制钢事业的竞争力和创造新产品做出了贡献。在材料领域，由于材质、表面高功能化，产生新产品的开发、制造过程的优化等。在机械领域，还支撑着材料技术差异商品的创造，并且以利用材料技术开拓新业务为目标。技术开发总部下面包括一系列研究机构、研究所或研究中心等。

1. 材料研究所

为该公司事业竞争力强化和新产品创造做出了贡献。在材料领域，由于材质、表面高功能化而产生新产品的开发，制造过程的优化等，在机械领域，支撑着材料技术差异商品的创造。并且，以利

---

① 株式会社戸製鋼所技術開発本部 [EB/OL]. [2021-06-24]. https：//www. ko-belco. co. jp/products/r-d/tdg/index. html.

用材料技术开拓新业务为目标。

切削过程分析（钻头加工）。

数值模拟压延、锻造、切削加工后的形状、材质、加工状态。

或活用试作实验进行推测，优化过程条件。

腐蚀金属组织控制和材料设计。

溶胶纳米组织分析。

组织、材质预测。

疲劳/破坏控制。

熔延、锻造、成形。

挤压加工。

切削、磨削加工。

过程分析/设计。

腐蚀、脆化抑制设计。

缩放控制。

表面/界面设计控制。

溶胶硬质膜设计。

微细组织控制（～数 $10\mu m$）。

纳米组织控制（～数 nm）。

纳米—微观的组织控制技术和材料设计的综合力，下一代的汽车轻量化材料。

特种钛压延材料。

根据材质、表面设计技术以及轧制材料的制造技术，成功将最适合钛分隔器的材料商品化燃料电池。

钛分隔符 100μm。

脆化行为分析。

裂纹氢化。

孔蚀行为分析。

Mn 系氧化物。

MnS1mm 1mm。

点蚀试验。

发生孔蚀。

精炼凝固材质控制加工技术表面控制。

2. 机械研究所

以结构强度、振动声、流动传热、燃烧、化学、煤炭焦炭的高度和尖端的模拟技术和实验测量技术为核心，实现了机械、材料、环境能源、汽车、飞机领域产品的高性能化，制造工艺改良，设计合理化以及新产品为产品和新技术的开发做出了贡献。

微观组织的特征：

材料的特性结构·强度、振动、音响、流动、传热、燃烧、化学、煤炭、焦炭的高度且尖端的模拟技术，以实验、测量技术为核心，在机械、材料、环境能源、汽车、飞机领域的产品的高性能化、制造工艺改良、设计合理化以及新产品和新技术的开发做出了贡献。

流动、传热控制、解析技术。

高级流体测量技术。

省电路、排热利用设备开发。

有机润滑、清洗。

溶胶；高分子反应评价。

流动/传热控制技术/反应/界面控制技术

流动·传热控制、模拟技术的各种机械的高性能化、有机编码。

应用了击球和润滑技术的材料系统。

开发产品和制造技术。

材料、结构物的设计、特性预测技术。

材料领域的材料过程的开发、设计、优化、机械。

通过在领域的设计和生产技术的开发，有助于该公司产品生产的提高和可靠。

温度/燃烧反应控制。

化学工艺设计。

资源有效利用。

短路性能。

分离、精制。

脉冲；高温高压溢出控制。

煤炭探测。

运用独自的先进模拟技术、测量技术。

建设机械等各种机械的低振动、低噪声、节能化，在实现的同时，还可用于新的隔音构件的研究开发。

振动噪声控制和节能技术。

液压阀（流体力）。

空气压缩机。

声场分析。

隔音包装。

油压设备、系统解析。

配合塑性加工润滑及评价。

混练解析、评价。

发电设备的开发。

高效、稳定作业支援技术。

高呼（HPC，煤炭溶剂提取物）生产过程的开发及 HPC 的生产。

作为铁焦炭用黏结材料和碳材料开发使用的技术。

焊接过程模拟。

振动分析/控制。

复合领域系统。

太过解析、控制。

声场分析/控制。

新隔音结构开发。

脉冲振动声应用测量技术。

机械研究所。

结构强度振动声流热、化学气网络环境。

压缩机零件，铸铁制品，材质上、下工序，机械产品铸件等。

产品推广事例。

油压挖掘机。

煤炭利用流程的开发。

煤炭处理技术、高温燃烧反应控制技术、化学过程分析技术。

利用设备的高效化和开发操作稳定化技术。

建筑机械、压缩机、隔音产品等。

压缩器、微二进制、空压电池、橡胶混练机、各种压延、锻造材料的品质保证等。

氢站、微通道反应器、发电站对环境限制的对应等。

钢铁焦炭、生物质燃料、多孔碳材料等。

锅炉燃烧。

模拟堆煤热管理。

脱硝催化性能评价。

微二进制。

发电系统。

Backup Roll。

添加剂。

水油。

Spray 油的导入。

制动器门 3。

Roll。

Strip。

边界润滑效果。

流体润滑效果。

Work Roll。

超调用。

连续制造设备。

焦炭用黏结剂。

焦炉高炉。

溶剂提取。

普通煤。

副生炭。

HPC。

原料焦炭。

火力发电用燃料。

碳材料等。

短路技术（结构、结构、传热、熔融、凝固、相变态）。

微观不均质的 Make 特性预测。

特殊环境下的材料特性预测。

长结构、设备、设备损伤分析·终端界限预测

高速照相机摄影。

焊缝发生分析。

多尺度强度分析。

制钢容器的分析模型。

耐火砖的损伤进展评价传热分析（高温环境的材料特性预测）。

结构分析。

耐火砖损伤分析。

可塑性。

应变分布。

钢材的微观结构。

HAT 部件的压坏微观结构不均质的分析。

焊接焊缝。

3. 生产系统研究所

以测量、控制、生产计划、数据分析的技术为基础，通过生产系统的高度化和革新，为神户制钢集团事业竞争力和收益力强化做出了贡献。并且，以独自的系统化技术为核心，致力于以机械系统为首的服务菜单创造。

神户制钢基于测量、控制、生产计划和数据分析技术先进创新生产系统，有助于提高该集团的业务竞争力和盈利能力。此外，以神户制钢独特的系统化技术为核心，正在努力创建包括机械系统在内的服务菜单。

生产管理与物流分析；

工厂建模与仿真；

运营计划制定支持；

数据分析与数据利用；

统计质量分析；

数据可视化支持；

商业模式分析；

客户/服务模式分析；

服务业务支持；

高温过程测量技术。

在钢铁行业独有的高温和严酷条件下，在线测量技术（温度、形状等），有助于发展，提高生产力和产品差异化。

491

无损检查机：

表面检查机；

内部缺陷检查；

超声波和涡流探伤技术；

机械和过程测量；

温度测量；

形状测量；

图像识别；

过程控制；

自动过程控制系统；

系统识别与建模；

运营支持技术；

机器学习技术；

机器控制；

嵌入式系统设计；

机器人控制；

软件质量；

多变量工厂的最优生产管理；

适用于产品组合少量变化的生产过程；

缩短交货时间，提高生产率并最大程度减少库存；

整个工厂的优化；

系统开发；

运动控制；

超声波探伤技术/形状测量技术；

大型船舶曲轴和工程机械。

对于形状复杂的零件，动态超声波测试设备和形状测量技术开发并为质量改进和安全保证做出贡献。

售后服务的 ICT 平台。

基于互联网的 ICT 平台：

通过加强服务提供商的人力资源并提供价值，致力于加强机械产品的售后业务；

MBD（基于模型的设计）方法，数据分析，软件质量控制方法等；

应用于机器控制系统，如机器人和建筑机械，开发高质量、高精度的控制系统；

来自各种传感器数据的高炉运行状态开发运营支持系统以可视化；

实现高炉稳定运行；

高炉操作支持技术；

生产系统实验室；

控制技术系统应用测量技术；

焊接机器人，工程机械等。

部署到产品的示例：

机械产品服务业务支持；

部署到产品的示例；

物料工艺测量等；

每个工厂/过程的操作支持、控制等。

每个工厂的运营管理支持船用曲轴，工程机械等；

织造；

位置误差。

竞争对手技术：

5 赫兹；

3 赫兹；

4 赫兹。

其他公司：

1/5 以下；

操作与运输；

表演集；

生产计划；

物联网利用；

高效的数据收集；

自动资料收集；

使用 BI 工具进行状态监控；

在制造过程中交货日期、进度、库存管理支持；

材料厂；

制造过程；

服务人员；

技能图分析；

定期维护检查结果；

分析和维修计划；

可视化客户关系和战略规划；

提供服务；

加强人力资源；

业务架构；

分析方法；

提供价值。

根据数据：

PDCA 周期；

数据利用；

规划与支持；

商业 KPI 设计；

统计质量分析；

高炉测量（辐射温度测量等）；

耐热无线传感器；

热设计技术；

无线技术等；

磁场设计技术；

信号处理技术等。

高温超声波传感器；

·技能分析；

·电子学习；

·设备状况分析；

·维修计划；

·关系分析；

·营销；

战略规划；

ICT 平台。

4. 应用物理研究所

应用材料性控制，电、磁控制等最先进的物理技术，在进行有助于神户制钢集团的素材系、机械系事业竞争力强化研究开发的同时，致力于支撑集团事业共同基础技术的高度化。

从原子水平分析得到的三维原子图中，聚类致力于高精度分析分布状态等的技术开发，向上活用强度和加工性等材料的特性。

以电磁、传热、应力、控制的连成分析为核心技术，独自开发电动机和高磁场设备的设计，关键是用于控制泄漏磁场等。

建筑机械和压缩机等机械装置的节能性能和动力开发出提高性能的电动机和控制系统，实现高度的机械动作。

实现世界最高磁场 NMR 用超导磁体高开发磁场稳定设计技术。另外，机器产品的试作、评价、进行分析，从产品设计到产品制作能力的一系列技术。

高度化（1.02GHz，24.0T）NMR；

高温超导；

线圈 MRI 磁场分析；

电气、磁电路、设备的设计、解析、试制；

相位；

高电压，大电流，高磁场控制；

低温控制，设备设计；

原子—纳米级物理分析；

一种基于计算科学的材料设计和特性预测；

溶胶，高性能材料和薄膜材料的工艺技术。

应用物理研究所：

电磁学控制；

原子状态的物理分析技术；

通过第一性原理计算的粒界凝集能评价电动机的驱动控制技术（通过预测控制的高响应化）。

磁设计技术（应用于高推力致动器）；

高电压、高磁场的控制技术；

马达、超导磁铁等。

建筑机械/压缩机的马达等。

高磁场 MRI 用高温超导磁体等。

钢铁材料、铝材料等。

利用物理分析的电子材料、过程开发。

氧化物半导体材料等。

5. 汽车解决方案中心

通过与汽车制造商和零部件制造商进行对话，把握汽车耗油量和安全性相关课题、开发和提案，利用铁、铝、树脂等的车身构造，以及零部件和加工品的设计、结合相关的解决方案技术。

异种材料的接合、粘合技术；

一种超高韧性钢板焊接技术；

简单化设计技术；

碰撞分析、测试评估技术；

多材料结构；

汽车用各种材料（钢铁、铝、焊接材料）、多材料结构及接合方法提案等。

多材料接合。

兼顾减轻汽车车身重量和提高安全性的构造控制，另外，作为将其具体化的解决方案技术。超高强度钢板、铝板、铝制挤压型材料等，神户制钢独有素材特征的车体构造，以及零件和加工品，正在实施设计、试作、评价相关的研究开发。

KOBELCO 轻量化车身设计概念；

全车碰撞模拟技术；

杆侧冲突小重叠前突；

反向工程+轻量化设计+零件试作、评价；

黏结部的强制剥离行为电阻点焊产生的裂纹缺陷的分析；

不同种类金属接合技术和机器人系统开发；

6. AI 推进项目部

通过机械学习和深层学习等人工智能（AI）技术的活用，为神户制钢集团的产品开发和制造过程高度化和革新做出贡献。同时，通过这些措施，推进能活用 AI 技术人才的培养。①

---

① 株式会社尸製鋼所技術開発本部［EB/OL］.［2021-06-24］. https：//www. kobelco. co. jp/products/r-d/tdg/index. html.

利用图像识别技术提高自动焊接水平，通过图像识别技术、熟练人员的匠技自动化等，为提高机器产品的附加值做出了贡献。

AI（机械学习/深层学习等）：

提高材料产品开发效率；

提高机器产品的附加值；

生产设备的操作支持、自动化；

产品检查的自动化；

制造过程异常诊断；

设备的预知保全。

AI 活用材料。

材料（MI）获得世界最先进技术和本公司强项的材料。

通过融合开发技术，提高材料产品开发的效率。

以度化为目标。利用工厂运转条件的优化图像识别技术提高产品附加值，为了实现更有效率、环境负荷小的运行，正在推进机械学习、深层学习技术的活用。

运行特性值；

深层学习等；

运转条款等；

发电设备。

基于深层学习中检测到熔融池图像特征点，利用运转数据提取重要因素，进行机器人控制，使高难度焊接自动化。

MI 活用素材产品开发的革新；

材料设计；

技术诀窍；

熔融池图像；

熔融池用传感器；

焊接机器人；

指令、补偿信息；

焊接电流/电压；

钢丝绳；

尖端；

熔融池；

电弧；

机器人；

控制盘；

焊接；

材料特性预测模型；

时间序列预测；

异常检测、因果推论；

图像识别和分类；

材料类/机械类/电力事业；

产品开发产品制作。

第二十六节 日本京瓷株式会社的研发体制

一、京瓷株式会社概况

京瓷株式会社（京セラ株式会社，KYO CERA Corporation），京瓷的第一个字母"K"环起了陶瓷这一英文单词的第一个字母"C"，它由象征追求更广阔领域，展翅面向未来的企业商标和企业标识构成。1982 年 10 月，公司由"京都陶瓷株式会社"变更为"京瓷株式会社"，更名之际便开始启用这一标识。作为象征性标记的颜色，选择了富有热情和挑战意味的红色。其品牌宣言为"The New Value Frontier"（不断创造新价值），是京瓷向社会发出的，能够表现其公司强烈意愿的宣言。

成立时间：1959 年 4 月 1 日。截止到 2019 年 3 月 31 日，京瓷株式会社注册资金：115，703 百万日元，营业额（并表）：162，231，710 万日元，归为母公司所有者的净利润（并表）103，210 亿日元。京瓷株式会社集团公司数量：286 家，集团员工人数：76，863 名（非控制股份公司除外）。① 截止到 2023 年 3 月 31 日，京瓷株式会社前三个季度销售额为 20，253.32 亿日元，税前利润为 1761.92 亿日元。集团公司数量为 298 家（包括京瓷株式会社自身）。集团员工总

---

① 京セラ株式会社会社概要［EB/OL］.［2021－06－24］. https：//www. kyocera. co. jp/company/summary/company_ profile. html.

人数：81，209 人。① 这说明三年疫情没有阻挡住京瓷株式会社及其
集团发展的步伐。京瓷株式会社及其集团仍在快速发展壮大。

二、京瓷株式会社的事业部门

京瓷集团的事业主要包括京瓷集团所涉及的社会事务领域，对
于技术研发和产品的管理部门。京瓷集团在全球的业务领域涉及原
料、零件、设备、机器，以及服务、网络等各领域。

汽车等工业零部件。

半导体零部件。

电子元器件。

信息通信。

办公文档解决方案。

生活与环境/其他。

三、京瓷株式会社的产品

京瓷株式会社的产品涉及连接所有人和物的信息通信市场，信
息通信技术急速发展的汽车相关市场，保护地球环境的节能环保市
场，为人们带来安心、安全生活的医疗保健市场等。在日益扩大的
物联网社会核心领域里，京瓷株式会社为人们带来高精尖的产品和
服务。为实现更为便利、可持续发展的社会，京瓷株式会社将主要
针对这四个市场，发挥集团的综合实力，不断提供有价值的产品和

———————————

① 京セラ株式会社会社概要［EB/OL］.［2021-07-03］. https：//www. kyocera.
co. jp/company/summary/company_ profile. html.

服务。

京瓷株式会社以民用产品为主，但也向军工企业提供陶瓷元器件、电子回路元器件，这些元器件可以用作组装雷达、飞机导航和导弹等方面的部件。

原料、零部件。

元件、机器。

系统、服务。

精密陶瓷零部件。

通信工程。

节能环保工程。

有机封装、印刷电路板。

水晶元件、SAW 元件；

陶瓷封装、基板；

电容器；

有机化学材料；

办公信息系统；

能源管理系统；

ICT 解决方案；

智能手机；

打印机、复合机；

太阳能相关产品；

医疗产品；

液晶显示屏；

打印器件；

物联网通信模块；

连接器

切削工具

光学零部件

汽车零部件；

功率器件；

气动工具、电动工具；

研发、制造、销售、物流等，京瓷集团的所有部门都团结一致，互相合作，不断在各个业务领域提供高精尖产品和服务。其源泉就在于每天坚持不懈的努力以及创造性工作带来的雄厚技术实力。为了不辜负客户的期望，京瓷集团将永做开拓者。

汽车等工业零部件。

机械工具。

半导体零部件。

有机封装、印刷电路板；

电子元器件；

信息通信

功能手机；

平板电脑；

物联网单元；

信息通信服务；

生活与环保；

珠宝饰品、厨具等；

其他；

酒店等；

办公文档解决方案；

解决方案业务。

工业设备用陶瓷零部件，发挥精密陶瓷具有的比金属、树脂更优异的机械特性与化学特性，为各行各业先进技术及其发展提供保障。陶瓷预热塞，承受急速升温并拥有卓越的耐高温性能，随着"停车起步系统"的普及而被广泛使用。其实现了高速、高精度的燃料喷射，被广泛安装在"清洁柴油机"上。氧传感器用加热棒，可以在汽车发动之后的低温状态下，马上启动检测尾气中氧气浓度的传感器，从而能够减少尾气排放量。

摄像头模块，凭借高可靠性和卓越的拍摄性能，为提高汽车的操作性和安全性做出贡献。半导体、液晶生产设备零部件用、尖端材料技术研发的高品质精密陶瓷，满足结构件日益高涨的高精度、耐高温以及化学稳定性的要求，为实现产品高度集成化和提高产品质量做贡献。

超高真空设备用零部件，利用陶瓷与金属的接合技术，提高了超高真空设备用零部件的可靠性。

铁氧体零部件，凭借品种丰富的铁氧体材料和高精度成型技术，为电感器小型化和高性能化做贡献。

LED 用蓝宝石基板生成 LED 的 GaN 层的基板，使用了具有高可靠性的单晶蓝宝石。这种燃料电池通过从城市煤气等气体燃料中提取氢气，并让其与空气中的氧气发生反应，从而产生电和热（热水）。SOFC 作为新型节能设备而备受期待，它的核心部位电池组集结了京瓷在精密陶瓷材料开发过程中所积累的制造技术，提高了发电效率和耐用性，广泛用于 SOFC（固体氧化物燃料电池）的精密陶瓷。

汽车等工业零部件，京瓷通过自成立以来在精密陶瓷研究、开发和制造方面的技术积累，以及根据目的与用途选用原料和生产方法，充分发挥出材料本身的优异特性，广泛地支撑着各行各业的发展。

精密陶瓷零部件。

京瓷株式会社还面向最注重安全性的汽车行业推出诸多产品，为汽车电子化减轻环境负担，以及为提高安全性和便捷性做出贡献。

汽车零部件。

燃料喷射装置用。

积层型压电元件。

业务与产品介绍。

LED 结构，可以将行车速度及时钟等信息投射到挡风玻璃上的平视显示器。京瓷采用新材料和新设计，开发出高分辨率、高透光率的液晶显示屏，以提高行车安全性。有助于安全驾驶的平视显示器使用液晶显示屏。京瓷株式会社提供耐用性强，使用温度范围广，对可靠性有极高要求的车载液晶显示屏。此外，京瓷株式会社还提供用于信息通信设备、测量仪器、娱乐设备等不同用途的显示屏。

在机械工具方面，除了以往的切削工具业务，又增加了气动工具和电动工具两项业务。京瓷株式会社将作为一个综合性的机械工具制造商来挑战更广阔的市场。

机械工具 Industrial T 车载用液晶显示屏，有效利用精确度高的特性，通过可应对各种形状独有的加工技术，大幅提高了设计自由度，为客户提供满意的产品。

工业用液晶显示屏，京瓷株式会社通过在室外也具有高可视性、高亮度液晶屏及触控屏等丰富的产品线，致力于满足客户对工业设备使用中小型液晶显示屏的需求。提供影像设备的光学镜头、车载用镜头等多种多样的产品，满足社会和行业需求。

光学零部件，从建筑、汽车等各种工业使用的产品到贴近生活的 DIY 产品，气动、电动工具通过丰富的产品线，支撑着人们的生活。

通过高速切削、高效加工，在汽车、工程机械、航空航天等行业的生产一线发挥着重要的支撑作用。

非球面镜片，京瓷利用多种材料开发出从小直径到大直径（φ60毫米）的各种非球面镜片。车载用、扫描仪用镜头，通过采用非球面镜片，为镜头的高精准、小型化等做出贡献。

FA/医疗用。

光学组合，京瓷以独自设计的镜片和照明、相机，为人们提供摄影用光学组合产品。

液晶显示屏显示虚像。

切削工具、气动工具、电动工具。

电子零部件用表面贴装型陶瓷封装，用于水晶振荡器等电子零部件的小型表面贴装型陶瓷封装。有利于智能设备的小型化和高性能化。

光纤通信用零部件通过可保护光纤通信设备和进行高速数据传输的光组件和光纤维连接器等产品，支撑着信息社会的发展。

LED 用陶瓷封装，用于一般照明、汽车前照灯等 LED 的用途正在不断扩大，其采用的便是导热性和可靠性都很高的陶瓷封装。

半导体零部件。

车载 ECU 用陶瓷多层基板，ECU 基板具备小型、高密度、耐高温、高散热性的特性。凭借其高可靠性广泛用于车载用途。

倒装芯片封装，图像传感器用陶瓷封装，为实现摄像头模块的高性能化和薄型化发挥着重要作用。

模块基板，用于智能手机及车载通信模块的有机基板。此外，内置电容器等零部件的内置基板也备受瞩目。

积层电路板，广泛用于电脑、移动终端等需要在基板上进行高密度安装的产品。

陶瓷封装、基板，京瓷以丰富的材料技术、加工技术以及创新设计技术为核心，为智能手机等小型零部件、光纤通信零部件、汽车前照灯用 LED 众多产品提供高可靠性的陶瓷封装和基板。

高显色 LED 照明，为促进晶体元件小型化做出了贡献，注重色彩表现的定制 LED 灯被广泛用于美术馆、博物馆、色彩检查及生物培育等用途，使人们的生活和社会变得更加丰富多彩。

小型陶瓷封装，为电子设备中不可或缺的高功能晶体元件小型化做出了贡献。在 1.0 毫米×0.8 毫米这一微小空间里，小型陶瓷封装实现了高气密性和高可靠性。伴随信息通信技术的高速发展以及互联网的普及，电子设备的高性能化和多功能化取得了飞速发展。京瓷通过有机多层封装和印刷电路板，支撑着电子设备的发展。有机封装、印刷电路板绝缘清漆，已经发展成不易燃烧的环保树脂，也为 EV 驱动、工业马达实现高功能、节能和高功率提供助力。

有机化学材料，京瓷株式会社以有机化学为基础，向数码设备、汽车、能源等诸多领域拓展业务，包括用于半导体、LED、功率器件、电子元件的导电粘胶产品线，提供纳米金属烧结型、耐热传导型等满足各种客户需求的产品。不但可以应对原来的转移成型，更具备应对压缩成形的新材料，被灵活应用于各个领域。

半导体环氧树脂封装材料、钻石粘胶、绝缘清漆。

通过采用先进的微细配线和薄型多层技术，实现了高精细的多层封装。为服务器、路由器、移动通信终端的发展做出贡献。

京瓷株式会社 2019 年 5 月最新调查结果：

车载毫米波雷达用电路板。该电路板具备检测障碍物的天线功能，正作为汽车自动驾驶化中不可缺少的产品被广泛采用。

电子元器件。从智能手机、可穿戴设备等人们身边的电子产品到工业设备，都使用了电子零部件。京瓷株式会社采用尖端技术，从研发到量产，始终贯彻高品质制造的原则，为电子产业的发展做贡献。

功率器件。功率器件是用于调控和变换电力的半导体。从民生用品到工业设备，京瓷株式会社提供各种高品质、高可靠性的节能型功率半导体产品。

打印器件。京瓷提供可以应对热敏式、喷墨式和电子照片式这 3 种数码打印方式的器件。通过这些数码打印的主要器件，促进打印技术的快速发展。

SAW 元件。SAW 元件被广泛应用于智能手机等无线通信终端，包括 SAW 滤波器、双工器等多种产品。负责京瓷部分电子零部件业务的 AVX 公司（总部：美国）在电子元件相关产品的领域，拥有坚实的技术基础和丰富的产品线，在全球范围内开展产品的开发、制造、销售。

电子零部件（AVX）。AVX 公司生产的钽电容水晶元件是决定智能手机、车载设备等产品性能的重要零部件。从人工水晶的培育到最终的成品，京瓷贯彻一条龙式的开发和制造，为物联网社会的发展做贡献。

连接器。连接器被广泛应用于各个领域，支撑着人们舒适的生活。京瓷株式会社通过小型、薄型、高速传输的产品等，满足客户的不同需求，推动电子设备的多功能化。

积层陶瓷电容器运用了出色的电介质陶瓷技术和高水平的生产技术，为机器的小型、轻量、高性能化做贡献。9715 系列将锁扣结构和密封材料加以组合，实现了高防水性和高可靠性。既满足了汽车零部件线束连接器的试验方法 "JASO D616" 的条件，又能在车厢外使用，还可以应对重量相当于铜电线约 60% 的铝电线，通过车体轻量化，为提高汽车燃油经济性做贡献。具备高防水性和高可靠性的分线连接器非晶硅感光磁鼓，是用于页式打印机和数码复印机等电子相片方式的感磁鼓，硬度高、耐磨损、耐高温高湿、光感度高，可高速、稳定地打印图像。喷墨打印头是商业印刷机的核心基础零部件，用于广告函件、布料等印刷。有助于推动印刷技术向瓷砖、广告牌、产品标签和包装等新领域不断进化。

喷墨打印头。喷墨打印头是应用了热敏（热感应、热转印）的元件，常用于条形码标签、数码相片、收据等打印，在贴近人们生活的地方发挥着作用。

热敏打印头。信息通信"ICT""通信工程""环境能源工程""经营咨询"，京瓷株式会社以这四项业务为支柱，对构建并运营企业的信息基础、社会的通信基础与环境共存的基础，以及经营基础提供支持。

ICT业务。提供信息系统的构筑，企业资源计划（ERP），安全性，各种云平台、物联网网络服务和数字营销等信息通信技术（ICT）解决方案。

通信工程业务向通信运营商提供无线基础设施的构建、运营、维护，以及无线信号优化等服务。同时，它还协助通信运营商构建基站及核心网。

经营咨询业务以京瓷独有的经营管理模式"阿米巴经营"为基础，不仅对"阿米巴经营"的导入及其运用方面提供支援，而且，提供信息系统等相关服务。

节能环保业务为兆瓦级太阳能发电站等商用光伏项目提供系统设计、设备以及施工、运行、维护的一站式服务。无论是地面项目，还是水上项目，京瓷都有丰富的设计与施工经验。

从坚固耐用手机到追求使用便捷性的"简单手机"，京瓷根据不同的需求，推出了各种各样的手机，且都获得了超高的人气。如功能手机、智能手机等。

从拥有卓越的防水、防尘、耐冲击功能的坚固耐用手机，到注重日常使用便捷性的手机，京瓷根据客户的需求，推出了丰富的产品线。

Smartphones/ Tablets

卡片手机

Kantan Keitai（日本）

DIGNO Ⓒ Keitai 2（日本）

TORQUE Ⓒ X01（日本）

平板电脑作为信息终端设备，被广泛应用于私人场合、教育现场、商务领域等各种场合。京瓷平板电脑具有防水、防尘、操作舒适、使用便捷等特点。

医疗产品。京瓷利用陶瓷和金属的材料技术以及表面处理技术，开发出了人工关节、人工牙根等医疗产品，为提高人们的生活品质做出贡献。

京瓷株式会社推出了"Crescent Vert Ⓒ"等一系列珠宝饰品品牌，颗颗都融合了美丽的色调和透明感，堪称理想的宝石。

可以将太阳能发电系统产生的电量和便宜的深夜电量储存起来使用。另外，在发生灾害时，还可用作应急电源，所以，深受广大群众的喜爱。

京瓷株式会社拥有强大的综合实力，除了提供产品外，还提供设计、施工、运营、维护管理等一条龙服务，在水上太阳能等众多兆瓦级大型太阳能发电站（Mega olar）项目中，有着丰富的安装业绩。

"AG-PROTEX ©"

京瓷推出了一系列轻便、不生锈、锋利持久的厨具，由于使用方便，赢得了用户的广泛好评。

"Aquala""BIOCERAM AZUL""AG-PROTEX"是京瓷株式会社的注册商标。

延长人工关节使用寿命的技术

"Aquala ©"

医用陶瓷材料

"BIOCERAM AZUL ©"

珠宝饰品、陶瓷厨具

住宅用太阳能发电系统，公共、产业用太阳能发电系统，活用太阳能发电系统的电力服务业务。为了寻求京瓷集团与关西电力集团经营资源的协同作用，于2019年4月1日成立了京瓷关电能源合同会社。为客户提供可在初期免费安装京瓷太阳能发电系统的新型服务，力求更大范围地普及可再生能源。

HEMS（家庭能源管理系统）

通过能源的可视化和家电产品的控制，灵活地管理使用家中整体能源。旗下有以"微笑款待"为理念，由建筑师黑川纪章设计的温泉、泳池、运动设施完备的度假酒店，以及位于国际城市京都市中心极具格调的城市酒店。如京都日航公主饭店（日本京都府），京瓷酒店（日本鹿儿岛县）。

全球性信息服务提供商科睿唯安，根据"专利数""申请专利成功率""国际性"以及"引用方面的专利影响力"，每年从全世界企业和研究机构中评选出 100 家创新企业。京瓷集团荣获该机构评选的"2018—2019 年 Derwent 全球创新百强企业"称号。继 2014 年以来，连续 5 年获此殊荣。京瓷将知识产权视作重要的经营资源之一，通过对其进行合理保护，力求进一步促进业务发展，在知识产权方面处于世界领先地位。主要研发机构（所在地）是大阪大东事务所（日本大阪府）。

灵活应用材料技术和薄膜技术，进行光、电子元件和太阳电池等的基础研究和应用开发。京阪奈研究中心（日本京都府）进行高效生产工序和生产设备的开发。研发针对新一代文件处理方式的打印机和复合机。在广泛拓展业务的同时，京瓷也不断研发并生产半导体零部件。AVX Corporation（美国格林维尔）研发并生产用于小型化、轻量化设备的电子零部件。

京瓷办公信息系统总部 R&D 中心（日本大阪府）

港未来研究中心：硬件构筑有关原材料、零部件、元件、设备、系统和软件的研发部门，以及生产工序技术的全球性研究网络。把"港未来"和"京阪奈"作为研究开发的核心基地，在谋求集团内部资源有机融合的同时，促进与公司外部合作的开放创新，为公司业务的成长和社会的进步与发展做出贡献。京瓷株式会社将继续做一名开拓者，无论如何，都要努力做他人做不到的事，开拓人们未曾踏足的道路，继承创业者的 DNA，将制造业做到极致，始终创造新价值，不断迎接挑战，打造人与社会的光明未来。京瓷接着要做的事，是别人认为肯定做不成的事。

港未来研究中心（日本神奈川县）主要研发汽车、信息通信、能源相关领域的设备、系统和软件技术。该中心正在研究开发精密陶瓷材料的基础应用技术和着眼于未来的制造技术。

京瓷集团全体员工都积极地投身环保活动，希望能够在兼顾环保性和经济性的同时，实现可持续发展。尤其是在节能、温室效应对策方面，京瓷集团引进节能设备、安装太阳能发电系统、实施墙面绿化等，开展了一系列节能活动。此外，京瓷集团还开展了保护生物多样性等活动。京瓷为区域发展所做的贡献得到了高度评价，连续9年荣获日本环境省颁发的"防止全球变暖活动环境大臣表彰奖"，成为获奖次数最多的企业。

社会公益活动

推进节能、全球变暖对策，防止环境污染，安装太阳能发电系统（日本鹿儿岛川内工厂），实施墙面绿化活动（日本长野冈谷工厂），利用工厂废水的群落改善环境（日本鹿儿岛国分工厂）。京瓷希望能够营造出充满活力的工作环境，让每一位员工都能充满干劲地投入工作，让多样的人才能够发挥出各自的能力。为此，京瓷积极地开展了各种活动，主要包括培养国际化人才，基于现地化原则，积极提拔当地员工干部，为女员工提供更多机会，雇佣残障人士以及完善育儿和介护活动。①

---

① 京セラ株式会社社会社案内ダウンロード［EB/OL］.［2020-04-15］. https://www. kyocera. co. jp/company/download/index. html.

四、京瓷株式会社的研发体制

主要研发机构（所在地）是港未来研究中心（日本神奈川县）。其主要研发汽车、信息通信、能源相关领域的设备、系统和软件技术。

京阪奈研究中心（日本京都府）。该中心灵活应用材料技术和薄膜技术，进行光、电子元件和太阳电池等的基础研究和应用开发。

制造研究所（鹿儿岛县雾岛市）。制造研究所正在研究开发精密陶瓷材料的基础应用技术和着眼于未来的制造技术。

大阪大东事务所（日本大阪府）。该事务所进行高效生产工序和生产设备的开发。

京瓷办公信系统总部 R&D 中心（日本大阪府）。该中心研发针对新一代文书处理方式的打印机和复合机。

KYOCERA International，Inc.。在广泛拓展业务的同时，京瓷株式会社也不断研发并生产半导体零部件。

在 AVX Corporation 内（美国格林维尔）研发并生产用于小型化、轻量化设备的电子零部件。

第二十七节　日本名村造船所株式会社的研发体制

一、名村造船所株式会社概况

名村造船所株式会社（名村造船所株式会社/なむらぞうせんじ

ょ；Namura Shipbuilding Co.，Ltd.）是日本目前第三大造船公司。业务内容：船舶制造（油轮、散货船、集装箱船、汽车运输船等），船舶修理，设计、制造和建造桥梁，各种铁结构的设计、制造和工程安装等。名村造船所株式会社位于大阪市西区。截至 2022 年 3 月 31 日，名村造船所株式会社从业人数为 1055 人，2022 年前三季度销售额为 688.38 亿日元。①

名村造船所株式会社在大阪市西区设立了总公司，在佐贺县伊万里市拥有制造据点的准大型造船公司。原本在大阪市住之江区北加贺屋 4 丁目的木津川河口有总公司和大阪工厂，但是随着船舶的大型化，造船工厂变得狭窄了，所以，1974 年在佐贺县伊万里市新设了伊万里工厂。由于石油危机的影响，自 1979 年大阪工厂关闭以来，将登记的总公司留在大阪，在伊万里事务所集中了制造据点和总公司机构与有营业据点的东京事务所，实际上形成了两个总公司制。名村造船所株式会社擅长制造从中型到大型的散装货物船和油轮，拥有集装箱船、汽车搬运船、LPG 船等各种船的制造实绩。此外，名村造船所株式会社还设计、制造、架设桥梁和各种铁结构物。

名村造船所株式会社建造军舰主要是由 2014 年合并的子公司佐世保重工业株式会社建造，二战前名称为佐世保造船公司（SSK），建造了数量较多的巡洋舰、驱逐舰、潜水艇等。二战以后，其借用了 2/3 的军械库设备并重新启动。后来，场地和设施被卖掉了。其余的则由海上自卫队和美国海军控制。佐世保造船公司后来更名为

---

① 株式会社名村造船所会社概要［EB/OL］.［2023-07-03］. https：//www.namura.co.jp/ja/company/outline.html.

佐世保重工业株式会社，制造和维修民用船舶，建造和维护海上自卫队的船舰，以及维修美国海军舰船。

作为集团造船公司，名村造船所株式会社拥有函馆、佐世保重工业（2014年9月被名村造船株式会社合并，成为其旗下的子公司）。2011年名村造船所株式会社迎来了创业100周年。其主要子公司包括：函馆道胜有限公司、佐世保重工业株式会社、那瓦三洋有限公司（Nawa Sangyo Co.，Ltd.）、玄海科技有限公司、名村信息系统有限公司、名村海运有限公司、名村工程有限公司、越南有限公司公司、晨达达鲁斯导航有限公司、伊万里钢铁中心有限公司、泰国海船厂工程有限公司（Unithai Shipyard&Engineering ltd）。

二、名村造船所株式会社的事业

名村造船所株式会社总公司位于大阪。

船舶海洋事业部。船舶海洋事业部主要负责制造船舶，可以说是名村造船厂的核心事业部。它主要建造从3万吨到30万吨的船舶，包括"巴拿马克斯·批量""大尺寸·批量""阿克拉麦克斯·油轮""WOZMAX（大型矿石运输船）""VLCC（超大型油轮）"等大吨位货轮，大型油轮，大型天然气气体运输船。

铁构事业部。铁构事业部主要负责以钢铁为素材的基础设施建设。以造船技术和铁为素材，为社会做出巨大贡献的是钢铁事业。铁构事业部主要是将桥梁和沿岸设施等铁构造物商品化，其技术力得到公认。

三、名村造船所株式会社的产品

建造船舶：

佐世保重工业株式会社，二战前建造了很多巡洋舰、驱逐舰、炮艇等军舰，二战以后，以制造和维修民用船为主，也建造和维护海上自卫队的船舰，以及维护和修理美国海军舰船。

模拟电子软件系统产品：

VISION（用于造船创新的虚拟集成系统）是一种模拟从造船到建造所有事务的软件，由 Namura Shipbuilding 在东京大学的支持下开发。

名村造船所株式会社使用船舶的三维模型，开始检查船体形状，检查隔舱和结构布置，检查建造的区域划分和建造程序，模拟组装过程，并估算各种体量。VISION 有效地获取了建造船舶所需的各种信息。

四、名村造船所株式会社的研发体制

名村造船所株式会社的研发机构以设计本部为核心，下设有五大机构，包括技术开发中心、基本设计部、船体设计部、舾装设计部、名村工程公司。除此以外，还有制造本部，包括船体制造部、舾装制造部等。

第二十八节　日本冲电气工业株式会社的研发体制

一、冲电气工业株式会社概况

冲电气工业株式会社（沖電気工業株式会社/おきでんきこうぎょう；Oki Electric Industry Co., Ltd., OKI），主要制造电子通信设备、现金自动存取机（ATM）、网络设备等信息机器，信息通信、机械系统、EMS、打印机等各个领域的制造、销售以及相关系统的构筑、解决方案的提供、工程维护、其他服务等。冲电气工业株式会社通称"OKI""冲电气"（以下简称OKI）。东京证券交易所一部分上市，属于芙蓉集团。冲电气工业株式会社主要业务包括网络系统事业部门：交换机、传输系统、光通信产品、智能化配线器等，IP-PBX、IP电话、IP语音网关等VoIP设备，CTI（计算机电话集成）、CRM（客户关系管理）等，图像传输/电视会议系统、MPEG2、MPEG4。系统解决方案事业部门：银行系统、自动取款机ATM等设备，E-Commerce，航空/交通控制系统，OLTP（联机事物处理）等系统。截止到2023年3月31日，OKI员工人数：4740人，集团公司总人数：14，452人。①

作为日本最初的通信机器制造厂，自明治十四年（1881年）创

---

① 冲電気工業株式会社会社概要 ［EB/OL］．［2023－07－03］. https：//www.oki.com/jp/profile/info/.

业以来，拥有 130 多年的历史。由于长年制造电话交换机的经历，OKI 被称为"电家族"企业，与日本电信电话株式会社、NTT 集团的关系很亲近。近年来，企业口号为"Open Up Your Dream"（打开你的梦想）。OKI 以实现广泛的社会存在和为"安全、安心、富裕的社会"做出贡献为目标，将事业领域扩大到互联网、安全、软件、服务等信息与通信相融合的新领域。

二、冲电气工业株式会社的事业

（一）冲电气实力雄厚

OKI 多年来一直在运输、金融、分销、防灾和制造等关键业务领域提供解决方案，并积累了大量的专业领域知识。此外，在这些领域中，OKI 提供许多支持实时数字联系区域中社会基础设施的边缘终端，如 ET、ATM、各种业务系统，短距离无线、应用声音、光和视频的传感系统。

OKI 的重点业务、边缘产品、尖端技术，主要包括以下 9 个方面①：（1）三维形状识别技术；（2）AI 对话技术；（3）基于振动分析的故障预测技术；（4）车辆检测技术；（5）深度学习的模型压缩技术；（6）支持移动的传感器网络技术；（7）异常振动检测光纤传感技术；（8）区域收音技术；（9）无服务器媒体传送技术。②

---

① 冲電気工業株式会社先端技術 ［EB/OL］. ［2020-06-24］. https：//www.oki.com/jp/rd/tt/.
② 冲電気工業株式会社先端技術 ［EB/OL］. ［2020-06-24］. https：//www.oki.com/jp/rd/tt/.

1. 三维形状识别技术

OKI 正在研究开发以固定设置土木、建设现场作业监视和道路交通基础设施传感器为前提的 3D 激光传感器信号处理技术。通常，如果把 3D 激光传感器放在物体上，激光照射不到物体背面的形状，信息就会丢失。而且，因为建筑机械（建机）和人等根据动作形状会变形，所以，从 3D 激光传感器得到的点群信息会时刻发生变化。因此，OKI 正在研究开发解决这些问题的三维物体检测技术和三维识别技术。

2. AI 对话技术

随着支持和咨询窗口等的自动化，OKI 瞄准了应用于人和机器接口的技术开发。

使用拉达环手法①的 OKI 的 AI 对话技术有以下特征。

①通过对话控制功能，可以进行深度挖掘。换言之，摘要、提供信息的咨询性系统发言。

②通过意图解析功能，根据上下文理解用户发话的意图，在意思层面解释发话内容。

③不需要对每个对话进行系统变更，将对话的域知识全部记述到宣言性、记述为多维启动②的知识数据中即可。

④积累对话中获得的用户信息，在对话中参考该信息，并通过

---

① 拉达环手法是指在和对方的对话中，通过反复慢深入的提问，来引出对方的需求和价值观的手法。

② 多维启动控制是指根据对话中积累的用户信息，将 OKI 独自扩展的启动（记述了语言所表示的概念的定义和概念的关系的网络上的知识数据），一般只能在表现静态知识的地方进行对话，可以表现动态变化的知识。

推论功能扩展用户信息。

⑤通过文档生成功能，以对话中获得的用户信息为基础，生成文章，并在对话中引用。

⑥通过意图解析功能分析外部检索对象数据的意图，在对话中得到的信息和意义层面进行匹配。

根据这些特征，即使在使用者想知道事情不明确的情况下，或者无法很好地传达的情况下，系统也会像从使用者那里听到的那样，推进对话，使用者自然就能找到想要知道的信息。

3. 基于振动分析的故障预测技术

OKI 公司开发了一种 AI 技术，该 AI 技术能够根据机器动作时产生的振动，自动检测从正常动作到异常动作的变化，作为预防维护机器故障的预兆检测。以能实时自动检测到至今为止没有注意到的异常为目标，与公司内外的合作伙伴共同创造，以独一无二的技术为目标，进行实证评价。

OKI 的振动分析技术采用了结合"非负值矩阵因子分解"和"机械学习"的独特分析算法。这个方式有两个特征。首先，一般的异常检测方式，包括不怎么被处理的故障初期容易发生的小部件振动异常（高频带）在内，也能轻量、高速检测。其次，没有必要事先进行频带特定作业。根据这些特征，可以在现场自动化之前，在使用设备发生故障之前进行维护，这是通常只有老手才能注意到的异常检测、预测。这项技术有望应用于各种各样的机器。

4. 车辆检测技术

随着 IoT 社会的到来，网络摄像机的普及正在急速推进，伴随着影像拍摄元件的高精细化，流入网络的数据量预计会急剧增加。为了高度有效地利用各个相机的高清晰度图像，不需要将所有数据都用云处理，而需要在网络的末端（边缘）适当地处理并收集信息。因此，OKI 将至今为止培养出的用于组装的图像识别技术和先进的深度训练技术相融合，对于在路上广泛拍摄的高精细图像（4k/8k 尺寸），通过环境耐性高、高速轻量的运算来检测车辆和人物，目前正在推进这种 AI 边缘计算技术的开发。

在 OKI 公司，作为独立技术，开发了将输入图像的频率解析结果和亮度信息重叠在一起的"频率重叠深度学习"。由此，即使在雨雪等恶劣天气条件下，也能实现高精度且运算轻量的模型。

将本技术应用于车辆识别处理后，在各种天气下的识别精度从 98.0% 提高到 99.8%，同时，将处理速度提高 16 倍，存储器尺寸减少到 1/10（对于 OKI 保有数据的性能评价结果）。该技术还可以应用于物体检测处理，可以提高车辆和人物检测的性能。

三、冲电气工业株式会社的军工产品

防卫系统。

冲电气还为日本海上自卫队提供了水下声呐系统和声呐浮标，在 2014 年的国防部采购合同中排名第 15 。

潜水艇声呐系统。

无线电声呐浮标，水声浮标，声呐浮标。

军用野外通信系统。

四、冲电气工业株式会社的研发体制

（一）冲电气工业株式会社的研发基本方针

通过最尖端技术的开发以事业价值提高为目标。OKI 作为研究开发的重要课题之一，以实现"安全舒适的社会"为目标，积极推进尖端技术的开发。以实现"安全舒适的社会"为目标的重要技术领域为"传感""智能网络""数据挖掘"，再加上 OKI 传统强大的媒体处理技术和光学宽带技术，推进与 OKI 系统构筑力的高度融合。

为了实现 OKI 的目标——"安全舒适的社会"而进行研究开发，通过有机地结合"传感""智能网络""数据挖掘"领域的各种技术，形成了"安全舒适社会"的 IT 基础。

（二）冲电气研究开发中心介绍

研究开发中心作为 OKI 集团的研究开发部门，为了实现客户的"数字革命"，以"连接的社会、连接的生活、连接的东西制作"的视点，把现实和数字接点领域作为优势，正在以 IoT×AI 为基础的新融合技术中，长期捕捉和研究开发。

OKI 技术的目标是于 2025 年左右实现"连接社会"的"智能感测"技术。

OKI 在 IoT 所需要的三个要素的传感、网络、数据分析方面有着优势。OKI 在提高各自技术的同时，有机地结合在一起，能够实时地分析迄今为止无法捕捉到的现场深层信息，实现联系在一起的社会。

通过将 AR/VR 技术和数据分析技术结合在这样灵活、高品质的

生产技术上，以实现能够实时满足各种要求的变种变量制造技术为目标。

　　例如，通过活用 AR 技术，在组装零件上重叠显示组装作业指示，以提高对少量批量、不断变化产品的工作效率为目标。另外，通过灵活运用 VR 技术，熟练技术人员，从远处发出维修工作的指示，即使是初学者也能和熟练的作业人员进行同等程度的维护工作。

第三章 大事记：日本防卫科研机构研发大事记

第一节 2017 年

8 月

2017 年 8 月，日本防卫装备厅通过"安全保障技术研究推进制度"批准的 14 项军事基础技术研究项目、6 项大型研究项目，其中的第 1 项：对高超音速燃烧特性和气流特性认识的基础研究。研究课题名：高超音速飞行的流体和燃烧基础研究。该研究旨在通过风洞试验、飞行试验和计算机分析等方法，基于从地面设备上获取的数据，研究高超音速的燃烧现象和空气动力加热的估算技术，以提高高超音速飞行技术水平。研究代表机构：JAXA。研究分包机构：2 所大学。

2017 年 8 月，三菱重工业公司中标防卫装备厅招标项目。领域：

复合黏结剂结构中黏结界面状态与黏结强度的基础研究。研究课题名：提高复合材料结构黏结可靠性技术研究。该研究旨在通过评估分子键的化学状态、电子状态观测，以及界面化学状态的黏结强度，了解碳纤维复合材料的粘接机理。通过系统地掌握工艺因素的影响，并评估新的表面改性方法，提升粘接强度。研究代表机构：三菱重工。研究分包机构：1个公共研究机关。

2017年8月，IHI公司中标日本防卫装备厅招标项目。领域：高温耐热材料的超常规耐热性基础研究。研究课题名：用于无冷却装置涡轮系统的新材料技术研究。该研究旨在将钼合金和镍合金材料应用到航空发动机，以使发动机涡轮系统无须冷却装置，并验证可行性。研究代表机构：IHI。研究分包机构：1个公共研究机构。

第二节　2018年

4月

2019年4月5日，日本防卫省防卫研究所发布《2019年东亚战略概观》报告（日文版），这是1997年以来日本防卫研究所连续发布的第23份年度战略研究报告。该报告主要取材于2018年1月至2018年12月，日本及其周边国家的安全与军事动向素材，由对影响日本安全保障的周边各国动向进行定向研究的地区章和在东亚安全保障相关时局的专题章构成。该报告对影响日本安全保障的周边各国的动向进行了分析，描述了东亚日益严峻的战略环境和日本的回应，并对与东亚安全保障相关的专题开展了研究。报告分七章，分别介绍了应对大国间竞争的美国唐纳德·特朗普政权相关动向、朝鲜半岛"无核化"的动向、中国新时期的体制与政策、澳大利亚和印度视角的"印度—太平洋"概念、东南亚对外关系调整、普京的第四个总统任期内的相关举措、日本新版防卫计划的基本原则等。

2018 年 4 月 11 日，人民网曾报道，日本东京大学及日本海洋研究开发机构（海洋研究开発機構，JAMSTEC ジャムステック）等组成的研究小组发现，在位于日本最东端的岛屿——小笠原诸岛南鸟岛周边的专属经济区海域蕴藏着大量的稀土资源，可供全球使用几百年。这项研究成果发布在 2017 年 4 月 10 日的英国科学期刊 *Scientific Reports* 电子版上。日本政府计划最早于 2020 年开始联合日本海洋研究开发机构等，利用自主式无人潜艇（AUV）调查位于小笠原诸岛南鸟岛的深海之中的稀土储量。

2018 年 4 月 20 日，据日经中文网报道，调查使用的自主式无人潜艇由美国伍兹霍尔海洋研究所开发，包括附属品在内，购买金额约为 10 亿日元（约合人民币 6500 万）。潜艇将在南鸟岛的日本专属经济区内的 6000 米深海向海底发射超声波，测量包含高浓度稀土的"稀土泥"的分布和厚度等。此前，日本利用海上的船舶在各特定地点采集地层样品，难以了解稀土地层在多大程度上相连，以及地层的面积和深度。如果利用自主式无人潜艇，可连续大范围调查深海海底，准确掌握储量。如果此次调查取得成功，为了在更大范围内展开调查，日本政府将讨论同时使用 10 艘自主式无人潜艇。日本还计划在深海海底设置用于充电和数据传输的终端，稳定推进开采深海 6000 米处的稀土泥的技术开发。日本利用日本海洋研究开发机构拥有的科学调查船"地球号"，预计在各个地点重复将重量接近 1500 吨的管道放至海底吸取稀土泥。

8 月

2018 年 8 月，日本宇宙航空研究开发机构（JAXA）再次中标日本防卫装备厅招标项目，题目是：述旋转爆震波的详细物理机制。该研究通过将燃烧室可视化和利用数值模拟，阐明爆震波的物理机制和旋转爆震波稳定持续的条件。项目主持人是 JAXA 丹野英幸。另有一所大学合作。另一个中标项目是：自动检测噪声图像中，低亮度高速运动物体技术。该研究研发在太空碎片监测和近地天文观测中，通过叠加大量图像数据，去除背景物体算法和应用图像处理技术等，高速检测低于噪声水平的运动物体。项目主持人为 JAXA 柳泽俊史。

2018 年 8 月，日本海洋研究开发机构中标防卫装备厅招标项目，课题是：基于时间反转技术的长距离、多输入、多输出的无线通信技术。该研究通过时间反转技术补偿多个水下传播路径、多输入及多输出通信中的延迟效应，通过频率复用来提高通信容量，建立高速、长距离水中通信方法，并在海上进行演示试验。海洋研究开发机构项目主持人是志村拓也。

2018 年 8 月，三菱重工公司再次中标防卫装备厅招标项目，题目是：人与人工智能合作处理问题基础研究。该研究开展建立人与人工智能组之间双边协议的基础研究，有效解决复杂任务。项目主持人为三菱重工松波夏树。

2018 年 8 月，三菱电机工程公司中标日本防卫装备厅招标项目，题目是：石墨烯等二维原子薄膜光电探测器的基础研究。该研究旨在实现高性能光检测元件，通过使用石墨烯的高灵敏度响应检测方法研究光照射在基板材料上引起的电压变化，将创建粒子并验证该方法。项目主持人是三菱电机公司的佐竹彻也。另有 1 所大学合作。

11 月

2018 年 11 月，作为日本战斗机雷达的专家，三菱电机公司可能与防卫装备厅合作开展传感器项目。考虑到展出的雷达明显适合安装在 F-2 战斗机上，该模型有可能像日本为未来战斗机准备的其他设备一样，是一个技术验证机。未来还会有一个为新飞机研制的完整的传感器后续项目。从展示的雷达和模型上只能获取少量信息。该天线宽度约为 74 厘米，根据附着在后面的管路可知，它采用液体冷却。

2018 年 11 月 24 日，中国经营网报道，日本电子企业东芝正在想方设法摆脱危机。距离 2018 年 3 月底的退市期限仅剩不到半年时间，2018 年 11 月 14 日东芝宣布完将旗下电视业务转让给中国海信集团之后，在 2018 年 11 月 19 日再次宣布，将通过发行新股的方式筹集 6000 亿日元资金，以避免公司股票退市。2018 年 3 月，东芝旗下核电子公司美国西屋电气的破产将这家百年老店几乎推向绝境。财报显示，东芝 2016 财年（截至 2017 年 3 月 31 日）净亏损高达

9657 亿日元，约合 88 亿美元，创下日本制造企业史上最大全年亏损，而这已是东芝连续第 3 年亏损。押注核电业务失败，东芝不得不频繁变卖资产，断臂求生。危机尚未解除，背后是以东芝为代表的日本电子制造企业集体"塌陷"。

2018 年 11 月 28 日至 11 月 30 日，在东京举办的日本国际航空航天展上，日本防卫装备厅展出新型雷达装备。真实天线被描述为高功率 AESE，而雷达模型作为一种先进的综合传感器系统进行展示。防卫装备厅的一名官员称，该雷达正在作为未来战斗机计划的一部分开展研制，但无详细信息透露。这个天线被安放在一辆地面测试小车上，其形状和大小与三菱重工 F-2 的 J/APG-2 相似。

第三节　2019 年

4 月

2019 年 4 月，日本宣布参与美国主导的绕月轨道基地"门户"（Gateway）。为实施物资补给，日本正在开发下一代主力火箭"H3"。报道称，随着各国的探月竞争日趋激烈，为彰显存在感，日本希望确立更为简便且尽快运送探测器的独有手段。据介绍，"埃普西隆"火箭的第三级上面将安装被称为"Kick Stage"的第四级，还将装载容纳超小型探测器的运输用探测器。在被发射至绕地轨道后，它能通过"Kick Stage"进一步提升高度，并利用运输用探测器轨道，调整瞄准月球。目前，日本 JAXA 正考虑 2021 年利用 H2A 火箭发射月面探测器"SLIM"（月球研究智慧着陆），它是一种小型无人月球着陆验证器，用于验证高精度着陆技术，同时还能容纳 2 台重 50 千克左右的超小型探测器。

11 月

2019 年 11 月 18 日至 11 月 20 日，在日本千叶市幕张国际会展中心举办了防务与安全设备国际博览会（以下简称武器博览会）。日本防卫装备厅公布了一种正在研制的新型"高速滑空弹"飞行器。新型"高速滑空弹"设计了可以用 5 倍音速以上的超音速进行飞行，是一种具备超高音速速度的飞行装置。根据《每日新闻》报道，日本防卫装备厅向媒体表示"高速滑空弹"等相关项目正在有序进行，预计在 2026 年以前让初期装备型高超音速武器服役，并希望在 2028 年时，让功能升级型武器服役。

2019 年 11 月 18 日，"2019 防务与安全设备国际博览会"（DSEI JAPAN 2019）在日本千叶市幕张会展中心举办，日本三菱重工业公司在博览会上展示了一台 8×8 装甲运兵车样车。这台 8 米长、2.8 米宽的样车将被当作"三菱装甲车"的设计基础。"三菱装甲车"将与芬兰帕特里亚公司的 AMV 装甲车以及美国通用动力陆地系统公司的"轻型装甲车 6.0"展开竞争，胜者最终将代替日本陆上自卫队目前使用的 96 式 8×8 装甲运兵车。这款战车已经完成数字设计阶段。新战车将使用紧凑型 3000 匹马力发动机和四循环水冷系统。

2019 年 11 月，日本海上自卫队订购的新型 3900 吨级多用途护卫舰公开了更多信息。三菱重工业公司预计将建造海上自卫队订购的 8 艘护卫舰中的 6 艘。三菱重工代表在博览会上表示，新级别护卫舰长 132.5 米、宽 16 米，标准排水量 3900 吨。报道称，新型护卫舰将使用"柴—燃联合"推进系统，最高航速预计达到 30 节。其武器装备包括一门 127 毫米口径舰炮、垂直导弹发射单元（VLS）、舰载型 03 式防空导弹、反舰导弹以及"海拉姆"近防导弹系统。除了能携带舰载直升机，该舰还能搭载无人水上、水下载具。

2019 年 11 月媒体报道，东芝公司联合东京医科大学和国立癌症研究中心，发明了只用一滴血就可以在两个小时之内检测出 13 种癌症的技术和仪器，准确度可高达 99%，价格控制在约 1300 元。目前的癌症诊断，主要采用的方法还是活体组织检查，要从病人身上取下一部分病变的组织或细胞。

12 月

2019 年 12 月，日本电视台在报道日本首次举办的"防务与安全设备国际博览会"（DESI）时，展示了日本防卫装备厅正在研制的"高速滑空弹"飞行器。这种飞行器实际上是一种高超音速飞行装置，采用与俄罗斯"先锋"导弹类似的助推滑翔飞行模式，可以以 5 倍音速以上的速度飞行。在公开的动画中演示了日本"高速滑空弹"从发射到弹箭分离，然后进行滑翔飞行，再到准确命中水面航母的模拟过程。虽然日本目前还只是在进行滑翔飞行器的研究，但从演示动画中来看，其最终目的还是要实现高超音速飞行器的武器化，计划将其用于打击大型水面舰船。

第四节 2020 年

1 月

2020 年 1 月 30 日，防卫研究所发行的新版《中国安全战略报告》，是由防卫研究所的所属研究人员以中国军事及安全战略为对象，分析中长期来看应予关注的事态，并向内外广泛提供的文本。《中国安全战略报告 2020》为报告出版以来的第 10 期，它以"走向欧亚大陆的中国"为副标题，分析了中国欧亚战略的内容及特征，并在此基础上，对中国的政策在中亚地区正如何开展，以及正如何影响地区能源交易进行了分析。

2 月

2020 年 2 月，防卫省已明确表示，将从 2020 年开始，首次通过夺旗赛（CTF）形式，从全国范围内招募网络安全人才。CTF 竞赛属于实践类考试，与笔试等资格考试不同。防卫省计划将招募到的优秀人才录用为防卫省职员，或网络安全顾问。防卫省 2020 年度预算概要已为此编列 400 万日元。同时，防卫省首次面向陆海空自卫队实施"网络共通培训"，帮助受训人员掌握共通知识和技能，进而提高一体化作战能力。此前，防卫省的网络防御培训，基本是在 3 个自卫队分散实施。

2020 年 2 月 19 日，日本宇宙航空研究开发机构（JAXA）正式宣布，探测火星的航天器 MMX 进入开发阶段，该阶段主要展开任务硬件构建和软件开发。其在收集太空岩石样本方面有着丰富的经验，比如，它的"隼鸟 2 号"小行星任务。它希望通过其火星卫星探测（MMX）项目，将自己在该领域的专业知识转向火星卫星 Phobos。这项雄心勃勃的任务将派遣一艘宇宙飞船访问火星的两颗卫星——Phobos（火卫一）和 Deimos（火卫二）。JAXA 选择了 Phobos 作为登陆站点。MMX 将耗费数个小时在火卫一表面着陆，然后打开取芯器从火卫一表面收集材料带回地球。这将成为人类首次尝试将航天器降落在火星卫星上的任务。

3 月

2020 年 3 月 6 日，日本防卫相河野太郎在记者会上指出了研究开发的重要性，"就像常说的游戏改变者那样，由于全新的技术，防卫思想正在动态地变化，日本也必须进行必要的技术开发"。日本防卫省研究开发费最近几年一直维持在 1200 亿~1400 亿日元水平。在 2020 年度预算案中，研发预算同比增长 12%，是日本 2007 年成立防卫省以来最多的一次。增加的经费主要用于研发 AI 和无人机等尖端技术。在 2018 年年底归纳的防卫大纲中，日本把宇宙、网络、电磁波等新领域定为"生死攸关的重要领域"，将重点加强这些领域的相关研发。但目前美国、中国、俄罗斯领先，日本暂时落后。

2020 年 3 月，日经中文网消息称，日本防卫省为提升人工智能（AI）和无人机等尖端技术的水平，开始加强研发。在 2020 年度预算案中列入 1676 亿日元研发费，创历史新高。除了防卫装备厅的研究，还增加了与大学和企业的签约，并推动民间力量参与研发。把民间技术用于防卫装备已成为世界潮流，日本也将深化与民间的合作关系。已经确定资助的项目包括：研发把握人精神状态的 AI、极短时间内输出巨大电力的脉冲电源、搭载到定位卫星上的振荡器等。

2020 年 3 月 16 日和 3 月 19 日，隼鸟 2 号对小行星"龙宫"（Ryugu）的探测活动相关研究成果先后登上 *Nature*、*Science*，JAXA 官网也对其进行了大篇幅报道。隼鸟 2 号由日本宇宙航空研究开发机构研制开发。日本宇宙航空研究开发机构（JAXA）的小行星探测器，吉尼斯纪录认定的"世界首架从小行星带回物质的探测器"隼鸟号（Hayabusa）的后继探测器隼鸟 2 号（Hayabusa 2）传回照片，再次助力人类对地球起源、演化进程的认知。隼鸟 2 号探测器搭载的遥感仪器主要有光学导航相机（ONC，含 1 个远望相机 ONC-T 和两个宽角相机 ONC-W1、ONC-W2）、热红外成像仪（TIR）、近红外光谱仪（NIRS3）、光探测和测距（LIDAR）和 SPICE 内核（用于存档轨道、形态等辅助数据）。

2020 年 3 月 31 日，日本时事新闻网站报道，日本防卫装备厅将在 2020 年 4 月 1 日正式设立管理下一代战斗机的设计和合同事务的专门团队，开始由日本主导的 F-2 战斗机后继机的开发工作。团队以一名军衔为空将补（相当于少将）的"装备开发官（负责下一代战斗机）"为首，由航空自卫官和技术官员约 30 人组成。在今年年底之前，日本将确定下一代战斗机与美英合作方式的最终框架。

5 月

2020 年 5 月 18 日，日本陆上自卫队对外首次公开了新研制的步枪——20 式突击步枪。20 式突击步枪由丰和工业公司制造，其口径和 89 式步枪一样，为 5.56 毫米，使用的仍然是 5.56×45 毫米弹药。其总体的尺寸为：在伸缩枪托打开的情况下，全长 850 毫米左右，伸缩枪托收起的情况下，全长则是 780 毫米左右，比 89 式步枪的 920 毫米长度还要短。这主要是因为 20 式步枪的枪管大大缩短了，其枪管长度为 330 毫米，比 89 式枪管的长度短了 90 毫米。不过 89 式和 20 式的重量却完全一样，空枪重都是 3.5 千克。枪托采用聚合材料制作的可伸缩枪托。该枪采用意大利贝雷塔公司生产的 GLX 160 型 40 毫米枪挂榴弹发射器，还可直接安装在枪下。该榴弹发射器日本防卫省目前只采购了 300 多只。

7 月

日本共同社 2020 年 7 月 17 日报道，7 月 17 日曾任日本首相的安倍晋三在官邸召开国家安全保障会议（NSC），磋商了陆上部署型导弹拦截系统"陆基宙斯盾系统"计划放弃后新的导弹防御方式。官房长官菅义伟在会后的记者会上表示，"我国的防卫绝不能出现空白，将彻底讨论安保战略的方式"。

8 月

2020 年 8 月 13 日，日本共同社报道，美国正在推进发射数百颗小型卫星的计划，并联合日本参与计划。此次发射的卫星群将由靠近地球的同一轨道上安置的多颗小型卫星构成，可协调运作，日本方面为了提高自己的导弹探测和追踪能力，将探讨运用小型人造卫星群"卫星星座"。此次日本和美国共建卫星群，其耗资可能会达到1万亿日元。

12 月

2020 年 12 月 29 日，日本《产经新闻》报道，日本正在研发的一种新型巡航导弹，射程将达到约 2000 千米。日本未来将把陆上自卫队部署的 12 式地对舰导弹射程延伸至 1500 千米的方案也浮出了水面。日本防卫装备厅从 2018 年开始对这种新型反舰导弹进行研究，截止到 2020 年，相关预算共计达到了 105 亿日元。日方计划在 2022 年开发出试制品，并在该年度内进行性能测试。该反舰导弹追求降低被雷达探测到的隐形能力，以及通过复杂的动作防止敌人拦截的高机动性。除地面发射外，还可以从舰船和飞机上发射。由于其射程约为 2000 千米，即使从日本本土发射，中国和朝鲜也进入了其射程之内。

第五节　2021 年

3 月

《防卫生产和技术基础战略》和《防卫技术战略》，提出了国防装备生产研发的基本方针，以及通过技术情报收集、技术培育和技术保护三大循环，突出实现无人化、智能网络化、定向能、现役装备性能提升等重点发展方向；技术发展路线包括《未来战斗机研发愿景》《未来无人机研发愿景》《构建多域综合防卫力量研发愿景》，就某项关键领域技术制定中长期装备研发概念及其实施路线。

4 月

2021 年 4 月，日本防卫省公布，在防卫政策局新设"经济安全保障情报企划官"，负责有军用潜力尖端技术的情报收集和保护，严防日本技术情报泄露。防卫省还计划 2022 年在防卫装备技术厅设置"技术政策总括官"，强化国防科技政策管理，加强对战略产业链的保护。

7 月

2021 年 7 月 7 日，俄罗斯卫星通信社东京电，据日本 NHK 电视台报道，日本新网络安全战略草案首次包含指向来自中国和俄罗斯的可能"威胁"。其中称"有迹象表明，中国正在进行网络攻击，以窃取军工企业和高科技公司的信息，而俄罗斯则是为了达到军事和政治目的"。日本内阁网络安全会议已审议了该草案。日本内阁官房长官加藤胜信在会议上表示："有必要强化私营企业的安全措施，一旦发生网络攻击，国家应迅速利用一切可采取的政策措施和手段。"根据计划，政府将于 9 月通过网络安全计划。

12 月

2021 年 12 月 25 日,《东京新闻》报道, 日本内阁敲定高达 5.4
万亿日元（约 470 亿美元）的 2022 年防卫预算。其中, 将拨款 4.45
亿美元购买 4 架 F-35B 战斗机。这是日本正式采购舰载隐身战斗机。
日本内阁还批准 5300 万美元升级"出云"号直升机母舰, 让其成为
真正意义上的航母, 做好运行 F-35B 的准备。此外, 日本还将拨款
3.43 亿美元用于开发增程型 12 式反舰导弹项目。

第六节　2022 年

5 月

2022 年 5 月 24 日, 澎湃新闻报道, 围绕替代日本航空自卫队
F-2 战机后续机型的下一代战机 F-3, 英国航空和防务巨头——BAE
系统公司拟参与机体主要零部件的开发, 该型战机实际上将成为日
英共同研发的产品。

8 月

2022 年 8 月 21 日, 日本《读卖新闻》报道, 日本政府正考虑列
装 1000 枚以上的巡航导弹, 并以西南诸岛到九州为中心进行部署。
这 1000 余枚巡航导弹将由日本陆上自卫队现有的 12 式岸基反舰导

弹改进而来。改进后，导弹射程将从 100 千米扩大至 1000 千米，射程覆盖朝鲜和中国东部沿海地区。日本还计划在该导弹基础上发展出可从水面舰艇和战斗机上发射的导弹。此外，改进后的岸基导弹部署时间将比原计划提前两年，最快将于 2024 年部署。

9 月

2022 年 9 月 14 日，《日本经济新闻》报道，为了自卫队的活动，制造飞机、舰船等防卫装备、零件、弹药的防卫产业是不可缺少的。因为每一家公司在防卫中所占的销售额比率低至 4% 左右，所以防卫产业没有能够成为主要事业。由于利润率低，防卫事业相继衰退。日本国内防卫产业的特征是从三菱重工业等大企业到分包企业，范围很广，参与军事装备制造的企业比较零散：制作战斗机的企业共 1100 家，制作坦克的企业共 1300 家，制作护卫舰的企业共 8300 家。151 家防卫相关企业防卫部门的销售额比率为 4% 左右，与美国洛克希德·马丁和英国 BAE 系统等 9 成左右的海外势力相比仍有差距。

10 月

2022 年 10 月 5 日，澎湃新闻报道，日本陆上自卫队正在测试的新一代 8×8 轮式装甲战车首次露面，引起了外界的关注。此次曝光的有两个车型，分别是配备 30 毫米有人炮塔的步兵战车和 120 毫米自行迫击炮，都是日本三菱重工基于旗下的 MAV 轮式平台基础上发展而来的。这也是日本第一种通用型国产 8×8 轮式装甲战车。

11 月

2022 年 11 月 16 日，日本《读卖新闻》网站报道，日本防卫省计划研制最大射程为 3000 千米的高超音速导弹，打算在 21 世纪 30 年代上半叶投入部署。报道称，这种导弹可以 5 倍以上音速沿不规则轨道飞行，因此难以拦截。除"保卫日本领土"外，日本防卫省还考虑将这种导弹用于"反击目的"，"进行自卫时攻击敌方导弹发射场等地点"。报道指出，由于射程达到 3000 千米，日本防卫省称，这种新型导弹具有较强的威慑力。

2022 年 11 月 25 日，俄罗斯卫星通信社东京电，日本《每日新闻》援引消息人士的话报道称，日本政府正研究开发射程达 3000 千米导弹，拟分阶段将其部署在包括北海道在内的全国各地。

12 月

2022 年 12 月 16 日，日本政府在修订的新版《国家安全保障战略》等安保三文件中规定，"军工产业就是防卫力本身"，要从政策帮扶、资金援助、推动武器装备出口等方面支持军工产业发展。

2022 年 12 月，《朝日新闻》报道，日本防卫产业的市场规模约 3 万亿日元。被称为"黄金企业"大型企业下有成千上万的分包企业。防卫产业的业界团体日本防卫装备工业会的正式会员企业到 2022 年 6 月为止是 130 家。自该会 1988 年成立以来，担任会长的公司有 7 家。3 次担任的是三菱重工、三菱电机、川崎重工、IHI 4 家公司，两次担任的是 NEC、东芝、日本制钢所 3 家公司。这 7 家公司可以说是防卫产业界的巨头。

第七节　2023 年

1 月

根据日本媒体 1 月 30 日报道，日本防卫相滨田靖一宣布，防卫省将采用新的利润率计算方法，以确保军工企业获得最高 10% 的利润率。同时，日本财政部门将把采购成本浮动率上调至 5%。这些措施使得日本军工企业完成防卫省订单的利润率最高可达 15%。该政策将于 2023 年 4 月施行。

2 月

2023 年 2 月 3 日，日本自民党防卫部会等召开联席会议，通过了由防卫省制定并将提交国会的《关于加强防卫省采购装备等开发与生产基础的法案》，简称"防卫生产基础强化法案"。2 月 10 日，日本内阁会议通过该法案。4 月 27 日，日本众议院安全保障委员会通过该法案。5 月 9 日，日本众议院全体会议对该法案进行表决通过。该法案从 2023 年 10 月起正式实施。该法案规定，日本政府可以为支持军工产业发展，直接为强化供应链、提高制造工序效率、强化网络安全、事业承继等的军工企业提供补贴，日本政府还可以施行临时"国有化"，由国家出资，接盘收购难以承继的军工企业制造设施，并委托企业管理等。其中，强化供应链是指将依赖进口的零部件转换为国产，以及为了应对禁止出口和海峡封锁等进口中断事态而多储备零部件等情况。可以由政府负担提升制造工序效率和强化供应链的经费，并制定了基本方针以强化装备品研发和生产基础。

4 月

2023 年 4 月初，日本防卫装备厅公布 2022 财年主要研究成果有 3 项。首先，无人潜航器，据介绍这款潜航器采用模块化设计，可以根据不同任务加载不同的组件。该项目是 2018 年立项，样机于 2022 年 12 月交付。日本开发无人潜航器的目的是用于布设和扫除水雷以及水下监视，以确保"在西南岛屿方向的海上和水下优势"。其次，车载激光武器，可打击无人机群。日本防卫装备厅宣称，激光武器研制也取得了阶段性成果。激光武器具有快速、灵活、精确和抗电磁干扰等优异性能，在光电对抗、防空和战略防御中可发挥独特作用。日本官方公布的模拟动画显示，这款激光武器被安装在了移动平台，可对敌方无人机群实施精准打击。2021 财年预算中，日本防卫省拨款 28 亿日元（约合 2100 万美元）用于车载激光系统的研制费用。最后，新型反舰导弹。这是一款新型的反舰导弹，可以从陆地、海洋和空中等多平台发射，具备一定的隐身能力，可以躲过敌方雷达探测。

2023 年 4 月 12 日，美联社报道，日本防卫省于 4 月 11 日宣布已与日本头号防务承包商三菱重工业公司签订价值近 3800 亿日元

（约合 28 亿美元）的合同，以开发并大规模生产最早于 2026 年部署
的远程导弹。这些合同包含三菱重工的 12 式导弹的增强版，以及一
款用于偏远岛屿防御的高超音速弹道导弹。已完成研制的 12 式地对
舰制导导弹和高超音速滑翔导弹的量产将于 2023 年开始。官员们拒绝
提供日本计划部署的导弹数量，但表示预计今后 5 年内产量将逐步
增加。防卫省官员表示，由于日本陆地范围有限，日本计划利用美
国国内的军事基地进行部署前的导弹试射。

5 月

2023 年 5 月 24 日，美国《华尔街日报》报道，日本首相岸田文
雄于 2023 年 5 月 21 日在与乌克兰总统泽连斯基会谈期间承诺，日方
将向乌方提供 100 台自卫队车辆。日方提供的车辆包括由三菱汽车
生产的吉普车，以及可运送弹药等多种物资的履带式运输车等。

6 月

2023 年 6 月 28 日，新华社东京电，由日本执政联盟自民党和公
明党成立的"防卫装备转移三原则"修改工作联合小组于 6 月 21 日
举行非公开会议，"防卫装备转移三原则"敲定的修改方向包括：现
行原则规定只能出于"有利于日本国家安保"目的出口武器，研讨
方案增加"援助被侵略国"目的；现行原则规定日本只能出口"救
援""运输"等 5 种主要是后勤类型的武器，研讨方案将增补"排
雷""训练"等类型，或者直接废除分类，全面解禁含杀伤性武器
在内的武器出口；现行原则严禁将日本与他国联合研发的装备转让

给第三方，研讨方案提出放宽这一禁令。

2023 年 6 月 29 日，《读卖新闻》报道，2023 年 6 月 28 日，日本防卫省公布了《防卫技术指针 2023》，总结了加强防卫能力所需的技术能力。这是首份要求将跨部门技术研发应用于安全政策的综合性指导文件，明确重点推进防卫技术研发领域，大力促进民间投资，并推动防卫省、其他部门和民间企业达成共识，全力挖掘和培育具有军用前景的先进民用技术，充分利用民用高新技术企业等创新主体进行合作和技术交流，构建技术合作基础，能够将人类大脑与机器直接连接的"脑机接口"等尖端技术被提及。《防卫技术指针 2023》列举无人化、网络防御等 12 个领域作为保护国家安全的重要技术领域，并放眼 10 多年后，强调必须努力确保日本将来在上述领域占据技术优势。

参考文献

一、专著

［1］中国社会科学院日本研究所《日本的新技术革命》课题组．日本的新技术革命［M］．长沙：湖南科学技术出版社，1985.

［2］冯昭奎．日本高技术发展问题［M］．北京：学苑出版社，1989.

［3］日本科技创新态势分析报告课题组．日本科技创新态势分析报告［M］．北京：科学出版社，2014.

［4］方爱乡．论日本信息社会的建设与发展［M］．大连：东北财经大学出版社，2009.

［5］中国社会科学院日本研究所《日本学刊》编辑部．中日热点问题研究［M］．北京：中国社会科学出版社，2015.

［6］中国社会科学院日本研究所《日本经济的活力》课题组．日本经济的活力［M］．北京：航空工业出版社，1988.

［7］浙江大学日本文化研究所．日本历史［M］．北京：高等教育出版社，2003.

［8］朱庆华．经济复苏的引擎：日本信息产业研究［M］．北京：

科学技术文献出版社，2001.

　　［9］朱庆华，池建新．日本信息通信政策分析及对中国的启示［M］．北京：科学出版社，2010.

　　二、译著

　　［1］南亮进．日本的经济发展［M］．景文学，夏占友，译．北京：对外贸易教育出版社，1989.

　　［2］青木昌彦，安藤晴彦．模块时代［M］．周国荣，译．上海：上海远东出版社，2003.

　　［3］有泽广巳．日本的崛起：昭和经济央［M］．鲍显铭，等，译．哈尔滨：黑龙江人民出版社，1987.

　　［4］都留重人．日本经济奇迹的终结［M］．马成三，译．北京：商务印书馆，1979.

　　三、期刊

　　［1］杜人淮．日本国防工业发展的寓军于民策略［J］．东北亚经济研究，2020，4（4）．

　　［2］朱启超，王姝．军民融合的日本范式：日本军民两用技术发展策略、经验与启示［J］．日本学刊，2021（S1）．

　　［3］胡冬梅，王建卿，王海涛，等．军民两用技术研究现状及发展思路［J］．科技导报，2018，36（10）．

　　［4］朱启超，王姝．日本"超智能社会"建设构想：内涵、挑战与影响［J］．日本学刊，2018（2）．

　　［5］甘爽．基于军民两用领域高技术产业化现状及趋势［J］．技术与市场，2017，24（3）．

　　［6］赵英．"防卫装备转移三原则"对日本经济政治的影响

[J]. 东北亚学刊，2016（3）.

[7] 冯昭奎. 战后70年日本科技发展的轨迹与特点日本研究所 [J]. 日本学刊，2015（5）.

[8] 冯昭奎. 战后科技革命及其对国际安全的影响 [J]. 国际安全研究，2015，33（4）.

[9] 李莹，徐衍勇，傅虎安. 二战后日本国防工业发展模式的历史变迁及特征 [J]. 军事历史，2013（6）.

[10] 张洁，蔡虹，赵皎卉. 日美军民两用技术政策的演化及启示 [J]. 科技进步与对策，2011，28（23）.

[11] 钱林方，王小绪. 日美军民结合战略对我国国防科技工业实施区域合作的启示 [J]. 国防科技工业，2011（10）.

[12] 倪杨，郑顺奇. 军民两用技术双向转移难点与对策分析 [J]. 生产力研究，2009（2）.

[13] 周文莲，周群英. 试析日本国家创新体系的现状及特点 [J]. 日本研究，2007（3）.

[14] 游光荣，孙霞. 军民两用高技术产业化的现状与发展趋势 [J]. 国防科技，2007（9）.

[15] 冯昭奎. 论新科技革命对国际竞争关系的影响 [J]. 国际展望，2017，9（5）.

[16] 肖凤翔，安培. 日本第四次产业革命架构下的教育结构变革与专业设置特色 [J]. 高教探索，2017（6）.

[17] 李丹琳，马学礼. 日本IT立国战略的推进与成效分析 [J]. 日本问题研究，2017，31（2）.

[18] 薛亮. 日本第五期科学技术基本计划推动实现超智能社会"社会5.0"[J]. 上海人大月刊，2017（2）.

[19] 崔成，蒋钦云. 日本超智能社会5.0：大变革时代的科技

创新战略［J］．中国经贸导刊，2016（36）.

［20］冯昭奎．辩证解析机器人对日本经济的影响［J］．日本学刊，2016（3）.

［21］刘平，陈建勋．日本"国际战略综合特区"及其制度政策创新［J］．现代日本经济，2016（2）.

［22］张季风．日本经济长期低迷原因新探［J］．日本学刊，2015（4）.

［23］金京淑，马学礼．人口老龄化困境中的"安倍经济学"：兼评日本经济增长的前景［J］．现代日本经济，2015（3）.

［24］姜跃春．"安倍经济学"的困境与日本经济前景［J］．国际问题研究，2015（2）.

［25］孙巍，刘阳．日本能源管理分析及对我国的启示［J］．现代日本经济，2015（2）.

［26］冯昭奎．日本正处在"知识价值革命"时代：访日本经济企划厅长官［J］．世界知识，2000（7）.

［27］郭朝蕾，马杰．日本国防科技工业管理体制和运行机制［J］．国防科技工业，2008（1）.

［28］王宏伟．"寓军于民"：日本军工业发展模式［J］．科学决策，2004（5）.

［29］张洲军，许凯锋．日本军事工业及其对战争支援潜力初探［J］．东北亚论坛，2000（1）.

［30］张国，冯华．国外军民融合发展研究综述［J］．党政干部学刊，2018（4）.

［31］范肇臻．日本军工科技军民融合的政府经济资助政策分析与启示［J］．中外企业家，2014（10）.

［32］丁建洋．日本大学共同利用组织制度的历史演进与运行机

理：日本大学协同创新的一项重要制度设计［J］.外国教育研究，2015，42（2）.

　　［33］王广涛．"富国强兵"的遗产：军工技术产业化与战后日本的经济复兴［J］.世界政治研究，2019（1）.

　　［34］林成，邓海潮．美日两国军民融合发展模式及其对我国的启示［J］.军事经济研究，2011，32（5）.

　　［35］李斌，陈洁琼．俄日两国国防科技工业发展模式比较及对中国的启示［J］.经济研究导刊，2013（21）.

　　［36］崔健，陈庭翰．日本主要电子企业生产经营战略性转变分析［J］.现代日本经济，2016（5）.

　　［37］刘兹恒，周佳贵．日本"U-JAPAN"计划和发展现状［J］.大学图书馆学报，2013，31（3）.

　　［38］王喜文．日本：半年间出台四项国家IT战略［J］.信息化建设，2010（10）.

　　［39］朱庆华．日本信息通信政策研究及其对中国的启示（Ⅰ）：日本信息通信政策的变迁［J］.情报科学，2009，27（4）.

　　［40］谭秀英．日本加速推进信息技术国家战略［J］.当代亚太，2003（9）.

　　［41］田中景，王寒菊．IT革命在日本进展迟缓的原因及前景［J］.现代日本经济，2001（1）.

　　［42］刘俊彪．"藏军于民"的日本国防工业发展模式［J］.军事文摘，2020（5）.

　　［43］王广涛．军工利益集团与日本的安全政策：兼论安倍政权下的军工利益诱导政治［J］.世界经济与政治，2017（12）.

　　［44］赵英．"防卫装备转移三原则"对日本经济政治的影响［J］.东北亚学刊，2016（3）.

[45] 程蕴."武器出口三原则"的突破与日本军工产业的海外扩张构想[J].东北亚学刊,2015(2).

[46] 彭玲霞.日本积极推动武器出口与国际合作[J].国防科技工业,2014(7).

[47] 赵强,赵英杰.柔性生产下的日本装备采购体制改革研究[J].中国军转民,2014(7).

[48] 范肇臻.日本军工科技军民融合的政府经济资助政策分析与启示[J].中外企业家,2014(10).

[49] 许鸿.日本科技创新模式和全球化科技合作启示[J].安徽科技,2020(7).

[50] 冯昭奎.世界科技革命与中日科技发展:兼议新冠肺炎疫情下的中日合作[J].亚太安全与海洋研究,2020(3).

[51] 邱华盛,冯昭奎.论明仁天皇在中日外交中的独特作用兼及与中国科学家的交往[J].日本学刊,2019(5).

[52] 冯昭奎.日本半导体产业发展与日美半导体贸易摩擦[J].日本研究,2018(3).

[53] 刘华.三菱重工军工武器产业大揭秘[J].舰船知识,2005(7).

四、电子资源

[1] 防衛研究所の紹介[EB/OL].[2020-02-04].http://www.nids.mod.go.jp/about_us/index.html#outline.

[2] 桥本靖明.防衛研究所·東アジア戦略概観2020[EB/OL].[2020-04-15].http://www.nids.mod.go.jp/publication/east-asian/j2020.html.

[3] 防衛研究所·東アジア戦略概観2020[EB/OL].[2020-

04－15］．http：//www. nids. mod. go. jp/publication/east－asian/j2020. html.

　　［4］桥本靖明．東アジア戦略概観 2020・序章 2019 年の東アジア［EB/OL］．［2020－04－15］．http：//www. nids. mod. go. jp/publica-tion/east－asian/j2020. html.

　　［5］山口信治．中国武漢における新型コロナウィルス感染症危機と人民解放軍［EB/OL］．［2020－04－17］．http：//www. nids. mod. go. jp/publication/east－asian/j2020. html.

　　［6］田中亮佑．英国のインド太平洋への軍事的関与［EB/OL］．［2020－04－17］．http：//www. nids. mod. go. jp/index. html.

　　［7］防衛装備庁の概要［EB/OL］．［2020－02－05］．https：//www. mod. go. jp/atla/soubichou_ gaiyou. html.

　　［8］胡雅芸．日本防卫装备厅安全保障技术研究推进制度简介［EB/OL］．军鹰资讯，2019－12－24.

　　［9］防衛装備庁について・組織［EB/OL］．［2020－02－07］．https：//www. mod. go. jp/atla/soshiki. html.

　　［10］防衛装備庁について・研究開発［EB/OL］．［2020－02－07］．https：//www. mod. go. jp/atla/kenkyuu. html.

　　［11］陸上装備研究所［EB/OL］．［2020－02－07］．https：//www. mod. go. jp/atla/rikusouken. html.

　　［12］航空装備研究所［EB/OL］．［2020－02－07］．https：//www. mod. go. jp/atla/kousouken. html.

　　［13］艦艇装備研究所［EB/OL］．［2020－02－11］．https：//www. mod. go. jp/atla/kansouken. html.

　　［14］電子装備研究所［EB/OL］．［2020－02－11］．https：//www. mod. go. jp/atla/densouken. html.

［15］先進技術推進センター［EB/OL］.［2020-02-12］. ht-tps：//www. mod. go. jp/atla/center. html.

［16］日本防卫研发费创新高，发力 AI 和无人机［EB/OL］. 日经中文网，2020-03-11.

［17］日本大力推进网络安全建设网络空间发展脱离"专守防卫"轨道［EB/OL］. 科技时报网，2020-02-13.

［18］日本高超音速武器研制曝光 演示攻击航母过程［EB/OL］. 环球网，2019-12-09.

［19］日本展示未来战斗机 AESE 雷达［EB/OL］. 中国航空新闻网，2018-12--17.

［20］日本计划用固体燃料火箭发射月球探测器［EB/OL］. 共同社，2020-0413.

［21］粮农组织与日本宇宙航空研究开发机构合作［EB/OL］. 联合国粮食及农业组织网站，2020-01-23.

［22］日本"隼鸟"大闹"龙宫"：890 万年历史的小行星像块状速溶咖啡粉［EB/OL］. 雷锋网，2020-03-23.

［23］在说再见之前 水星探测器 BepiColombo 拍下地球倩影［EB/OL］. 新浪财经网，2020-04-11.

［24］日本 JAXA 宣布火星项目 MMX 将带回火卫一样本［EB/OL］. 环球网，2020-02-21.

［25］日本拟用无人潜艇调查海底稀土，推进深海稀土泥开采技术开发［EB/OL］. 环球网，2019-11-22.

［26］叶小辉. 日本川崎重工发布防务产业战略 涉先进潜艇军机［EB/OL］. 中国新闻网，2013-10-16.

［27］日本川崎重工暂停波音客机部件生产［EB/OL］. 民航资源网，2020-04-17.

［28］日本川崎重工向两家中国合资厂转让液化气船建造技术［EB/OL］.国际船舶网，2019-10-18.

［29］日本川崎重工启动建设氢能项目［EB/OL］.中国石氏新闻网，2019-07-23.

［30］刘秀.日本川崎重工研发P-1电子战飞机［EB/OL］.航空简报，2019-10-22.

［31］2019日本100强企业排行榜前十［EB/OL］.［2019-08-31］.https：//www.phb123.com/qiye/35188.html.

［32］程大树.日本开始研发29SS型下一代潜艇［EB/OL］.搜狐网，2019-07-03.

［33］IHI与通用电气合作开发新一代航空发动机［EB/OL］.环球网，2013-06-19.

［34］日本IHI飞机零件成本降到3D打印水平［EB/OL］.环球网，2014/09/29.

［35］IHI寿力压缩技术（苏州）有限公司第3000台离心压缩机正式下线［EB/OL］.中国压缩机网，2019-03-22.

［36］新技术让钢筋混凝土更"长寿"［EB/OL］.光明网，2020-01-07.

［37］向炎涛.东芝连续三年亏损断臂求生：日本制造业光辉难续？［EB/OL］.中国经营网，2017-12-16.

［38］李爽，李艳霄.日本东芝公司推出新的加密技术［EB/OL］.国防科技信息网，2013-09-09.

［39］科技东芝，用技术和创新智联世界［EB/OL］.东芝在华机构网，2018-04-24.

［40］人工智能便利多日本东芝公司语音识别技术获突破［EB/OL］.中国新闻网，2019-03-14.

［41］1 滴血，2 小时，验 13 种癌症，精度 99%！日本东芝新技术引热议［EB/OL］.搜狐网，2019-11-25.

［42］日本电气 NEC 承建香港—关岛海底光缆系统［EB/OL］.电缆网，2017-01-20.

［43］日本电气株式会社与日挥利用 AI·IoT 展开合作［EB/OL］.中关村在线，2017-02-21.

［44］三菱电机全球集团研究开发·技术［EB/OL］.三菱电机（中国）官方网站，2023-03-21.

［45］三菱电机研究开发成果展示会"黑科技"吸睛［EB/OL］.人民网，2019-02-27.

［46］2019 三菱电机研究开发成果展示会于东京顺利举行［EB/OL］.东方资讯，2019-04-09.

［47］日本宇航研发机构「JAXA」计划打入星座市场，三菱电机为其造技术验证小卫星［EB/OL］.36 氪，2019-12-30.

［48］三菱电机自动化：让制造业革新进阶：访三菱电机株式会社 FA 海外事业部机器营业部部长藤泽正宏［EB/OL］.汽车制造网，2017-06-28.

［49］日本展示未来战斗机 AESE 雷达［EB/OL］.中国航空新闻网，2018-12-17.

［50］三菱电机株式会社开发本部技术总监 杉浦博明：智能的人机界面给用户带来全新体验［EB/OL］.电子信息产业网，2019-10-23.

［51］日本小松公司利用无人机指导智能推土机［EB/OL］.［2015-10-14］.https：//tech.huanqiu.com/article/9CaKrnJQxW5.

［52］过去十年，小松超百台无人驾驶自卸卡车投入全球运行［EB/OL］.［18-03-11］.https：//baijiahao.baidu.com/s？id=159462

3456357914469&wfr=spider&for=pc.

［53］三井造船研发下一代 FPSO 船体平台［EB/OL］．国际船舶网，2015-09-23．

［54］商船三井联手三井造船研发船舶大数据系统［EB/OL］．国际船舶网，2017-06-26．

［55］中国最好船厂来了! 这家新的中日合资船厂将造"世界最好船舶"［EB/OL］．国际船舶网，2019-08-02．

［56］宇宙航空研究開発機構の組織体制［部署、人数］［EB/OL］．［2020-02-15］．http：//www. jaxa. jp/about/org/index_ j. html.

［57］国立研究開発法人 宇宙航空研究開発機構［2020 年 2 月 1 日］［EB/OL］．［2020-02-15］．http：//www. jaxa. jp/about/org/index_ j. html.

［58］JAXAのウイルス感染は標的型メールの疑い、NASA 関連の情報も漏えい［EB/OL］．［2012-01-13］．https：//www. itmedia. co. jp/news/articles/1201/13/news119. html.

［59］コンピュータウイルス感染に関する調査結果について［EB/OL］．［2012-03-27］．http：//www. jaxa. jp/press/2012/03/2012 0327_ security_ j. html.

［60］宇宙機構でPCウイルス感染 ロケットの情報漏洩か［EB/OL］．［2012-11-30］．https：//www. nikkei. com/article/DGX-NASDG30028_ Q2A131C1C
C0000/.

［61］JAXA ウイルス感染原因は震災メール［EB/OL］．［2013-02-20］．http：//www3. nhk. or. jp/news/html/20130220/k10015635651000. html.

［62］JAXAにおけるコンピュータウィルス感染に関する調査

結果について［EB/OL］.［2013－02－19］. http：//www. jaxa. jp/press/2013/02/20130219_ security_ j. html.

［63］きぼう情報流出か JAXA に不正アクセス、国内と中国から接続 運用には支障なし［EB/OL］.［2013－04－23］. http：//sankei. jp. msn. com/affairs/news/130423/crm13042319490015-n1. htm.

［64］JAXA 元職員、研究開発業務の偽装発注で賠償命令［EB/OL］.［2019－01－28］. https：//www. sanspo. com/geino/news/20190128/tro19012817590003-n1. html.

［65］地球環境変化の「現在」を把握し、「将来」を予測するための研究開発を通して国際貢献に繋げる［EB/OL］.［2020-02-17］. https：//www. jamstec. go. jp/rigc/j/.

［66］海洋における物質の循環と資源の成因を理解し、海洋の持続的な利用に繋げる［EB/OL］.［2020-02-17］. https：//www. jamstec. go. jp/mru/j/.

［67］地震や火山活動の実態を解明し、災害の軽減に繋げる［EB/OL］.［2020-02-17］. https：//www. jamstec. go. jp/rimg/j/.

［68］地球システムに隠された未知なる「因果関係」を探る［EB/OL］.［2020-02-17］. https：//www. jamstec. go. jp/vaig/j/.

［69］将来を見据えた「挑戦的・独創的」な研究・技術開発［EB/OL］.［2020-02-17］. https：//www. jamstec. go. jp/xstar/j/.

［70］先端技術が拓く、新たな海洋−地球の姿」な研究・技術開発［EB/OL］.［2020－02－17］. https：//www. jamstec. go. jp/mare3/j/.

［71］観測による海洋環境変動の把握と観測技術開発［EB/OL］.［2020-02-17］. https：//www. jamstec. go. jp/goorc/j/.

［72］海洋大気気候変動研究グループ［EB/OL］.［2020－02－

17］. https：//www. jamstec. go. jp/goorc/j/oac/.

［73］全球海洋環境研究グループ［EB/OL］.［2020-02-19］.
https：//www. jamstec. go. jp/goorc/j/goe/.

［74］海洋物理・化学研究グループ［EB/OL］.［2020-02-19］.
https：//www. jamstec. go. jp/goorc/j/pco/.

［75］海洋データ統合研究グループ［EB/OL］.［2020-02-19］.
https：//www. jamstec. go. jp/goorc/j/ods/.

［76］北極環境変動総合研究センター［IACE］［EB/OL］.
［2020-02-19］. https：//www. jamstec. go. jp/iace/j/.

［77］地球表層システム研究センター［ESS］とは［EB/OL］.
［2020-02-20］. http：//www. jamstec. go. jp/ess/j/about. html。

［78］海洋生態系研究グループ［EB/OL］.［2020-02-20］. ht-
tp：//www. jamstec. go. jp/rcgc/j/.

［79］物質循環・人間圏研究グループ［EB/OL］.［2020-02-20］.
http：//www. jamstec. go. jp/egcr/j/。

［80］開発技術 DEVELOPMENT TECHNOLOGY［EB/OL］.
［2020-02-21］. https：//www. jamstec. go. jp/biogeochem/tec_j.
html.

［81］生命理工学センター［EB/OL］.［2020-02-21］. https：//
www. jamstec. go. jp/cebn/j/research. html.

［82］海底資源センター［EB/OL］.［2020-02-21］. https：//
www. jamstec. go. jp/srrc/j/research. html.

［83］地震発生帯研究センター［EB/OL］.［2020-02-21］. ht-
tps：//www. jamstec. go. jp/sdr/j/.

［84］地震津波予測研究開発センター［EB/OL］.［2020-02-
21］. https：//www. jamstec. go. jp/feat/j/.

［85］火山・地球内部研究センター［EB/OL］．［2020−02−21］．https：//www. jamstec. go. jp/verc/j/.

［86］数理科学・先端技術研究開発センター［MAT］［EB/OL］．［2020−02−21］．https：//www. jamstec. go. jp/mat/j/.

［87］アプリケーションラボ［APL］［EB/OL］．［2020−02−21］．https：//www. jamstec. go. jp/apl/j/.

［88］情報エンジニアリングプログラム［IEP］［EB/OL］．［2020−02−21］．https：//www. jamstec. go. jp/iep/j/.

［89］超先鋭研究プログラム［EB/OL］．［2020−02−21］．https：//www. jamstec. go. jp/sugar/j/.

［90］高知コア研究所とは［EB/OL］.［2020−02−21］.https：//www. jamstec. go. jp/kochi/j/aboutus/index. html.

［91］研究プラットフォーム運用開発部門［EB/OL］．［2020−02−21］．https：//www. jamstec. go. jp/mare3/j/.

［92］「宇宙酵母」、深海で力尽きる1年滞在、水深5500の水圧影響か［EB/OL］．［2020−04−10］．https：//headlines. yahoo. co. jp/hl？a＝20200410−00000090−mai−sctch.

［93］海底の岩、人間の腸内並み微生物　割れ目埋める粘土に生息［EB/OL］.［2020−04−02］．https：//headlines. yahoo. co. jp/hl？a＝20200402−00000186−kyodonews−soci。

［94］深海底で生分解性プラの分解を観察へ「江戸っ子1号」を利用［EB/OL］．［2020−03−11］．https：//headlines. yahoo. co. jp/hl？a＝20200311−00010000−sportal−sctch.

［95］川崎重工業株式会社 会社概要［EB/OL］．［2020−02−22］．https：//www. khi. co. jp/corporate/outline. html。

［96］船舶海洋［EB/OL］．［2020−02−22］．https：//

www. khi. co. jp/mobility/marine/.

［97］铁道车辆［EB/OL］.［2020 - 02 - 22］. https：//
www. khi. co. jp/mobility/rail/.

［98］カンパニー紹介［EB/OL］.［2020 - 02 - 22］. https：//
www. khi. co. jp/corporate/division/.

［99］産業用設備［EB/OL］.［2020 - 02 - 22］. https：//
www. khi. co. jp/industrial_ equipment/.

［100］機器・設備［EB/OL］.［2020 - 02 - 22］. https：//
www. khi. co. jp/energy/.

［101］国内で初めて事業用発電プラントとして天然ガスを燃
料とするデュアル・フューエルエンジン発電設備2基を沖縄電力よ
り受注［EB/OL］.［2020-04-09］. http：//www. khi. co. jp/pressre-
lease/detail/20200409_ 1. html.

［102］三菱重工・会社概要［EB/OL］.［2020 - 02 - 23］.
https：//www. mhi. com/jp/company/aboutmhi/outline/outline. html.

［103］三菱重工［EB/OL］.［2020 - 02 - 23］. https：//www.
mhi. com/jp/company/aboutmhi/introduction/.

［104］三菱重工・研究開発体制［EB/OL］.［2020-02-23］.
https：//www. mhi. com/jp/company/technology/research/structure. ht-
ml.

［105］三菱重工、「総合研究所」新設で分散した体制を統
合…横断的な研究開発体制を構築［EB/OL］.［2020-03-04］. ht-
tps：//response. jp/article/2015/02/09/243843. html.

［106］三菱重工・機構改革［4月1日］［EB/OL］.［2020-
03-04］. https：//www. mhi. com/jp/news/story/20020601. html.

［107］社会ICTソリューション本部［EB/OL］.［2020-03-04］.

https：//www. mri. co. jp/company/info/structure/siu/index. html.

　[108] 原子力発電所の電源設計 [EB/OL]. [2020-03-06]. https：//www. mhi. com/jp/company/technology/research/researcher/ict_ nuclear_ plant_ 1. html.

　[109] 生産スケジュールの最適化技術の開発 [EB/OL]. [2020-03-06]. https：//www. mhi. com/jp/company/technology/research/researcher/ict_ scheduling_ 1. html.

　[110] 次世代 ERP 車載器システムの開発 [EB/OL]. [2020-03-06]. https：//www. mhi. com/jp/company/technology/research/researcher/ict_ erp_ 1. html.

　[111] 三菱重工を支える 社内業務システムの開発 [EB/OL]. [2020-03-06]. https：//www. mhi. com/jp/company/technology/research/researcher/ict_ business_ 1. html.

　[112] 火力プラントの安定運転を支える材料評価・検査技術 [EB/OL]. [2020-03-06]. https：//www. mhi. com/jp/company/technology/research/researcher/materials_ plants_ 1. html.

　[113] 三菱重工・三菱ケミカル株式会社 [EB/OL]. [2020-03-03]. https：//www. m-chemical. co. jp/rd/org. html.

　[114] 三菱重工・次世代の火力発電システムIGCCを支える化学分析技術 [EB/OL]. [2020-03-06]. https：//www. mhi. com/jp/company/technology/research/researcher/chemical_ igcc_ 1. html.

　[115] 三菱重工・三菱航空機株式会社 [EB/OL]. [2020-03-03]. https：//www. mitsubishiaircraft. com/ja/about.

　[116] 三菱重工・プラントの心臓部を支える製造技術の開発 [EB/OL]. [2020-03-06]. https：//www. mhi. com/jp/company/technology/research/researcher/manufacturing_ plants_ 1. html.

［117］三菱重工・複合荷重が負荷す製品の開発を支える構造強度評価技［EB/OL］.［2020－03－06］. https：//www. mhi. com/jp/company/technology/research/researcher/structure_ strength_ 1. html.

［118］三菱重工・プラント振動・騒音の予測・対策技術［EB/OL］.［2020－03－06］. https：//www. mhi. com/jp/company/technology/research/researcher/vibration_ analysis_ 1. html.

［119］三菱重工・大規模振動・音響シミュレーション技術［EB/OL］.［2020－03－06］. https：//www. mhi. com/jp/company/technology/research/researcher/vibration_ simulation_ 1. html.

［120］三菱重工・機構解析技術による製品信頼性向上［EB/OL］.［2020－03－06］. https：//www. mhi. com/jp/company/technology/research/researcher/mechanical_ mechanism_ 1. html.

［121］三菱重工・空調機用小型・高効率スクロール圧縮機の開発［EB/OL］.［2020－03－06］. https：//www. mhi. com/jp/company/technology/research/researcher/mechanical_ element_ 1. html.

［122］三菱重工・省エネルギーを実現する舶用プロペラの設計・研究［EB/OL］.［2020－03－06］. https：//www. mhi. com/jp/company/technology/research/researcher/fluid_ dynamics_ 1. html.

［123］三菱重工・航空機の空力特性解析技術の開発［EB/OL］.［2020－03－06］. https：//www. mhi. com/jp/company/technology/research/researcher/fluid_ dynamics_ aircraft_ 1. html.

［124］三菱重工・ガスタービンの高効率化を支える空力評価技［EB/OL］.［2020－03－06］. https：//www. mhi. com/jp/company/technology/research/researcher/fluid_ turbo_ 1. html.

［125］三菱重工・ガスタービン燃焼器の非定常燃焼現象の計

測・解析技術［EB/OL］.［2020-03-06］. https：//www. mhi. com/jp/company/technology/research/researcher/combustion_ gas_ turbine_ 1. html.

［126］三菱重工・低燃費率、高信頼性ディーゼルエンジン・ガスエンジンの開発［EB/OL］.［2020-03-06］. https：//www. mhi. com/jp/company/technology/research/researcher/combustion_ engine_ 1. html.

［127］三菱重工・排熱回収ボイラ向け高性能フィン付管の開発［EB/OL］.［2020-03-06］. https：//www. mhi. com/jp/company/technology/research/researcher/heat_ transfer_ 1. html.

［128］熱交換器の安全性向上に向けた気液二相流評価技術の開発［EB/OL］.［2020-03-06］. https：//www. mhi. com/jp/company/technology/research/researcher/heat_ two-phase_ flow_ 1. html.

［129］安心安全を実現する航空機耐雷評価技術の開発［EB/OL］.［2020-03-06］. https：//www. mhi. com/jp/company/technology/research/researcher/power_ lightning_ protection_ 1. html.

［130］デザインとは WHO WE ARE? WHAT WE DO［EB/OL］.［2020-03-06］. https：//www. mhi. com/jp/company/technology/research/researcher/design_ 1. html.

［131］深海6500mとはどんな世界なのか? そこへ行ける世界でも稀な「しんかい6500」とはどんな船なのか?［EB/OL］.［2020-04-15］. https：//motor-fan. jp/article/10012475.

［132］IHI・ 会社概要［EB/OL］.［2020-03-07］. https：//www. ihi. co. jp/ihi/company/outline/.

［133］IHI・ グループ技術戦略2019［EB/OL］.［2020-03-

07］. https：//www. ihi. co. jp/ihi/technology/technology_ policy/.

　　［134］ IHI・グループIoT/ICT 戦略 2019 ［EB/OL］. ［2020-03-07］. https：//www. ihi. co. jp/ihi/technology/ict_ policy/.

　　［135］ IHI・LNG 受入基地・貯蔵タンク ［EB/OL］. ［2020-03-07］. https：//www. ihi. co. jp/ihi/products/resources_ energy_ environment/lng_ cryorgenic_ strage/.

　　［136］ IHI・医薬プラン ［EB/OL］. ［2020-03-07］. https：//www. ihi. co. jp/ihi/products/resources_ energy_ environment/pharmaceutical_ plant/.

　　［137］ IHI・原子 ［EB/OL］. ［2020-03-07］. https：//www. ihi. co. jp/ihi/products/resources_ energy_ environment/atom/.

　　［138］ IHI・ガスタービン、ディーゼルエンジン、ガスエンジン ［EB/OL］. ［2020-03-07］. https：//www. ihi. co. jp/ihi/products/resources_ energy_ environment/gas_ turbine/.

　　［139］ IHI・プロセスプラン ［EB/OL］. ［2020-03-07］. https：//www. ihi. co. jp/ihi/products/resources_ energy_ environment/pharmaceutical_ plant_ process_ plant/.

　　［140］ IHI・プラント構成機器 ［EB/OL］. ［2020-03-07］. https：//www. ihi. co. jp/ihi/products/resources_ energy_ environment/equipment_ for_ plants/.

　　［141］ IHI・大型エネルギー貯蔵システム ［EB/OL］. ［2020-03-07］. https：//www. ihi. co. jp/ihi/products/resources_ energy_ environment/energy_ storage_ system/.

　　［142］ IHI・橋梁 ［EB/OL］. ［2020-03-07］. https：//www. ihi. co. jp/ihi/products/infrastructure_ offshore/bridge/.

　　［143］ IHI・コンクリート建材 ［EB/OL］. ［2020-03-07］. ht-

tps：//www. ihi. co. jp/ihi/products/infrastructure_、offshore/concrete_
construction_ materials/.

［144］IHI・海洋構造［EB/OL］.［2020－03－07］. https：//
www. ihi. co. jp/ihi/products/infrastructure_ offshore/marine/.

［145］IHI・セキュリティ［EB/OL］.［2020－03－07］. https：//
www. ihi. co. jp/ihi/products/infrastructure_ offshore/security/.

［146］IHI・水門［EB/OL］.［2020－03－07］. https：//
www. ihi. co. jp/ihi/products/infrastructure_ offshore/gate/.

［147］IHI・シールド［EB/OL］.［2020－03－07］. https：//
www. ihi. co. jp/ihi/products/infrastructure_ offshore/shield/.

［148］IHI・交通システム［EB/OL］.［2020－03－07］. https：//
www. ihi. co. jp/ihi/products/infrastructure_ offshore/transportation_ sys-
tems/.

［149］IHI・都市開発［EB/OL］.［2020－03－08］. https：//
www. ihi. co. jp/ihi/products/infrastructure_ offshore/development/.

［150］IHI・環境計測［EB/OL］.［2020－03－08］. https：//
www. ihi. co. jp/ihi/products/infrastructure_ offshore/environmental/.

［151］IHI・圧縮機［EB/OL］.［2020－03－08］. https：//
www. ihi. co. jp/ihi/products/industrial_ general_ machine/compressor/.

［152］IHI・最先端ターボ機［EB/OL］.［2020－03－08］.
https：//www. ihi. co. jp/ihi/products/industrial_ general_ machine/tur-
bo/.

［153］IHI・車両用過給機［EB/OL］.［2020－03－08］. https：//
www. ihi. co. jp/ihi/products/industrial_ general_ machine/turbocharg-
ers/.

［154］IHI・物流システム［EB/OL］.［2020－03－08］. https：//

www. ihi. co. jp/ihi/products/industrial_ general_ machine/logistics/.

［155］IHI・製鉄用工業炉［EB/OL］.［2020-03-08］. https：//www. ihi. co. jp/ihi/products/industrial_ general_ machine/steel_ manufacturing_ furnaces_ rolling_ mills/.

［156］IHI・ファクトリーソリューション［EB/OL］.［2020-03-08］. https：//www. ihi. co. jp/ihi/products/industrial_ general_ machine/fa_ solution/.

［157］IHI・分離機［EB/OL］.［2020-03-08］. https：//www. ihi. co. jp/ihi/products/industrial_ general_ machine/separator/.

［158］IHI・熱・表面処理［EB/OL］.［2020-03-09］. https：//www. ihi. co. jp/ihi/products/industrial_ general_ machine/heat_ surface_ treatment_ equipment/.

［159］IHI・航空エンジン［EB/OL］.［2020-03-09］. https：//www. ihi. co. jp/ihi/products/aeroengine_ space_ defense/aircraft_ engines/.

［160］IHI・航空管制システム［EB/OL］.［2020-03-09］. https：//www. ihi. co. jp/ihi/products/aeroengine_ space_ defense/air_ traffic_ control_ system/.

［161］IHI・ロケットシステム・宇宙利用［EB/OL］.［2020-03-09］. https：//www. ihi. co. jp/ihi/products/aeroengine_ space_ defense/rocket_ system/.

［162］IHI・R&D TOPICS［EB/OL］.［2020-03-09］. https：//www. ihi. co. jp/ihi/technology/topics/#article1.

［163］IHI・IHI製品を支える技術［EB/OL］.［2020-03-09］. https：//www. ihi. co. jp/ihi/technology/ihi_ technology/#material.

［164］世界初，ジェットエンジン後方に搭載可能なエンジン

内蔵型電動機を開発［EB/OL］.［2020－03－30］. https：//www. ihi. co. jp/ihi/all_ news/2019/aeroengine_ space_ defense/2020－3-30/index. html.

［165］研究開発・技術方針［EB/OL］.［2020－03－07］. https：//www. toshiba. co. jp/tech/vision_ j. htm.

［166］研究開発領域［EB/OL］.［2020－03－12］. https：//www. toshiba. co. jp/tech/rd_ j. htm.

［167］研究開発・技術体制［EB/OL］.［2020－03－07］. https：//www. toshiba. co. jp/tech/vision_ j. htm.

［168］研究開発センター［EB/OL］.［2020－03－12］. https：//www. toshiba. co. jp/rdc/fields/index_ j. htm.

［169］SUBARU［EB/OL］.［2020－03－13］. https：//ja. wikipedia. org/wiki/SUBARU.

［170］株式会社SUBARU 会社概要［EB/OL］.［2020－03－13］. https：//www. subaru. co. jp/outline/profile. html.

［171］株式会社 SUBARU 企業理念とSUBARUのビジョン［EB/OL］.［2020－03－13］. https：//www. subaru. co. jp/outline/vision. html.

［172］SUBARUの自動車事業［EB/OL］.［2020－03－13］. https：//www. subaru. co. jp/outline/business_ car. html.

［173］SUBARUの航空宇宙事業［EB/OL］.［2020－03－13］. https：//www. subaru. co. jp/outline/business_ aero. html.

［174］SUBARU 開発秘話［EB/OL］.［2020－03－14］. https：//www. subaru. co. jp/jinji/careers/story/episode1. html.

［175］SUBARUD－SENDプロジェクト［EB/OL］.［2020－03－14］. https：//recruiting-site. jp/s/subaru-as/1932.

[176] 日本電気 [EB/OL]. [2020-03-14]. https：//ja. wikipedia. org/wiki/% E6% 97% A5% E6% 9C% AC% E9% 9B% BB% E6% B0%97.

[177] 研究所の概念を変えるエコシステム型 R&D [EB/OL]. [2020-03-15]. https：//jpn. nec. com/rd/labs/index. html.

[178] PDFNEC Research Activities [2019 年版] わたしたちが注力する技術領域と明日へ向け社会価値の創造プロセス [EB/OL]. [2020-03-15]. https：//jpn. nec. com/rd/labs/index. html.

[179] 情報を秘匿したままデータ解析ができる 秘密計算技術 [EB/OL]. [2020-03-17]. https：//jpn. nec. com/rd/technologies/ 201805/index. html.

[180] 世界をリードする共通鍵暗号研究：峯松 一彦 [EB/OL]. [2020-03-17]. https：//jpn. nec. com/rd/technologies/201905/index. html.

[181] リアルタイムなIoTの無線通信を実現 適応ネットワーク制御技術 [EB/OL]. [2020-03-17]. https：//jpn. nec. com/rd/ technologies/201903/index. html.

[182] サイバー攻撃リスク自動診断技術 [EB/OL]. [2020-03-17]. https：//jpn. nec. com/rd/technologies/201804/index. html.

[183] 都市部における複数の道路・ビル等の老朽化検査を可能にする衛星レーダを活用した2 次元微小変位解析技術 [EB/OL]. [2020-03-17]. https：//jpn. nec. com/rd/technologies/201802/index. html.

[184] 多種物体認識技術 [EB/OL]. [2020-03-17]. https：// jpn. nec. com/rd/technologies/objectrecognition/index. html。

[185] 世界最高水準の高い精度を実現 認証技術 [EB/OL].

[2020-03-17]. https：//jpn. nec. com/rd/technologies/201902/index. html.

[186] NECプラットフォームズ、来店客のスマホで簡単・便利に給油できるサービスステーション向け新サービスを提供開始 [EB/OL]. [2020-04-15]. https：//jpn. nec. com/press/202004/20200415_01. html.

[187] NEC、Microsoft Azure Stack HCIに対応したHCI専用モデルを製品化 [EB/OL]. [2020-04-16]. https：//www. necplatforms. co. jp/press/202004/20200416_01. html.

[188] NEC、お客さまの情報資産を活かしながらDXを実現するモダナイゼーションのサービスメニューと体制を強化 [EB/OL]. [2020-04-14]. https：//jpn. nec. com/press/202004/20200414_01. html.

[189] NEC、IoTデバイスの真正性を確保するセキュリティサービスを販売 [EB/OL]. [2020-04-08]. https：//jpn. nec. com/press/202004/20200408_01. html.

[190] 三菱電機エンジニアリング株式会社・会社概要 [EB/OL]. [2020-03-18]. http：//www. mee. co. jp/kaisyaan/index. html.

[191] 富士通株式会社プロフィール [EB/OL]. [2020-03-18]. https：//www. fujitsu. com/jp/about/corporate/info/index. html.

[192] 富士通株式会社研究開発 [EB/OL]. [2020-03-20]. https：//www. fujitsu. com/jp/group/labs/about/.

[193] 目指す社会デジタル時代の「信頼」を提供する [EB/OL]. [2020-03-20]. https：//www. fujitsu. com/jp/group/labs/business/.

[194] 富士通株式会社研究開発 Research Field [EB/OL].

[2020-03-18]. https：//www. fujitsu. com/jp/group/labs/.

　　[195] 株式会社日本製鋼所 [EB/OL]. 　[2020-03-21]. https：//www. fujitsu. com/jp/about/corporate/info/index. html.

　　[196] 研究所・技術開発部について [EB/OL]. [2020-03-21]. https：//www. jsw. co. jp/ja/guide/pamplets. html.

　　[197] 株式会社日本製鋼所・製作所について [EB/OL]. [2020-03-21]. https：//www. jsw. co. jp/ja/guide/pamplets. html.

　　[198] 株式会社小松製作所会社概要 [EB/OL]. [2020-03-21]. https：//home. komatsu/jp/company/profile/.

　　[199] イノベーションによる成長戦略 [EB/OL]. [2020-03-21]. https：//home. komatsu/jp/company/tech-innovation/.

　　[200] コマツ [株式会社小松製作所/東証一部上場] の研究開発 [EB/OL]. [2020-03-21]. https：//employment. en-japan. com/desc_ 119650/.

　　[201] \ [リコール情報\] 走行装置 [フロントアクスルシャフト] に関するリコールについて [EB/OL]. [2020-03-31]. https：//home. komatsu/jp/press/2020/others/1205516_ 1611. html.

　　[202] ―業界初、油圧ショベルへ標準装備開始―「KomVision 人検知衝突軽減システム」を国内市場導入 [EB/OL]. [2020-03-30]. https：//home. komatsu/jp/press/2020/product/1205501 _ 1608. html.

　　[203] バッテリー駆動式ミニショベル「PC30E-5」を国内市場に導入開始 [EB/OL]. [2020-03-17]. https：//home. komatsu/jp/press/2020/product/1205404_ 1608. html.

　　[204] 建設現場のデジタルトランスフォーメーション実現を加速-スマートコンストラクション・レトロフィットキットの導入

開始［EB/OL］．［2020-03-10］．https：//home. komatsu/jp/press/2020/management/1205353_ 1606. html.

［205］新明和工業株式会社会社概要［EB/OL］．［2020-03-22］．https：//www. shinmaywa. co. jp/company/outline. html.

［206］トップコミットメント［EB/OL］.［2020-03-22］．https：//www. shinmaywa. co. jp/csr/message. html.

［207］中期経営計画「Change for Growing, 2020」2年目の活動がスタート［EB/OL].［2020-03-22］．https：//www. shinmaywa. co. jp/ir/top_ interview. html.

［208］産機システム事業部［EB/OL].［2020-03-22］．https：//www. shinmaywa. co. jp/csr/report/project/industrial_ machinery. html.

［209］流体事業部［EB/OL].［2020-03-22］．https：//www. shinmaywa. co. jp/csr/report/project/fluid. html。

［210］パーキングシステム事業部［EB/OL].［2020-03-22］．https：//www. shinmaywa. co. jp/csr/report/project/parking. html.

［211］航空機事業部［EB/OL]．［2020-03-22］．https：//www. shinmaywa. co. jp/csr/report/project/aircraft. html.

［212］特装車事業部［EB/OL].［2020-03-22］．https：//www. shinmaywa. co. jp/csr/report/project/truck. html。

［213］Hitz 先端情報技術センター「A. I/TEC［エイアイテック［EB/OL].［2020-03-22］．https：//www. hitachizosen. co. jp/AIT-EC/.

［214］組織図［EB/OL].［2020-11-12］．https：//www. hitachizosen. co. jp/company/organization/.

［215］ジャパンマリンユナイテッド株式会社・技術・研究開

発体制［EB/OL］.［2020 - 03 - 22］. https：//www. jmuc. co. jp/rd/
technology/.

　　［216］ジャパンマリンユナイテッド株式会社・省エネ装置
［EB/OL］.［2020 - 03 - 22］. https：//www. jmuc. co. jp/rd/development/
hydrodynamics/energy-saving/.

　　［217］ジャパンマリンユナイテッド株式会社・氷海技術［EB/
OL］.［2020-03-22］. https：//www. jmuc. co. jp/rd/development/ice/.

　　［218］ジャパンマリンユナイテッド株式会社・構造技術［EB/
OL］.［2020 - 03 - 22］. https：//www. jmuc. co. jp/rd/development/struc-
tural/.

　　［219］ジャパンマリンユナイテッド株式会社・生産技［EB/
OL］.［2020-03-22］. https：//www. jmuc. co. jp/rd/development/pro-
duction/.

　　［220］次世代省エネ型バルクキャリア" FIRST PHOENIX" 引
渡［EB/OL］.［2020-04-15］. https：//www. jmuc. co. jp/press/2020/
first-phoenix. html.

　　［221］JMUマラッカ型 VLCC" 豊弥" 引渡［EB/OL］.［2020-
04-03］. https：//www. jmuc. co. jp/press/2020/Toya. html.

　　［222］次世代省エネ型バルクキャリア" SAKIZAYA STAR" 引
渡［EB/OL］.［2020-03-31］. https：//www. jmuc. co. jp/press/2020/
sakizaya-star. html.

　　［223］住友重機械工業株式会社国内・海外拠点［EB/OL］.
［2020-11-12］. https：//www. shi. co. jp/company/base/index. html.

　　［224］日防卫省御用军火商被爆造价 交付自卫队上万挺劣质枪
械［EB/OL］. 观察者网，2013-12-16.

　　［225］住友重机械营业部介绍［EB/OL］. 住友重机械网站，

2020-06-25.

　［226］住友重機械工業株式会社組織［EB/OL］．［2020-11-12］．https：//www. shi. co. jp/company/organization/index. html.

　［227］豊和工業株式会社会社概要［EB/OL］．［2020-03-24］．http：//www. howa. co. jp/corporate/about. html.

　［228］豊和工業株式会社ごあいさつ［EB/OL］．［2020-03-25］．http：//www. howa. co. jp/corporate/.

　［229］豊和工業株式会社・役員・組織体制［EB/OL］．［2020-03-25］．http：//www. howa. co. jp/corporate/officer. html.

　［230］三井 E&S グループ・グループ概要［EB/OL］.［2020-03-25］．https：//www. mes. co. jp/company/overview. html。

　［231］岡良一：三井 E&S グループ・株主・投資家の皆様へ［EB/OL].［2020-03-25］．https：//www. mes. co. jp/company/overview. html.

　［232］ダイキンについて 会社概要［EB/OL］．［2020-04-03］．https：//www. daikin. co. jp/corporate/overview/summary/data/.

　［233］ダイキン・事業展開［EB/OL］．［2020-04-03］．https：//www. daikin. co. jp/corporate/overview/business/.

　［234］東京計器株式会社［TOKYO KEIKI INC.]［EB/OL］．［2010-04-07］．https：//www. tokyokeiki. jp/company/.

　［235］東京計器株式会社・トップメッセージ［EB/OL］．［2010-04-07］．https：//www. tokyokeiki. jp/ir/guide/message. html.

　［236］2019. 05. 10　中期経営方針及び中期事業計画［EB/OL].［2010-04-07］．https：//www. tokyokeiki. jp/ir/guide/plan. html.

　［237］多血小板血漿［たけっしょうばんけっしょう］［PRP]

の調製キット「Condensia ©」［コンデンシア］を販売開始［EB/OL］.［2020−04−15］. https：//www. kyocera. co. jp/news/2020/0403_kdoe. html。

［238］佐賀大学、京セラが令和 2 年度科学技術分野の文部科学大臣表彰「科学技術賞（開発部門）」を受賞［EB/OL］.［2020−04−14］. https：//www. kyocera. co. jp/news/2020/0402_kdog. html.

［239］「ビーコン対応 GPSトラッカー」の発売について～NTT西日本による、自治体向け児童みまもり新サービスに採用～［EB/OL］.［2020−04−07］. https：//www. kyocera. co. jp/news/2020/0401_fjel. html。

［240］旭化成株式会社［EB/OL］.［2020−04−08］. https：//www. asahi−kasei. co. jp/asahi/jp/aboutasahi/profile/

［241］旭化成株式会社研究開発戦略［EB/OL］.［2020−04−08］. https：//www. asahi−kasei. co. jp/asahi/jp/r_ and_ d/strategy. html.

［242］旭化成株式会社知的財産戦略［EB/OL］.［2020−04−08］. https：//www. asahi−kasei. co. jp/asahi/jp/r_ and_ d/intellectual_asset. html.

［243］日立制作所概况［EB/OL］. 日立制作所中国网站，2020−04−10.

［244］二战日本坦克部队的作战历程［EB/OL］. 网易新闻，2020−11−12.

［245］日立株式会社・日立研究［EB/OL］.［2020−04−10］. http：//www. hitachi. co. jp/environment/select/list/hrl/index. html.

［246］冨岡 耕：日立が「武蔵野の森」に開いた研究施設の正体

[EB/OL]. [2020-04-10]. https：//toyokeizai. net/articles/-/277261.

[247] 株式会社戸製鋼所会社組织图［EB/OL］. [2020-11-12]. https：//www. kobelco. co. jp/chinese/about_ kobelco/organization/index. html。

[248]「AIエッジコンピューティングが拓く高度 IoT 社会」を特集した技術広報誌を発行［EB/OL］. [2019-12-20]. https：// www. oki. com/jp/press/2019/12/z19070. html.

[249] 人手不足の解消を実現するサービスロボット「AIエッジロボット」を開発［EB/OL］. [2019-10-10]. https：// www. oki. com/jp/press/2019/10/z19049. html.

[250]「OKIグループ AI 原則」を制定［EB/OL］. [2019-09-30]. https：//www. oki. com/jp/press/2019/09/z19033. html.

[251] 超高温設備の革新的オンライン監視システムの技術開発を開始［EB/OL］. [2019-09-17]. https：//www. oki. com/jp/press/2019/09/z19043. html.

[252] TDK 元件创新的秘诀：融合先进制造与最佳解决方案［EB/OL］. EEPW，2019-04-28.

[253] ディープラーニングモデルの新たな軽量化技術を開発［EB/OL］. [2020-03-27]. https：//producttdkcom/info/ja/products/ sensor/ultrasonic/sensor-disk/technote/apn_ parking-assist. html.

[254] ディープラーニングモデルの新たな軽量化技術を開発［EB/OL］. [2020-03-27]. https：//product. tdk. com/info/ja/news/ index. html.